자본주의의 신화와 독사(*doxa*)

나남
nanam

이 영 자

한국을 떠나 서구문명을 접하게 된 생소한 경험들 속에서 사회학에 눈을 뜨게 된 이후 오늘까지 40년간 사회학으로 교육도 하고 연구도 하고 실천의 장도 탐색해 보았다. 사회학은 밥을 주고 열정과 분노도 일깨워 준 원동력이자 비판의 대상이기도 했다. 인류사회가 안고 있는 반사회적 요소들을 가부장제와 자본주의라는 역사의 축을 통해 꿰뚫어보고자 노력했다. 《소비자본주의사회의 여성과 남성》, 《나는 고발한다 경제지상주의를》(역서), 《영화로 읽는 여성의 삶》, 《성평등의 사회학》(공저), 《한국인의 일상문화》(공저) 등이 그 주요 결과물이었다. 앞으로도 '자본주의 인간학'의 비판적 통찰은 이 세상과 남은 삶을 이어 줄 소중한 가교가 될 것이다.

1949년 출생. 경기여고 졸업. 성심여대(현 가톨릭대로 통합) 불문학과 졸업. 국제문제 유럽연구소 수료(프랑스, 니스), Paris X대학 사회학 학사, 사회과학고등대학원(Ecole des Hautes Etudes en Sciences Sociales, 파리) 사회학 석사 및 정치사회학 박사.

가톨릭대 교수(1982~2014), 가톨릭대 성평등연구소 소장, 한국여성학회 회장, 여성(가족부)/한국여성단체연합/한국여성노동자협의회 정책자문위원, 환경정의 공동대표, KBS 이사 등 역임.

나남신서 1840

자본주의의 신화와 독사 (*doxa*)

2015년 11월 30일 발행
2016년 9월 5일 2쇄

지은이 • 李令子
발행자 • 趙相浩
발행처 • (주) 나남
주소 • 경기도 파주시 회동길 193
전화 • (031) 955-4601(代)
FAX • (031) 955-4555
등록 • 제 1-71호(1979.5.12)
홈페이지 • http://www.nanam.net
전자우편 • post@nanam.net

ISBN 978-89-300-8840-4
ISBN 978-89-300-8001-9 (세트)
책값은 뒤표지에 있습니다.

나남신서 1840

자본주의의 신화와 독사 (*doxa*)

이영자 지음

나남
nanam

The Myth and the Doxa of Capitalism

by

Young-Ja, Lee

nanam

자본주의는 오늘에 와서 그 이름을 잊어버려도 될 만큼 이 세상에 넘쳐나고 있다. 굳이 '자본주의'라고 명명할 필요가 없을 만큼 인간세상은 자본주 세상이 되어버렸다. 자본주의는 수백 년 전부터 수많은 얼굴들로 가장하고 변신하면서 이 세상을 자신의 것으로 만들어왔고 자본주의가 없는 세상을 꿈꾸는 것조차 어려운 지경에 이르게 했다.

그런데 이 자본주의는 서구에서 태동한 것으로 서구의 특정한 역사로부터 배태된 모델이었다. 서구 자본주의가 자본주의의 대명사로 자리 잡게 된 것은 세계 역사가 서구역사를 중심으로 펼쳐지고 기록되고 해석되고 인식되어온 것을 의미했다. 오늘의 자본주의 세상은 서구의 자본주의 발달사를 세계사의 중심축으로 삼아온 유럽중심주의와 그 역사의 산물이었다. 유럽중심주의는 그 기원을 르네상스에 두고 있지만 근대뿐 아니라 고대로부터 전 시대에 이르기까지 세계의 역사를 유럽의 입장에서 재구성한 것으로 비판받아왔다. 서구에서 '근대'로 명명된 역사는 자본주의가 성장해온 역사이자 서구의 자본주의 문명이 전 세계로 확장되어온 역사였다. 서구의 자본주의 물질문명은 '근대문명'이라는 이름으로 세계적 보편성을 표방하고 획득했다. '계몽', '경제', '국민국가', '시민사회', '시장사회', '소비사회', '글로벌 스탠더드' 등은 서구 자본주의 역사의 특수성을 담은 것이었음에도 전 인류를 위한 보편적 모델로 자리 잡았다.

유럽에서 계몽주의가 추구했던 가치들은 자본주의의 지배계급으로 부상한 부르주아지의 이해관계를 대변하는 이념들이 근대 시민사회의 보편적 가치로 확장된 것이었다. 서구의 근대 사회시스템은 자본주의의 성장을 도모하는 구조물로서 자본주의적 생활방식을 정착시키는 것이었다. 경제가 자율적 영역으로 군림하면서 인간의 삶을 지배해온 역사는 서구 자본주의로부터 태동한 성장 패러다임을 세계화하는 역사였다. 근대 국민국가가 세계적 모델로 보편화되는 과정은 서구 자본주의 체제의 세계적 확장을 위한 제국주의 역사와 맞물린 것이었다. 서구적 '근대화'가 세계적 과업으로 추진되어온 것은 바로 세계 역사가 자본주의에 의해 포획되어온 과정이었다. 유럽의 국민국가 모델은 '국민'과 '민족'의 이름으로 자본주의 경제성장의 동력을 창출하는 데에 이용되었다. 시장사회와 소비사회는 서구 자본주의를 사회시스템으로 작동하게 하는 전형적인 모델들이었다. '글로벌 스탠더드'는 자본주의 시스템이 세계적 표준으로 작동하는 세상이 완성되었음을 알리는 승리의 증표였다. 이는 유럽과 미국이 자본주의 열강으로서 20세기 전반에 걸쳐 자본주의 세계질서를 확립하고 주도해온 결실이었다. 이로써 서구 자본주의 역사가 획득한 보편성은 세계적 차원에서 인간의 생존조건을 지배하는 물리적 환경과 동시에 인간의 정신세계를 지배할 수 있는 영향력을 갖게 되었다. 그 영향력은 수세기를 거치면서 서구역사와 자본주의 체제의 특수성을 지워버리고 의식하지 못하게 할 만큼 인간의 몸과 마음을 사로잡는 '자연'의 힘을 발휘하게 된 것이다.

그렇다면 이 자연의 힘을 만들어내는 자본주의의 본질적 속성들은 무엇이며, 수세기동안 그 힘으로 세계를 제패해온 자본주의 문명은 인간의 삶과 인간사회를 어떠한 모습으로 변형시켜왔는가? 수십 년 동안 서구 자본주의 역사를 연구한 브로델(Braudel)은 자본주의가 그 자신조차도 실체를 모른 채 히드라처럼 끊임없이 변신하고 어떤 위험도 불사하는 괴물이라고 고증했다. 그 괴물성이 바로 자본주의의 생명력이었다. 불확실성, 불투명성, 불예측성을 무기로 삼는 자본주의는 본성적으로 '고삐 풀린 자본주의'로서 끊임없는 위기들을 초래하지만 자본주의는 그 위기들을 카오스적 변신의 기회들로 포착함으로써 놀라운 복원력과 번식력을 발휘하는 괴물이었다. 자본주의의 괴물성은 자연과 인간과 사회를 그 제물로 삼는 것이었다. 자본주의에 맡겨진 인간과 사회는 그 괴물성에 속절없이 시달리고 놀아나면서 끝없는 혼란 속에 빠질 수밖에 없는 노릇이었다. 인간사회가 기본적으로 필요로 하는 윤리와 정의는 자본주의에게 독소로 작용하는 것이었다. 모두에게 골고루 이득을 나누어주는 비착취적인 경제는 자본주의의 본질에 위배되는 것이었다. 자본주의 역사는 이 모든 것을 충분히 입증해주었다. 그럼에도 자본주의의 성장은 근대역사 발전의 원천으로 칭송되었다. 자본주의는 인간과 사회를 위험에 빠뜨리는 치명적인 결함에도 불구하고 세계 유일체제로 자리 잡는 데에 성공했다.

그 배경에는 자본주의가 경제를 넘어 이데올로기와 문화의 영역을 전유(專有)해온 과정을 주목해야 한다. 자본주의는 물적 토대만이 아니라 문화와 이데올로기의 상부구조로 작동하는 것이다. 문화와 이데올로기는 자본주의 체제를 지원하고 정당화하는 것이자 자본주의가 요구하는 인간과 사회를 만들어내는 정신적, 규범적, 사상적, 감성적 기반을 제공하는 것이다. 자본주의의 생산양식은 자본주의적 생활방식 및 사고방식과 상호 작용하고 상호 지지하는 관계에 있다. 자본주의의 사회체계는 자본주의의 이데올로기와 문화를 내면화하는 구성원들로서 근대인, 시민, 국민, 노동자, 소비자, 대중 등을 창출하는 장이다. 이들은 자본주의를 지지하고 열망하든 아니면 저항하고 분노하든 체제 속에 꼼짝없이 포획당한 채 자본주의와 한 몸을 이루는 '자본주의적 인간'(Homo Capitalisticus)으로 생산된다. 이들에게 자본주의의 이데올로기와 문화는 자신들을 존재하게 해준 '자연'과도 같은 것이다.

나는 이 글에서 서구 자본주의를 받쳐준 이데올로기와 문화가 '자연'의 힘으로 작용하게 된 배경과 과정을 추적하고자 한다. 자본주의는 가부장제만큼 장구한 역사를 지닌 것이 아님에도 불구하고 그 이데올로기적, 문화적 지배력이 강건하고 뿌리 깊다. 그 배경에는 자본주의로부터 파생된 이데올로기들과 문화들을 '자연화'하는 신화들이 자리 잡고 있다. 신화는 바르트(Barthes)에 따르면 자연의 외피, 즉 거짓자연으로 자연을 위장하고 자연의 본성을 보증해주는 것이다. 신화는 역사적인 것을 '자연스러운 외관'으로 굴절시키는 속임수로 작용한다. 자본주의의 신화들은 자본주의를 불변의 영원한 것으로 고정시키는 거짓자연의 기제로서 이데올로기와 문화를 작동시킨다.

계몽의 신화로부터 본격화된 자본주의의 신화들은 자본주의의 불패 신화로 결집된다. 자본주의의 '불패' 신화는 자본주의를 '인간의 본성'에 걸맞는 체제라는 믿음을 갖게 하고 자본의 탐욕을 인간의 탐욕으로 정당화한다. 자본주의에 의한 인간개조는 인간본성의 거짓 자연에 대한 잘못된 믿음을 통해 인간의 자발적 순응을 이끌어내기 위한 것이다. 이를 위해 이데올로기적, 문화적 장치들이 동원된다. 국가정책과 사회제도, 학교교육과 노동현장, 소비시장과 문화산업, 대중매체와 사이버 공간 등에 이르기까지 자본주의적 인간본성의 거짓자연을 제조하는 작업들이 날로 치밀해지고 정교해진다. 이는 자본주의가 인간의 몸과 마음에서, 이성과 감성에서, 의식과 무의식에서 자연의 힘으로 작용하게 하는 것이다.

나는 이 과정을 독사(doxa)의 프리즘으로 조명해보고자 한다. 부르디외(Bourdieu)는 모든 기성 질서가 그 독단성을 '자연화'하는 경향을 지닌다면, 독사는 그 질서를 '숙명적인 시스템'이자 '사회적 본질'로 받아들이게 하는 것이라고 했다. 즉, 독사는 역사를 자연으로 바꾸고 문화적 임의성을 자연적인 것으로 만들어 자발적 예속을 초래하는 '제국의 체계'와 같은 강력한 메커니즘으로 작용하는 것이다. 바르트에 따르면 독사는 대중을 설득하기 위해 대중의 수준에 맞추어진 세간의 통념이자 권력의 축복을 받은 합법적이고 자연스러운 지배를 말한다.

독사는 거짓 자연을 의식하지 않는 상태에서 '자연'처럼 받아들이고 경험하게 하는 것이며 피지배집단이 지배 권력과 공모관계를 형성하게 하는 '숨겨진 설득'이다. 자본주의의 구조들과 시스템들의 견고성, 엄격성, 효율성에 의해 인간의 삶이 점점 더 촘촘하게 조건 지어질수록 있는 그대로의 현실은 달리 존재할 줄을 모르는 지극히 정상적인 것이자 자연적인 것으로 비추어진다. 자본주의 현실의 밖을 알지도 경험하지도 못하는 인간에게 그 현실은 운명과도 같은 불가항력적인 것으로 다가온다. 자본주의가 정착시켜온 질서를 친숙하고 필연적인 것으로 받아들이는 자발적인 순응을 통해 자본주의 체제의 논리는 인간의 무의식에까지 자리 잡게 된다.

그동안 자본주의에 대한 연구와 고민들은 양적, 질적으로 넘쳐났지만, 이데올로기와 문화의 관점에서 특히 신화와 독사의 프리즘으로 자본주의를 면밀하게 들여다보는 작업은 찾아보기 힘들다. 이 글은 그 시론적 작업의 하나로 구상된 것이다. 이는 자본주의에 대한 보다 깊은 성찰이 그 어느 때보다도 절박하게 요구되는 오늘의 상황에서 자본주의에 대해 더 이상 의문을 제기하지 않게 된 그 모든 것들의 속살과 그 결과로 빚어지는 참상들을 면밀하게 짚어보기 위한 것이다. 자본주의의 신화들이 무엇을 어떻게 기만하고 인간에게 어떠한 잘못된 믿음들을 심어주는지, 그리고 자본주의의 독사들이 인간의 무의식 속에서 어떻게 체제와 공모관계를 이루게 하는지를 성찰하기 위한 것이다. 이 글은 자본주의의 신화들을 깨고 그 민낯을 조준해야 한다는 문제인식에서 출발하여 자본주의의 독사들의 제국에서 그 함정들에 빠지는 지점들을 밝혀내는 목적을 담고 있다.

    서구 자본주의 문명을 비판적 관점에서 통찰해온 서구의 이론적 논의들로부터 이 작업에서 반드시 새겨보아야 할 쟁점들을 끌어내어 재해석하면서 각 주제의 핵심 논지를 풀어내고자 하였다. 서구 사람들이 그들 자신이 이룩한 자본주의 역사와 그 경험들로부터 이끌어낸 자기 비판적 통찰은 자본주의의 신화들과 독사들에 사로잡힌 인간 모두에게 자본주의의 본질을 꿰뚫어보는 시각을 제공하기 때문이다. 서구 자본주의 문명의 마력과 유혹에 빠진 사람들에게 이 글은 생소할 수도 있고 거부감을 줄 수도 있다. 그러나 그 마력과 유혹의 이면에서 파생되는 돌이킬 수 없는 폐해들이 무엇인지, 자본주의의 포로가 된 인간이 치러야만 하는 대가들이 무엇인지를 꿰뚫어보는 일은 나 자신을 위한 것이자 지구와 인간의 미래를 위해 불가피한 것이다.

2015년 11월

이 영 자

나남신서 1840

자본주의의 신화와 독사 (*doxa*)

차 례

6부 '문화대중'의 신화와 대중문화의 독사

총론

신화와 독사(*doxa*): 문화와 이데올로기의 거짓 자연과 무의식

01
자본주의의 불모가 된 문화와 이데올로기

1. 경제 – 문화 – 이데올로기

인류학적 개념의 문화는 '하나의 특정한 삶의 방식'으로서 '사회의 물질적 삶의 과정'에서 창출되는 것이다. 브로델(Braudel)은 일상적 관행과 습관들로 이루어지는 일상생활의 모든 것을 물질생활로 보았고 '인간은 그가 먹는 것들'이라고 했다. 삶의 방식을 결정짓는 물질적인 실천은 곧 관념적, 규범적, 표현적 실천으로서 인간의 몸과 마음을 형성하고 움직이게 하는 것이다. 일상생활에 필수적인 물질생활이 수많은 경험과 일상의 반복을 통해 사람들을 중독시키고 세뇌시키는 과정에서 특정한 문화가 학습되고 공유된다. 이처럼 문화는 물질생활에 기반을 둔 것이지만 상대적 자율성을 지닌다. 문화는 물질적 조건의 구속을 받으면서도 그로부터 일정 부분 자유와 창의력을 행사하는 힘으로 작용한다. 문화는 물질생활의 일상적 경험들을 표현하는 다양한 방법들을 고안하고 전승시킨다. 특정한 문화는 특정한 유형의 물질생활을 창출한다. 삶의 방식, 사고와 가치, 관습과 의례 등은 물질생활을 유지하고 변화시키는 데에 중요한 변수들로 작용한다. 이처럼 물질생활과 문화는 상호 밀접한 상투작용을 하는 것이며 그 역학관계는 역사적 맥락에 따라 달라질 수 있는 것이다.

그런데 자본주의는 물질생활을 '경제'라는 자율적 영역으로 확립시켰다. 유럽에서 자급자족에 가까웠던 물질생활은 사용가치에 기반을 둔 '비경제'세계였으나 자본주의[1] 이후부터 교환가치가 지배하는 '경제'의 영역으로 자리 잡게 되었다. 자본주의로부터 태동한 경제가 서구에서 근대 경제시스템[2]으로 정착하면서 이를 작동시키기 위한 법적, 정치적, 사회적 제도들이 창출되었다. 근대 경제시스템은 생산력 발전을 주축으로 생활재의 생산을 우위에 두는 시스템으로서 그 시스템에 필요한 생활방식과 문화구조를 배양했다. 자본주의의 경제적 메커니즘들은 사회적 가치, 규범, 규칙들을 정의하는 논리와 그에 따른 실천방식들을 부과하였다. 경제가 물질생활을 총괄하고 주도하면서 문화의 영역은 경제의 영향 아래 놓이게 되었다. 물질적 생산은 자본주의의 가치와 목적에 따라 고안된 문화적 준거 틀 안에서 발생하는 활동이었다. 자본주의 경제활동 그 자체가 인간의 존재양식과 생존방식을 특정한

---

1 '자본주의'라는 용어는 19세기 중엽에 프랑스에서 사용되기 시작했으며, 독일의 경제학자이자 사회학자인 베르너 좀바르트(Sombart, 1863~1941)는 그의 저서인 《근대 자본주의》(1902)에서 '자본주의'를 최초의 학술용어로 도입한 것으로 알려져 있다. 여기서 자본주의는 사회주의에 반대되는 용어였다. 그러나 서구에서 자본주의는 그 용어로 불리어진 시기보다 훨씬 전 서구의 중세시대 이래로 성장해왔다.

2 시스템(system)이란 정해진 목적을 달성하기 위해 협력하는 구성요소들이 상호 연관성과 상호 의존성에 의해 하나로 통합되는 유기적 결합체로서 질서와 패턴을 나타내는 구조로 작용하는 것이다. 시스템이란 개념은 서구 철학에서 데카르트(Descartes)에 의해 제시되기 이전에는 존재하지 않았으며, 자연과학에서는 19세기에 와서 처음으로 제시되었다고 한다. 시스템은 한국말로 체계 또는 체제로 번역되며, 사전적 의미에서 사회적인 제도와 조직의 양식을 지칭하는 것으로 사용된다. 자본주의는 하나의 일관된 시스템과 통일된 법칙을 따르는 조직된 체계이기보다는 필요에 따라 다양한 형태의 시스템으로 가장하여 효율성과 수행성을 극대화하는 방향으로 작용한다.

형태로 재구성하고 제한하는 것이며 특정한 이념과 가치를 동반한 삶의 방식을 요구하는 것이었다. 경제생산은 물질적 효과 이상의 문화적 효과를 지닌 것이었다. 자본주의는 물질적 삶과 인간의 생활방식 전반을 재구조화하는 사회문화적 시스템이었으며 문화는 자본주의 경제시스템의 주요한 동력이었다. 물질적 생산이 문화적 실천과 맞물려 작용하는 접합관계 속에서 문화는 자본주의 경제시스템을 유지하고 재생산하는 기능을 담당했다.

한편 시스템은 그 자체가 하나의 '조직적인 사고체계'로서 사물을 바라보는 특정한 관점으로 현실을 인지하고 경험하게 하며 그 교리적 신념으로서 이데올로기[3]를 작동시킨다. 알튀세르(Althusser)에 따르면 이데올로기가 제시하는 '세계관'은 상당부분 상상적이며 '현실에 조응하지 않는 것'(알튀세르, 1991: 107~109)이다. 환상을 만들어내는 이데올로기는 상상적 표상으로 현실을 암시하고 현실 자체를 발견하고 해석하게 하는 것으로 기능한다. 이데올로기는 상상적 왜곡을 불러오는 것이다. 이데올로기는 세계를 체험하는 실제적 관계이자 상상적 관계를 구성해줌으로써 인간과 그 존재 조건 사이에 응집력을 확보해주는 것이다. 특정한 '의지의 산물'로서 확립된 시스템은 이데올로기를 통해 그 임의성을 역사적 필연성과 타당성으로 위장한다.

자본주의가 시스템으로서 작동시키는 이데올로기들은 상상적 왜곡을 불러오는 특정한 세계관을 제시하고 실재 존재조건에 대한 개인들의 상상적 관계의 표상으로 작용하면서 개인들을 그 시스템으로 통합

---

3 이데올로기 개념을 처음 사용한 선구자로 알려진 트라시(Tracy)는 이데올로기를 '이념에 관한 학설', 즉 '이념 과학'의 의미로 규정했다. 이데올로기와 이론('과학')의 발전 과정은 서로 분리될 수 없으며 이데올로기는 정당화하는 거짓된 사고가 아니라 참과 거짓이 뒤얽혀 있는 것이라고 했다. 이데올로기와 이론은 시민적 시장사회에서 동시에 발생한 것으로 상호 의존적이고 제약적인 관계에 있다는 것이 그의 주장이었다.

시키는 기능을 한다. 자본주의 시스템은 자기합리화와 자기정당화의 이데올로기들을 작동시킴으로써 시스템의 통일성과 응집력을 확보한다. 자본주의 시스템의 외부나 그 대안이 존재하지 않는다는 것을 설파하고 시스템에 대한 비판이 시스템 자체를 문제 삼는 것으로까지 확장되지 않도록 하는 것이 이데올로기의 기능이다. 국가, 법체계, 정당, 미디어 등 상부구조에서 유통되는 자본주의 이데올로기들은 자본주의 시스템의 재생산과 정당화에 필수적이다.

자본주의 시스템 속에서 살아가는 인간은 그 이데올로기들을 실천하는 '이데올로기적 주체'가 된다. 알튀세르는 이데올로기와 주체가 서로를 구성해주는 이중 작용을 한다고 본다. 주체는 이데올로기에 의해 이데올로기는 주체에 의해 구성되는 것이므로 이데올로기로부터 자유로운 주체는 상정할 수 없다는 것이다. 주체는 이데올로기를 구성하는 존재로서 구성되는 것이며 "주체에 의하지 않고 주체를 위하지 않는 이데올로기는 없다". 이데올로기적 주체는 독립적인 개체이지만 '상위의 권위에 복종하는 존재, 즉 자신의 복종을 자유롭게 승인하는 것을 제외한 모든 자유를 제거하는 존재'를 말한다.

알튀세르에 따르면 모든 이데올로기는 '호명'(interpellation)을 통해 개인을 주체로 구성하고 변형시키며 이를 통해서만 기능한다. 호명은 개인을 이데올로기에 의해 규정된 특정한 존재로 호출하여 그 부름에 응하는 이데올로기적 실천의 주체를 생성시키는 것이다. 이데올로기에 의해 호명당하는 주체가 '나'라고 인지하는 것은 이데올로기에 의해 가상된 존재를 스스로 실체화하는 것이다. '나'의 일상적 삶은 이데올로기의 관습적 실천으로 이루어진다. 다른 '나들'과 유일한 '나'를 구별 짓는 개별성을 보증하는 것도 이데올로기적 인지에 의한 실천들이다. 개인들은 '항상-이미, 이데올로기에 의해 주체로 호명'된다는 점에서 이데올로기의 존재와 개인의 주체 호명은 하나의 (동일한) 사건이다(알튀세르, 1991: 116~120). 이데올로기적 주체는 사회구조에 상응하는 정신구조 및 실천양식을 갖는 주체, 즉 개인의 존속과 자본주의 시스템의 존속을 하나로 일치시키는 주체를 말한다.

그런데 이데올로기적 주체는 '나'를 호명해준 이데올로기를 '나'를 존재하게 해준 구성인자로서 종속이 아닌 '자유'로 받아들인다. 알튀세르는 이데올로기적 주체에서 이데올로기가 허위의식이 아닌 '주체성' 형성의 매개물로서 인간의 의식 구조로 작용한다는 점을 주목한다. 이데올로기적 주체는 결코 '나는 이데올로기적이다'라고 말하지 않는데, 이는 자신이 이데올로기적 구성물이라는 것 자체를 의식하지 못하는 자기부정 속에서 자신을 '자유로운 도덕적인' 존재라고 믿기 때문이다. 여기서 바로 이데올로기적 효과가 나타난다. 그 효과는 이데올로기적 주체가 '나'를 호명한 이데올로기 속에서만 존재하고 그 '이데올로기 밖'을 알지 못하기 때문에 발생한다. 이데올로기 속에 있는 '나'는 이데올로기 바깥(즉, 과학적 지식과 현실)으로 나갈 수 있을 때에만 자신을 호명한 이데올로기의 실체를 파악할 수가 있다. 즉, 이데올로기와 이데올로기가 아닌 것을 경계 짓는 안과 밖이 존재할 때에 그 밖에서만 이데올로기가 인지될 수 있는 것이다. 자본주의 시스템의 이데올로기들에 의해 호명당하는 주체들은 그 이데올로기들의 밖을 알지 못하기 때문에 그들 자신을 '자유로운 주체'로 오인하게 된다. 이데올로기적 주체는 자신의 존재와 기존의 세계를 구성하는 이데올로기를 의식하지 못하기 때문에 자신을 자유로운 존재로 착각한다.

알튀세르는 이데올로기의 상상적 왜곡이 물질적 실천에 기반을 둔다는 점에서 이데올로기의 물질성을 강조한다(알튀세르, 1991: 110~115). 이데올로기를 구성하는 것으로 보이는 '사고들'과 '표상들'은 상상적, 이상적, 정신적 존재가 아니라 물질적 존재라는 것이다. 이데올로기는 행동주체의 구체적인 실천들 속에서 존재하는 물질적인 것임을 말한다. "이데올로기에 의하지 않고 이데올로기 아래 있지 않은 실천"으로서의 물질적 행동이란 없으며, "물질적 실천들은 자신의 믿음에 따라 의식적으로 행동하는 주체의 물질적 행위 속에 존재한다".

이데올로기적 주체는 자본주의 체계를 재생산하는 '이데올로기적 국가장치'(종교, 교육, 가족, 법률, 정치, 조합, 커뮤니케이션, 문화장치)에 의해 생성된다(알튀세르, 1991: 89~93). 교회미사, 장례식, 스포츠 경기, 학교수업, 정당의 집회 등은 바로 이데올로기적 주체의 물질적 실천들이 이루어지는 곳이다. "이데올로기는 물질적인 이데올로기적 장치들 속에 존재하며, 이데올로기적 장치는 물질적 관습에 의해 제한되는 물질적 실천들을 규정"한다. 이데올로기적 장치로부터 주체의 물질적 행동이 자연스럽게 도출된다.

이데올로기적 국가장치들은 대부분 사적 영역에 속한 것으로 외견상 통일성을 보이지 않으며 억압적 국가장치의 보조 역할에 의해 통일된 기능을 수행한다. 억압적 국가장치(정부, 내각, 군대, 경찰, 재판소, 감옥 등)는 통일성을 보이는 공적 영역으로 존재하며 폭력에 의해 기능한다. 알튀세르는 이데올로기적 국가장치들이 억압적 국가장치의 '방패' 아래에서 지배이데올로기를 매개로 '때로는 삐꺽거리는' '조화'를 보장한다고 말한다. 이데올로기적 국가장치들은 '계급투쟁의 목적일 뿐만 아니라 그 장소'이므로 지배계급은 이데올로기적 국가장치들 위에서 그리고 그 속에서 헤게모니를 구축함으로써만 국가권력을 지속적으로 보유할 수가 있는 것이다.

자본주의의 이데올로기적 국가장치들은 지배계급의 이해관계를 대변하고 정당화하는 이데올로기들의 산실이었다. 자본주의 시스템은 그 작동원리에서나 역사적 현실 속에서나 정당성을 입증하기가 어려웠던 만큼 이데올로기적 장치는 체제의 유지와 재생산에 필수적이었다. 유럽에서 자본주의는 300년 이상 동안 그 지배 이데올로기들을 사회 전체로 일반화하는 역사 속에서 성장해왔다. 자본주의 시스템이 복잡성과 합리성을 고도화하는 과정은 그 시스템을 정당화하는 이데올로기들이 점점 더 확실한 지배력을 획득해가는 과정이었다. 이는 피지배계급으로 하여금 불의의 현실을 직시하지 못하게 하는 수준을 넘어 지배체제와 불가항력적인 공모관계를 이루도록 종용하는 것이었다.

2. 이데올로기의 문화화 : '문화적 주체'의 허위의식

후기 자본주의는 '탈이데올로기 시대'에서 '문화의 시대'로 진입했다. 서구에서 1960~70년대에 젊은 세대를 무장시켰던 이데올로기는 1990년대가 시작되면서 철 지난 유행이 되어버렸다. '문화의 시대'는 문화가 자본주의의 거대한 사업의 주요한 원천으로 동원되면서 문화 전체가 이데올로기 체계로 작동하는 시대를 말한다. 자본의 논리와 동학이 지배하는 생산, 분배, 소비의 경제적 회로가 문화영역을 지배하게 된 것이다. 알튀세르의 지적처럼 '커뮤니케이션 장치'와 '문화장치'라고 부르는 것들이 지배적인 이데올로기적 장치로 작동했다. 자본주의의 이데올로기들은 다채로운 문화의 옷을 입고 일상생활 속에 자연스럽게 스며들었다. 자본주의 체제가 유통시키는 이데올로기들이 문화적 향유를 통해 관철되는 시대가 되면서 '이데올로기의 문화화' 현상이 촉진되었다.

이데올로기와 문화는 그 개념규정에서부터 경계 짓기가 어렵기 때문에 이데올로기의 문화화는 자연스러운 과정으로 이루어질 수가 있다. 바르트(Barthes)는 문화를 '진정한 의미에서 하나의 이데올로기'로 파악했으며, 사이드(Said)는 문화를 '여러 가지 정치적, 이데올로기적 명분들이 서로 뒤섞이는 일종의 극장'으로 보았다. 이처럼 이데올로기의 개념은 문화체계 전체에 확대 적용되기도 하고 문화와 동의어로 사용되기도 한다. 이데올로기는 문화의 구성 요소이며, 문화는 그 개념에서 이데올로기적 의미를 지니는 것이다. 문화는 삶의 방식의 총체를 담은 포괄적인 개념이면서 의미와 가치의 영역을 포괄하는 이데올로기의 영역이다. 이데올로기가 특정 집단의 조직적인 사고체계를 의미한다면, 문화는 이러한 사고체계로부터 형성되는 특정한 생활방식을 뜻한다. 이데올로기의 물질적 실천을 일상화하는 생활문화가 자리 잡게 되면서 이데올로기는 문화적 규범이자 사물이 존재하는 방식으로 작용한다.

문화와 이데올로기는 상당히 큰 영역을 공유한다는 점에서 이데올로기가 자연스럽게 문화로 확장될 수 있는 가능성이 열려 있다. 이데올로기는 특정한 사고, 신념, 상징적 체계로서 삶의 방식을 규정짓고 그 의미를 생산하는 문화체계의 개념을 공유한다. 문화적 범주들이나 분류의 개념들도 구별체계와 위계질서를 표현하는 특정한 이데올로기를 반영하는 것이다. 문화는 특정한 가치를 추구하는 여러 이데올로기들을 배양하는 포괄적인 시스템이다. 이데올로기는 특정한 역사적, 문화적 맥락 속에서 생성되고 작동한다는 점에서 문화와 동떨어진 구성물이 될 수가 없다. 한 사회에서 최소한의 공통분모를 구성하는 문화적 규범이나 가치는 지배 이데올로기를 담고 있다. 따라서 기능주의적 문화 개념처럼 문화를 탈이데올로기적인 '합의'의 관점에서 보거나, 지배세력의 이데올로기들이 투영되는 문화를 '보편성'으로 위장하는 것은 지배 메커니즘과 갈등의 문제를 도외시하는 것이다. 그 보편성이란 강요된 문화의 통일성을 말하는 것이다.

문화와 이데올로기가 권력관계와 정치력을 작동시키는 공통 영역에서 문화를 이데올로기적 도구로 이용하는 이데올로기의 문화화가 두드러진다. 문화는 정치적 효과가 내포되어 있는 역사적, 사회적 공간이며 이데올로기 역시 정치력을 발휘하는 공간이기 때문이다. 문화적 실천은 이데올로기와 마찬가지로 정치권력과 얽혀 있는 것이므로 정치적 기획을 위해 상이한 이데올로기들이 각축을 벌이는 투쟁의 장이 된다. 그람시는 권력관계가 일상생활의 습관과 사회적 의례를 통해 자리 잡는 문화 속에서 이데올로기가 정형화되고 은밀한 방식으로 피지배계급의 자발적 동의를 이끌어내는 헤게모니로 작용한다고 보았다. 이처럼 문화와 이데올로기는 지배의 도구로 이용될 수 있으며 지배구조의 일부로서 상호관계가 성립된다(지마, 1996: 42~46). 문화가 지배의 도구로서 이데올로기적 대결의 대상이 되는 상황에서 문화적 갈등과 이데올로기적 갈등이 교차하고 중첩된다. 여기서 이데올로기의 문화화는 문화의 정치성을 극대화함으로써 이데올로기적 지배력을 확장시켜주는 것이다. 이데올로기는 문화에 비해 상대적으로 짧은 기간에 발생할 수 있다는 점에서 정치적 조작의 프로파간다처럼 인위적이고 자의적 특징이 강한 것이다. 이데올로기의 문화화는 그 정치적 조작을 자연발생적인 문화로 탈색시키는 효과를 갖는다.

그런데 한편 문화는 이데올로기와 공통 영역을 지니면서도 이데올로기를 훨씬 넘어서는 개념이다. 그것은 무엇보다도 문화가 사회구조의 구성 부분에서 가장 능동적인 요소라는 점에 있다. 문화는 사회적, 경제적, 정치적 영역으로부터 일정 부분 독립된 것으로 상대적인 자율성, 자발성, 개방성을 지닌다. 문화의 자율성은 삶의 방식을 결정짓는 제도와 구조에 대한 일정한 자유와 주관적 특성들로부터 생성되는 것이다. 문화의 능동적 측면은 사회적 변혁과 새로운 생활양식 탐구의 역동성으로 나타난다. 문화는 비판과 저항을 전달할 뿐 아니라 해방을 추구하는 창조의 기능도 지니며 일상세계를 초월하는 기획이 될 수도 있다. 문화의 이러한 요소들은 이데올로기가 폐쇄성, 구속성, 추종성을 부여하는 것과 대조를 보이는 것이다. 이러한 측면에서 볼 때 이데올로기의 문화화는 이데올로기적 실천을 문화적 자율성, 능동성, 초월성, 창조성으로 위장함으로써 문화의 고유한 요소들을 탈취하거나 변질시키는 것이다. 문화로 위장된 이데올로기는 문화의 이름으로 문화를 통제하고 억압한다. 또한 이데올로기적 수용과 실천을 강제된 것이 아닌 자발적인 양태로 전환시킴으로써 이데올로기적 구속성을 문화적 자발성으로 받아들이게 하는 것이다.

또한 이데올로기의 문화화는 이데올로기의 기능을 문화의 쾌락적, 심미적, 감성적, 개성적, 위안적 기능을 통해 수행하게 한다. 이는 이데올로기가 문화적 욕구들을 충족시키는 방식으로 작동하는 것을 말한다. 현실의 삭막함과 고단함을 잠재우는 위로나 웃음을 선사하는 오락물, 개성과 감성을 표현하는 라이프스타일, 미학적 즐거움을 제공하는 각종 문화상품들은 특정한 관념체계와 계급적 이해관계를 담은 이데올로기들을 관철시키는 기능을 지닌다. 개인과 집단의 정체성 기획을 위한 문화생산물의 소비에서도 이데올로기적 기능이 문화적 기능으로 가장된다. 이데올로기의 문화화는 현실에 대한 개인의 판단과 의식에 영향을 주는 이데올로기를 문화적 취향의 선택이나 문화적 향유로 받아들이게 한다. 자본주의의 지배 이데올로기는 '그냥 즐기는' 소비문화를 통해 대중의 이념적 무장해제를 유도하고 문화의 정치성을 잠식한다. 이처럼 이데올로기에 의해 식민화되는 문화는 본래의 독자적인 생명력을 상실하게 된다.

더 나아가서 '이데올로기의 문화화'는 이데올로기적 주체를 '문화적 주체'로 전환시키는 것이다. '주체'라는 것은 영어나 프랑스어(subject, sujet)에서 보듯이 예속화(subjection)와 주체화(subjectification)의 이중적 의미를 담고 있다. 예속화가 시스템에 대한 복종을 내면화하는 것이라면, 주체화는 시스템의 구속으로부터 자유로운 행위 주체를 추구하는 것이다. 전자가 이데올로기적 주체에 가까운 것이라면, 후자는 문화적 주체의 특성을 보여주는 것이다. 문화적 주체란 문화의 자율성, 능동성, 저항성, 개방성 창조성, 정치성 등을 적극적으로 발휘하는 주체를 말한다. 이데올로기적 주체가 문화적 주체로 전환된다는 것은 이데올로기적 구속성을 문화적 자유와 해방으로 오인하거나 착각하는 주체, 권력관계와 위계질서를 재생산하는 문화를 경쟁적으로 습득하고 열망하는 주체, 그리고 지배 이데올로기들의 문화적 외피들을 무작정 즐기고 향유하는 주체들이 창출되는 것을 말한다. 자본주의의 지배 이데올로기에 대한 복종이든 저항이든 모두 문화적 주체성을 발휘하는 계기로 받아들이는 주체를 말한다. 이러한 문화적 주체들에게 문화와 이데올로기는 구분될 필요성도 의미도 없는 것이 되어버린다. 여기서 이데올로기적 주체의 자기부정과 함께 '문화적 주체'의 허위의식이 조장된다. 즉, 자본주의 이데올로기를 문화적 실천으로 체현하는 주체는 자신이 이데올로기적 주체라는 것을 의식하지 않을 뿐 아니라 문화적 권능을 지닌 '자유로운' 주체라는 허위의식을 갖게 된다. 자본주의 체제에서 대중문화는 바로 이러한 허위의식을 조장하는 영역이다.

대중문화는 대중의 문화적 '권능화'(empowering)를 촉진한다는 명분으로 번창한다. 대중문화를 소비하는 대중은 '문화적 주체'의 탁월한 표상이다. 그 문화적 주체들은 자본주의 문화 권력의 세례와 축복을 받은 신도들이다. 여기서 대중의 권능화는 자본의 문화 권력이 증대하

는 만큼 그 세례를 받는 문화대중의 미시권력이 늘어난다는 가정(假
定)을 담은 것이다. 자본주의의 이데올로기적 권력을 개인의 미시권력
으로 권능화하여 적극적인 참여와 자발적 동조를 이끌어내는 것이다.
권력은 억압적이고 부정적인 것이 아니라 '생산적'인 것이라는 푸코
(Foucault)의 주장처럼, 자본의 문화 권력은 대중에게 '자유'와 해방의
계기를 제공하는 긍정적이고 생산적인 권력으로 작용한다. 대중문화
는 대중의 다채로운 문화적 잠재력과 '전복적' 힘을 표출하게 하는 것으
로 대중의 지지와 열광을 받는다. 전 세계를 무대로 대중의 자발적 참
여를 이끌어내는 대중문화의 번창은 자본의 문화 권력에 편승한 문화
적 주체들을 양산하는 것이다.

그렇다면 이러한 대중문화는 그람시(Gramsci)의 헤게모니 개념[4]처
럼 위로부터 강요된 것들과 아래로부터 '자생적'으로 일어난 것들이 상
호 투쟁과정을 거쳐 얻어진 타협과 합병의 산물이라고 할 수 있을까?
대중문화는 피지배집단이 지배문화에 대해 대항헤게모니를 창출할 수
있는 잠재력을 지닌 것일까?

대중문화는 문화산업에 의해 그 자원을 공급받는 만큼 자본주의 시
스템의 이데올로기적 지배력이 작용할 수밖에 없는 영역이며 자본의
경제 권력을 문화 권력으로 확장시키는 장이다. 대중문화에서 이루어

---

4 그람시(Gramsci, 1891~1937, 《옥중수고》)에 따르면 헤게모니는 지배계급이 도덕적, 지
적 리더십을 통해 피지배계급의 '자발적 동의'를 이끌어내는 상황을 지칭한다. 헤게모니
는 지배문화와 피지배문화 사이의 저항과 합병에 의한 결과로 확보되는 것으로 헤게모니
적 투쟁을 전제한 개념이다. 그람시는 피지배계급이 대항헤게모니를 구축하는 데 있어서
유기적 이데올로기의 필요성을 강조했다. 이는 주어진 역사적 구조에 반드시 필요한 이데
올로기로서 "인간 대중을 조직하고 인간이 활동할 지형을 생성하며 자신이 처한 위치와
투쟁에 대한 의식을 획득"하게 하는 것이다. 즉, 폭넓은 의미를 갖는 패러다임처럼 "세계
에 관한 개념들과 그것에 상응하는 행위 규범 간의 통일적 신념"을 산출하는 이데올로기
를 말한다.

지는 타협적 평형은 시장의 논리가 주도하는 상업적 합병의 성격이 강하다. 여기서 대중의 문화생산 활동은 수동적인 상품소비로 전락하거나 아니면 저항과 투쟁을 하더라도 상품세계를 벗어나지 못하는 한계를 드러낼 가능성이 높다. 대중의 '자생적'인 문화적 욕구와 상상력은 소비상품의 기호체계들로 포섭되면서 주체성과 창의성을 상실하기 쉬운 것이다. 게다가 문화산업은 대중의 자생적 저항조차도 문화시장으로 끌어들여 상품화함으로써 그 저항성 자체를 소비상품으로 전락하게 한다. 여기서 문화적 저항은 그 정치성을 상실한 채 자본과 시장이 이윤을 추구하는 도구로 이용될 뿐이다.

이러한 상황에서 대중문화를 번창하게 하는 대중의 '문화적 주체성'은 허구적인 성격을 지닌 것이다. 대중문화를 통한 자본주의의 문화적 헤게모니 전략은 문화상품시장의 확장을 위한 상업적 합병을 대중의 능동적 지지와 타협으로 위장하는 것이다. '헤게모니적 문화'로 작용하는 대중문화는 문화적 주체성의 이름으로 대중의 탈정치화를 유도하는 것이다. 이는 문화의 정치성 자체를 위축시키거나 상실하게 하고 대중을 문화적 주체의 외피와 그 허위의식에 빠지게 하는 결과를 초래할 가능성이 높다.

02

신화: 이데올로기의 거짓 자연

자본주의는 이데올로기를 '자연화'하는 신화들을 생산해왔다. 그 신화들은 자본주의 문명이 보편성과 영원성을 획득하는 데 기여하는 것이었다. 자본주의 시스템은 이데올로기와 문화를 '거짓 자연'으로 가공하는 신화의 기능을 통해 그 전체주의적 완결성을 추구해왔으며 지배권력의 정치적 기획을 비정치화할 수 있었다.

1. 역사(성)의 자연화

바르트(Roland Barthes)[1]에 따르면 신화는 '하나의 의사소통 체계, 하나의 메시지' 그리고 '의미작용의 한 양식'이다. 신화적 파롤[2]은 적당

---

1 롤랑 바르트(1915~1980)의 저서 《신화》(*Mythologies*, 1957)는 프랑스의 대중문화를 분석한 것으로 스위스의 언어학자인 페르디낭 드 소쉬르(Ferdinand de Saussure)의 기호학적 방법론을 발전시켜 신화의 의미작용을 밝혀주는 '제 2의 기호학적 체계'의 모델을 제시했다. 이는 후기 구조주의적 접근의 문화연구의 기반이 되었다.
2 소쉬르는 언어를 랑그(*langue*)와 파롤(*parole*)로 구분했다. 랑그는 의사소통을 위한 집단계

한 의사전달을 위해 가공된 질료로 형성된 것이다. 신화는 '보증할 진실'을 지닌 것이 아니면서도 그 의미작용에서 '자연'의 본성을 보증해주려는 의지를 담고 있다. 이 의지는 역사적이고 문화적인 것을 '자연스러운 외관'으로 굴절시키는 '속임수'로 작용한다. 현실에서 역사를 비우고 그 자리에 자연의 외피, 즉 '거짓 자연'(pseudo-physis)을 가득 채운다. 신화는 '이데올로기의 전복', 즉 인간의 의사소통의 모든 층위에서 '반(反)자연(anti-physis)으로부터 거짓 자연으로의 전복'을 행하는 가장 적당한 도구이다(바르트, 1997: 314). 바르트는 역사에서 자연적 현상으로 넘어오는 데 있어 신화의 작용은 매우 경제적이라고 말한다.

신화는 그 소재들을 정화시키고 순수하게 만들어 인간행위의 복잡성과 모든 변증법적 논리를 제거하고 그 행위에 본질의 단순성을 부여하여 모순이 없는 것처럼 가장하기 때문이다. 이는 신화가 모든 질을 양으로 환원시키는 '질(質)의 양화(量化)'를 통해 이해력을 절약하고 현실을 보다 싼값에 이해하게 하는 것을 의미한다. 신화의 본질적 기능은 '개념의 자연화'에 있다. 신화는 현실에 대한 인식이 투여된 개념의 의도성과 역사성, 불안정성과 우연성을 불변의 자연으로 가장한다. 자연의 외피는 사물들의 역사적 성질을 파괴하여 그것들이 필연적인 의미를 지닌 것처럼 보이게 함으로써 역사의 우연성을 필연성으로 전환시킨다. 이처럼 역사가 자연의 상태로 이행하는 그 지점에서 신화가 생성된다.

바르트는 기호 속에 숨겨져 있는 신화의 기능을 간파하고자 하였다.

약으로서 언어를 조직하는 법칙과 관습, 즉 '사회적 제도로서의 언어'를 말하고, 파롤은 '언어의 개별적 사용, 즉 개별적 발화'를 의미한다. 랑그는 언어의 '구조'라면, 파롤은 그 구조 안에서 이루어지는 '수행'이며 구조의 동질성 속에서 수행의 이질성을 가능하게 하는 것이다.

기호는 기표와 기의로 구성되고 기표와 기의가 하나의 짝을 이루어 일차적(외연적) 의미작용을 한다면, 바르트는 이 일차적 기호가 또 다른 기표로 작용하여 새로운 이차적 기의를 생산하게 되는 이차적(내포적) 의미작용에서 신화가 생산되고 소비된다고 보았다.[3] 신화는 이러한 이차적 의미작용을 '자연스러운 것'처럼 보이게 하는 언술행위이다. 기호는 역사적, 문화적 맥락에 따라 복수의 의미를 만들어내는 잠재성을 지닌 것이며 이는 그 의미작용에 내포된 이데올로기적 기능을 신화의 기능으로 확장시킨다. 신화의 기능은 이미 공유되고 있는 문화적 코드들 속에서 기호의 의미작용을 증폭시킴으로써 활성화된다. 기표와 기의 사이의 관계는 사회적 약속에 의해 결정된 인위적인 것이며 관습과 같은 문화적 동의의 결과로 이루어진 것이다. 신화는 이러한 문화적 동의를 바탕으로 새로운 의미작용들을 추가하는 방식으로 이데올로기적 기능을 수행한다.

신화는 그 무엇인가를 '지칭하면서 통고하고, 이해시키면서 강요'하는 것이다. 신화는 수많은 것들 중에서 어느 특정한 것 하나를 가리켜 무엇이라고 일컫는 것만으로 임의적으로 결정된 사안을 알려주는 것이다. 동시에 그것을 깨닫도록 가르쳐주고 주입시키고 설득시키면서 이를 당연한 것으로 받아들이도록 암묵적으로 강제하는 것이다. 신화는 지칭하는 사물들에게 '설명'의 명백함이 아니라 '사실'의 명백함을 부여

---

3 소쉬르는 언어에서 글자로 표기되는 기표와 그 글자가 만들어내는 개념인 기의가 동전의 양면처럼 결합하여 하나의 기호를 만들어낸다고 보았다. 기표와 기의의 관계는 문화적 동의에 의해 정해진 자의적인 것이며 기의는 기호체계 안에서 다른 것들과 구별되는 관계 속에서 그 차이에 의해 특정한 의미를 갖는 것이다. 기표는 언어에서 글자로 표시되는 것이며 기의는 그 글자가 갖는 개념이나 정신적인 이미지를 말한다. 일례로 '개'라는 글자인 기표가 특정한 동물을 지칭하는 기의를 만들어내는 것이 일차적 의미작용이라면, '개'라는 기호가 또 다른 기표, 즉 '개자식'의 기표가 되어 '못마땅한 인간', '하찮은 인간'을 지칭하게 되는 것이 이차적 의미작용이다.

하고 '자연' 속에서 정당화한다(바르트, 1997: 314~316). 이는 '허위투성이의 명백함', 즉 자명한 것으로 보이게 하는 허구성을 통해 사물들이 '스스로 의미하는 것'처럼 보이게 만들어 특정한 가치체계를 의심할 여지가 없는 사실체계로 받아들이게 하는 것이다. 신화는 사물들의 본성에서 나오는 것이 아님에도 그 어떤 합리적 설명보다 더 강한 '자연'의 힘으로 작용한다. 신화는 속담처럼 확실한 사실로 환원되고 축소된 파롤을 통해 설명을 거부한 채 세계의 불변성을 말해주거나, 격언처럼 이미 만들어진 세계의 영원한 자명함을 강조한다. 신화는 정화된 본질을 끊임없이 현실 속에 주입시키는 수사로 동원된다. 이는 현실이 다른 존재 형태로 변형되는 것을 상상하지 못하게 하는 것이다.

원형적 서사로서의 신화는 모든 인류에게 공통적으로 존재해왔으며, 그 원형들은 과거의 사건들에 그 뿌리를 둔 것이지만 현재와 미래에도 영원히 적용될 수 있는 것들이다. 신화의 목적은 세계를 고정시키는 것이다. 신화적 원형의 의례적인 반복은 친숙성과 영원성의 외피를 갖게 하는 것이다. 신화는 역사의 흔적이 제거된 대상들을 영원의 세계로 소유하고 향유하게 만들어 인간을 역사에서 면책시키고 기성질서를 부동의 세계로 받아들이게 하여 이에 안주하게 만든다. 이는 부동의 세계를 모방하고 추종하는 '동일화'의 지향성을 부여함으로써 인간이 스스로 창조하는 것을 금지하는 것이다.

신화는 세상에 대한 설명을 사실의 진술처럼 보이도록 꾸며낸다. 그 설명은 세계의 창조, 인간사회의 기원, 역사, 사회제도, 개인/집단들과의 관계들에 대한 법규와 관련된 것들이다. 신화는 그 무엇이 어떻게 생겨났는지 그 기원과 생성의 완전함과 중요성을 부여하고 이 세상의 지속과 완성을 정당화한다. 이 세상에서 무의미한 것은 하나도 없고 서로 유기적으로 연결되어 있는 것으로 만들어 그 존재의 의미와 정당성을 제시한다. 신화는 전체 사회를 지향점으로 삼는 보편 체계로 작용한다. 이는 사회시스템을 특정한 가치체계를 담은 역사적 산물이 아니라 그 기원에서부터 부정할 수 없는 필연적이고 영원한 것으로 수용하게 한다. 시스템이 하나의 완결된 유기체로 존재한다는 믿음을 갖게 하면서 위계질서, 사회적 역할, 제의 등을 정당화한다. 모든 민족은 그들 나름의 고유한 이데올로기로서 신화를 만들어내고 그 신화를 통해 그들 스스로를 정의하고 정당화한다. 이로부터 민족의식과 민족문화가 형성된다.

바르트는 신화가 지나치게 '정당화된 파롤'이라고 했다. 신화는 기존의 세계에 대해 도덕적인 요소들을 담은 모범적인 이야기들을 꾸며내어 유통시키기 때문이다. 엘리아데(Eliade)는 신화가 현재에 대한 믿음의 초석과 이상을 제시하면서 기존의 현실을 옹호하는 긍정의 기능을 수행한다고 보았다. 신화는 오늘의 현실을 확신에 가득한 세계로 이상화하여 현재와 미래의 길잡이 역할을 한다는 것이다. 레비스트로스(Lévi-Strausse)는 신화의 목적이 세계의 문제와 모순들을 마술처럼 해결할 수 있는 논리적 모델을 제공하는 것에 있다고 했다. 신화는 모순을 추방하고 이 세계를 이해할 만하고 살 만한 곳으로 만들기 위해 이야기를 들려주는 문화적 기능을 담당한다는 것이다. 신화는 모든 것들이 원만하게 이루어지는 것처럼 믿게 하는 외양들의 일관된 표상들을 제공한다. 신화는 인물, 현상, 역사적 사건, 기술 등의 이상화된 표상들을 제시하고 이것들에 이상적인 가치와 의미를 부여한다.

바르트는 자본주의 사회에서 파급되는 신화의 힘을 절감하였다. 그는 현실의 거짓된 자연스러움이 참을 수 없을 정도에 이르고 '자연'과 '역사'가 '혼동되는 것을 괴롭게 지켜보아야 하는 상황에서, '자명한 것으로 포장된 진실' 속에 숨겨져 있는 이데올로기적 오용을 포착하기 위해 신화의 분석이 필요했다고 토로했다. "인간은 매일 도처에서 신화들에 사로잡혀 그 신화들에 의해 부동의 '원형'(*prototype*)으로 되돌려 보내"진다고 했다(바르트, 1997: 333). 이 원형은 인간을 대신해서 삶을 살아가는 거대한 기생충처럼 인간을 질식시키고 인간의 활동을 그 원형 속에 가두어 꼼짝없이 세계를 견디어내도록 만드는 것이었다.

자본주의 역사 속에서 '이성', '진보', '행복', '자유', '평등' 등의 이데올로기들을 자연화하는 신화들이 생성되었고 이는 인간의 인식론적 세계를 지배하고 순화시켜왔다. 이러한 신화들은 서구 자본주의 문명을 인류 문명의 원형으로 영구화하는 것이었으며 자본주의 시스템을 우연한 역사적 산물이 아닌 필연적이고 불변의 것으로 정당화하는 것이었다. 자본주의의 대량생산과 대량소비의 시스템은 신화적 기표들을 무한히 증식시키는 토양을 만들어왔으며 이를 통해 그 이데올로기적 지배력을 자연스럽게 확장시켜왔다.

2. 초현실화의 주술

신화는 하나의 우화적인 가공의 이야기이다. 신화는 공동체를 지배하는 사회질서와 실제 사건을 왜곡된 방식으로 이야기한다. 이 이야기는 대체로 검증이 불가능할 뿐 아니라 검증이 필요 없는 '참된 이야기'로 꾸며진다. 신화가 보여주는 이미지들 안에는 경험된 현실들이 들어 있지만, 그 경험된 현실들은 임의적으로 선택된 것이다. 신화의 서사는 선택된 현실에 대한 인식을 뒤집는 놀라운 형상들과 해석들을 담는다. 선택된 현실은 신화적 상상력을 통해 새로운 세계를 만들어내기 때문에 현실에서는 일어날 수 없는 일들이 당연하게 벌어지고 생각할 수도 없었던 존재들이 등장한다. 그 세상의 모습은 현실과 상당히 다른 형태를 지닐 뿐 아니라 현실과 역의 관계로 대칭되는 것이기도 하다. 신화가 이야기하는 것은 세상을 재창조하는 것과도 같다. 신화는 현실을 거울처럼 정반대의 모습으로 비추어줌으로써 인간과 현실의 절대적 관계를 해체하여 상대화시킨다.

신화는 그 신화를 유통시키는 사회 속에서 공훈을 세우는 인물들과 사건들에 대해 이야기한다. 신화는 비실제적인 사실과 인물을 만들어내고 이에 대한 믿음이 민중생활 속에서 자리 잡게 한다. 기존의 질서가 확립되는 과정에서 발생한 폭력의 희생자들을 은폐한 채 '기적적인 평화'의 신비스러운 정착을 보여주기도 한다. 여기서 그 기적적인 평화를 이룩한 권력들이나 개인들은 초월적인 것으로 신격화되고 우상화된다. 희생의 강요로 이루어지는 그 '기적'은 신화가 지니는 강력한 힘의 업적이다. 역사적 사실에 대한 민중의 집단기억은 결단과 참여의 내용이 아니라 역사적 인물이 신화적 모델로 동화되고 역사적 사건이 신화적 행동의 범주와 일치될 때에 보존되는 것이다.

신화는 환상, 창조, 거짓, 꿈, 로망 등을 연상시킴으로써 신성하고 고양된 힘에 사로잡히는 체험을 하게 한다. 신화는 자연적이고 주술적인 힘으로 작용한다. 신화의 지식은 주술이나 종교적 능력을 포함하는 신비적 성격을 지닌다. 신화는 시공을 초월하여 초자연적인 영성이 작용하는 성스러운 힘을 현재화하는 것이다. 신화적 역사는 세상을 재창조하는 경이로운 역사이다. 신화는 인간 조건의 한계를 초월하는 모호한 원망을 나타내거나 '원초의 완전함'에 대한 향수를 동원하고 선동한다. 신화는 초자연적인 창조적 행위를 증언함으로써 사물의 생성과 관련하여 과학적 설명보다 더 포괄적이고 깊이가 있는 것처럼 보이는 설명을 제시한다. 신화는 세상의 불합리성을 신비적, 자연적 요소들을 빌려와 합리화한다.

신화의 기능은 '시간으로부터의 탈출'이다. 역사적이고 개인적인 시간에서 탈출하여 초역사적인 초탈의 시간으로 침잠하게 하는 것이다. 신화는 역사의 바깥에서 시간을 새롭게 재생시키는 메커니즘을 가동시킨다. 초자연적 행위의 역사를 구성하는 신화는 역사에 대한 반작용으로 확립되면서 신화적 시간과 역사적 시간은 극명한 대비를 이루게 한다. 신화적 시간은 꿈의 시간과 같은 것으로 궁극적으로 역사 자체를 초월하는 태도를 유도한다. 신화는 상상력으로 창조된 미지의 상상적인 시간 속에서 자유를 구사하게 해주는 마법의 힘을 체험하게 한다. 이는 역사적 시간에 대한 저항을 통해 현실 속에서 운명지어진 시간의 리듬 이외의 리듬을 추구하는 욕망을 충족시킨다. 또한 시간에 대한 투쟁으로 죽음의 시간과 파멸을 가져오는 시간의 중압에서 자유로워지려는 희망을 갖게 하는 것이다(엘리아데, 2011: 249~250).

신화는 현실을 상대적 관점에서 파악하게 함으로써 더욱 초연한 태도를 갖게 한다. 신화의 수사학적 형태의 하나인 양비론은 "두 가지 대립물로 현실을 환원시킴으로써 견딜 수 없는 현실을 회피"하게 만든다. 즉, 선택하기에 거북했던 것들을 평형을 이루는 현실의 유사물로 제시하고 그 어느 쪽도 지지하지 않게 만들어 현실에 대한 개입 자체를 기피하게 하는 것이다. 역사란 고통의 다른 이름에 불과하다면, 신화는 이러한 역사를 견디어낼 수 있는 출구를 제공하는 것이다. 신화는 역사에 의존하면서도 역사에 대립하거나 역사 안에서 발생하는 고통이 역사 밖의 초월을 통해 치유될 수 있다는 가능성을 제시한다. 신화적 상상은 삶의 고통으로부터 벗어나는 환상을 갖게 하며 이러한 신화적 의례들은 기존의 현실을 감내하게 만드는 기능을 충족시키는 것이다.

자본주의 시스템이 비대해질수록 이에 대적할 수 있는 가능성은 점점 더 희박해지는 반면에 고통의 무게는 감당할 수 없을 정도로 가중된다. 자본주의의 신화들은 자본주의 문명의 역사적 필연성을 설파하고 그로부터 생산된 고통을 불가피한 것으로 정당화한다. 돈과 상품과 기술을 우상화하는 신화들은 자본주의 시스템을 긍정하고 이상화하도록 만들고 좌절의 현실을 부정하게 만드는 주술적 힘으로 작용한다. 마법의 세계를 담은 문화상품들과 '힐링'상품들은 생존경쟁의 압박과 갈등에 지친 많은 사람들에게 신화적 환상을 제공한다. 이 모든 것은 긍정 이데올로기의 효과를 극대화함으로써 자본주의 시스템에 대한 대중의 응집력을 강화하는 데 기여하는 것이다.

3. 부르주아 이데올로기의 탈계급화와 비정치화

바르트에 따르면 신화는 서구 자본주의 사회에서 부르주아 계급의 이데올로기가 '익명의 이데올로기'로 자리 잡은 것이었다. 1789년 프랑스 시민혁명 이래로 정치권력을 장악한 부르주아 계급은 자본주의적 사회제도와 사회질서를 정착시켰다. 이로부터 탄생한 '부르주아 사회'는 지배계급의 이데올로기들을 '국민'이라는 사상을 통해 보편적인 것으로 확산시켰다. 부르주아 규범들은 국가적 실행에 의해 보편화되면서 '자연적인 질서의 명백한 법칙들'로 일반화되었다. 이에 따라 부르주아계급은 그들이 기부하는 이질 분자들(공산주의자들)까지도 포함된 국민 속에 용해되어 들어가면서 익명성을 띠게 되었다. "이념적으로 부르주아가 아닌 모든 것은 부르주아 계급의 힘을 빌려야" 하는 부르주아 사회에서 부르주아의 이데올로기는 모든 것을 채울 수 있게 되었고 그 때문에 별 위험 없이 그 명칭을 잃을 수 있었다.[4] 신화는 부르주아 지배계급의 규범들과 이데올로기들을 익명의 보편적 원리로 고정시키고 지배계급의 가치와 이득을 증진시키는 이데올로기들을 탈계급화하는 것이었다. 바르트는 부르주아 사회에서 신화로 자리 잡은 부르주아의 이데올로기와 규범을 공격대상으로 삼았다. 이는 세계의 확신과 그 '거짓의 명백함' 속에 숨겨진 정치적 기획을 탈기만화하기 위한 것이었다.

부르주아 이데올로기의 '탈명명화'(ex-nomination), 즉 익명화는 부르주아가 '실재에서 실재의 표상으로, 경제적 인간에서 정신적 인간'으로 이행한 것을 의미했다(바르트, 1997: 308~312). 부르주아 신화들은 탈계급화와 '국민화'를 넘어 '세계화'를 향해 자본주의의 거짓 자연들을 수없이 생산해왔다. 이는 자본주의의 지배 이데올로기들로부터 역사성과 정치성을 제거하고 거짓 자연의 영원성과 필연성으로 대체시키는 것이었다. 자본주의 역사의 공간이 끊임없이 확장되고 그 뿌리가 깊어질수록 그 거짓 자연은 점점 더 완전한 자연으로 자리 잡았다. 신화는 부르주아 지배계급의 정치적 목적을 담은 '세계의 영원한 제조행위'를 전 인류를 위한 비정치적인 사업으로 위장하는 정치적 기획이었다. 즉, 자연의 부동성을 빌려 기존의 세계를 보존하고 영속화시키는 기획의 정치성을 은폐하는 기만이었다. 이러한 '비정치화'는 정치적 색채를 증발시키기 위해 필요한 많은 인위적 자연을 동원하여 그 조작성과 정치성을 제거해버리는 것을 의미했다. 이 때문에 바르트가 시도했던 '탈기만화' 작업은 더 없이 절박한 세계적 보편과제로 대두되었다.

신화는 자본주의 사회에서 지배계급인 우파에게 본질적인 것이며 통계적으로도 우파의 것이다(바르트, 1997: 324~334). 부르주아 지배계

---

4 엘륄(Ellul)은 이데올로기의 세계가 벌써부터 부르주아 사회에 동화되면서 파괴되고 오염되고 부식되었다고 말한다(1998: 258~259). 기독교와 마르크시즘도 부르주아 사회에 동화된 상태에서 어떻게 빠져나갈지를 알지 못한다고 했다.

급은 기존의 세계를 자연의 부동성으로 영속화하는 신화를 통해 그 목표를 달성하는 언어활동의 독점권을 행사하기 때문이다. 피지배계급은 언어활동이 빈곤하기 때문에 지배계급의 거짓 자연을 단지 차용할 수 있을 뿐이다. 부르주아 신화들은 자본주의 계급체계의 핵심적인 악을 더 잘 감추기 위해 부수적인 악을 미리 고백하는 '예방접종'의 방식으로 집단적인 상상세계를 면역시킨다. 이는 체제에 대한 전면화된 전복의 위험을 예방하고 국부적인 전복을 허용하는 유연함으로 '부르주아적 선(善)'을 유지하기 위한 것이다. 신화는 비정치화된 파롤이라는 점에서 정치적 파롤을 만들어내는 혁명과 대립한다. 정치적 파롤이 신화와 양립될 수 없는 것처럼 혁명의 명명은 신화의 제거를 의미한다. 부르주아 계급이 자신을 숨김으로써 신화를 만들어낸다면, 혁명은 자신을 드러냄으로써 신화에 도전한다. 좌파의 신화는 부르주아 신화들이 지배하는 자본주의 사회에서는 증식할 수가 없으며 일상적인 삶에도 접근할 수가 없다.

자본주의의 신화들은 자본주의 문명과 그 시스템에서 드러난 계급적 모순과 갈등을 은폐하고 자본주의에 대한 '잘못된 믿음'을 갖게 하는 것이었다. 자본주의의 사악한 본질과 탈취의 역사를 정당화하는 것이었다. 자본주의 체제에서 시장경제의 신화는 자유방임주의가 기회의 평등과 조화로운 사회질서를 실현시킨다는 망상을 갖게 하였다. 자유경쟁의 신화는 부르주아 계급의 이해관계를 대변해주고 독점체제가 자리 잡는 현실을 은폐하는 것이었다. 풍요의 신화와 성공신화는 자본주의 체제의 희생자들에게 헛된 희망을 불어넣는 지배계급의 이데올로기적 기만이었다. 자본주의 시스템에 대한 맹목적 믿음을 갖게 하는 신화들은 물질적 성장에 따른 인간적, 자연적 파괴와 갈등을 불가피한 것으로 받아들이게 하고 자본주의 문명을 인류의 신앙으로 떠받들게 하는 것이었다.

03

독사: 이데올로기와 문화의 무의식

독사(*doxa*)[1]는 고대 그리스 말에 어원을 둔 것으로 '공통의 신념' 또는 '대중적 견해'로 풀이된다. 독사는 사람들을 설득시키기 위해 조작된 것이라는 의미가 담겨져 있다. 그리스의 정통교회에서 독사는 신의 찬미와 숭배를 위한 행위와 실천을 반영하는 종교적 신념으로 지칭되기도 한다. 독사는 사전적 정의로 감각적 지식을 토대로 한 공통된 견해, 당대의 상식, 공유된 지식이나 신념, 전수되고 수용되는 생각을 말한다. 독사는 일상생활에서 사실을 판단하는 일반적 기준으로 작용하고 의사소통을 가능하게 하며 의미를 구성하게 하는 것이다. 독사는 자명한 것처럼 가정된 의견으로서 증명되지 않는 정당화의 논리가 개입되어 있다.

독사를 기술하는 언어는 투명한 언어일 수가 없다. 독사는 이데올로기, 신화, 프레임, 형상, 상투형, 그럴듯함 등과 같은 다양한 모습으로 나타나면서 이것들과 구분되는 담론들과 경계를 이룬다. 독사는 '받아

---

1 독사는 한국어로 '공론'으로 번역되기도 하지만 대체로 원어가 그대로 사용되는 경향이 있다. 독사에 담겨진 다층적 차원의 논제들을 집약시켜주는 한국말을 찾기 어려운 관계로 이 글에서도 원어를 사용한다.

들여진 관념'이라는 점에서 상황에 의해 좌우되는 상대성을 지닌다. 독사는 신화적-관례적 체계에 의해 코드화된 기호적이고 상징적인 것으로 사회문화적 맥락에서 비롯된 것이다. 이는 신화가 문화적, 역사적 맥락에 따라 다양하게 선택된 의미작용을 하는 것과 유사하다. 독사는 역사의 흐름과 함께 끊임없이 갱신된다. 독사가 힘을 발휘할 때에는 공유된 것들 간의 결착이 강화되면서 다른 독사와 더 첨예하게 대립된다. 독사는 또한 그에 대항하는 패러독스(paradox)를 만들어내면서 끊임없는 해체의 가능성에 노출된다. 독사와 패러독스의 연쇄적 생성 고리는 문명을 전파하는 신화의 프레임 속에서 작동하는 것이므로 독사의 '탈신화화'는 이러한 연쇄적 고리를 깨는 것을 의미한다.

바르트에게 독사는 '세간의 통념'처럼 '전혀 아무 일도 없었던 것과 같이' 반복되는 것이며 '사회적 관계의 불투명성을' 초래하는 '잘못된 것'의 '자연'을 의미한다. 독사는 대중을 설득하기 위해 대중의 수준에 맞추어 의도적으로 타락한 논리로서 여론, 다수의 정신, 공동의 견해, 소시민의 합의, 자연스러운 것의 목소리, 편견의 폭력을 총괄하는 것이다. 독사는 변증법적 출구를 가로막아 모든 반대되는 말을 하찮은 소음으로 환원시키는 억압적인 것이다. 독사는 의미를 좋아하지 않으며 의미에 저항한다고 여겨지는 구체적인 것을 대립시킴으로써 의미로부터 면제될 가능성을 추구한다. 바르트는 독사가 '권력의 축복'을 받는 '합법적이고 자연스러운 지배'를 관철시키는 것이라고 했다.

부르디외(Bourdieu)는 이데올로기의 개념이 너무 남용된 결과 더 이상 유효하지 않다고 보았다. 그는 이데올로기의 확장된 개념들로서 '독사', '상징적 지배', '상징권력', '상징폭력'이 정치적 의미에서 보다 효과적인 것으로 간파했다(Bourdieu & Eagleton, 1994: 266). 특히 독사는 자연적인 생활세계로 받아들여지는 관례, 의례, 관습, 가치, 규범,

분류 및 평가체계 등과 같이 의식의 차원이 아니라 '의식하지 않는 상태'를 상정하는 것으로 이데올로기보다 더 유용한 개념이라고 했다. 독사는 피지배층이 무엇을 의식적으로 행하거나 허위표상에 의해 잘못 인도되는 것이 아니라, 지배 권력을 '알지도 못하는 상태'에서 '그들이 아는 것보다 훨씬 더 많은 것들'을 통해 '자발적으로' '자연스럽게' 받아들이도록 하는 것이다. 독사는 이데올로기의 훌륭한 도구로서 텔레비전이나 정치선전기구보다 훨씬 더 강력한 '숨겨진 설득'의 기제로 작용한다.

신화는 역사를 '거짓 자연'으로 만들어 이를 강요하는 것이라면, 독사(doxa)는 이 '거짓 자연'을 '자연'처럼 무의식적으로 받아들이게 하는 과정을 밝혀주는 개념이라 할 수 있다. 독사는 신화적 기만이 개인의 무의식에까지 관철될 수 있게 해주는 강력한 기제로 작용하는 것이다. 이 글에서는 독사에 관한 부르디외의 논점들을 문화와 이데올로기의 프리즘을 통해 재해석하고 확장시켜보고자 한다.

1. 상식이 지배하는 독사

독사는 상식처럼 굳이 말하지 않고도 공감될 수 있는 것이다. 상식은 천진난만함이나 우직함으로 세상을 비성찰적으로 경험하게 한다. 독사는 상식의 세계처럼 의문과 물음을 제기할 필요도 없고 논쟁을 야기하지도 않는 침묵으로 그 자명함을 인정하는 것이다. 독사는 상식의 지각 범주들을 구성하며 상식은 독사의 만장일치를 나타낸다. 독사는 부르디외의 지적처럼 사회적 관습의 습득 과정과도 같은 것으로 나와 타자 사이에 동일하게 적용될 수 있는 공통적인 도식들을 통해 작용한다.

이 도식들은 사회적으로 구성된 인지적이고 평가적인 체계의 산물이다. 독사는 전통문화에서 당연한 것으로 수용되는 집합의식과도 같은 것이다. 여기서 세상에 대한 감각은 객관적인 합의에 의해 유효한 것이 된다. 상식으로 작동하는 독사의 정당화 논리는 이성적이고 체계적인 논리가 아니라 감정적이고 비체계적인 것으로 강요되는 느낌을 주는 것이다.

상식은 매우 다양한 표상들로 구성되며 그 표상들은 세계를 단순하게 파악하는 방식들을 제공하고 우리가 관찰한 사실들에 대해 수용 가능하며 정확하다고 생각하는 설명들을 제공한다. 세계를 이해한다는 느낌을 주고 일상적 사회활동에서 안내자와 지표의 역할을 하는 표상들은 사회생활에 필요 불가결한 것으로 인지된다. 일상생활에서 사용되는 온갖 종류의 표상들은 특정한 이데올로기들을 내포한 것임에도 자연발생적인 것처럼 받아들여진다. 상식의 독사적 기능은 세상에 즉각적으로 편입하도록 만드는 것이다. 상식은 비객관적이고 비합리적인 것이지만 마치 세상에서 널리 인정받는 '객관적 진리'를 담은 것처럼 비추어진다.

독사의 개념에는 상식처럼 다수에 의해 받아들여진 것을 수용한다는 전제가 있다. 상식은 기존 사회나 특정 사회집단들이 이미 받아들이고 있는 것으로 간주되는 여론이나 신념의 총체를 말한다. 그람시의 '상식'은 역사의 산물로서 모든 계층에게서 일반적으로 받아들여지고 있는 인생관과 인간관을 구성하는 것이다. 상식은 특정 시기와 대중적 환경에서 만연되어 있는 단편적이고 비일관적이며 애매하고 모순적인 비유기적 형태의 총괄적 사고방식이다. 상식은 완고한 부동의 어떤 것이 아니기 때문에 집단의식이나 개별적인 의식 속에서 통일성과 정합성을 갖출 수가 없다. 이와 마찬가지로 독사도 일관성 없이 암묵적인 가정과 조작가능의 상태에서 이심전심으로 수용되고 공유되고 전수되는 것이다. 이른바 '상식의 정치'라는 것은 확실한 이념이나 가치에 기반을 둔 정치가 아니라 대중의 상식과 정서를 가정한 여론몰이의 사이비 정치일 뿐이다. 기성의 정치질서에 대한 의문들을 제기하기 위해서는 상식과의 단절이 필수적이다. [2]

하비(Harvey)의 지적처럼(2007: 59) 문화적 사회화의 오랜 실천을 통해 구축되는 상식은 매우 보수적이며 새로운 것에 대한 공포증을 갖는 것이다. 상식은 기존의 시스템에 의한 문화적 사회화의 통로로 이용되고 계급질서를 유지하는 보수적 토양을 형성하는 데 기여한다. 상식은 문화적 편견하에서 실제 문제를 오도하고 모호하게 만든다. 상식을 업은 독사는 사회적 관습, 전통문화, 다양한 인지/평가 체계들 및 표상 체계들을 바탕으로 시스템의 유지와 재생산에 순기능적으로 작용한다. '상식적'이라는 것은 사람들의 관습을 유지하는 것만이 아니라 모두가 적극적으로 성취하고 유지하려는 상태를 말한다. 이 때문에 상식은 대중의 정치적 동의를 이끌어내는 기제로 작용한다.

부르디외는 지식인들이 아카데미 기구를 통합시키는 독사로부터 분리되기가 힘들기 때문에 역사적, 사회적 조건들에 대한 '학습된 무지'를 드러낸다고 보았다. 이 무지는 사회적 세계에 대한 독사적 경험을 가능하게 한 특정한 조건에 대한 물음을 제기하지 않은 채 그 경험으로

---

2 부르디외에 따르면 "독사의 진실은 여론의 장의 구성에 의해 부정적으로 구성될 때에만 비로소 완전히 드러난다"(Bourdieu, 1977: 168). 독사의 진실은 기존의 사회적 세계를 자연적 현상으로 인정하게 만든 시스템에 위기를 초래한다. 그 위기는 독사에 대한 물음을 제기하기 위해 필요한 조건이지만, 그 시스템 자체에 대한 근원적인 비판을 위한 충분조건은 아니다. 여론의 장에서는 서로 경쟁하고 대적하는 담론들은 가장 급진적 양상을 보이는 담론들조차도 시스템의 객관적인 조건들을 벗어나지 못하는 한계를 지니기 때문이다. 커뮤니케이션의 체계 속에서 형성되는 여론은 대중에 의해 공유된 의견으로서 그 체계를 활성화하는 또 다른 독사로 자리 잡을 가능성이 높은 것이다.

획득된 일차적 지식을 자연적인 것으로 수용하는 것을 말한다. 친숙한 세상에 대한 일차적 지식, 즉 실용적 지식은 사회적 세계에 자명하고 자연적인 성격을 부여하는 가정들을 암묵적으로 확인시켜주는 지적(知的) 독사로 작용한다. 사회적 세계에 대한 독사적 지식은 세상을 자명하고 논쟁의 여지가 없는 것처럼 보이게 함으로써 사회적 세계의 재생산에 기여하는 것이다(Bourdieu, 1977: 164~165). 자본주의 사회에 대한 독사적 지식은 자본주의 시스템을 기정사실로 승인하는 기능을 수행하고 현실 속에서 이루어지는 독사적 경험들을 당위적인 것으로 받아들이게 하는 논리적 근거들을 제시한다.

부르디외는 독사를 인식론적 개념으로 파악하고, 독사의 관점에서 일상적인 '현실적 지식'과 '성찰성에 기반을 둔 과학적 지식'을 구별 짓는다. 이는 독사와 성찰성, 무의식과 의식, 경험과 판단의 관계에서 지식과 지식인들을 조명하고 사회에 지배하는 독사적 정신 상태에 대한 비판적 의식과 담론을 자극하기 위한 것이다. 상식의 가치들과 관념들에 의존하는 독사적 정신 상태는 현실적인 지식을 내포한 것으로 사회과학적 성찰성을 저해한다. 독사는 사회가 표방하는 가정들이 과연 타당한지를 입증해야 할 의무를 면제시켜주기 때문이다. 반(反)성찰적 사회과학은 상식의 선험적이고 탈맥락화된 가정들을 담은 것이다. 이는 기존의 사회적 관계들과 사회세계로부터 직접 빌려온 개념들을 알아채지 못하거나 비판하지 않은 상태에서 즉각적인 이해의 환상을 갖는 구조적 보수주의를 낳는다. 대표적으로 실증주의 사회학은 과학성의 외피를 입고 사회세계와 기성질서를 있는 그대로 다루면서 독사를 재가하는 보수적 기능을 지닌다. 즉, '객관적' 관찰과 데이터의 이름으로 기존의 사회시스템을 합리적 모델로 정당화하는 것이다. 비성찰적인 가정들에 입각한 통계적 방법론도 학문적인 상식의 '순진한 독사'(*naive doxa*)를 확인시켜주는 것이다. 부르디외는 한편 지식인들이 상식과 단절된 인식론에 입각하여 '객관적 진리'를 내세우는 객관주의도 경계했다.

부르디외는 사회세계에 대한 비전 전체의 변형을 불러오는 정신적 혁명('*metanoia*')을 주장한다. 여기서 요구되는 '인식론적 파열은 평범한 가정들과 일상적으로 작동중인 원리들, 평범한 감각, 실증주의 전통이 중시하는 개념들과 방법론의 파열을 전제한 것이다. 사고의 전환과 시선의 혁명을 과학적 실천의 근본적 규범으로 정립해야 한다는 것을 말한다(Bourdieu & Wacquant, 1992: 251~252). 이는 지적 독사의 탈신비화를 위한 것이다.

2. 숨겨진 설득과 공모관계

부르디외는 "사회적 세계의 일차적 경험은 독사적 경험"이라고 말한다. 독사적 경험은 비성찰적 상태의 일상적이고 즉각적인 경험으로서 경험적으로 터득한 사회구조에 대한 '친숙화'와 함께 자연스러운 동화를 유발한다. 독사적 경험은 객관적인 구조들과 주관적인 구조들 사이의 암묵적인 일치에 의해 기존의 실현된 세계를 그 존재만으로 당위적인 것으로 만든다. 사회구조와 개인 및 집단의 정신구조 사이의 상응관계는 지배질서에 대한 뿌리 깊은 집착의 기반을 형성하는 것이다. 독사의 거미줄에 포박되어 있는 개인은 자신의 견해를 사회집단의 견해로 착각하고 정당화한다. 주관적 요구와 객관적(집합적) 필요성을 하나로 일치시키는 독사적 경험 속에서 개인은 자신이 '현재 하고 있는 것'과 그가 '해야만 하는 것을 하는 것' 외에는 다른 아무것도 할 것이 없다는 믿음을 갖게 된다.

독사적 경험은 독사적 승인을 내포한다. 세상에 관한 독사적 경험은 판단과 비판이 없는 상태에서 기성질서를 승인하는 암묵적인 정치적 기능을 함축한 것이다. 사회질서의 정당화는 행위자들이 사회세계의 객관적 구조들을 바로 그 구조들로부터 산출된 인지체계에 의해 '자명한 것'으로 보는 독사적 승인으로부터 귀결된다. 객관적 구조들과 인지적 구조들의 즉각적인 동의에 기인한 '독사적 승인'은 모르는 사이에 진행되는 교활하고 강력한 '숨겨진 설득'이다. 독사적 승인은 지배 권력의 정치적 목적을 알아채지 못하는 방식으로 관철시킨다는 점에서 가장 '무자비한' 설득이다. 신화가 비정치화된 파롤로서 지배계급의 이데올로기를 관철시키는 것이라면, 독사적 승인은 사회구조와 정신구조를 일치시킴으로써 지배질서의 정치적 의미 자체를 중립적이고 비정치적인 것으로 받아들이는 것이다. 이로써 독사의 정치적 기능이 지배의 효과로 나타난다. 실존의 '자연화된' 조건들을 발견하는 데 있어서 독사의 하부정치만큼 더 완벽하고 충분한 것이 없다는 것이 부르디외의 주장이다(Bourdieu & Wacquant, 1992: 73~74).

독사적 경험과 독사적 승인은 '사물들의 질서'를 의심의 여지가 없는 '자연스러운' 질서, 즉 독사적 질서(doxic order)로 인지하는 것이다. 독사적 질서는 실용적인 지식에 의해 정당화된다. 실용적 지식은 친숙한 세상에 대한 일상적 지식으로서 지배질서에 대해 자연적인 성격을 부여하는 가정들을 암묵적으로 확인시켜주는 것이다. 이는 피지배층으로 하여금 자신도 모르게 지배자의 관점을 갖게 한다. 노동자들이 획득한 실용적 지식은 그들을 기존의 계급질서에 적응하게 하는 것일 뿐 그들의 조건을 직시할 수 있게 하는 성찰적 지식이 아니다. 노동자계급을 유지하는 '프롤레타리안 독사'는 노동자들로 하여금 그들의 실존적 조건을 직시하지 못한 채 독사적 질서에 즉각적으로 편입시킨다. 모든 지배의 양식에는, 물리적 폭력을 사용하는 경우에도, 피지배층과 지배층 사이에 공유된 독사적 질서가 미리 가정된 것이다. 이는 공모관계를 위한 전제조건이다. 지배계급과 피지배계급 간에 공유된 독사적 질서는 계급투쟁에도 불구하고 자본주의 시스템을 유지하고 재생산하는 공모관계를 형성하는 것이다.

이러한 공모관계는 생존게임이 벌어지는 장(場, champ, field)에서 두드러진다(Bourdieu & Eagleton, 1994). 장은 제도 이상의 비제도적인 것들과 구조 이상의 역동적인 것을 포함하는 개념이다. 각각의 장은 그 나름의 고유한 이해관심들과 투쟁목표로 구성되며 다양한 장들은 상호간에 상대적 자율성을 지닌다. 정치의 장, 종교의 장, 학문의 장, 예술의 장, 유행의 장 등 각기 다른 자본을 동원하는 하위 장들로 다원화되는 장은 다른 장으로 환원될 수 없는 것이다. 장은 행위자들을 계급질서로 편입시키고 그들이 희구하는 자원들, 즉 '자본'들을 목표로 다양한 전략의 적대적 경쟁을 벌이게 하는 게임공간이자 권력과 위신을 추구하는 투쟁과 갈등의 공간이다. 여기서 '자본'은 매우 포괄적인 개념으로 '권력의 사회적 관계'로 기능하는 자원, 즉 지배와 권력관계의 유지수단으로 이용되는 모든 것을 말한다.[3] 자본의 양과 배분이 장 안에서의 각자의 위치를 결정한다.

장은 수동적이 아닌 능동적인 행위자의 실천을 통해 활성화된다. 각

---

3 부르디외는 다양한 형태의 자본들로 경제자본(재화 및 자산), 문화자본(학위증, 학벌, 언어능력, 문화상식, 취향 등), 사회자본(연결망, 인맥 등), 상징자본(정당화 기제)을 제시했다(Bourdieu, La distinction, Paris: Les Editions de Minuit, 1979). 이러한 자본의 개념들은 자본주의 사회현실을 보여주고 설명해주는 것으로 설득력을 지닌 것이지만, 모든 자원을 자본으로 환원시키는 자본주의의 특수한 현실을 보편적 모델로 고정시키는 인식론으로 오용될 소지를 안고 있다.

장에 참여하는 행위자들은 그 장의 객관적 구조를 내면화하여 그 구조를 개인의 심적 구조로 치환한다. 이들은 자본의 분배를 둘러싼 게임과 그 내기들을 가치 있는 것으로 인정하는 것뿐 아니라 그 장의 수용과 유지가 중요하다는 믿음을 공유한다. 게임의 가치를 승인한다는 것은 그 가치에 따라 각자의 이해관계의 개념을 규정짓는 것이다. 장 안에서 벌어지는 게임에 참여한다는 것은 각 장 안에서 적용되는 참여의 규칙들뿐만 아니라 각자가 차지하는 위치와 역할을 받아들인다는 것을 말한다. 장 내에서의 경쟁과 투쟁은 장의 위계질서가 계급적 이해관계를 관철시키고 보다 나은 위치를 확보하기 위해 추구해야 하는 '이상적인 것'이라는 암묵적 승인을 전제한 것이다. 이는 생존게임의 장이 독사의 장 (*field of doxa*) 으로 작동하면서 행위자들과 그 장의 구조들 간에 확실한 공모관계가 형성된다는 것을 의미한다. 독사의 장은 자본주의 시스템과의 공모관계에 의해 강제된 '자발적 예속'을 불가피한 것으로 만드는 것이며 자본주의를 '숙명적 시스템'으로 받아들이게 하는 것이다.

3. 오인 (誤認)의 메커니즘

독사가 이데올로기의 강력한 도구이자 지배적인 문화 규범으로 작용하는 것은 부르디외가 강조하는 '오인'(*méconnaissance, misrecognition*) 에 의한 것이다. 오인은 이른바 '자명한' 원리들과 이치들의 역사적 자의성을 문화적 기능으로 작용하게 하는 것이며, 문화적 산물을 역사적 동기가 없는 자연적인 것으로 착각하게 하는 독사적 기능을 내포한다. 신화가 이데올로기의 속임수로 작동한다면, 독사는 그 속임수에 빠지게 하는 '오인'의 문화적 관습이다. 오인은 행위자의 경험에 대한 '객관적인 진실'을 접근 불가능하게 만든다. 권력을 작동시키는 오인의 메커니즘은 독단적인 지배질서를 자연스러운 것으로 받아들이게 하는 독사의 기능을 지닌다.

사회적 분류체계(system of schematic classification)는 위계질서에 대한 오인을 담보하는 안전장치로 작용한다. 오인의 메커니즘은 분류체계의 정당성 자체에 대한 의문의 필요성을 자각하지 않은 채 오직 그 정당성을 획득하기 위한 경쟁과 투쟁에 돌입하는 상황에서 발생한다. 위계적 분류체계는 지배계급에게는 이익이 되고 피지배계급에게는 불리한 것이다. 그러나 피지배자가 분류체계에 따라 세상을 이해하고 수용하고 실천하는 과정에서 계급적 지배관계는 중립적이고 당연한 것으로 오인된다. 피지배자들이 그들의 이해관계에 상반되는 효과들을 최소화하는 유일한 가능성은 그 분류법을 이용하고 그것에 스스로 복종하는 것에 있다는 점에서 오인이 묵인될 수도 있다. 이처럼 분류체계의 정치적 기능은 그 위계질서에 의해 불이익을 받는 사회적 집단들이 그 분류법의 합법성을 승인하는 것에서 충족된다. 오인의 메커니즘은 지배권력과 계급질서의 안정성을 확보하게 해주는 독사적 기능을 수행하는 것이다.

자본주의 계급사회에서 분류체계는 계급투쟁의 대상과 도구가 된다. 여기서 계급투쟁은 지배적인 등급체계들을 강요하기 위한 투쟁이며 그 분류체계를 통해 계급의 존재기반을 확립하고 계급의 재생산을 합법화하기 위한 것이다. 지배계급은 분류체계의 총체성을 방어하는데 관심을 갖는 반면, 피지배 계급은 분류체계의 독단성(임의성)을 폭로하고 그 한계를 밀어내는 것에 이해관계를 갖는다. 계급의 구별 짓기로 작용하는 '취향'도 사회에서 통용되는 객관적인 분류도식 속에서 자신을 남들과 구별하는 것으로 드러난다. 소비는 그러한 취향의 분류체계를 내면화하는 개인의 실천이며 교육과 계급의 수준을 반영하는 문화자본으로 작용한다. 취향의 분류체계는 지배계급의 문화자본의 우월성을 입증해주는 것이며 계급적 지배를 정당화하는 것이다. 따라서 부르디외의 주장처럼 피지배계급은 사회구조들을 재생산하는 분류체계들의 임의적 원칙들과 이에 따라 그들 자신에게 '내면화된 검열'을 거부할 수 있는 물질적, 상징적 수단들을 가질 때에만 진정한 계급투쟁을 전개할 수 있는 것이다.

부르디외는 상징자본(*symbolic capital*)이 오인의 메커니즘을 작동시키는 측면을 강조한다. 신용, 명예, 미덕과 같은 상징자본은 경제적 자본과 문화자본에 의해 형성된 지배-권력 관계를 정당한 것으로 오인하게 하는 것이다. 상징자본은 지배계급의 자본축적을 착취의 논리와는 무관한 '신망'의 증표로 위장시켜주거나 부의 권력을 예술과 문화의 권위를 빌려오는 고급취향의 문화자본으로 치환시켜주는 것이기 때문이다(Bourdieu, 1977: 197). 사회적으로 인정된 '명예'는 하나의 기호가 되어 권력관계를 은폐하거나 순화시킨다. 지배의 정당성을 인정받는 계기와 그것에 대한 오인의 과정은 동전의 양면과 같다. 상징자본에 의한 오인의 메커니즘은 지배 권력을 자연스러운 것으로 승인시켜 주는 독사적 기능을 수행한다.

상징권력(*symbolic power*)은 오인의 메커니즘을 통해 권력을 합법적인 것으로 인정하도록 만드는 권력이다. 권력을 쟁취하기 위한 투쟁이 정당성을 획득하기 위해서는 상징조작 과정이 필요하다. 집단적 오인에 의해 형성되는 정신적 구조는 상징재화와 그 교환과정에 대한 자연화된 믿음을 조장한다. 상징권력의 효력은 상징적 지배(*symbolic domination*)를 의식하지 못하게 하는 것, 즉 지배질서를 정당화하는 상징질서를 자연적 질서로 받아들이게 하는 것에서 나타난다. 상징질서는 위계질서를 유지시키고 계급적 불평등을 자연화하는 것이다. 상징질서의 유지를 위해 제도화된 도구들은 지배적 위치를 차지하는 집단들의 이해관계들에 봉사한다. 상징적 지배는 피지배집단들이 자유와 구속의 그 어느 쪽도 의식하지 않는 상태, 즉 자유로운 지지도, 수동적 예속도 아닌 일종의 공모관계를 형성하는 상황에서 관철된다.

상징권력은 보이지 않는 부드러운 폭력으로 작용하면서 독사적 질서를 체화시키는 것이다. 이 독사적 질서는 불평등한 지배관계를 내포한 것이지만, 오인의 메커니즘은 그 폭력적 성격을 포착하지 못하게 한다. 상징적 폭력은 모든 위계질서에 존재하는 것으로 그 구성원에게 가해지는 복합적 형태의 권력이다. 이는 기존의 사회질서와 지배-권력관계를 정당한 것으로 오인하게 만드는 것으로 피지배집단들의 무의식적인 복속을 끌어내기 위한 것이다.[4] 상징적 지배와 폭력하에서 저항과 해방이 어려운 것은 오인의 메커니즘에 의한 독사적 기능이 인간의 의식을 작동하지 못하게 하는 장애로 작용하기 때문이다.

후기 자본주의 사회에서 상징적 지배는 인간이 숨을 쉬기 위해 자동적으로 들이마시는 공기처럼 작동한다. 지배문화에 의해 공식화되고 체계화된 권력은 상징적 지배를 통해 '공명정대'하고 온화한 형식을 빌려 불가항력적인 것으로 행사된다. 상징적 지배는 어디에나 있지만 아무 곳에서도 그 실체가 감지되지 않기 때문에 그로부터 도망친다는 것 자체가 성립되기 어렵다. 이 때문에 부르디외는 '의식'의 능력을 과대

---

4 부르디외에 따르면 모든 교육활동은 전제적인 권력에 의한 문화적 독재의 강요로 이루어지는 일종의 상징적 폭력이다. 학생들로 하여금 학교에 대한 동기부여나 지식에 대한 가치부여를 당연한 것으로 여기도록 만들며 제도권 내에서 확실하게 살아남기 위해 교육을 필수적인 것으로 요구하는 것에서부터 상징적 폭력이 행사된다. 학교체제는 지배계급의 지식을 인정하도록 강요하고 지배문화의 독단성을 합법적인 것으로 받아들이게 함으로써 민중 계급을 상징적 폭력에 굴복하게 한다는 것이다.

평가해서는 안 된다고 했다.

4. 육체의 무의식과 아비투스(*habitus*)

부르디외는 독사가 시스템의 강력한 이데올로기적 기제로서 개인의 육체와 행위를 통해 그 효과들을 발휘한다는 점을 강조한다. 지배의 메커니즘과 그 주요한 이데올로기적 효과들은 육체의 무의식적 조작을 통해 작동한다는 것이다(Bourdieu & Eagleton, 1994: 268~270). 푸코가 말하는 훈육의 개념은 인간에게 외적으로 강제된 것에 초점을 두는 것에 반해, 부르디외의 독사는 육체의 무의식으로 작동하는 인간의 내적이고 자발적인 측면을 강조하는 개념이다. 이는 의식으로 포착되지도 않고 명백하게 드러나지도 않으며 고의적인 변형도 불가능한 것이다. 독사의 기능은 이처럼 이데올로기나 제도적 규율에 대한 복속의 상태를 '육체의 무의식'의 상태로 전환시키는 것이다. 체험하는 몸'은 일상생활을 통해 세계를 체화하는 '습관적인 몸'이며, 습관적인 몸은 '의식하지 않는 몸'으로서 '의식하는 몸'과 함께 작동한다.

독사적 질서는 습관적인 몸을 통해 '육체적 질서'로 자리 잡게 된다. 제도화되고 관료화된 의식(儀式)들과 습관들은 지배질서의 조용한 명령들을 따르는 육체의 무의식 속에서 육체의 질서로 자리 잡는다. 이는 부르디외의 표현대로 무의식적 통제를 가능하게 하는 '지배의 육체화'와 '육체의 정신화'를 의미한다. 사회적인 것의 육체적 생리화이자 문화적 자의성의 자연화를 말하는 것이다. 즉, 개인의 몸속에 제도화된 지배관계를 각인시키고 사회화된 육체를 통해 지배의 사회관계를 합법화하는 것이다.

가부장제의 독사적 질서는 여성들의 몸속에 깊숙이 새겨지는 여성적/모성적 육체의 무의식에 의해 정당화된다. 성별노동 분업체계는 성별 분리로 위계화된 독사적 질서를 남녀의 육체적 질서로 각인시키는 것이다. 자본주의의 계급질서 역시 독사적 질서가 체화된 육체의 무의식 속에서 '자연적 질서'로 받아들여진다. 독사적 질서는 사회적 적응을 위해 내면화하는 '실용적(직관적) 감각'의 신체적 적성으로 전환된다. 그러나 시스템의 지배력이 그 시스템에 예속된 개인으로 하여금 필수적으로 감내하게 만드는 고통은 자기증오나 자기징벌과 같은 자학적 형태의 무의식적인 자기파괴의 힘으로 분출되기도 한다 (Bourdieu & Eagleton, 1994: 276~277).

육체의 무의식은 이데올로기의 무의식을 내포한 것이다. 이데올로기의 무의식은 이데올로기가 독사적 질서를 통해 개인의 육체 속에 자연의 영원성으로 자리 잡은 침전물이다. 이는 신화에 의한 이데올로기의 자연화와 독사에 의한 이데올로기의 자연스러운 체화의 산물이다. 신화가 이데올로기의 실체를 은폐하는 거짓 자연을 만들어낸다면, 독사는 그 거짓 자연에 숨겨진 이데올로기를 개인의 몸속에서 무의식의 상태로 작동시키는 것이다.

알튀세르는 무의식의 차원으로 확장된 이데올로기의 기능을 강조했다. 즉, 이데올로기가 무의식 속에 뿌리박게 될 때 그 효과를 발휘한다고 보았다. '무의식의 영원성'은 '이데올로기 일반'의 영원성과 무관하지 않다는 사실에서 "프로이트가 무의식 일반의 이론을 제시했던 의미의 이데올로기 이론이 정당화될 수 있다는 것이 그의 주장이었다(알튀세르, 1991: 106). 이데올로기는 실체도 없고 무의식적인 것이 되면서 은밀하고 정교한 효과를 발휘한다. 이데올로기의 무의식은 이데올로기적 주체로 하여금 자신이 이데올로기적 국가장치들에 의해 호명되는 존재라는 것 자체를 의식하지 못하게 한다. 따라서 이데올로기적 주체에게 자신의 존재를 이데올로기적 구성물이라고 말하는 것 자체가 오히려 이데올로기적인 것으로 비추어질 수가 있다. 이데올로기의 안팎을 구별할 수 없는 무의식 속에서 이데올로기는 자연처럼 개인의 몸을 지배하는 육체적 무의식으로 전환된다. 여기서 자신에게 내면화된 지배이데올로기를 자기 자신의 것으로 믿는 무의식적 자기기만이 발효된다.

이데올로기의 무의식은 앞서 본 '이데올로기의 문화화'에 의해 '문화의 무의식'으로 쉽게 확장될 수가 있다. 이데올로기와 문화의 결정적인 공통점은 "이데올로기와 문화의 많은 구성 요소들이 그 가치 체계 내에서 살고 행동하는 사람들에게 의식되지 않는" '비의식'의 영역뿐 아니라 정신분석학에서 말하는 '무의식'의 영역에 존재하는 것에 있다(지마, 1996: 48). 무의식의 영역에서는 이데올로기와 문화가 한층 더 자유롭고 자연스럽게 넘나들 수 있으며 하나로 작용할 가능성이 높다. 반복되는 일상의 습관, 전통, 의례화된 실천들은 추종주의적인 생활방식과 행동 패턴들을 유발하는 이데올로기의 무의식이자 문화의 무의식으로 작용한다. 고정관념이나 편견이 성찰 없이 반복되는 과정에서 자리 잡는 문화의 무의식은 이데올로기의 무의식을 동반한 것이다. 사회적 현실과 개인의 객관적 조건들에 대한 오인, 왜곡된 표상, 허위의식에서 발현되는 행위들은 이데올로기의 무의식을 문화의 무의식으로 확장시킨다. 사회과학자들조차도 문화가 낳은 많은 분류 개념들을 반성 없이 사용할 정도로 '문화의 무의식'에 연루되는 경향을 보인다. 이처럼 독사의 기능을 지닌 육체의 무의식은 이데올로기의 무의식과 문화의 무의식이 번성하는 곳이다.

육체의 무의식에는 브로델이 강조한 '역사의 무의식'도 자리 잡는다. 오랜 시간을 두고 진화해온 역사가 일상생활의 구조로 자리 잡는 과정에서 역사의 무의식이 생성된다. 장기 지속하는 심층의 삶이 무의식의 깊은 곳에서 살아 움직이면서 구조 전체를 만들어내고 움직이는 견고하고 거대한 힘으로 작용한다. 브로델은 자본주의 경제사로부터 뿌리 내린 일상생활의 구조가 인간의 심층에 자리 잡는 무의식을 통해 물질 생활을 지탱해준다고 보았다(브로델, 2012: 14~17). 일상생활의 구조는 거의 변하지 않는 관성적인 것으로 인간의 명료한 의식 밖에서 이루어지는 습관이나 관행으로 재생산되는 것이며, 물질생활은 이를 통해 '몸속의 내장처럼' 아주 깊숙한 곳에 결합되고 흡수된다는 것이다. 즉, 물질생활을 통해 오랫동안 경험하고 중독되고 세뇌당한 것들이 너무나 당연하고 필수적인 것이 되어버리기 때문에 인간의 삶은 절반 이상이 충분히 '의식하지 못하는 상태로' 일상생활에 묻어서 굴러간다는 것을 말한다. 역사의 무의식은 심층의 '감옥'이 되어 인간의 삶을 능동성보다 피동성이 강하게 만드는 한계로 작용하고, 역사의 흐름을 옥죄어 흘러갈 방향을 결정하면서 근본적인 변혁을 추동하는 힘을 억제한다. 여기서 역사의 무의식은 모든 변증법적 출구를 가로막는 지배 이데올로기의 무의식과 상통한다. 역사의 무의식은 물질생활과 결합하는 일상 생활의 구조를 무의식적으로 받아들이고 공모관계를 형성하는 독사의 기능을 수행하는 것이다.

그렇다면 육체적 무의식으로 작용하는 독사는 부르디외가 개인의 행위체계의 주요한 개념으로 제시한 '아비투스'(habitus)에서 어떻게 작용하는 것인가? 부르디외는 아비투스와 독사의 관계를 밝혀주는 명확한 논점을 제시하지는 않았지만, 육체가 아비투스 개념의 가장 중요한 분석단위라는 점을 주목했다. 아비투스는 사회구조와 개인 및 집단의 행위체계 사이의 상호작용을 말해주는 개념으로서 사회화를 통해 '무의식적으로' 획득되는 사고, 지각, 표현, 행위 등의 특징적 양태를 의미한다. "아비투스는 개인과 집단이 역사적, 사회적 생산조건에 따라 규정되는 생산물과 끊임없이 교차하는 능력"이며 "이를 통해 조건부 자유와 조건 자체를 결정하는 자유가 확보"된다(Bourdieu, 1977: 76, 95). 여기서 조건부 자유는 아비투스가 사회의 객관적 구조가 내면화되는 '구조화된 구조'이자 동시에 개인의 일상적 실천들을 통해 사회구조를 새롭게 변화시키는 '재구조화하는 구조'의 양면성을 담고 있다.[5] '사회화된 주관성'이라는 개념의 아비투스는 사회에 적응하고 순응하면서 동시에 개인의 자율적이고 생성적인 지향성을 지닌 영속적인 성향체계로 정의된다.

아비투스의 '구조화된 구조'는 오랜 경험과 반복되는 실천들을 통해 생성되는 것으로 바로 독사가 작용하는 영역이다. 독사는 아비투스에서 사회구조의 힘을 육체의 무의식으로 자리 잡게 하는 것이다. 육체의 무의식은 개인의 몸으로 체화된 구조로서 독사적 질서를 따르는 타성과 무의식적 추종에 따른 비성찰적 행위의 지향성을 갖는 아비투스의 영역이다. 이 영역은 사회적, 역사적 경험으로부터 체화된 성향체계가 '제2의 본성'처럼 작용하면서 제도보다도 더 지속적이고 은밀한 사회적 초월성의 효과를 발휘한다. 비의식적으로 작용하는 정신구조와 육체적 성향들을 통해 아비투스는 '자연스럽게' 사회의 객관적 구조를 재생산하는 독사적 기능을 수행한다.

부르디외는 아비투스를 통해 개인들의 이해관계가 하나의 계급이나 집단으로 통합되는 것을 '아비투스의 오케스트라 효과'라고 부른다. 이

---

5 아비투스는 구조의 지속성과 동시에 변화가능성을 담은 발생적 도식들로 구성되는 인식 및 행위체계를 말한다. 여기서 이르는 발생적 도식이란, 사회구조 안에 편입되는 주체의 자율적 행위양식을 묘사하는 부르디외의 발생론적 구조주의(genetic structuralism)의 관점을 담은 것이다.

는 개인의 아비투스와 계급, 젠더, 인종 등 개인이 소속된 집단의 아비투스 사이에 이질성과 다양성을 내포하는 동질성이 형성되는 것을 말한다. 젠더와 계급으로 위계화된 독사적 질서는 성적, 계급적 차별의 구조가 체화된 육체의 무의식을 통해 젠더와 계급의 아비투스를 생성하는 것이다. 동시에 성불평등과 빈곤이 답습되는 사회구조는 이를 내면화하는 젠더와 계급의 아비투스에 의해 재생산된다. 여기서 아비투스는 개인과 집단이 스스로 독사적 질서에 대한 예속을 자처하는 것이자 그 독사적 질서를 영속적인 자연의 질서로 재생산하는 것이다.

아비투스의 또 다른 측면인 '구조화하는 구조'는 객관적인 사회구조로부터 자유로운 개인의 주관성을 발휘하고 구조를 변화시키는 잠재력을 지니는 것이다. 이 잠재력은 '구조화된 구조'로 작용하는 육체의 무의식과 경합을 벌이는 의식의 자유와 실천에 의해서만 현실로 드러날 수가 있다. 독사가 작용하는 육체의 무의식과 이를 뛰어넘는 주관성의 의식이 대결하는 과정에서 아비투스의 보수성과 급진성이 판가름된다. 그런데 개인의 주관성은 대부분의 경우 독사적 경험을 동반한 지속적인 사회화의 과정 속에서 무의식적으로 내면화된 객관성과 결별하기 힘든 구조에 있다. 주관성과 객관성은 순환적 인과관계에 있기 때문이다. 개인의 행위체계에서 객관성이 주관성으로 위장되거나 객관성과 주관성이 상호 공모관계를 형성하기도 한다. 여기서 아비투스는 주관성과 자발성의 형식을 빌려 사회구조를 영속화하는 독사의 기능을 수행하게 된다. 이 때문에 아비투스는 사회적 규칙에 '의식적으로' 복종한 결과로 생겨난 것이 아니면서도 '무의식적으로' 사회체계에 대한 추종주의적 성향을 담게 된다. 이는 과거로부터 완전한 단절을 꾀하는 혁명적 변화를 어렵게 하며 아방가르드 운동의 급진성을 좌절시킨다.

부르디외가 자신의 관점을 발생론적 구조주의로 제시한 것은 아비투스가 구조화된 구조이면서도 구조를 변화시키는 가능성을 지닌 것으로 보았기 때문이다. 그런데 그 가능성이 독사적 질서에 대한 예속을 의식하지 못하는 육체적 무의식에 가로막혀 실현되기 어렵다는 점을 밝혀주는 것이 아비투스의 개념이다. 이 때문에 부르디외는 '주동적인 사회적 행위자'(acteur social) 보다는 '사회적 대행자'(agent social) 라는 명칭을 선호한다. 사회적 대행자는 주어진 객관적 상황과 아비투스 사이의 변증법적 관계로부터 생성되는 의식적/무의식적 행위자를 말한다. 이는 아비투스로 편입된 독사가 사회시스템에 대한 예속으로부터 해방되는 진정한 주체성과 의식적 실천을 원천적으로 억제함으로써 구조적 변동을 추동하는 아비투스의 잠재력을 발휘하기 어렵게 만드는 측면을 부각시킨 것이다. 더구나 그 예속은 '숨겨진 설득'과 공모관계에 의해 자발적, 무의식적으로 이루어지기 때문에 '사회적 대행자'의 덫에서 빠져나오기가 쉽지 않다는 것이다. 이러한 관점은 부르디외가 구조결정론자이거나 문화적 주체의 자율성을 과소평가하기 때문이 아니라, 자본주의 시스템이 점점 더 견고해지고 비대해지는 상황에서 보다 더 정교한 '최면적 권력'이 작용한다는 점을 역설하기 위한 것이었다. 부르디외는 그 최면적 권력으로부터 벗어나기 위해 권력의 '자연스러움'을 추방하고 자연이 되어버린 문화에서 지워진 역사성을 회복해야 한다고 주장했다.

그람시의 헤게모니가 피지배계급의 자발적 동의를 이끌어내기 위한 계급투쟁과 타협의 과정을 중시한 것이었다면, 그 시대로부터 반세기 이상이 지난 후기 자본주의에서 부르디외는 그러한 과정 자체가 생략되어 버리는 상황을 주목한 것이다(Bourdieu & Wacquant, 1992: 168). 지배계급의 권력은 이미 인간의 몸속으로 아주 자연스럽게 스며드는 독사로 작용하기 때문이다. 독사가 작동하는 육체의 무의식과 아비투스는 자본주의 시스템과 한 몸을 이루는 인간주체를 형성하는 것이다. 독사를 통해 개인의 몸속에 자리 잡는 이데올로기와 문화의 무의식은 자본주의 시스템에 대한 자발적 예속을 보장해주는 것이다. [6]

---

6 이 총론은 2014년 한국문화사회학회 가을 학술대회("한국문화사회학의 궤적과 재해석")에서 발표했던 내용을 수정, 보완한 것임.

1부

계몽의 신화와 독사

계몽주의는 18세기 서구에서 새로운 지배계급으로 부상한 부르주아지*의 이데올로기들이 배태된 산실로서 자본주의에 의해 전유(專有)되었다. '계몽의 신화'는 부르주아적 이데올로기들을 전 인류를 위한 보편적 기획으로 위장하고 정당화하는 것이었다. 자본주의는 이에 편승하여 인류의 보편적 가치들의 실현을 위한 세계적 기획으로 자리매김되는 이념적 토대를 마련할 수 있었다.

---

* '부르주아'(*bourgeois*)라는 용어는 시장이 발달한 도시(프랑스어의 *bourg*, 영어의 *borough*)에 사는 유산자나 평민을 지칭하는데, 유럽에서는 상업으로 부를 축적한 도시 상인들이 지배적인 위치의 자유시민으로 부상했다. '부르주아지'(*bourgeoisie*)는 귀족계급에 대비되는 자본주의의 유산계급으로서 시민의 계급적 특권을 지닌 '부르주아 계급'을 일컫는 것이다.

04

이성과 진보의 거짓 자연과 잘못된 믿음

1. '보편이성': 부르주아적 보편주의의 기만

부르주아지는 사상, 이념, 철학, 시스템의 창조자들이었다. 18세기 이전에도 부르주아지는 경제력을 바탕으로 문화사적 변화의 계기들을 발흥한 주인공이었다. 유럽의 르네상스는 이태리의 상인 부르주아지가 축적한 부를 기반으로 일으킨 문예부흥운동이었다. 이는 인간을 새롭게 발견한다는 휴머니즘을 바탕으로 초인적 능력을 지닌 소수 개인들의 창조적 해방을 예찬한 것이었다. 더 나아가서 계몽주의는 인간의 해방을 전 인류로 확장시키는 보편주의(universalism)를 표방하였다. 이 보편주의는 인간 누구에게나 존재하는 '이성'에 호소하는 것이었다. 이성은 인간의 '보편적 자산'이자 인간의 평등을 말해주는 개념이었다. 초기의 프랑스의 이념론자들은 인간의 사회 자체를 이성에 복종시키고자 하였다.

계몽주의는 '영원불멸한 이성의 빛'으로 모든 인간을 깨우치는 야심찬 프로젝트였다. '계몽'이란 '인간 정신의 미숙한 상태로부터의 해방'을 뜻하는 것이었으며 모든 인류를 계몽의 대상으로 삼는 것이었다. 계몽주의는 '보편적' 이성을 기반으로 인류 전체를 포괄하는 '세계정신'이 되고자 하였다. 이는 누구에게나, 어느 세상에서나 적용되고 받아들여져야 하는 보편적 가치와 이념이 존재한다는 가정을 담고 있었다. 계몽주의는 서구중심의 특수한 이데올로기적 주장들을 '보편적 인류'(Humanity)의 세계관으로 제시하는 것이었다. 부르주아지는 대문자로 표기되는 '이성', '진보', '자유', '평등', '행복' 등의 보편개념을 제시하는 새로운 사상의 대변자로서 새로운 세상을 점지하기 시작했다. 계몽의 보편개념과 총체성은 '자연'의 통일성을 모방하는 '통일적인 이성'을 추구하는 것이었다.

계몽사상의 보급에 전념했던 디드로(Diderot)는 무신론적 유물론자로서 '인류의 보편 이해'에 기여하고 '인간의 교육 전반을 목표'로 삼는 보편적이고 체계적인 사전 편찬[1]에 전념했다(디드로, 2014). 《백과전서》의 편찬은 민중과 학자 모두가 인류의 '지식의 보편성'에 대한 믿음을 갖고 지식의 습득에 몰두하게 만들기 위한 것이었다. 그 궁극적 목적은 인간 정신의 진보의 역사를 담아내고 '모든 것을 정의한다는 법칙' 하에서 '지식'의 '일반체계'를 확립하는 것에 있었다. "대상을 보다 높은 곳에서 고려할수록 더 멀리 바라보게 되고 우리가 따르게 될 질서는 더 교훈적이고 더 위대해질 것이다. 따라서 단순성이 없다면 위대함도 없으므로 분명하고 쉬워야 하며, 우리가 있는 지점 너머로 아무것도 보이

---

1 1751~1772년에 걸쳐 백과전서파 184명에 이르는 당대의 명사와 석학들이 총동원되어 새로운 《백과전서》 34권이 출간되었고 4천 부 이상(당시 서적의 평균 발행부수는 5백~1천 정도)이 발행되었으며 인쇄기술과 신문, 잡지 등 매스 미디어의 성장을 통해 독자층이 점차로 확대되었다. 디드로는 인류의 이득을 위해 이 작업을 시작했지만 아마도 숱한 오류가 있었을 것이라고 스스로 인정했다. 그럼에도 디드로는 전례 없는 공동 작업으로 매우 다양한 분야들을 총망라하는 막대한 분량의 지식들을 제시한 덕분에 성공을 거두었다고 자평했다.

지 않고 길을 잃기 십상인 굽이굽이 미로가 아니라 멀리 뻗어있는 광대한 주작대로와 같아야 한다. 그 길을 똑바로 따라가면 역시 질서정연하게 늘어서 있는 다른 길을 만나게 되고, 그 길들로 접어들면 가장 쉽고 가장 짧은 길을 따라 고립되고 배제된 대상을 만날 수 있다."(디드로, 2014: 84) 이처럼 인류를 '보편 중심'으로 삼아 인간이 출발점이자 귀결점이 될 수 있는 거대한 천리안의 보고를 만드는 것이 디드로의 야심찬 계획이었다. 이 계획은 교육을 특권계급의 독점에서 벗어나게 하고 계몽주의를 일반에게 파급시키는 것으로 부르주아적 보편주의의 정당성을 확보하는 것이었다.

이데올로기가 특정 집단의 이해를 대변하는 조직적인 사고체계라면, 부르주아적 보편주의는 부르주아의 계급적 이해관계와 특정한 가치들을 절대적인 이상(理想)으로 가장하는 이데올로기였다. 이는 부르주아 계급이 주도하는 보편적 역사(대문자로 쓰는 *History*)를 성사시키기 위한 세계사적 기획이었다. 더 나아가서 보편주의는 부르주아 계급이 확립하고자 하는 지배질서에 대한 피지배계급의 자발적 동의를 이끌어내는 헤게모니를 구축하기 위한 것이었다. 새로운 지배계급으로 부상한 부르주아지에게 계몽주의는 그들의 세계관을 일반화된 '상식'이나 '감각구조'로 자리 잡게 하는 이념적 토대를 마련해줬다.

이처럼 계몽이 제시한 세계정신의 기획은 그 통일적 이성의 '거짓 자연'을 구현하는 신화[2]의 모습으로 나타났다. 계몽의 프로그램은 본래 신화를 해체하는 '세계의 탈마법화'에 있었고 보편개념의 진리와 그 권위를 추방하는 것이었다. 그런데 계몽은 이성의 힘으로 바로 그 신화가 되고자 하였다. 계몽주의적 보편성은 비동일적인 것을 '동일화'하는 원

---

2 유럽에서 이데올로기라는 것 자체가 계몽주의의 산물이었다. 계몽의 신화는 18세기부터 형성되어왔지만, '신화'라는 말 자체는 19세기에 등장했다고 한다.

리와 '객관화된 규정의 원형'에 의해 정의된 것으로 '개념'에 본래적으로 내재하는 '변증법적 사유'를 부정하는 것이었다. 개념적 통일성은 신화의 본질적 기능인 개념의 '자연화', 즉 개념을 불변의 자연처럼 고정시키는 것이었다. 개념의 자연화는 신화적 형상과 과학 공식 속에서 '사실성'을 영원성으로 환치시키는 것이었다. 계몽의 산물인 실증과학도 역사를 사실성으로 환원시키고 '사실적인 것'의 합리성과 영원성을 주창하는 것이었다. 이는 현존재를 자연처럼 영속화하는 것이며 존재하는 것은 무엇이든 긍정하도록 만드는 것이었다.

호르크하이머 (Horkheimer) 와 아도르노 (Adorno) 는 계몽의 개념 자체가 '애니미즘적 주술'이 되어버린 것을 비판했다 (호르크하이머/아도르노, 1995: 23~76). 신화는 '계몽의 제물'이 되면서 세속화되었고 인간의 이성은 탈마법화된 자연 위에 군림하면서 자연을 단순한 객체의 지위로 전락시키는 주인의 자리를 차지하게 되었다는 것이다. 이는 신화가 이성의 세계로 포섭되고 이성의 역사가 신화가 만들어주는 '거짓 자연'의 옷을 입게 된 것을 말한다. 계몽의 신화는 보편이성의 힘으로 추구하는 '세계정신'의 기획에 '자연'의 영원성을 부여한 것이다.

계몽의 이상 (理想) 은 또한 세부에 이르기까지 모든 것을 도출해낼 수 있는 '시스템'을 세우는 것이었다. '체계화하는 정신'은 자연의 통치자로서의 '창조주 신'과 일치하는 것이며 신화의 '운명적 필연성'을 담은 것이었다. '시스템'이 계몽의 이상이 되면서부터 계몽이 사물에 대해 취하는 행태는 독재자가 인간들에 대해 취하는 행태로 나타났다. "'밖'이라는 관념 자체가 불안의 원천이기 때문에 아무것도 밖에 있어서는 안 된다는 것" (호르크하이머·아도르노, 1995: 41) 이 계몽이 추구하는 체계의 전체주의적 본질이었다. 아도르노와 호르크하이머는 계몽을 '과격해진 신화적 불안'으로 간파했고 이로부터 맹목적 지배의 절대적 원리가 나온다고 보았다. '지배'를 순수한 '진리'로 내세우는 곳에서 '새로운 야만의 싹'이 자라난다고 했다. 이처럼 계몽은 이성과 진리의 전체주의에 의해 신화로 돌아가지만 그 새로운 신화로부터 빠져나올 방도를 결코 알지 못한다는 것에 근본문제가 있었다.

이데올로기는 한 사회집단이나 계급의 당파적 전망을 보편적이고 영구적인 것으로 만드는 것이라면, 신화는 바로 그 종착지라고 할 수 있다. 계몽의 신화는 부르주아 계급의 이데올로기를 탈역사적인 것이자 불변의 영원한 것으로 '자연화'하는 것이었다. 부르주아적 보편주의는 계몽의 신화를 통해 계급성을 벗어난 익명의 지배이데올로기로 확산될 수 있었다. 보편주의가 추구하는 '세계정신'은 바르트의 지적처럼 부르주아 계급의 정치적 목적을 담은 '세계의 영원한 제조'의 기획을 전 인류의 사업으로 위장하고 강요하는 것이었다. 그 인류의 사업은 오늘에 이르기까지 쉬지 않고 추진되어 왔고 그 뿌리에는 계몽의 신화가 심어준 부르주아적 보편주의가 있었다. 따라서 유럽의 계몽주의를 재조명하는 작업은 이 뿌리에서부터 시작되어야 한다. 부르주아 계급의 헤게모니 구축에 기여해온 계몽을 탈신화화하고 보편이성에 기반을 둔 '세계정신'의 정치적 기획을 탈기만화하는 작업이 필요한 것이다.

2. 진보에 대한 잘못된 믿음

계몽 사상가들은 공통적으로 인류역사가 끊임없이 진보한다는 믿음을 지닌 낙관주의자들이었다. 이들에게는 인간의 역사 그 자체가 진보였다. 진보에 대한 믿음은 계몽에 의해 역사의 주인으로 거듭난 인간의 무한한 능력에 대한 확신이었다. 이는 인간을 제약하는 모든 관념을 배격하는 것이었다. 진보는 신이 존재하지 않는 세상에서 역사의 본질적 동기가 되었고 인간행위의 지상권으로 대두되었다. 18세기 유럽의 계몽주의 시대에서 진보는 '보편적 인간정신'으로 부상했다. 이성의 진보, 문명의 진보, 과학의 진보가 진보의 대명사가 되었다. 19세기 초부터는 수식어가 없는 '진보'를 이야기하였다. 진보는 그 질을 따질 필요도 없이 오로지 무한한 전진만이 긍정적 가치라는 확신으로 정체나 퇴보를 실존의 자기부정으로 배제시키는 개념이었다.

신보는 현재보다 미래에 의미를 두는 것이므로 현재는 '진보할 미래'의 상상과 이상의 '거시적' 청사진을 통해서만 의미를 가질 수 있었다. 현실은 그 미래에 대한 상상력을 뒤쫓아가는 과정으로서 진보의 토대가 되었다. 이로부터 미래의 이상화를 통해 진보를 불변의 가치로 고정시키고 자연화하는 신화가 생성되었다. 진보의 신화는 역사의 진보를 불변의 자연법칙으로 받아들이도록 강제하고 이에 대한 영원한 믿음을 갖게 하는 것이었다. 인류 역사가 보다 나은 세상을 만들어간다는 맹목적인 신념은 진보의 신화를 설파한 부르주아지의 위장된 보편주의와 맞닿아 있었다. 진보의 역사를 만드는 '위대한 인간'은 바로 부르주아지였다. 계몽주의 시대는 부르주아지가 진보의 신화를 설파하고 진보의 역사를 주도하는 주인공으로 등장하기 시작한 시기였다.

부르주아 계급은 불안이나 자기혐오는 물론 아예 패배를 모르고 살았으며 반성보다는 절대적인 승리를 쟁취하는 행동에 몰두해왔다. 그들은 인류의 숭배와 신격화에 의한 인본주의적 이상주의로 허무주의를 배격하고 인간의 창조성의 궁극적인 승리를 확신하였다. 부르주아지의 발명과 성취는 인간의 모든 능력과 잠재력을 소진시킬 만큼 최악의 과잉상태로 치닫게 되면서 '인본주의적 테러리즘'으로 나타났다(Ellul, 1998: 313). 이는 전체주의적 경향을 가속화하는 진보를 의미했다. 이러한 진보의 신화는 부르주아 계급의 권력기반인 자본주의에 이데올로기적 동력을 제공하는 것이었다. 자본주의 체제가 진보의 신화의 세례를 받게 된 효과는 자본주의를 비판하는 마르크스주의자들이나 사회주의자들에게서도 나타났다. 자본주의는 역사의 진보에 불가피한 것일 뿐만 아니라 자본주의로부터 해방되는 역사의 변증법적 발전을 위해서도 필요한 것으로 인정받았다.

그런데 부르주아 계급이 추구하는 자본주의적 세계관에서 진보는 '물질적 진보'와 등치되는 것이었다. 이는 도덕적인 것이나 질적인 진보와는 거리가 먼 것이었으며 인간의 정신사와 생태계에 이루 헤아릴 수 없는 희생을 강요하는 것이었다. 물질적 진보가 도덕적 진보를 동반한다는 주장들은 도덕적 악이 빈곤에 있으며 진보의 역사적 과제에 참여하지 않는 사람들에게 그 악의 책임이 있다는 것을 주지시키는 것이었다. 진보의 신화는 자본주의 체제에 '도덕적 선'의 외피를 씌워주는 것이었다. 물질적 진보에 대한 맹신을 조장하고 이를 정당화하는 도덕적 확신을 갖게 하는 것은 곧 자본주의가 역사의 진보를 달성하는 체제라는 잘못된 믿음을 심어주었다.

진보의 신화는 과학기술에 대한 숭배를 낳았다. 부르주아 계급은 17세기 이래로 과학기술의 발전에 주력했고 과학기술은 역사의 진보를 추동하는 수단이자 부르주아지의 권력을 보강하는 것이었다. 진보의 정당성은 도덕적, 윤리적 맥락이 아닌 과학기술의 객관성과 중립성의 논리에 의해 확보될 수 있었다. 자본주의는 신기술의 개발과 확산을 통해 경제성장에 대한 신뢰와 지지를 이끌어낼 수 있었다. 기술혁신은 자본에게 이윤 증대의 무한한 가능성을 열어주고 자본의 무한 축적에 명분을 제공했다. 과학기술주의는 진보의 신화와 함께 종교적 믿음을 대신하는 이데올로기적 지배력을 발휘하게 되었다.

한편 유럽의 18세기 철학은 진보의 법칙에 기반을 둔 사회과학의 초석을 확립했다. 사회과학은 진보의 신화에 과학의 외피를 씌워주는 지적 독사로 작용했다. 진보를 보편적이고 자명한 원리로 가정하고 전제하는 지식체계는 진보의 신화가 만들어낸 거짓 자연을 의문의 여지가 없는 진리로 승인하고 자연처럼 당연하게 받아들이게 하는 것이었다. 대표적으로 사회학의 시조로 일컬어지는 콩트(Comte)의 '사회물리학'은 자연과학적 법칙의 연장선상에서 불변의 사회법칙을 제시하였다. 이는 산업자본주의를 진보의 미래로 규정하는 단선적인 진화론을 담은 것이었다. 여기서 진보의 신화는 진화의 자연법칙으로부터 발전된 사회진화론을 통해 사회과학적 지식으로 거듭나게 되었다. 그의 사회진화론은 자본주의 경제성장을 필연적인 진보의 단계로 합리화해주는 것이었다. 영국의 고전사회학자인 스펜서(Spencer) 역시 사회진화론에 입각하여 자본주의의 산업형 사회를 진화된 사회모델로 제시했다. 그의 사회진화론은 적자생존론을 통해 약육강식의 자본주의 체제를 합리화하는 것에서 그 진수를 보여주었다. 이는 강자들의 사회가 곧 진보하는 사회라는 등식을 성립시켜준 것이었다.

이처럼 유럽의 19세기에 태동한 사회학은 과학의 힘을 빌려 진보의 신화를 깨는 것이 아니라 오히려 의심의 여지가 없는 과학적 질서로 정당화하는 결과를 초래했다. 서구의 특수한 역사 속에서 성장한 자본주의 체제를 사회적 진보의 보편적인 모델로 승인하고 이를 과학적 원리로 합리화한 덕분에 자본주의의 특수성은 보편성으로 위장될 수 있었다. 이는 진보를 하나의 상식으로 받아들이는 '독사적 정신상태', 즉 이데올로기적 무의식에서 유발된 것이었다. 이러한 지적(知的) 독사는 진보의 신화가 작동시키는 이데올로기와 정치성을 직시하는 비판적 의식과 성찰성을 외면하는 문제를 안고 있었다. 진보의 신화는 인간을 진보에 대한 신앙을 지닌 존재로 형상화하고 그 신앙 밖으로 나오지 못하게 함으로써 그 신앙의 덫에 갇힌 사실 자체를 의식하지 못하게 하는 것이었다. 그 신앙은 영혼의 진보나 인격의 수양과 같은 문화적 진보를 외면하게 하는 잘못된 믿음이었다.

한편 진보의 신화가 진보의 자기파멸을 초래한다는 우려와 경고들이 쏟아졌다. 진보에 대한 맹목적인 숭배는 '진보'를 '퇴보'로 반전시키는 역사를 불러온다는 경고였다. 아도르노와 호르크하이머는 계몽의 개념 자체가 퇴보의 싹을 키운다는 점에서 '계몽의 자기파괴'를 강조했다(호르크하이머·아도르노, 1995: 17~19). 즉, '끊임없는 진보가 내리는 저주는 끊임없는 퇴행'이라는 것을 역설했다. 진보는 목적이 있든 없든 한계를 모르고 무작정 전진해야 한다는 전제를 담은 개념이라는 점에서 그 본래의 의미를 훼손시키는 자기함정을 지니고 있었다. 진보의 신화는 항상 변하지 않으면 안 된다는 강박과 변화의 속도에 대한 무한한 갈망을 불러오는 위험성을 내포한 것이었다. 진보의 무한 가능성을 예찬하는 신화는 이러한 진리를 숨기는 속임수였다.

진보의 신화가 이에 편승한 자본주의에 날개를 달아준 것에 대해서도 끊임없는 비판들이 이어져왔다. 특히 마르크스는 자본주의에 의해 성취되는 진보의 근본모순을 파헤쳤다. 그는 생산력의 극대화에 기여하는 자본주의 역사를 진보의 필연적 단계로 인정하면서도 그 진보의 대가가 얼마나 반인간적, 반사회적, 반자연적인가를 꿰뚫어보았다. 진보의 신화는 자본주의가 추구하는 물질적 진보의 자기파괴적 본성을 무시하게 하고 그 부정적, 퇴행적 결과들까지도 진보의 불가피한 부산물로 정당화했다. 자본주의에서 착취와 파괴가 없다면 진보도 있을 수 없다는 것이 그 잘못된 믿음의 항변이었다. 그 잘못된 믿음 덕분에 자본주의는 진보의 토대는 물론 지구의 생존 자체를 위협하는 상황에서도 승승장구할 수 있었다.

3. 도구적 이성: 이성의 거짓 자연

계몽의 주체인 부르주아지의 이성은 도구적 이성을 보편이성의 원형이자 이상(理想)으로 삼는 것이었다. 도구적 이성이 이성의 유일하고 절대적인 힘으로 작용하게 된 것이다. 도구적 이성은 목적의 타당성이나 가치를 생각하지 않고 오직 바라는 결과를 얻기 위한 효율성의 수단으로 이용되는 이성이었다. 이성의 실천이 오직 도구적이고 공리적인 기능을 수행하게 된 것을 말한다. 부르주아지의 도구적 이성은 계몽의 신화가 만들어낸 이성의 거짓 자연이었다. 이는 도구적 이성이 마치 이성의 본래 모습인 것처럼 자연화하는 것이었다. 이성의 시대가 도구적 이성의 시대로 전개되어온 것은 부르주아지의 이성이 계몽주의를 독차지한 덕분이었다. 부르주아지는 그들이 추구하는 이성 이상의 것이 없다는 가정하에서 인간의 영혼을 자신들의 기준에 맞추려고 했으며 이는 부르주아적 '오만의 본질'을 드러내는 것이었다(프리드만, 1987: 17).

'합리적 행위자'로 불리는 '호모 에코노미쿠스'(homo economicus)는 부르주아지의 발명품으로서 도구적 이성의 명령에 따라 도구적 합리성을 추구하는 인간모델이었다. 도구적 합리성은 이성을 도구로 삼아 경제생산성, 유용성, 계산가능성, 효용성, 목적지향성을 추구하는 것이었다. 유용성의 척도에 들어맞지 않는 것은 계몽에게 의심스러운 것이 되었다. 부르주아지를 지배계급으로 만들어준 자본주의는 도구적 이성을 극대화하여 고도의 효율성만을 추구하는 체제로서 이성을 경제기구의 도구와 수단으로 복속시켰다. 자본주의는 도구적 합리성을 극대화하여 자연과 인간을 전무후무하게 착취함으로써 성장할 수 있었다.

호르크하이머는 도구적 이성이 지배하면서 이성의 본질인 '비판적 이성'이 사라지는 상황을 비판했다(호르크하이머, 2006). 이성이 윤리적이고 도덕적인 통찰의 매개체가 아닌 실증주의적 계몽주의의 도구로 전락하면서 자율성을 상실하게 되었다는 것이다. 본질적으로 주체의 사고 능력과 연관되었던 이성이 강도 높은 형식화에 의해 기능적 수단으로 변질된 것을 말한다. 이성의 형식화는 정의, 평등, 행복 등 이성에 의해 비준 받은 모든 개념들의 정신적 뿌리를 상실하게 하여 인간적 내용으로부터 분리시킴으로써 인간을 이데올로기적 조작이나 속임수의 선전에 더 쉽게 굴복하게 만들었다. 실용주의에 기반을 둔 이성의 도구적 관점은 인간의 사유 자체를 산업 생산 과정의 수준으로 축소시키고 치밀한 경제계획에 복속시켰다. 이는 사유의 '탈인간화'가 근대문명의 가장 깊은 근간을 침범하게 된 것을 의미했다(호르크하이머·아도르노, 1995: 41~46). 계몽은 도구적 이성으로 기울면서 '사유 속에 있는 질(質)을 해체시켜 인간에게 획일화를 강요했다. 이는 '사유(思惟)를 사유(思惟)하라'는 명제를 거부하게 만들었다. 목적달성을 위한 이성의 실용적 도구화는 사유의 자기성찰과 자기비판의 능력을 상실하게 하고 사유를 '물화'된 사유로 변질시키는 것이었다.

숫자가 계몽의 경전이 되고 계산가능성의 도식과 '등가원리'가 지배하는 시대가 되었다. 동일하지 않은 것이 '등가원칙'에 따라 비교 가능한 것이 되었다. 자연이 수학화되고 수학적인 세계가 진리와 동일시되었다. 수학적 방식은 필수적이고 객관적인 것으로 군림하면서 사유를 사물과 도구로 만들었다. "사유를 수학적 장치로 환원하는 것 속에 숨겨져 있는 것은 '있는 그대로의 세계'에 대한 승인"이었고 '바로 눈앞에 보이는 것' 아래 이성을 굴복시키기 위한 것이었다. 이는 '인식'이라는 행위를 송두리째 포기하도록 만드는 것이었다(호르크하이머·아도르노, 1995: 27~29, 56~57). 수학을 모델로 삼는 인간의 정신은 철학적 언어를 몰아냈고 지식은 수학적인 상징을 통해 현존재를 도식적인 틀로 만들어 영속화하였다. 모든 것을 수치로 계량하고 판단하는 세상, 통계가 모든 것을 말해주는 세상을 만들어낸 것은 바로 도구적 이성이었다. 특히 주류 경제학은 계산의 이데올로기와 수학모델에 의해 경제학에 내재한 정치의 논리를 탈정치화하고 과학화하는 것이었다.

도구적 이성은 또한 근대적 생활방식을 지배하는 원리로 작용하였다. '근대의 시간'은 부르주아지의 도구적 이성의 산물이었다. 미래에 대한 계산가능성을 중시하는 근대의 직선적 시간은 상인의 시간에서 나온 것이며 이 '부르주아적 시간'은 자본주의의 성장 동력으로 작용했다. 상인의 계산가능한 시간은 시간을 '양적인 대상물로 추상화하여 계산하는 시간의식'으로부터 생성되었다(히토시, 1999: 70). 상인의 시간은 불확정한 요소들을 앞질러 계산하고 위험을 선취하여 이윤을 계산하는 선취의식을 동반한 것이었다. '시간은 돈'이라는 말처럼 시간은 교환가치의 법칙에 종속된 것으로 돈과 같은 소중한 재화로 계산되어야 했다. 시간은 낭비되어서는 안 되는 것이었다. 근대의 시간은 상인의 시간과 상업 활동의 계산적 합리성을 실천하는 생활문화가 확산된 결과로 정착된 것이었다. 근대의 시간은 또한 노동 작업장을 지배하는 기제로 작용했다. 산업자본주의에서 시간의 질서는 노동의 감시에 의해 확립되었다. 생산에 도움이 되지 않는 시간낭비는 금물이었고 엄격히 통제되었다.

관료제는 도구적 이성의 승리를 말해주는 또 하나의 증표였다. 관료제는 인간을 도구적 합리성에 의해 관리되는 피라미드 구조의 한 부품으로 전락시키는 것이었다. 베버(Weber)는 관료제를 도구적 합리성이 지배하는 제도의 전형으로 파악했고 도구적 이성이 만들어낼 인간의 미래를 '철창'에 비유했다. 그 철창은 불행히도 시민사회를 포함하여 근대 국민국가의 지배적인 제도로 자리 잡았다. 국가 관료제는 도구적 합리성을 극대화하는 국가시스템으로 작동했고 기업 관료제는 효율성을 극대화하는 경영시스템으로 정착되었다. 19세기 중반부터 20세기 후반에 이르기까지 기업들은 군대의 조직 모델을 적용하는 방식으로 관료제를 점점 더 견고하게 구축해왔다(세넷, 2009: 30~33). 관료제는 서구의 자본주의뿐 아니라 과거 소비에트연방의 사회주의 국가들에서도 고질적인 병폐가 되었다. 도구적 이성은 체제를 뛰어넘는 위력을 발휘하는 것이었다.

도구적 이성은 기술적 합리성에서 그 절정을 맞이했다. 이성의 진보는 도구적 이성의 결정체인 기술의 진보를 의미했다. 기술적 합리성을 고도화하는 자본주의 성장전략은 '기계론'으로 대변되는 근대적 세계상을 통해 정당화되었다. 기계론은 세상을 수학의 언어로 이해하고 기술했다. 기계를 닮아가는 수학적 자연상과 인간상이 자리 잡게 하는 것이었다. 이는 인간의 두뇌를 기계처럼 만들거나 기계로 대체시키는 작업들을 촉진시켰다(히토시, 1999: 111). 근대 이전의 기계는 인간의 도구였다면, 근대의 기계는 인간으로부터 독립성과 자립성을 갖게 되면서 인간세계를 오히려 지배하게 되었다. 인간은 도구적 이성에 의해 작동되는 기계처럼 다루어지면서 개별성이 상실되었다. 기계는 인간을 먹여 살린다는 명분으로 인간을 불구로 만들었다. 이는 인간의 삶이 산업자본주의의 기술경제를 활성화하는 기계론적 체계의 지배를 받게 된 결과였다. 자본주의 성장 속에서 '고삐 풀린 기술'의 힘은 기술주의의 야만상태를 초래했고 기술파시즘(techno-fascism)을 우려하게 만들었다. 도구적 이성은 자연뿐 아니라 인간까지도 정복의 대상으로 삼아 정복에 한계를 두지 않는 위력을 발휘하는 것이었다.

'산업사회'로 불리는 자본주의 사회는 마르쿠제(Marcuse)가 간파했듯이 기술적 합리성에 기초한 지배와 통합의 힘을 발휘하면서 개인의 자유를 억압하고 저항을 무력화하는 생활문화를 조장했다(마르쿠제, 2006). 기술적 합리성은 모든 선택 가능성과 반대를 흡수하고 비판의 기반을 탈취하는 정치적 도구로 동원되었고 인간정신의 자유를 억제하고 인간을 도구화하는 정치적 힘으로 삭용했다. 기계화와 표준화의 기술적 과정은 개인의 육체적, 정신적 자유를 소실시켰고 인간을 기계의 하인으로 만드는 것이었다. 인간은 점점 더 엄격해지는 기술적 법칙들에 의해 계산되고 체계화되는 생활방식과 행동양식을 강요받게 되었다. 이는 기술적 합리성의 익명적 힘과 능률에 기반을 둔 사회문화적 통제로 작용했다. 마르쿠제는 기술적인 합리성의 전체주의적 세계가 이성을 긍정적 사유의 지배 논리로 변질시킨다고 보았다.

계몽의 신화는 부르주아지의 도구적 이성에 굴복당하는 이성의 위기를 초래했다. 이성의 위기는 자본주의의 성장 동력으로 작용해온 도구적 합리성이 근대의 지배원리로 자리 잡은 역사로부터 파생된 것이었다. 프리드만(Friedman)은 자본주의 역사가 보편화되면서 '이성의 무의식성'이 만연된 것에서 이성의 위기가 초래된다고 보았다(프리드만, 1987: 153). 이성의 무의식성은 이성이 도구적 이성으로 변질된 것조차 의식하지 못한 채 도구적 이성의 명령을 자동적으로 따르는 상태를 말한다. 이성의 거짓 자연인 도구적 이성을 자연으로 오인하게 하는 독사가 이성의 무의식 속에까지 자리 잡은 것이다. 프리드만의 말대로 이성의 위기는 곧 계몽주의의 위기였으며 계몽주의의 위기로부터 '문화'의 전반적인 위기가 유래되었다. 인간의 이성이 존재하는 것은 무엇이든 긍정하는 '현존재의 노예'로 전락하면서 문화의 저항성과 정치성 자체가 훼손된 것이다.

호르크하이머가 말했듯이 "오늘날 이성이라고 불리는 것에 대한 고발은 이성이 수행할 수 있는 가장 커다란 공헌이 될 것"이다(호르크하이머, 2006: 230). 이성의 도구적 기능이 압도하는 이성의 세계를 구제할 수 있는 길은 '비판적 이성'의 부활에 있는 것이다. 더 나아가서 이성이 스스로 자신을 일깨우는 자기각성은 인간이 도구적 이성의 힘으로 성장해온 자본주의 체제와 한 몸을 이루고 있다는 것에 대한 각성을 요구하는 것이다.

05
행복, 자유, 평등의 신화

1. 배부른 돼지의 '행복' 이데올로기

행복이 항상 인간 본성에 내재하는 동기일지라도, 서구에서 부르주아지의 주요 관심사가 되기 전까지 행복은 그렇게 중요한 가치가 아니었다. '행복'이라는 이데올로기는 부르주아지가 주도한 계몽의 시대에서 창조되었다. 부르주아지에게 역사는 개인의 행복을 추구하면서 실현되는 것이었고 행복의 동기가 없으면 진보도 역사도 없는 것이었다. 행복은 부르주아에게 개인적인 일이었고 개인이 세상의 정복을 통해 획득하는 것이었다. 당시 서구에서 행복의 이상(理想)과 현상에 대한 세밀한 분석을 담은 행복의 개론들이 번성하기 시작하면서 부르주아지의 행복 이데올로기가 설파되었다. 행복은 불행을 제거하는 것이며 그 불행이 행복의 개념이 전제될 때에만 정의될 수 있는 것이라면, 행복 이데올로기는 무엇이 불행인가를 생각하고 말하게 하는 기능을 지닌 것이었다. 이는 부르주아적 행복을 얻지 못하는 사람은 모두 불행하다는 등식으로 부르주아적 행복을 갈망하게 하고 부르주아가 모범을 보이는 삶의 모델로 편입시키기 위한 것이었다.

부르주아지는 '존재'와 '행복'의 결합에서 자기정당화의 필요성을 찾았고 그들 자신도 빠져나오기 어려운 완벽한 '행복의 기계'를 창조하고자 했다(Ellul, 1998: 111). 행복은 그들에게 삶의 의미와 가치를 제공하는 것이자 개인의 사고와 행동, 기획과 희망을 정의하는 것이었다. 부르주아적 행복은 내세적 행복과 세속적이고 상업적인 행복을 조화시키는 새로운 이념으로 등장했다. 행복에 대한 부르주아지의 신앙은 경제적 팽창의 가능성, 풍요의 희망, 적극적인 행동주의적 개인주의가 함께 얽힌 것이었다. 부르주아지에게 행복의 원천은 결혼과 가족에 있었으며 그 행복의 기계를 돌아가게 하는 동력은 '물질'이었다.

부르주아지가 창안한 행복 이데올로기는 개인주의와 공리(功利)주의(utilitarianism)에 기초한 도구적 이성으로부터 배태된 것이었다. 도구적 이성은 개인의 행복을 양적으로 계산할 수 있다는 믿음과 함께 '계산된 행복'의 양적, 물질적 개념을 낳았다. '행복계산'을 주창한 벤담(Bentham)의 '최대다수의 최대행복'론은 계량 가능한 쾌락의 증대와 물질적 행복을 이상으로 삼는 '공리의 원리'였다. 행복은 물질적 계산의 최대량을 지향하는 것이고 그 최대량은 끝없이 늘어나는 것이었다. 벤담은 행복을 계산하는 사람과 개인의 행복의 총량을 극대화하는 행태를 예찬했다. 이에 반해 존 스튜어트 밀(Mill)은 양을 초월한 질적 우월성을 강조했다. '만족한 돼지보다는 불만족한 인간'이 좋다고 했다. 인생의 목적은 쾌락의 증대에 있는 것이 아니라 인격적 완성에 있다고 했다. 이 때문에 그는 쾌락을 수량으로 측정할 수 있다고 본 벤담의 공리주의적 낙관주의를 비판했다.

그러나 자본주의는 벤담을 승리자로 만들어주었다. 자본주의의 성장은 도구적 이성에 항복하는 행복을 약속하는 것이었고 물질적 행복에 대한 믿음을 점점 더 강건하게 만드는 것이었다. 물질적 행복을 행복의 모든 것으로 믿을 때에만 자본주의 물질문명은 그 필연성을 인정받을 수 있기 때문이었다. 벤담의 행복계산은 100년이 훨씬 넘은 오늘에 이르기까지 지속되고 있다. 각 나라의 행복수준을 말해주는 '행복지수'[1]는 바로 행복계산의 원리를 계승, 발전시킨 것이다. 행복지수로 세계적 순위를 매기는 현상은 행복을 획일적인 내용으로 단순화하여 행복의 계량적 문화가 자리 잡게 했다.

부르주아지의 행복 이데올로기는 자본주의의 물질생산의 증대가 행복의 토대와 실현가능한 방법을 제공한다는 가정(假定)을 담은 것이었다. 즉, 자본주의의 산업생산체계는 보다 많은 생산으로 보다 나은 물질생활을 보장하고 질병과 기근에서 벗어나게 한다는 믿음을 주는 것이었다. 행복 이데올로기는 자본주의에 의해 착취되는 노동자들에게 희망을 주는 메시지로서 유럽에서 1840년부터 아주 빠르게 확산되었다. 그 요지는 이러했다. "물론 노동자는 불행하다. 그러나 생산을 높이자. 반드시 그들의 차례가 올 것이다. 그 시간이 오면 그들도 그 혜택을 누릴 것이다."(Ellul, 1998: 92) 물질적 생산의 증대가 모두의 행복을 가져온다는 약속은 산업자본주의에의 적극적 참여 동기를 부추기고 노동자들의 계급투쟁을 물질적 복지를 늘리는 것에 집착하게 만드는 것이었다. 또한 부르주아적 행복에 대한 믿음으로 노동자 대중을 부르주아지의 아바타(화신, *avatar*)로 만들기 위한 것이었다.

---

1 국민총행복지수(GNH: *Gross National Happiness*)는 부탄에서 1970년대에 만들어진 이후 세계적으로 다양한 접근방식으로 측정한 행복지수들이 제시되어왔다. 2006년 영국의 신경제재단이 도입한 '지구촌행복지수'(HPI: *Happy Planet Indes*)에 따르면 자본주의 선진 7개국(G7)의 행복지수는 하위 수준에 머물렀다. 반면 2007년 OECD가 측정한 국민총행복지수에서는 선진국들의 행복지수가 대체로 높은 것으로 나타났다. 행복의 공식에 따라 조사결과는 제각기 달라질 수밖에 없음에도 행복을 양적으로 수치화하려는 강박증과 부질없는 노력들은 사라지지 않았다.

부르주아적 행복 이데올로기가 약속하는 물질적 복지는 결국 소비의 증대를 통해 이루어지는 것이었다. 행복의 자원을 제공받는 곳은 소비시장이었고 행복의 욕망은 곧 상품소비에 대한 욕망이었다. 이 욕망의 충족가능성은 개인의 내면적 상태가 아니라 전적으로 외부적 상황에 맡겨진 것이었다. 무엇이 행복인지를 의문해 볼 겨를도 없이 소비시장의 유혹과 소비상품이 불러오는 환상들을 뒤좇는 행복게임에 빠지는 것이었다. 소비증대는 부르주아적 행복에 대한 열망의 자연스러운 요구였다. 그 열망이 높아지는 만큼 소비도 계속 증대되어야 했지만, 그렇지 못할 경우 행복의 달성은 유예될 수밖에 없었다. 그 유예된 행복을 쟁취하기 위해서는 더 빠른 소비증대가 요구되었다. 물질적 재화들의 소비는 시시각각 변하는 행복의 기호들을 따라다니는 수동적 소비였고 유예된 행복을 채우기 바쁜 강박적 소비였다. 소비를 통해 물질적 행복을 좇는 사람들은 '더 많은 것'을 원하면서 행복의 결핍을 느껴야 했고 이 때문에 근본적인 불안에 사로잡힐 수밖에 없었다. 이처럼 행복 이데올로기는 정신세계를 불행하게 만들었다. 행복은 항시 '더 많은 것'에 있기 때문에 현재의 결핍을 말해줄 뿐이었다. 그 덕분에 자본주의는 '행복산업'을 번창시킬 수 있었다.

행복 이데올로기는 또한 여가를 삶의 이상으로 삼았다. 바캉스를 발명한 것도 부르주아들이었다. 불행한 노동은 행복한 여가를 위한 필수요건이었다. 여가의 행복 역시 상품소비를 통해 얻을 수 있는 값비싼 것이었다. 여가의 자유는 구매력에 의해 제한되는 것이므로 노동의 의무에 한층 더 전념하게 만들었다. 물질적 행복의 이상을 따르는 것은 돈벌이노동에 개인의 삶과 존재가치를 다 바치도록 요구당하는 것과 같았다. 여가의 시간은 노동의 시간의 대가로 주어지는 보상이었기 때문이다. 여가의 행복은 노동의 질곡을 감내하게 만드는 피안이자 노동의 생산성을 높여주는 청량제로서 자본주의의 산업생산체제 순기능적인 것이었다. 프롤레타리아가 부르주아적 행복과 여가를 추구하게 만드는 것은 자본주의에 대한 이데올로기적 순응을 보장받는 것이었다.

물질적 행복을 모두가 추구해야 할 이상이자 개인적 삶의 지고한 목표로 삼게 만드는 것은 부르주아의 물질주의적 가치관을 보편화하는 것이었다. 이 보편화 작업은 부르주아적 행복 이데올로기를 국민의 '행복추구권'으로 제도화하는 방식으로 이루어졌다. 서구에서 '행복을 추구할 권리'는 시민혁명의 결실로서 국민국가가 헌법으로 보호해야 하는 인간의 천부적 권리가 되었다. 행복추구권에 대한 사회적 합의는 자본주의 체제에 대한 자발적 참여와 최대한의 적응을 약속하는 것이었다. 행복추구권은 부르주아적 행복 이데올로기를 당연한 것으로 받아들이고 기존질서에 순응하게 만드는 독사로 작용하였다. 행복 이데올로기에 담겨진 부르주아적 가치체계와 정치적, 경제적 이해관계를 사회적으로 합의된 보편적 가치들로 승인하고 추종하도록 만드는 것이 독사의 '숨겨진 설득'이었다. 이 숨겨진 설득은 지배계급과 피지배계급 간의 공모관계를 형성하게 해주고 지배질서를 강제된 것이 아닌 '자연스러운 질서'로 오인하게 하는 것이었다.

부르주아지가 창조하고 보편화한 행복 이데올로기는 자본주의체제의 정당성에 대한 믿음을 주는 것이었다. 부르주아적 행복관은 행복을 물질적 계산에 의해 측정하고 과시하는 문화를 파급시킴으로써 자본주의 물질문명을 떠받들게 만드는 독사였다. 이는 개인의 행복을 자본주의 체제의 성공과 밀착시키게 하는 것이었다. 개인의 공리주의적, 물질적 행복에 심취하여 행복 쟁탈권에 몰입하는 삶은 그 행복의 열쇠를 쥐고 있는 체제에 충성을 바치는 삶이었다.

2. 자유와 평등의 거짓 자연

1789년에 시작한 프랑스 시민혁명은 부르주아지가 '시민'의 자유를 정치적으로 쟁취한 결정적인 계기였다. 프랑스 혁명 이전의 '앙시앙 레짐', 즉 구질서체제[2]를 전복시키고 봉건적 신분제로부터 해방된 '자유 시민'을 탄생시킨 것은 '부르주아 시민혁명'의 결실이었다. 부르주아 '시민혁명'은 신분타파의 대명사이자 보편적 시민권과 인민주권을 주창한 '시민사회'의 신호탄으로 칭송되었다. '자유'와 '평등'의 슬로건을 내건 프랑스 혁명의 〈인권선언〉은 유럽뿐 아니라 전 인류를 대변하는 세계사적 보편성을 지닌 것으로 표방되었다. 모든 시민이 법 앞에 평등하고 능력에 따라 평등한 대우를 받는다는 선언이었다.

그런데 프랑스에서 초기의 부르주아 시민혁명은 '가진 자'(있는 자)와 '못 가진 자'(없는 자) 간의 대립으로 치닫는 '민중혁명'의 국면으로 넘어갔고 부르주아는 '혁명의 적'이 되었다. 시민혁명의 와중에서 봉건제의 특권계급(성직자와 귀족)으로부터 '해방된 시민'은 자본주의의 새로운 지배세력으로 부상하는 부르주아 시민과 대적하는 상황에 처했다. 그러나 민중혁명은 실패로 끝났다. 그 실패는 부르주아 시민혁명이 봉건적 신분질서를 자본주의적 계급질서로 교체시키는 것에서 그 소임을 다했다는 것을 의미했다. 부르주아 시민혁명은 애초부터 부르주아 시민들과 나머지 시민들 사이에 계급적 대립과 충돌의 불씨를 안

---

2 구질서체제는 제 1신분인 성직자, 제 2신분인 귀족, 제 3신분인 평민들로 위계화되어 있었다. 아베 시에예스(Abbe Sieyes)는 프랑스 혁명 전야에 〈제 3신분이란 무엇인가?〉라는 팸플릿에서 귀족과 성직자의 계급에 예속된 제 3신분이 세상의 모든 공적을 도맡아 하는 사람들임에도 사회 '전체'(tout, all)를 대변하는 존재가 아니라 '아무것'(rien, nothing)도 아닌 존재로 취급당하는 실상을 폭로했다. 프랑스 시민혁명은 이러한 구체제에 대한 제 3신분의 누적된 불만이 폭발된 것이었다.

고 있었다. 부르주아 시민은 상업자본주의에서 부를 획득한 유산계급일 뿐 아니라 신흥 귀족으로 부상하는 계급이었다. 구체제의 특권계급에 도전하는 혁명세력이었던 부르주아는 그들 스스로가 특권계급이 되고자 하였다.

브로델은 부르주아지의 성장배경을 이렇게 고증했다.

"부르주아지는 수백 년 동안 봉건 영주의 특권계급에 붙어 기생하면서 반항하기도 하고 그들의 게으름, 사치, 실수, 어리석음을 이용함으로써 그들의 재산을 (종종 고리대금 이용) 빼앗아갔고 결국 그들 속으로 비집고 들어가 스스로 특권계급이 되었다. 부르주아는 상거래, 고리대금업, 원거리 무역을 주요한 디딤돌로 삼아 여러 수단을 활용하면서 자신의 권력과 재산을 구축해왔다. 부르주아는 상업적 위험에 싫증을 느낀 나머지 관직과 공채, 봉토들을 매입하고 귀족적 삶의 위세와 안락함 등의 유혹에 굴복했다. 그들은 왕에게 봉사하고 땅의 안전한 가치를 추구했다. 그들은 귀족으로 편입되었고 귀족은 그들의 태양이었다. 귀족의 작위는 살 수 있었다. 근대국가는 귀족들의 적인 동시에 보호자요, 동업자였다. 부르주아들은 자발적으로 투항했으므로 귀족들은 제3신분과 싸울 필요가 없었다. '부르주아지의 (무의식적인) 배신'이었다. 그들 자신을 부르주아지라고 느낀 부르주아 계급은 없었으며, 그들은 장벽에 대항하여 스스로 변화하고 더 많은 이익을 좇아 민첩하게 변신한 것뿐이었다. 그들의 야망은 후손 대대로 이어지면서 극적인 성공을 구가히는 가문들을 통해 차곡차곡 진행되었다."(브로델, 2012: 83)

이렇게 본다면 시민혁명은 부르주아지에게 귀족계급의 특권에 편승하고자 하는 야망의 발로이자 변신의 계기였다는 해석이 가능하다. 자유와 평등을 약속한 시민사회의 탄생은 부르주아가 고래의 상류 사회의 아성을 파괴하고 그에 못지않게 견고한 아성을 새롭게 만들어가는 역사를 열어준 것이었다. '부르주아지의 무의식적 배신'은 제 3신분을 대변하는 시민의 투쟁 의지보다 귀족의 특권을 계승하는 것이 더 중요했다는 것을 말해준다. 영국의 청교도혁명(1649년)과 명예혁명(1688년)도 신흥 부르주아지가 봉건적 특권세력을 공격의 목표로 삼은 것이 아니라 부르주아적 과두정치의 확립을 위한 것이었다. '시민혁명'으로 불리는 영국의 명예혁명은 부르주아 시민계급이 왕권과 특권계급의 후광을 업고 정치적 변혁을 일으킨 '싸움 없는 무혈혁명'이었다. 이처럼 17~18세기에 있었던 서구의 시민혁명은 특권계급 자체를 종식시키기 위한 것이 아니라 신흥 부자들이 특권계급으로 성장하는 발판을 마련해주는 것이었다. 이것이 부르주아 시민사회의 본질이라면, 비특권계급에 속하는 시민들을 위한 자유와 평등의 가치는 애초부터 실현 불가능한 것이었다.

그럼에도 프랑스 시민혁명은 인류 역사에서 '세계역사의 새 기원'으로 자리매김되었고 계몽주의가 그 사상적 토대를 제공한 것으로 평가되어왔다. 계몽주의는 혁명을 유발할 정도로 일반에게 보급되지는 않았지만 시민혁명의 주도세력이었던 부르주아지의 사상적 기반이 되었기 때문이다. 계몽주의가 부르주아지의 보편주의와 진보의 이상을 대변해주었다는 점에서 부르주아 시민혁명은 계몽주의의 역사적 실천이자 개화된 부르주아지에 의한 정치적 개혁이었다. 부르주아지는 '시민'의 이름으로 시민을 지배하는 계급이 될 수 있었고 시민사회를 건설하는 주역으로서 계급적 지배의 정당성을 확보할 수 있었다. 부르주아 시민사회는 자유와 평등의 이름으로 특권계급에 저항했던 시민들의 동의를 이끌어낼 수 있었다.

자본주의는 특권과 위계질서를 전복시키는 것이 아니라 적극 이용하는 체제였다. 당시 유럽에서 자본주의는 농노제나 가부장제와 같은 구체제의 위계질서를 발판으로 성장하고 있었다. 시민혁명 이후 서유럽에서 거의 사라진 농노제는 중부유럽과 동유럽에서 재판 농노제(*second serfdom*)로 살아남았고 자본주의는 이러한 위계제도로부터 활력을 얻었다. 가부장제의 신분질서도 폐지되어야 할 것이 아니라 자본주의의 노동착취를 위해 필요한 것이었다. 시민혁명은 남성에게만 신분의 자유를 가져다주었을 뿐 여성들에게는 '배반당한 혁명'이었다. 부르주아 시민사회는 가부장제의 성별 신분제를 폐지하지 않은 상태로 시민의 평등을 주창하는 모순을 담고 있었다. 젠더 불평등(*gender*, 사회문화적 성별체계)이 해소되지 않는 한, 인구의 절반은 온전한 '시민'의 자격을 보장받을 수가 없었다. 이는 시민의 평등에 위배되는 성차별적인 신분질서를 존속시키는 기반 위에서 자본주의 계급질서를 뿌리내리게 하는 것이었다.

시민사회는 애초부터 부르주아지가 새로운 지배계급으로 자리 잡는 '계급사회'의 디딤돌이었다. 자본주의 계급사회에서 자유는 '유산자' 계급을 위한 것이었다. 프랑스의 〈인권선언〉은 소유권을 신성불가침의 권리로 규정했고 시민계급의 소유권을 보장했다. 부르주아 시민에게 최고의 가치는 인간의 '존재'가 아니라 '소유'에 있었다. 그들이 주창한 자유는 누구나가 부자가 될 수 있는 자유였다. 이는 시민적 자유의 근원을 경제적 자유와 노동의 자유에 두는 것이었다. 프랑스 혁명 이후 자유는 상업과 산업의 자유를 중시하는 경제적 자유주의로 발전되었고 이는 부르주아 시민계급이 자본주의 체제의 질서를 확립하는 핵심 이념으로 자리 잡았다. 프랑스보다 앞서 산업사회로 전환한 영국에서 시민혁명은 봉건영주를 자본주의의 지주로 전환시켰고 절대왕정의 산업규제와 독점체제를 무너뜨림으로써 산업의 자유를 확립시켰다.

서구에서 주창된 경제적 자유주의는 부르주아 계급의 이익을 증진시키고 강자의 자유를 보장하기 위한 것이었다. '자유'에 관한 언어유희로 구성된 부르주아 이데올로기는 부르주아 자신조차 기만하는 것이었으며 자유를 착취당하는 사람들을 신비화하는 것이었다(Althusser, 1977: 234~235). 경제적 자유주의는 '자유로운 시민'과 '평등한 자유'를 추구하는 시민사회의 이상을 결코 실현할 수 없는 것이었다. 경제적 자유주의는 평등, 공정, 정의, 양심과는 무관한 것이었으며, 사회적 공동체에 의해 보장되는 보편적 자유와 시민적 평등에 대한 고려가 근본적으로 결여된 이념이었다.

부르주아지의 이데올로기를 담은 계몽사상은 시민의 신분을 사유재산을 중시하는 경제적 개념으로 변질시키는 것이었다. 계몽 사상가들은 대부분 유물론에 입각한 소유의 이데올로기를 설파했다. 자유주의의 선구자였던 디드로의 《백과전서》는 '소유가 시민을 만든다'는 부르주아 계급의 입장을 대변했다. 이에 반해 루소(Rousseau)는 평민의 입장에서 평등주의를 주장했다. 평등이 불가능한 사회에서는 자유도 정의도 있을 수 없다고 역설하면서 사유재산에 기초한 불평등사회의 불행을 일찍이 예고한 것이 루소였다. 그러나 그는 계몽주의의 본류에서 비켜간 반역자이자 사회적 낙오자였다. 나폴레옹은 "만약에 루소가 태어나지 않았다면 프랑스혁명이 일어나지 않았을 것"이라고 말했지만, 프랑스 혁명은 결국 루소의 평등사상을 배신하는 결과로 끝났다.

프랑스 혁명의 〈인권선언〉은 시민사회의 원리로서 소유권을 '소멸될 수 없는 자연권'으로 못 박았다. 부의 소유를 부르주아 계급만이 아니라 모든 시민에게 동등하게 부여되는 자연적 권리로 인정한 것은 그 결과로 파생되는 불평등사회를 합법화하는 것이었다. 소유권의 평등은 또한 경제활동의 자유에 기반을 둔 것으로 부를 소유할 수 있는 기회의 평등을 보장하는 것이었다. 기회의 평등은 사실상 평등의 기본 성격과 배치되는 것이자 평등을 최소화하는 것이었다. 부르주아 시민사회는 소유의 무한한 자유에 의해 부와 권력의 불평등을 구조화하는 자본주의 계급사회로 나아가는 발판이었다. 자본주의 체제에서 기회의 평등으로 주어진 노동의 자유는 그로부터 초래되는 계급적 불평등을 정당화하는 이데올로기였다. 계몽사상가인 콩도르세(Condorcet, 1743~94)는 불평등을 해소하는 평등의 전진과 시민의 자유를 진보의 이상으로 삼았지만, 그 이상은 부르주아 시민사회의 이상이 아니었다. 평등을 제한하는 기회의 평등은 오히려 불평등을 합법화하고 위장하는 명분이었을 뿐이다. 자본주의 계급사회에서 갈수록 부가 소수에게 집중되고 그 조건과 권력이 세습되는 역사 속에서 기회의 평등은 점점 더 무의미한 것이 되어버렸다. 계급은 성취적 지위가 아니라 세습적 지위를 닮아가는 귀속적 지위로 변질되어갔다.

부르주아 시민사회가 피지배계급을 '시민'으로 호명하는 것은 계급적으로 분열된 집단들을 '시민'이라는 허위적 통일체로 가장하는 것이다. 시민권은 사회경제적으로 불평등한 사람들을 법적, 정치적으로 평등한 시민들로 전환시키는 개념이다. 계급화된 시민들을 동등한 자격의 사회공동체의 일원으로 착각하게 하고, 자본주의 계급사회를 '자유롭고 평등한 시민'의 사회와 위장하는 것이다. 부르주아 계급의 이해관계를 시민의 보편적 이해관계로 위장하여 부르주아 시민사회가 모든 시민의 공익을 대변한다는 허위의식을 갖게 하는 것이다. 이는 자본주의 계급사회의 발전이 곧 시민사회의 발전이라는 잘못된 믿음을 심어준다. 시민적 평등이 계급적 불평등 속에서 실현될 수 있는 것처럼 계급사회의 현실을 호도한다. 자본주의 계급질서에 편입된 시민으로 하여금 시민적 평등의 이름으로 계급적 불평등을 감내하게 하는 것이다. 시민사회의 이름은 계급사회를 의식하지 않게 만드는 최면의 효과를 지닌 것이다.

그렇다면 부르주아 시민사회에서 자유와 평등의 가치를 추구하는 민주주의가 진정 실현가능한 것인가? 소유권을 시민권의 기본으로 삼고 부의 불평등제도를 합법화하는 시민사회에서 자유와 평등이 과연 양립할 수 있다는 말인가? 자본주의 계급사회를 지향하는 부르주아 시민사회에서 민주주의는 누구를 위한 것인가? '시민사회는 민주사회'라는 등식 자체가 잘못된 것은 아닐까?

서구에서 초기 사본주의는 봉건적 신분제도에 의한 부의 독섬권을 폐기하고 시민의 소유권을 정착시킨 것에서 다수의 경제적 평등권을 실현하는 민주주의의 가능성을 담은 것처럼 보였다. 부르주아 시민사회는 유럽에서 신분 세습의 불평등사회로부터 해방을 선언한 시민사회로 출발했다. 부르주아 시민사회에서 노동자는 부르주아지의 지배를 받는 위치에 있었음에도 부르주아와 동등한 시민으로서 사적인 소유권을 인정받았고 소유를 증대시킬 수 있는 형식적 자유가 인정되었기 때문이다. 그러나 부르주아 시민사회는 계급사회로서 계급 불평등을 점점 더 심화시키는 방향으로 발전해왔다. 이는 자본주의 역사의 업적이었다. 자본주의의 성장원리는 불평등의 확대재생산에 있었기 때문이다. 자본주의는 민주주의에 관심이 없을 뿐 아니라 본질적으로 반민주적 속성을 지닌 것이었다. 부르주아지와 손을 잡은 민주주의는 분명 태생적 모순을 지닌 것이었다. 자본주의가 민주주의 발전을 가져온다는 주장은 그 태생적 모순을 은폐하는 것이거나 민주주의의 본래 의미를 왜곡시키는 것이었다.

민주주의의 오랜 역사를 자랑하는 유럽에서 부르주아 민주주의는 시민의 정치적 권리를 선거권으로만 국한시키는 형식적 민주주의로 전개되었다. 이는 '못 가진 자'들에게 선거권을 박탈하는 제도로부터 출범

했다. '못 가진 자'란 부를 소유하지 않는 시민을 의미했다. 소유권을 행사할 수 없는 시민은 정치참여권을 부여받을 자격이 없는 비민주시민으로 배제되었다. '부'의 소유가 '민주시민'의 자격을 부여하는 민주주의 제도는 계급적 불평등을 정당화하는 제도였고 금권정치를 공인하고 권장하는 토대가 되었다. 이 때문에 비소유계급은 선거권을 쟁탈하기 위해 오랫동안 치열한 계급투쟁을 벌여야만 했다. 그 결실로 얻어진 보편적 선거권은 계급사회를 유지하기 위해 피지배계급의 형식적 참여를 유도하는 민주주의를 정착시켰다.

형식적 민주주의는 자본주의 계급사회에서 시민적 평등을 선거권의 평등으로 위장하는 것이었다. 선거권의 평등은 평등사회의 허상과 민주시민사회의 신화를 만들어주었고 이는 자본주의 계급사회를 자유와 평등을 실현하는 시민사회로 오인하게 만드는 것이었다. 부르주아 민주주의는 '사회일반의 요구'라는 가면을 쓰고 자본주의 체제에 대한 다수 국민의 자발적 동의를 이끌어내는 헤게모니적 기제로 작용했다. 자본주의 국민국가는 '자유민주주의'의 이름으로 다수의 국민을 구속하는 자본주의의 경제적 불평등 구조의 부정적 효과들을 상쇄하기 위해 대중을 민주정치의 게임으로 적극 끌어들여야 했다. 이는 자본주의가 본질적으로 소수의 이익을 추구하는 체제이자 소수에 의한 다수의 지배를 토대로 성장하는 것임을 은폐하기 위한 것이었다.

자유민주주의는 부르주아 민주주의의 반민주성을 숨기는 자본주의적 자유민주주의(capitalist liberal democracy)였다. 이는 부르주아 계급의 경제적, 정치적 지배력을 다수 시민들의 평등한 인권과 시민권보다 우위에 두는 것으로 자본주의 계급사회에 복속된 민주주의를 예찬하는 것이었다. 서구에서 시민혁명 이후 전개되었던 격렬한 이념 투쟁은 민주주의가 추구하는 자유와 평등의 가치대립을 둘러싼 것이었다. 이는 자본주의 체제의 불평등 구조가 재생산되는 부르주아 시민사회에서는 민주주의가 추구하는 평등의 실현이 원천적으로 불가능하다는 자각에서 비롯된 것이었다. 그로부터 200여 년이 지난 오늘에 이르기까지 자본주의가 전 세계적으로 불평등을 심화시켜온 역사 속에서 평등한 민주사회의 실현가능성 자체를 배제시키는 운명론이 자리 잡게 되었다.

2부

자본주의 근대문명의
신화와 독사

06
문명인가? 야만인가?

1. 문명의 신화로 위장된 야만

문명은 특정한 지역, 언어, 인종, 종교의 역사로부터 배태된 것이다. 문명은 '특정한 세계적 비전'과 '특정한 역사적 구성체'의 연합으로서 세계 질서의 경제, 사회, 문화, 정치의 총체적 차원을 포괄한다 〔Mozaffari (ed.), 2002: 24~26〕. 세계적 비전은 일반적으로 문화체계, 이데올로기, 종교의 집합으로 구현되며, 그 역사적 구성은 하나의 제국을 형성하듯이 통일된 정치적, 군사적, 경제적 시스템들을 내포한다. 문명은 도덕적이고 물질적인 가치들과 시스템, 패턴, 운동들로 조직되는 거시적 구성체라고 할 수 있다.

중세 봉건시대까지도 문명화되지 않았던 유럽인들은 '근대'로 불리는 시대에 들어오면서 문명화된 사람들의 전형처럼 부상하게 되었다. '근대'는 서구에서 16세기 말 봉건시대의 종말과 함께 시작된 새로운 역사적 국면을 지칭하는 것이었다. 서구의 근대 역사는 18세기 말에 이르기까지 종교개혁, 계몽주의, 프랑스 혁명, 산업혁명, '국민국가'를 중심으로 건설되었다. 근대역사 속에서 꽃피운 서구의 '근대문명'은 상업자본주의의 성장[1]에 의한 부르주아 계급의 발흥과 시민사회의 형성을 배경으로 태동되었다. 시장문명, 도시문명, 물질문명, 기술문명, 산업문명 등으로 총칭되는 근대문명은 '자본주의 문명'이었다. 서구의 근대성 기획은 자본주의적 근대성(*capitalist modernity*)의 기획이었다. 근대성은 자본주의의 작동원리에 따라 구현된 정치, 시장, 산업, 도시, 과학기술, 예술, 에토스, 제도, 규범과 실천 등을 포괄하는 것으로 자본주의 체제와 공동의 운명으로 결속된 것이었다. 근대의 경제체제와 사회제도는 자본주의적 근대성을 실현하는 장치들이었다.

'근대'라는 개념이 인류의 세계사에서 보편적 개념으로 적용되어온 것은 서구 중심적 관점이 세계역사에 대한 인식론을 지배해온 것을 말한다. 개념사[2]의 관점에서 보자면 "역사적 실재란 기본적으로 언어적 구성물"이며, 그 개념은 인식론적 세계에 대한 자연스러운 지배로 작용한다. 세계 역사가 '근대 역사'로 재구성되어온 것은 서구문명이 역사에 대한 인식론적 세계를 지배해온 것을 의미한다. 근대성의 기획은 유럽의 역사를 보편적이고 필연적인 것으로 만드는 유럽중심주의를 담은 것이었다(Dussel, 2000). 이는 유럽이 세계의 중심이며 인류역사가 유

---

1 산업자본주의의 도래와 함께 '진정한' 자본주의가 시작된 것으로 보는 견해도 있다. 그러나 브로델의 역사적 고증처럼 상업자본주의가 아닌 자본주의는 없었다. 상업혁명과 산업혁명은 상호 지지의 긴밀한 관계에 있었다. 자본주의는 생산양식 안에 존재하는 것이 아니라 최상층이나 또는 그 밖에서 생산양식을 조종하고 지배하면서 어떤 생산양식이든 가리지 않고 결합하고 변형시켜 높은 이익을 가져갔다. 상업자본주의, 산업자본주의, 금융자본주의는 단선적으로 진화한 것이 아니라 복수로 존재하는 공시적 현상이었다. 가장 넓은 의미의 자본주의라는 말은 20세기 초부터 나타나기 시작했다.

2 개념사란 "언어와 정치적, 사회적 실재 또는 언어와 역사의 상호 영향을 전제한 상태에서 이 두 가지가 어떻게 얽혀 있는지를 탐구하는 역사의미론의 한 분야"이다. 역사의미론이 지향하는 것은 "사람들이 어떻게 자신들이 처한 현실을 인식하고 해석하고 표현했는가, 그리고 이 주관적 인식과 내면적 경험의 세계가 시간의 흐름을 따라 어떻게 변화했는가를 재구성하는 것"이다(나인호, 《개념사란 무엇인가?》, 역사비평사, 2013: 13).

럽에서 시작하여 진화한다고 보는 자민족중심주의(*ethnocentrism*)에서 비롯되었다.

서구문명이 '근대문명'의 이름으로 지칭되어온 것 역시 서구 자본주의 문명을 보편적 모델로 삼는 유럽중심주의를 반영하는 것이자 서구 문명이 세계문명으로 확장되는 미래를 지향하는 것이었다. '이름의 인류학'[3]에서 보자면 "이름은 언제나 주어져 있는 것이 앞으로 벌어질 수 있는 것을 향해 기울어지는 것 또는 알려진 것이 알려지지 않은 것을 향해 기울어지는 것"이다. 근대문명의 이름에는 서구의 자본주의 근대문명이 세계 역사를 추동하는 문명의 대명사가 될 것이라는 예단과 의지가 담겨져 있었다. 이는 유럽 역사의 우발성과 특수성을 세계역사의 필연성과 보편성으로 가장하고 유럽 문명을 세계적 규범과 표준으로 만들려는 패권주의적 열망이었다.

유럽인들은 그들의 문명이 절대적인 가치, 위광(명성), 위엄성을 수여하는 것이며 모든 문명화된 사회들이 향유해야 할 집합적인 자산이라는 믿음을 지니고 있었다. 그들에게 문명은 초국적인 의미로 해석되었다. 이러한 믿음은 백인과 기독교를 제외한 다른 인종들과 종교들을 폄하하거나 차별하는 것을 정당화하는 것이었다. 근대문명으로 인류를 개화시킨다는 명분의 패권주의를 발동시키는 위험성을 내포한 것이었다. 이 패권주의는 인종과 종교의 세계적 대립과 갈등을 유발하는 '문명 충돌'의 원천이 되었다.

근대문명이 세계문명의 보편개념으로 통용되어온 역사로부터 서구 자본주의 문명을 근대문명의 원형으로 '자연화'하는 신화가 생성되었다. 근대문명의 신화는 전 세계를 향해 자본주의 문명이 인류역사의 진

---

3 실뱅 라자뤼스, "알랭 바디우의 서문", 《이름의 인류학》(이종영 옮김), 2002: 18~19, 새물결.

보를 위한 유토피아적 기획이라는 믿음을 심어주는 것이었다. 근대문명의 신화는 자본주의의 미래를 예정된 '보편적' 역사로 실현해야 한다는 서구 부르주아 지배계급의 이데올로기를 담은 것이었다. 근대화의 역사가 유럽적 현상이 아닌 세계적 현상으로 확대되어가는 과정은 서구 자본주의가 근대 세계체제로 구축되어가는 역사였다. 근대화는 자본주의 문명의 세계화 양식으로서 세계역사를 서구중심의 역사의 흐름으로 전환시키는 것이며 자본주의 근대문명의 신화를 추종하게 만드는 것이었다.

유럽에서 계몽주의 시대에 배태된 '문명'이라는 개념은[4] '야만'(barbarism)의 반대개념이었다. 문명은 '야만의 상태'를 전제했을 때 성립되는 규범적 개념이었다. 이는 유럽과 비유럽을 문명과 야만의 세계로 구분 짓는 이원론을 내포한 것이며 '진화된 근대'의 유럽이 '전근대'의 비서구세계를 문명화하는 주역을 담당한다는 의미를 담은 것이었다. 그런데 역설적인 것은 서구 자본주의 문명이 야만을 자행하는 역사의 산물이었다는 것이다. 그 야만의 역사는 세계의 정복으로부터 시작되었고 세계의 정복은 자본주의 성장의 핵심 동력이었다. 브로델과 폴라니(Polanyi)의 지적처럼 자본주의는 세계로 뻗어나가는 힘으로 성장해왔으며 세계적 확장은 시장이 엄청난 규모의 메커니즘을 작동시키는 원천이었다. 서구의 근대문명은 상업자본주의가 근대국가의 권력에 힘입어 세계적 패권다툼을 가열시킨 역사로부터 태동한 것이었다. 시장과 국가가 하나가 되어 세계무역과 세계시장을 확장하는 과정은 약탈을 일삼는 야만의 역사였다. 벤야민(Benjamin)의 말처럼 "모든 문명의 기록은 곧 야만의 기록"이라면, 자본주의는 그 야만의 기록을 위해 전

---

4 18세기 중엽에 계몽주의 사상가인 미라보(Mirabeau)와 퍼거슨(Ferguson)이 '문명'이라는 용어를 사용하기 시작한 것으로 알려져 있다.

세계와 인류 전체를 그 볼모로 삼았다.

16세기 서구 열강은 세계적 규모의 상업망을 구축하는 식민자본주의 시대를 열었다. 20세기 중반까지 약 4세기에 걸쳐 지속되었던 식민자본주의(colonial capitalism)는 유럽 경제가 세계체제를 구축하는 추동력으로 작용했다. 시장은 자유무역을 통해 근대문명을 실현하는 핵심기제였으며 자유무역은 식민지시대의 해외무역으로부터 출범하였다. 원거리 무역은 높은 이윤, 독점, 탈취의 여건을 보장해주는 것이었다. 근대문명은 영토팽창과 새로운 시장, 원자재, 노동력의 탈취에 의한 '자본의 본원적 축적'과 그 조건을 만들어준 식민주의 없이는 실현될 수 없었다. 유럽에서 중세 말기부터 시작된 자본의 본원적 축적은 약탈과 사기와 폭력을 수반한 것이었다. 신용 조작, 양화(금화나 은화)를 악화(동화)로 바꿔치는 돈벌이, 토지나 부동산 매입과 지대 수입의 증대, 경쟁을 무력화하는 독점권 장악, 대규모 국제 사업을 통한 이권 장악 등을 통해 이루어진 자본축적이 근대문명의 원천이었다.

자본주의 열강들은 상인자본가와 동맹관계 속에서 무력을 동원하고 화폐제도의 독점권을 행사하면서 국부를 증대시켰다. 지중해 세계는 1570년부터 밀어닥친 북유럽의 범선들과 상인들에 의해 장악되고 약탈당했다. 무역 범선에는 대포가 장착되어 있었다. 해적질과 밀무역을 동반한 해외무역이 번창했다. 그 주역을 맡았던 베네치아, 영국, 네덜란드는 폭력의 자유를 게임의 무기로 삼았다. 상인자본가들은 군주에게 전쟁 자금을 빌려주었고 국가에 협조하는 대가로 국가의 무력을 지원받았다. 16~7세기에 유럽의 중상주의는 국가의 보호와 지원하에 제로섬 게임의 교역을 통제하고 국부와 군사력을 축적하는 '약탈적 제국주의'로 나타났다. 중상주의 국가들은 소수의 대형 독점 기업들을 이용하여 무역흑자를 달성했다. 대서양 무역의 발달과 신세계의 식민화는 유럽 중심의 자본주의 세계체제를 확립하는 발판이었다.

신대륙의 '발견'과 '개척'으로 위장된 아메리카의 정복은 노예제에 기초하여 유럽화된 '신천지'를 만드는 자본주의적 침탈의 시발이었다. 유럽-아프리카-아메리카를 잇는 대규모 국제교역에서 주도권을 행사했던 프랑스, 네덜란드, 영국의 '노예상인'들은 왕과 정부와 성직자들의 막대한 물질적, 무력적, 종교적 지원을 받고 있었다. 상인, 해적, 성직자가 합세한 노예무역은 한 손에는 성경을 들고 다른 한 손에는 총칼을 든 채 약탈을 일삼는 것이었다. 유럽인들이 기독교를 세계적 종교로 만들기 위해 십자군 전쟁을 치렀던 것처럼, 식민자본주의는 새로운 종교로 군림하는 자본의 제국을 건설하기 위한 것이었다.

15세기부터 18세기까지 서구의 노예무역은 국제교역의 필수적 요소였다. 1,200~1,500만 명이 배 밑창에 화물처럼 실려서 대서양을 건너 운송되었고 '검둥이들'(negroes)[5]로 불리었던 이들은 보잘것없는 유럽의 물건들과 교환되었다. 고대 노예제보다 훨씬 더 잔인하고 비인간적이었던 근대 노예제는 아메리카 신세계의 농장과 광산에 노동력을 공급하고 노동을 착취하기 위해 조직된 것이었다. 사탕수수 플랜테이션은 강도 높은 노예노동으로 수익성을 높이는 식민 사업이었다. 남미의 광산에서 아프리카로부터 수입된 노예들과 원주민에서 징발된 강제노역자들은 목숨을 담보로 채굴작업에 동원되었다. 수백만 명의 목숨을 제물로 바친 덕분에 서구의 교회와 지배계급은 금은제품들을 즐기며 부와 사치를 누릴 수 있었다. 노예제는 역사상 최대의 노예반란과 유럽 내에서 새롭게 대두된 자유와 평등사상에 힘입어 1888년 브라질에서 종식되었다. 노예노동자들은 자본주의 성장에 기여한 대가로 자본주

---

5 포르투갈어로 '검다'는 뜻인 '니그로'는 18세기부터 사용되었으며 이로부터 노예상인을 지칭하는 '네그리에'라는 용어도 생겨났다고 한다.

의의 야만성을 온몸에 새긴 역사의 증인들이었다.

　자본주의 문명의 역사는 유럽 경제계가 세계경제로 확장되는 과정이었다. 16세기부터 형성되어온 해외시장은 유럽경제가 국경의 장애를 넘어 상품, 자본, 노동, 기술의 이동을 활성화하는 계기를 제공하였다. 18세기 말에는 브로델이 말하는 세계경제,[6] 즉 '지구 전체의 시장'이 확립되고 세계를 아우르는 경제가 확립되었다. 서구 자본주의가 지배하는 세계경제는 교환을 매개로 움직이는 자본주의의 '본가'였다. 세계경제는 서구의 자본주의적 근대성을 세계적 근대성의 모델로 보편화하는 물적 토대였다. 이로부터 각 지역적 특성에 따라 변형된 다양한 '근대성들'이 증식되면서 자본주의 근대문명의 기획을 뒷받침하는 저변이 확대되었다.

　유럽의 자본주의가 1870년대 초부터 시작된 '대공황'과 함께 독점체제로 들어가면서 제국주의는 경제위기에 대처하는 국가주의적 정책의 핵심이 되었다. 산업혁명의 선두주자였던 영국은 공식적으로 제국주의를 선포하였고 유럽 열강의 공격적 팽창주의는 세계전쟁을 촉발시켰다. 식민지 전쟁과 식민통치에 의해 본격화된 제국주의는 한층 더 효과적이고 합리적으로 조직된 약탈적 제국주의로 전개되었다. 스펜서(Spencer)가 기대했던 평화로운 산업형 사회는 전쟁을 일삼는 군사형 사회로 퇴행했다.

　제국주의 전쟁은 유럽의 식민제국을 형성하기 위한 것이었다. 영국이 아프리카, 아시아, 아메리카에 침투하여 '대영제국'(pax britannica)[7]

6　16세기에 들어서야 세계 유일의 유럽 경제계가 구축되기 시작했다고 보는 월러스틴(Wallestein)과는 달리 브로델은 중세나 심지어 고대부터 세계는 여러 개의 경제계로 나누어진 복수의 경제계로 공존했던 것으로 파악한다.

7　대영제국은 15세기부터 시작된 유럽인들의 대항해시대를 거쳐 마침내 1921년에는 세계 각지의 거대한 식민지와 통치지역에서 전 세계 인구의 4분의 1에 해당하는 인구를 보유하게

을 이룬 것이 그 대표적인 결실이었다. 서구열강의 지역적 분할로 형성된 식민제국은 자본주의 세계경제의 성장 기반이었다. 세계경제의 중심부와 주변부 사이에는 불평등 교환이 이루어졌고, 불평등 교역은 불평등을 낳고 불평등은 교역을 활성화시켰다. 성장은 성장을 낳았고 빈곤은 빈곤을 낳았다. 식민국은 부유한 나라이기 때문에 더욱 부유해지고 식민지는 가난한 나라이기 때문에 더욱 가난해졌다. 부유한 국가와 가난한 국가를 나누는 장벽은 식민국 내에서 부르주아지와 프롤레타리아를 나누는 장벽보다 훨씬 더 근원적인 것이었다. 제국주의는 착취자와 피착취자 사이의 격차를 극대화하는 전략이었고 그 격차는 식민지 내에서 절정을 이루었다. 세계질서의 보편성은 불평등의 세계화를 통해 확립되었고 이는 곧 서구 자본주의 근대문명의 야만성을 드러내는 것이었다.

2. 문명화된 문화: 문화의 식민화

인류역사상 문명의 지배에서 벗어난 문화는 없으며 문화는 항시 문명을 통해 매개된 것으로 본다면, 문화는 문명의 하위개념일 수밖에 없다. 문화는 통상적으로 한 문명 안에 존재하는 것이며, 각 문명은 여러 개의 다른 문화들을 보유한다. 문화는 그 자체만으로 존재하며 목적이 없고 내부지향적인 반면에, 문명은 추상적이고 보편적인 것이기 때문에 문화적 실천을 통해서만 구체적인 것이 될 수 있다. 문명은 다양한 문화들을 갖지 않으면 삶 속에 뿌리내리지 못한다. 이 점에서 다문화주

되면서 이른바 '해가 지지 않는 나라'로 불리게 되었다.

의는 문명을 살찌우는 데에 기여한다.

문명과 문화에 대한 관점은 유럽 내에서도 그 나라의 역사적, 문화적 배경에 따라 다르게 나타났지만, 대체로 문명은 문화의 상위개념으로 이해되었다. 계몽사상과 시민혁명의 산실이었던 프랑스에서 문명은 교육을 통해 성취할 수 있는 인류의 점진적 발전인 반면에 문화는 자의식의 국민적 형태로 간파되었다. 산업문명에 앞장섰던 영국에서도 문명은 문화와 관계없이 자율적으로 발전하는 것으로 국가를 중심으로 인류의 경제적, 사회적, 종교적, 과학적, 도덕적 진보를 이룩하는 것을 의미했다.

서구에서 문명은 '개화'나 '교화'(cultivation)를 내포하는 개념으로서 인간과 사회를 진보의 길로 이끌어간다는 '문명화'의 진화론적 가정을 담은 것이었다. 즉, 문명은 역사적 진화의 산물로서 '더 좋은 것'이라는 가정(假定)이었다. 진화론적 낙관론에서는 '사실로서의 문명'이나 '과정으로서의 문명화'가 '가치' 또는 '이상'으로서의 문명과 분리되지 않았다. 페브르(Febvre)의 지적처럼 이상 또는 가치로서의 문명은 야만상태의 그 어떤 것들보다도 위대하고 아름다운 어떤 것이며 도덕적, 물질적으로 보다 고상하고 안락하고 더 나은 것이라는 이데올로기를 내포한 것이었다.

문명에 대한 진화론적 관점은 문명과 문화를 보편주의와 특수주의를 대비시키는 이분법과도 맞물린 것이었다. 이에 따르면 국지적 장소와 환경에서 공유되는 특정한 삶의 양식과 경험으로서의 문화는 문명화를 통해 진화하는 것으로 간주되었다. 문화는 '문명화'를 통해 야만성을 벗어난 물질적, 정신적 상태로 발전한다는 점에서 '문명화된 문화'는 '문명화되지 않은 문화'보다 우위에 있는 것이었다. 문명화된 문화는 인간적 유대와 사회적, 정서적 결속의 두께로 다져진 문화의 특수성이

'진화'의 미명하에 문명의 보편성으로 포섭되고 개조되는 문화를 의미했다.

그러나 문화의 문명화는 문화의 다양성을 문명적 표준에 의해 훼손시킨다. 문화는 그 자체가 목적이므로 측정의 표준이 없으며 우열을 가릴 수가 없는 반면에 문명은 구체화된 측정을 위한 보편적 표준에 의해 그 유용성을 가늠하기 때문이다. 문화가 문명에 의해 표준화된 생활방식으로 구조화되면 문화의 도덕적 기능은 인간이 아니라 문명에게 바람직한 것이 되어야 한다. 문화는 심세한 감각들, 미덕, 도덕적 윤리적 가치들의 자연적 진화로부터 형성되지만, 문명은 문화의 도덕적 가치들과는 무관한 것이다. 문화는 문명의 지배하에서 본래의 자율성과 창조성을 훼손당하는 운명에 처한다. 문명에 의한 보편화의 추동력이 강해질수록 문화의 특수성은 살아남기 힘들다는 점에서 문명은 '반문화적'인 것이라 할 수 있다.

게다가 문명의 혜택은 단지 몇몇 사회들에게만 주어진다. 각 문명 안에는 불평등 구조에 따라 차별받고 배제당하는 문화들과 문명의 지배에 예속되기를 의식적으로 거부하는 소수 문화들이 존재한다. 이러한 문화들은 문명화된 문화로부터 거리를 유지하는 문화의 본질적 특성들을 유지할 수가 있다. 문명은 국지적 차이들을 가볍게 다루면서 점점 더 많은 것을 향해 팽창하고 초국적으로 일반화하는 경향을 지닌 것이지만, 문화는 한 곳에 뿌리내리고 작은 집단들이 살아남게 하는 힘과 정치성을 지닌다. 문명과 문화의 대립은 지배와 예속의 갈등이며 문화는 문명과의 대립 속에서만 그 생명을 지킬 수가 있는 것이다.

'문명화된 문화'는 문명에 복속되어 '식민화'된 문화이다. 여기서 '식민화'란 문명에 의한 문화의 전유와 혼성화를 말한다. 문명화된 문화에서는 문화에 내재하는 사고, 느낌, 이상과 가치, 개인의 영혼 등이 문명의 외형적인 위대함을 시위하는 방편으로 이용되고 희생된다. 경제를 바탕으로 물질적 성장과 도시환경의 개발에 주력하는 문명화 사업은 문화를 도구화한다. 문명은 문화를 시스템의 재생산을 위한 수단으로 전락시키고 시스템의 명령에 따라 문화가 특정한 형태로 변화하도록 강제한다. 문명은 언제나 전진적이며 그 구성요소들인 과학기술, 교통수단, 커뮤니케이션 등을 통해 지속적으로 변화하면서 이러한 변화를 따라가도록 문화의 변형을 유도한다.

신화는 한 나라, 한 민족, 한 문명권으로부터 전승되고 종교처럼 우주론을 제시하는 것으로 문명의 확장과 지배에 기여한다. 문명을 이루는 건축, 예술, 문학, 음악, 시, 언어 등은 신화를 통해 전파된다. 문명이 설파하는 이데올로기들을 문명화된 문화의 '거짓 자연'으로 가공하는 것이 신화의 힘이다. 이는 문화에 담겨진 역사성과 특수성을 소실시키는 문명화된 문화를 본래의 문화보다 더 친숙하고 자연스러운 것으로 만든다. 문명의 신화는 문명화된 문화를 자연화하는 주술적인 힘을 발휘하여 문명화된 문화를 문명의 필연적인 산물로 받아들이게 한다. 또한 신화는 문명의 지배 권력이 추구하는 정치적 기획을 비정치화하여 그 이데올로기적 기만을 은폐한다. 문명의 신화는 인위적 자연을 동원하여 문명화된 문화의 정치성을 탈색시킴으로써 문화에 대한 자연스러운 지배가 가능하도록 만드는 것이다. 여기서 문명화된 문화는 문명의 지배 이데올로기들을 작동시키는 매개물로 기능한다.

근대문명이 문화의 쇠퇴와 위기를 초래하는 것에 대한 문제인식은 계몽주의 시대에서부터 대두되었다. 루소는 계몽주의 기획으로 성취된 유럽의 근대문명이 기만적인 획일성으로 인간의 영혼과 자연에 대적하는 가치들을 내포한다는 점을 반박했다. 루소에게 자연은 근대문명에 의해 오염되지 않은 문화의 대체물과도 같은 것이었다. 시민혁명, 산업혁명, 통일국가 형성에서 뒤처진 독일에서도 근대문명에 대한 비관주의가 대두되었다. 윤리, 영성, 유토피아적 자연주의의 관점에서 문화를 옹호하는 관점들이 제시되었다. 여기서 정치적, 사회적, 경제적 이슈들을 포괄하는 문명은 본질적으로 지적, 예술적 업적들과 종교적, 인간적 가치들에 연루되는 문화보다 하위의 개념으로 간주되었다(Elias, 2000). 19세기 말 독일의 철학에서는 문명과 문화가 대립적 관계로 설정되었다. 칸트는 근대화에 반대하는 문화주의적 관점에서 문화를 반문명적인 것이자 도덕적 기치로 규정한 반면 문명은 도덕성의 시뮬라크르(환영, simulacre)와 외형적 장식이라고 비판했다.

독일의 낭만주의에서는 문명의 해악과 대비되는 문화의 이상주의적 개념을 발전시키는 새로운 접근이 이루어졌다. 여기서 문명은 물질적 진보와 관련된 의도적이고 반자연적인 것이며 위선, 질투, 인색, 교활 등 사회생활의 해악들을 유도하는 것이었다. 이에 반해 문화는 민속적 정신처럼 자연적 유기체들의 산물이자 개인적이고 인격적인 표현들로서 예술과 철학에 연계된 것이었다. 문명에 대한 비관론은 근대문명에 상대적으로 뒤처진 독일의 특수한 역사적 배경에서 나온 것이긴 하지만, 근대문명하에서 나타나는 문화의 쇠퇴를 예견하고 우려하는 입장을 대변해주는 것이었다.

'서양의 몰락'을 경고한 스펭글러(Spengler)는 19세기에 들어 서구문화가 제국주의적 문명으로 확장되면서 내적 잠재성의 한계와 데카당스(쇠퇴)에 이른 것으로 보았다. 그에게 근대문명은 세계도시, 차가움과 기계적인 경직성, 외향적이고 피상적인 위조품, 과학적 합리성과 계산가능성, 물질적이고 추상적인 위대함을 표시하는 돈, 대중, 축구경기장 등으로 대변되는 것이었다. 반면 문화는 가정, 전통, 민속, 나이의 존경, 공동체, 오래된 마음의 종교, 영적이고 내적인 것, 유기적이고 창조적인 것, 자연적/원시적 본능과 가치들을 포괄하는 것이었다. 그는 근대 문명 속에 처한 문화의 불가피한 숙명에도 불구하고 문화는 문명이 죽을 때까지 살아남을 만큼 문명에 저항할 능력을 지닌다고 보았다. 유럽은 아직도 '문화적 도시들'(피렌체, 뉘른베르크, 브뤼셀, 프라하 등)을 가지고 있으며 이러한 지방 도시들은 세계 도시들에 대항하여 계속 싸울 것으로 기대했다. 이처럼 문화의 퇴조를 경고한 담론들은 자연, 전통, 종교 등에 기초한 문화의 보수주의적 개념으로 문명과 문화를 이분법적으로 대비시켰다.

이와 반대로 엘리트주의자들은 문명화된 문화를 사회질서와 지배계급의 권위를 확립시키는 기반으로 삼았다. 이들에게 문명화는 인간성을 특징짓는 특질과 기능의 발달을 위한 교화로서 엘리트층이 주도해야 하는 사업이었다. 특히 국가는 교육을 통해 무정부상태에 있는 노동계급을 문명화시켜야 한다는 입장이 제시되었다. 아놀드(Arnold)는 유럽에서 1860~1950년대에 걸쳐 우위를 지켜온 엘리트주의적 문화논쟁의 대변자였다. 그는 문명화가 노동자들을 국가의 권위에 순종하게 하고 부르주아의 문화적 권위와 권력을 확립시켜주는 것으로 보았다. 여기서 문명화 사업은 대중의 문화적 무질서를 진압하고 통제하기 위한 것이며 문명화된 문화는 그러한 통제를 내면화시키는 것이었다.

유럽의 근대문명을 태동한 식민자본주의로부터 시작해서 자본주의 문화시장이 세계 곳곳에서 번창하게 된 오늘에 이르기까지 문명화된 문화의 세계화는 지속적이고 공격적으로 추진되어왔다. 이른바 '문화의 세계화'는 유럽이 주도해온 '문명화된 문화'의 세계적 확장을 의미했다.[8] 자본주의의 문명화된 문화가 전 지구적으로 확장되면서 문화의

---

8 이 부분에 대해서는 6부에서 보다 상세히 다루고 있다.

쇠퇴 현상은 빠르고 심오하게 진행되어왔다. 자본주의 물질문명에 의해 생활방식이 표준화되면서 문화의 도덕적 기능은 점점 더 훼손되었다. 자본주의 문명은 그 하위문화들로서 소비문화, 노동문화, 대중문화, 기업문화 등을 창출하면서 이를 통해 범지구적으로 문화의 잡종화와 식민화를 초래해왔다. 자본주의의 성장은 문화를 문명에 복속시키는 막강한 힘을 배양시켰고 이에 대한 대중의 자발적 추종과 열망을 고조시켰다.

3. 부르주아 문화의 자연화

서구 근대문명에 의해 '문명화된 문화'는 그 문명의 주역이었던 부르주아지의 문화적 특성들과 계급적 이해관계를 바탕으로 창안된 것이었다. 서구에서 문명의 어원은 도시 부르주아를 지칭하는 '시민'의 어원과 같은 뿌리를 지닌 것이었다.[9] 서구문명은 부르주아 시민을 보편적인 사회구성원의 모델로 삼는 것이었고 문명화 사업의 주체세력은 권력과 문화를 주도했던 상류 부르주아 계급이었다. 시민성(*civility*, 부르주아적 예절) 또는 도시성('부르주아적인 좋은 사회')은 문명화된 인간성의 표본으로 제시되었다(Elias, 2000: 88). 시민성은 다른 사람보다 더 많은 교양과 자의식을 요구하는 것이었다. 교양 있는 시민은 문명의 개념에 가장 가까운 행동, 태도, 언어, 사회적 자질 등을 성취한 사람을 의미했다. 도덕성, 명예, 품위 등을 규정하고 실천하게 하는 것도 문명화 사업의 일환이었다. 문명화된 행위패턴들은 상류 부르주아 계급의

---

9 프랑스어로 'civilisation'은 라틴 말로 시민을 지칭하는 '키비스'(*civis*, *civilis*), 또는 도시를 지칭하는 '키빌리타스'(*civitas*, *city-state*)에서 유래된 것이다.

교양과 자질을 추종하고 모방하게 하는 것이었다.

유럽인들이 살아온 세상은 18세기 이래로 부르주아 계급이 조직해온 세상이었다. 부르주아지는 근대문명의 선두를 달리는 엘리트로 군림했다. 유럽에서 1750년부터 현대에 이르기까지 예술가, 작가, 철학자, 학자의 거의 전부가 부르주아지였다. 그들의 창조적 업적들은 사회경제적 독점이나 정치적 특권들과 절대 떼어놓을 수 없는 것이었다. 따라서 사회 전체가 부르주아 계급의 입맛대로 개조해야 하는 대상이 되었다. 그들이 앞장서서 만들어낸 사회제도들, 이데올로기들, 신화들은 자본주의의 문명화 사업에 포섭되는 모두가 공유해야 하는 것들이 되었다.

부르주아적 인간은 자본주의가 요구하는 자질들이 결집된 이념형이었다. 엘륄(Ellul, 1998: 124~188)은 그 핵심들을 이렇게 짚어주었다. 부르주아는 비판적이고 부정적이고 비관론적인 것을 증오하는 대신 긍정적이고 낙관론적이고 독점적인 것을 선호했다. 모든 상황, 관념, 원리, 제도, 행동 등 그 어느 것에나 좋은 부분이 존재하며 하나의 절대 진리는 없다고 보았다. 부르주아는 모든 것을 받아들이고 동화시키는 능력을 지닌 인간이라는 점에서 더할 나위 없는 자유주의자였다. 권위주의적이거나 제국주의적이거나 절대주의적일 때조차도 자유주의자였다. 그들의 실용주의는 모든 것을 이용하기를 원하는 반면 이익을 끌어낼 수 없는 것은 거부하게 했다. 기술의 세기가 부르주아지의 세상으로부터 도래한 것도 이 때문이었다. 계몽사상이 하나의 절대적 진리를 제시하는 것이었다면, 부르주아는 이러한 계몽주의도 상대주의적 입장에서 수용했다. 계몽주의도 이용될 수 있는 것의 하나였을 뿐이다. 노동자들의 이익을 대변하는 조합주의자들의 투쟁도 자본주의 체제를 이탈하지 않는 한 허용될 수 있는 것이었다. 부르주아 계급의 이해관계가 훼손되지 않는다면 사회주의적 계획들과 분배정책도 배제되지 않았다. 공산주의도 강경성만 버린다면 받아들여질 수가 있었다. 이 때문에 부르주아지의 개혁에는 좌익의 자산을 탈취하는 것들이 혼합될 수 있었다.

부르주아는 각양각색의 얼굴을 동시에 갖고 있으면서도 그 어느 것 하나에 과도하게 미쳐버리는 광기로 빠지지 않을 수 있는 존재였다. 그들은 모험과 위험에 대적하면서 새로운 경험과 가능성을 발굴하는 경제행위들을 쉬지 않고 고안했다. 동시에 '계산된 위험들'에도 대비했고 질서와 조직에도 집착했다. 그들은 상업의 '고약한 필요'를 따르는 거짓말과 사기와 위반을 두려워하지 않는 기질을 습득한 존재들이었다. 도덕적 위선, 착취와 자선, 금욕주의와 공리주의적 가치, 허무주의와 효율성, 제작의 선호와 문화의 찬사 등 이율배반적이고 모순된 것들을 공존하게 하는 것이 부르주아 세계였다(Ellul, 1998: 60).

서구에서 19세기 초에 대두된 문화의 개념은 전형적인 부르주아의 창작으로서 그 일차적 특징은 문화예술을 삶에서 분리시키는 것에 있었다(Ellul, 1998: 151~152). 부르주아의 삶에서 가장 중요한 것은 돈, 경제활동, 사업, 사회조직이었다. 예술과 사상은 그 여분이자 사치품으로서 부르주아를 '교양 있는 인간'으로 처세하게 하고 영예를 높여주는 꽃 장식이었을 뿐이다. 경제활동은 지적, 예술적 활동을 가능하게 하는 효율적인 행동이지만 미의 창조나 그것이 주는 쾌락은 비효율적인 것으로 치부되었다. 부르주아에게 문화는 오락을 즐기거나 공연물을 관람하는 유쾌한 기분전환으로서 인간의 삶과 유리된 것이었다. 현실주의적인 드라마나 근대적 형이상학의 작품도 단지 감수성을 건드리는 기분 좋은 것이며 일상의 지루함을 달래주는 것일 뿐이었다.

문화에 대한 부르주아적 개념은 문화를 경제에 복속시키는 것이었다. 부르주아는 삶의 가치와 동기를 경제활동과 재산의 소유에 두고 경제활동 자체를 문화와 분리된 무관한 것으로 취급했다. 자본주의 문명은 경제활동의 효율성을 극대화하기 위해 비효율적인 문화를 배제시킴으로써 반인격적이고 반문화적인 노동을 강요하고 정당화할 수 있었다. 문화는 생존문제가 해결이 된 다음에나 가능한 것이라는 전제는 생존투쟁에서 불가피하게 요구되는 문화적 투쟁을 원천적으로 차단시키기 위한 것이었다. '호모 에코노미쿠스'(homo economicus)로 규정된 근대인의 삶은 '문화가 없는 삶', '사유가 부재하는 삶'이었다. 근대인들이 문화를 경제활동 밖의 여가의 영역에서만 추구하는 것으로 오인하거나 이를 당연시하는 삶을 살게 된 것은 바로 부르주아 문화의 영향 때문이었다. 문화의 부르주아적 개념이 문화를 홀대하는 문화를 자리 잡게 한 것이다. 문화가 여분처럼 '없어도 되는 것'으로 정의되는 것에서 자본주의에 의해 '문명화된 문화'의 일차적 특징이 드러났다. 이처럼 자본주의 근대문명은 문화를 경제의 희생양으로 만들어 문화를 쇠퇴의 길로 빠져들게 했다.

부르주아지는 '삶의 여분'으로 간주되는 문화를 향유함으로써 경제활동에만 매달리는 일반 사람들의 '문화가 없는 삶'과 확실하게 차별화되는 삶을 과시할 수 있었다. 귀족계급의 특권을 갈망하는 부르주아 계급에게 문화와 예술은 그 특권을 모방하는 최상의 무기였다. 그 무기는 오직 부를 소유한 특정한 범주의 사람들에게만 주어지는 것이었다. 일상의 경제생활에서 배척된 문화는 경제적 부(富)에 의해서만 창조될 수 있다는 것이 부르주아적 문화개념이었다. 문화와 예술의 비효율성은 경제활동의 효율성 덕분에 실현가능한 것이었다. 비효율적인 문화는 효율적인 경제활동의 결실을 과시하기 위한 것이었다. 부르주아지는 부를 소유하지 못하는 사람들에게서 문화를 수탈함으로써 그들의 경제적 특권을 문화적 특권으로 확장시키고자 하였다. 부의 가치는 비효율성의 극치인 사치품을 만들어내는 것에서 극대화되는 것처럼, 문화 역시 값비싼 재화들의 소유와 소비를 통해서만 향유될 수 있는 것이었다. 사치품을 '고급문화'의 대명사로 만드는 것은 문화의 가치를 돈의 가치로 대체시키고 문화적 열망을 돈에 대한 열망으로 전치시키는 것이었다. 이 때문에 유럽에서는 속물주의적 부르주아 문화에 대한 경멸과 비판이 지속되어왔다. 그러나 자본주의 근대문명은 이러한 부르주아 문화를 문명화된 문화의 원형으로 '자연화'하는 과업을 달성하는 것이었다.

자본주의에 의해 문명화된 문화는 부르주아 계급의 특권과 영예에 바쳐지는 제물이었다. 부르주아가 막강한 경제인일 뿐만 아니라 전형적인 '문화인'으로 부상하게 된 것은 자본주의 문명이 문화를 경제에 예속시킨 결과였다. 부르주아는 가장 효율적인 경제활동을 통해 축적된 부를 가장 비효율적인 문화의 자원으로 사용함으로써 문화의 정상에 오를 수 있었다. 예술은 그들의 사치를 나타내는 기호였고 예술작품들은 그들의 소유권 행사의 도구였다. 상거래를 위해 창조된 수많은 판박이 예술품들은 부르주아의 소유물이 되었다. 부르주아지는 문화와 예술을 시장원리로 포섭하였다. 예술은 경제적 투자의 대상으로 화폐화되면서 시장에서 팔리기 위해 창조되었다. 예술의 세계와 부르주아지의 세상 사이에는 오직 상업적 거래만 있었다. 그 거래는 예술가들이 부르주아지에게 봉사하는 오락과 스펙터클의 세계를 창조하기 위한 것이었다. 이것이 바로 부르주아지가 문화 창조자들을 자본주의 사회에 동화시키고 통합시키는 방식이었다.

부르주아에게 문화는 애초부터 의미를 가질 필요가 없는 '비의미'의 영역이었다. 부르주아가 예술을 흡수하는 방법은 작품을 그 의미로부터 분리시키는 것, 즉 의미가 없는 것으로 만드는 것이었다. 부르주아 문화는 물질적 안락에 예술적 안락을 여분으로 추가하는 식으로 의미의 심각성이 전파되는 것을 막는 차단기의 역할을 했다. 이 때문에 자유주의적이고 주관주의적인 부르주아 문화는 모든 형태의 예술을 받아들일 수가 있었다. 판타지와 초현실에 탐닉하는 예술이나 문학도 제한받지 않았으며 도덕주의적인 시기에서조차도 반도덕적 무례함이 만연될 수 있었다(Ellul, 1998: 153~154). 부르주아의 문화세계에서는 전위예술도, 혁명적 예술도 그 내용과 가치가 무화(無化)되었다. 피카소나 미로의 작품들도 부르주아를 불편하게 하지 않았다. 반부르주아적인 전위예술조차도 부르주아 문화 안에서는 자유와 혁명의 일시적인 환상과 항거로 끝나버리는 운명에 있었기 때문이다. 부르주아 문화는 그 어떤 급진성도 마구잡이로 포섭하여 의미 없는 것으로 만드는 마술적 회로의 함정이었다. 이것이 부르주아가 창조한 문화의 또 다른 특징이었다.

엘륄은 행위와 사고를 분리시키는 것이 부르주아적 문화개념을 창조한 문법이라고 했다. 부르주아 문화는 사고와 행위의 이분법에 따라 문화가 행위로부터 형성되는 것이 아니라 두뇌활동에서 나온다는 가정을 담은 것이었다(Ellul, 1998: 218). 이는 지식인의 '앙가주망'(engage-ment, 사회참여) 자체를 부정하고 인텔리겐치아를 하나의 게토집단으로 만드는 것이었다. 그들의 작업들은 일상의 삶과 대중의 인격화를 위한 것이기보다는 실용적인 문헌자료의 축적에 집중되어야 했다. 출판물은 공중에게 부르주아지의 이데올로기들을 설파하고 부르주아계급에게 우호적인 여론을 조성하는 도구로 이용되었다. 지식의 세계는 부르주아 계급의 존재방식, 가치, 권력을 합리화하고 이를 사회 전반에 보편화하는 이데올로기적 기능을 수행했다.

한편 부르주아 문화는 매우 독특하고 효율적인 동화(同化)의 메커니즘을 내포한 것이었다. 그것은 엘륄의 분석처럼 '분리에 따른 재구성', '절대성과 비타협성을 거부하는 상대화', '전환과 도치에 의한 동화'의 메커니즘이었다(Ellul, 1998: 166). '분리에 따른 재구성'은 필요에 따라 전체를 새로운 요소들로 절단하여 분쇄한 다음 새로운 구성과 조립에 의해 동화를 꾀하는 것이었다. '상대화'에 의한 동화는 모든 것이 모든 사람에게 받아들여질 수 있도록 절대의 지점들을 제거하여 무의미하게 만듦으로써 타협에 이르는 방식이었다. '전환과 도치에 의한 동화'는 기존의 태도, 가치, 시스템을 완전히 뒤집는 방식으로 동화를 유도하는 것이었다. 세속적인 것을 정신적인 것으로 변형시키나 그 역으로 전치시키는 동화방식이었다. 이는 물질을 대문자의 정신(Esprit)으로, 성공을 대문자의 미덕(Vertu)으로, 효율성을 대문자의 아름다움(Beauté)으로 바꾸어 부르주아적 가치들에 대한 자연스러운 동화를 유도하는 것이었다(Ellul, 1998: 174). 이는 '혼합과 모순된 통합에 의한 보편적 적용과 다양화 및 상대화를 통해 더 이상 아무것도 말하지 않는 혼돈(카오스)과 모호성의 도덕이 자리 잡게 하는 것이었다.

부르주아 문화와 대중의 문화 사이의 대립은 이러한 동화과정에 의해 점차 사라지게 되었다. 19세기 이래로 부르주아에 의해 발명된 문화와 동일한 개념과 속성들을 지닌 대중의 문화가 창출되기 시작했다. 이는 대중에게 자본주의의 문명화된 문화의 권리를 보장하는 민주주의의 이름으로 진행되었다. 문화시장은 부르주아적 문화상품들을 모든 계급의 대중소비로 확장시키는 상업적 민주화의 주역을 맡게 되었다. 부르주아적 문화개념에 의거하여 행위와 사고가 분리되고 모든 의미가 제거되는 대중의 문화가 생성되었다. 부르주아가 창조한 여분의 세계인 여가와 오락의 영역이 대중의 문화로 제공되었다. 대중은 상업적인 거래에 의해 문화를 향유하는 세계로 편입되었다. 이와 함께 부르주아 지의 특권을 과시하는 '고급문화'가 유지되기 위해서는 대중의 문화와 차별화되는 새로운 유행과 문화시장이 쉬지 않고 창출되어야 했다.

20세기에 들어서 부르주아지가 비효율적인 영역으로 분리시켰던 문화는 효율적인 경제활동의 영역으로 투입되면서 문화산업이 번창하는 시대가 되었다.[10] 전 세계에서 번창하는 문화산업은 부르주아 문화를 다채롭게 재조합되고 재구성된 양태로 상업화하고 대중화했다. 부르주아 문화는 산업적 생산과 대중적 소비를 통해 자본주의의 문명화된 문화, 즉 자본주의 문화(*capitalist culture*)로 보편화되었다. 부르주아 문화의 세계적 확산은 부르주아의 경제적 성취보다 더 의미심장한 부르주아지의 헤게모니에 기여하는 것이었다.

엘륄은 현대에 와서 부르주아의 계급적 실체는 희미해졌지만 그 대신에 사회 전체가 그 계급을 대신한다고 말했다. 부르주아 문화가 보편적 정신과 생활양식으로 자리 잡으면서 부르주아의 가치들, 모델들, 이상들이 현대사회를 뒤덮게 되었다는 것이다. 노동자나 지식인이나 할 것 없이 모두가 자본주의 정신을 나름대로 각기 다른 방식으로 구현하게 된 것을 말한다(Ellul, 1998: 195~197). 부르주아 문화에 동화된 사람들은 착취자와 피착취자로 구분되기에 앞서 자본주의 근대문명을 따르는 추종자들이 되었다. 이들이 추종하는 도구적 합리성, 기계화, 도덕적 상대성, 물질적 진보, 행복권 등은 부르주아 계급이 오랫동안 주도해온 자본주의 문명의 산물이었다. 엘륄은 서구 자본주의 근대문명이 서구사회가 천박하다고 멸시했던 부르주아적 가치들을 달성하는 데 성공한 것은 아이러니 중의 아이러니라고 했다.

---

10 이 부분은 6부에서 상세히 다루어진다.

이처럼 자본주의의 문명화 사업은 '인간의 부르주아화'를 위한 인간 개조 사업이었다. 인간의 부르주아화는 유럽의 계몽주의와 근대문명이 추구해온 인간의 근대화를 의미했다. 이 사업은 부르주아의 끊임없는 변신처럼 그 끝과 방향을 헤아릴 수 없는 모험의 여정이었다. 부르주아지가 계급적 특수성을 상실한 것은 그 영원성과 변신의 개방성을 획득하기 위한 것이었다. 부르주아 문화의 신봉자들은 변신에 능한 부르주아의 후계자들이었다. 부르주아 문화가 탈계급화되고 자연화되면서 부르주아지는 하나의 계급적 집단이 아니라 근대적 인간의 이상형이 되었다. 부르주아는 자본주의 문명 속에서, 바르트의 용어를 빌리자면, '영원한 인간'(*homme éternel*)의 원형으로 자리 잡게 된 것이다.

4. 문명화 사업과 식민성의 독사

자본주의의 문명화 사업은 유럽의 식민지에서도 진행되었다. 서구 열강의 식민통치는 유럽인들이 성취한 자본주의 문명을 전파하는 계몽사업이었다. 그러나 식민통치는 인종에 따른 노동 분업, 부의 독점, 사회적 특권계급의 형성에 기초한 것으로 유럽인들이 내세웠던 보편적 인권, 자유, 평등의 계몽사상을 스스로 배신하는 것이었다. 근대와 전근대의 이분법은 식민지의 문화적 전통을 전근대적 '야만'으로 단죄하고 훼손시키는 것을 정당화하고 유럽인들의 문명을 입증해 보이는 도식이었다. 유럽인들이 '신에게 선택받은 사람들'(*God's Chosen People*)이자 최상의 '문명인'이라는 자기 확신을 갖게 하는 것이었다.

식민주의적 문명화사업은 인종차별주의와 서양우월주의를 동반한 것이었다. 인종차별주의는 유럽인들이 400여 년 동안 아프리카, 아시아, 아메리카에서 노예무역과 근대 노예제를 통해 상업자본주의를 성장시킨 역사로부터 유래되었다. 상업자본주의는 백인들이 세계의 다양한 인종들을 약탈과 정복의 대상으로 삼은 덕분에 성장할 수 있었다. 배타적 인종주의는 자본주의 문명의 추동력이었다. 노예무역으로부터 축적된 자본이 꽃피운 문명의 뿌리에는 타 인종들의 학대와 말살을 거침없이 자행한 야만성이 자리 잡고 있었다. 백인들은 무법적인 정복자로서 '유색' 원주민들을 생물학적으로 열등하고 무능한 존재로 비하하고 격리시키고 착취하고 박해했다. 정신이 파괴된 흑인 노예들은 목숨이 다할 때까지 짐승처럼 부려 먹히고 짐짝처럼 버려졌다.

백인우월주의는 근대 서구가 자랑하는 자본과 국가의 막강한 힘에서 나온 것이었다. 그 힘은 적자생존 법칙에 따라 강자로 살아남은 백인들의 인종적 우월함을 과시하는 물적 토대였다. 유럽인들의 '우월한 문화 민족'의 정체성과 문명화 사업에 대한 '백인의 의무'는 제국주의적 기획에 의해 증진되었다. 제국주의 시대에서 유럽의 문화적 민족주의는 타 민족에 대한 서구 민족의 문화적 우월성을 내세우는 문화제국주의로 작용했다. 문화를 민족정신의 표현으로 보는 독일의 '문화적 민족주의'는 나치즘에서 보듯이 배타적 인종주의와 결합하였다. 게르만 민족의 혈통, 언어, 문화의 '정통성'을 내세우는 '아리안 민족주의'는 백인우월주의의 광기를 보여준 것이었다. 자본주의의 문명화 사업은 이처럼 유럽의 인종적/문화적 우월성을 입증하고 정당화해주는 것이었다. 이는 문화의 차이를 인종의 차이로 자연화하고 생물학적 차이를 문화적 우열로 구별 짓는 것이었다. 식민주의는 백인들의 문화가 유색인들의 문화보다 더 진화한 것이라는 가정을 입증해 보이는 것이었다.

사이드(Said)가 주장했듯이 '동양'은 서양의 '타자'로 구성된 것이었다. "동양은 유럽(서양)이 스스로를 동양과 대조가 되는 이미지, 관념,

성격, 경험을 갖는 것으로 정의"되면서 유럽의 문명과 문화를 구성하는 부분이 되었다. "오리엔탈리즘은 동양을 문화적으로 또는 이데올로기적으로 하나의 모습을 갖는 언설로 표현하고 표상"한 것이었다(사이드, 2000: 15). 서양이 말하는 오리엔탈리즘 그 자체가 '동양'이라는 세계를 가공해낸 것이다. 동양은 유럽 제국주의의 이데올로기적 산물이었다. 서양인들에 의해 창조된 동양은 서양을 모방하는 '제 2의 서양' 또는 서양의 '문화적 위성국가'를 의미했다. 동양은 유럽중심주의적인 역사서술과 인식론의 창조물로서 유럽의 정체성을 형성하는 '타자성'의 표본으로 만들어졌다. 유럽의 식민주의적 문명화 사업은 이러한 타자성을 만들어내는 과정이었다. 식민화된 타자를 미숙하고 유아적이고 불합리한 존재로 규정함으로써 이와 대립적인 서양인의 어른다움과 성숙함과 합리성을 입증하는 것이었다. 반면에 피식민자들은 식민권력과 식민교육에 의해 통치되고 개화되어야 할 비문명인으로 타자화되면서 정신적 식민화의 대상으로 전락했다. 식민지배자는 이들을 계몽시키는 교육자로 행세했다. 정신적 식민화는 타자성의 바깥을 상상할 수 없게 만드는 것이었다.

문명화 사업은 식민지에 '식민성'(coloniality)을 뿌리내리게 하는 것에서 그 성공을 거두었다. 식민성은 16세기부터 20세기 중반까지 지속되었던 유럽의 식민주의 시대의 결실이었다. 식민성은 식민지배자들과 피식민자들 사이에 공모성을 형성함으로써 식민억압에 자연스럽게 순응하도록 만드는 독사로 작용했다. 식민성은 유럽이 라틴 아메리카를 정복한 이래로 추진해온 자본주의적 근대성의 세계화 기획과 동전의 양면을 이루는 식민적 근대성을 의미했다. 식민적 근대성은 서구의 근대성 기획이 세계적 사명을 달성하는 권력과 지식과 인성의 기반이었다. 식민통치가 종식된 이후에도 식민적 근대성은 자본주의적 근대성을 실현하는 사회구조와 이데올로기적, 문화적 토대에 심오한 영향을 미치는 식민주의의 독사였다. 2차 세계대전 이후 유럽의 식민지들이 열망했던 정치적, 경제적 독립은 서구적 모델의 근대 국민/민족 국가의 건설이었다. 식민성은 서구적 근대화를 세계화하는 토양을 만들어주었다. 이러한 상황에 대한 성찰을 요구하는 탈식민주의는 식민적 근대성이 지속되어온 세계 역사에 대한 근본문제를 제기하고 식민의 억압과 식민 권력의 어쩔 수 없는 유혹의 양가성과 공모관계를 들추어내는 것이었다.

라틴 아메리카에서 1990년대에 결성된 "근대성/식민성 연구그룹"은 식민성의 핵심범주를 '권력의 식민성', '지식의 식민성', '존재의 식민성'으로 파악했다. 우선 '권력의 식민성'(Quijano, 2000)은 식민적 권력구조에 의해 강제되었던 인종차별과 위계질서가 식민시대 이후에도 사회질서로 계승되면서 특권과 부가 소수에게 집중되는 카스트 체계로 정착된 것을 말한다. 자본의 필요와 서구의 백인들의 이익에 따라 인종, 노동, 공간을 착취하는 권력모델이 식민유산이었다. 키하노(Quijano)는 유럽의 아메리카 정복 이전까지는 존재하지 않았던 근대적 의미의 '인종'이 창조되었다고 했다. 권력의 식민성은 인종주의와 문화적 백인화를 통해 서구의 근대성 모델을 확산시키는 기제였다. 인종은 식민성을 자연적 차이로 코드화하여 백인과 비백인 간의 식민관계를 '자연화'하는 것이었다. 인종은 식민 자본주의의 노동착취와 식민지배의 가장 효과적인 도구로 이용되었고 이를 정당화하는 명분이 되었다. 권력의 식민성은 서구중심적 위계질서의 문화체계를 근대문화의 정수로 승인하고 당연한 것으로 수용하도록 만드는 독사였다.

'지식의 식민성'은 서구의 헤게모니하에서 지식의 생산과 보급이 통제되는 현상으로 나타났다. 서구중심적 인식론을 유일하게 유효한 모델로 인정하는 지식체계가 확립되었고 이에 따라 비서구인들의 전통적인 지식생산 방식이 억압되었다. 자본주의 선진 국가들의 언어들로 생산되는 세계의 과학과 지식의 보급은 서구의 근대성을 학습시키는 것이었다. 지식과 권력은 서로 보강하고 정당화하는 관계에 있는 것이므로 지식의 식민성과 권력의 식민성은 서로 상승작용을 통해 더 큰 효과를 발휘할 수가 있었다. 이는 비서구인들을 지식의 생산에 참여하지 못하는 무력감과 무가치성의 콤플렉스에 빠지게 만들었다. 비서구인은 지식의 수요자일 뿐이었다. 이 때문에 서구 이론의 근본적인 탈식민화가 요구되었다.

'존재의 식민성'은 식민지의 원주민과 그 후손들을 비인간 또는 하위인간으로 비하하고 '세계'가 없는 저주받은 사람들로 취급하게 했다. 이는 유색인종에게 자기 비하감을 심어주고 서구 백인들을 '근대인'의 보편모델로 삼는 '인간의 근대화'를 강제하는 것이었다. 식민성은 유색인종으로 하여금 백인의 피부 색깔과 외양에서부터 존재양식과 삶의 방식에 이르는 모든 것을 '문명화된 인간'으로 동경하고 모방하게 하는 효력을 발휘했다. 백인들을 정복자들이라고 생각하면서도 문명인으로 동경하는 양가적 감정을 갖게 했다. 식민지배의 오랜 경험을 통해 뿌리내린 식민성은 비서구인들에게서 서구중심주의를 자연스럽게 받아들이게 하는 독사로 작용하면서 토착문화의 뿌리가 뽑힌 문화적 이방인들을 양산했다. 이들은 서구문화나 토착문화 그 어느 쪽에도 완전히 동화될 수 없는 상태에서 문화적 정체성의 혼란에 시달려야 했다. 식민성에 사로잡힌 사람들은 고향에 살면서도 문화의 고향을 잃어버린 사람들이 되지 않을 수 없었다.

정치적, 경제적 탈식민화는 식민통치의 종식과 함께 독립국가와 국민경제의 확립을 통해 실현가능한 것이라면, 문화적 탈식민화는 식민통치 종식이후에도 서구 근대문명의 지배와 영향을 받았던 문화와 정신세계로부터 완전히 해방되지 않는 한 기대하기 힘든 것이었다. 식민성은 식민지배자들과 피식민자들 사이에 오랜 역사에 걸쳐 복잡하게 얽힌 갈등과 공모관계의 모순을 담고 있었기 때문이다. 유럽의 기독교 문명과 원주민의 토속신앙이 결합한 종교적 믿음과 의례들은 식민성의 강력한 이데올로기적 기제이자 결코 지워버릴 수 없는 식민지배의 문화적 유산을 담은 것이었다.

식민성은 서구 자본주의 문명에 대한 동화와 예속을 초래하는 '자본주의적 식민성'이었다. 이는 자본주의적 근대성을 염원하고 추종하는 것으로서 물질적 빈곤을 '전근대성'과 인종적 '열등함'의 탓으로 돌리게 하였다. 자본주의 물질문명의 혜택을 받아들이기 위해 식민지의 물질 생활을 전근대적인 것으로 외면하거나 부정하도록 만들었다. 신생독립국가에서 근대화를 위한 사회제도와 교육체계는 자본주의적 식민성을 일찍부터 지지하고 자발적으로 체화한 식민지 엘리트계급의 주도하에 확립되었다. 토착 엘리트는 자신들이 자본주의 문명화 사업의 대리인이자 근대화의 선두주자라는 우월감과 사명감을 가지고 식민성을 예찬하고 공고히 하는 역할을 담당했다. 그들은 재화의 축적과 소유체제, 그리고 시장경제에 의존하는 자본주의적 생활양식과 사유방식을 통해 '문명화된 문화'를 정착시킨다는 명분으로 기득권 세력이 될 수 있었다. 신생 독립국가에서 부상한 부르주아 계급은 서구 부르주아지의 아바타로서 자본주의 문명을 확산시키는 전도사였다.

자본주의적 식민성은 서구 열강이 요구하는 자본주의적 근대화에 대한 자발적 동의를 이끌어내는 것으로 식민통치체제를 거부하는 반식민 민족주의자들까지도 사로잡았다. 이들은 유럽의 식민권력에 대항하면서도 자본주의 근대문명을 필연적으로 추종해야 할 역사발전의 모델이자 문화적 계몽의 혜택으로 받아들이는 사람들이었다. 신생독립국가는 '자본주의 후발국'에 부여된 과업을 추진하기 위해 서구 자본주의 문명의 모델을 토착화시키는 작업에 매진해야 한다는 역사적 사명감을 갖는 사람들이었다. 자본주의 후발국의 숙명은 자본주의 선진국의 역사적 궤도를 영원히 뒤쫓아가는 것, 즉 세계 자본주의 체제에 편입되는 것이었다. 이러한 상황에서 진정한 의미의 탈식민화 기획은 인식론적, 문화적 달식민화로서 자본주의 문명 그 자체에 대한 비판적 성찰이 진제되어야만 하는 것이었다.

07
'발전'의 신화와 독사

2차 세계대전 이후 자본주의 근대문명은 발전 패러다임을 세계화하는 단계에 들어갔다. 유럽의 제국주의적 식민주의의 주도권은 파시즘을 물리친 승자로 부상한 미국으로 넘어갔다. 진보의 신화는 '발전'의 신화로 계승, 확장되었고 미국 중심의 자본주의적 근대성이 발전 패러다임을 관철시키는 시대가 도래했다. 사회주의 진영과 냉전을 벌이게 된 미국의 자유주의 진영은 유엔을 비롯한 국제기구들과 함께 발전의 신화를 떠받드는 새로운 국제질서를 확립하는 데 주력했다. 식민통치로부터 벗어난 신생독립국가들은 '저발전'국가로 낙인찍히면서 식민적 근대성을 실현하는 발전주의 패러다임에 포섭되는 운명에 처했다. 발전 패러다임은 자본주의 문명의 표준화를 통해 전체주의적 세계질서를 구축해왔다.

1. '발전' 패러다임의 세계화

20세기 중반에 이르면서 세계는 '발전국가'와 '저발전국가'로 나누어지게 되었다. 2차 대전 이후 '풍요'의 나라로 부상한 미국의 트루먼 대통령의 연설(1949년 1월 20일)은 식민주의 시대의 종말과 함께 '발전의 시대'를 공언하면서 세계 20억 인구를 '저발전' 지역에 포함시켰다. 저발전이라는 개념은 저발전의 실재를 '가정'하고 현실로 만들어내는 자기 예언적 실현의 효과를 갖는 것이었다. 발전과 저발전의 이분법에는 세계질서를 자본주의 문명의 단선적인 진화과정으로 규정짓는 이데올로기가 내포되어 있었다. 저발전을 '현실'로 인정하고 각성하게 만들어 서구의 모델을 진보적 근대화의 보편적 프레임으로 추종하게 하는 것이었다. '저발전'은 진보의 신화에 대한 믿음과 함께 발전을 '정상성'의 기준으로 내세워 역사와 문화가 전혀 다른 사람들을 단색의 동질화된 세계로 묶어내는 위험한 개념이었다. 그 정상성의 기준으로 진단되고 비교되는 '결핍'의 나라들은 발전국가들이 개입하고 간섭해야 하는 구제의 대상이 되었다. 이는 발전모델에 의해 전 세계를 서구의 자본주의적 근대성의 기획으로 포섭하는 거대한 세계화 작업의 일환이었다.

발전주의는 미국의 범세계적 패권주의를 위장하는 명분이었다. 미국을 위시한 문명국가들의 군사적 지배를 경제적 지배로 대체하고 글로벌 질서를 세계시장으로 통합하는 것이 그 목적이었다. 2차 대전 이후 유럽의 식민지에서 건설된 근대 국민국가들은 그 목적 달성을 위한 발전주의 과업을 위임받았다. 이는 자본주의적 경제발전을 바람직한 보편모델로 받아들이게 하는 '강제된 합의'에 의한 것이었고 강대국들의 대외원조는 그 합의에 대한 보상이었다. 이로써 저발전국은 민간 해외자본의 긴요한 투자처이자 발전국의 경제지원에 매달리는 종속상태에 처하게 되었다.

1960년대 초 주도면밀한 발전계획을 제시한 유엔은 '발전 십년기 사업'에 착수했고 유엔경제사회이사회는 경제발전을 '사회발전'의 대응책으로 제시했다. 케네디 대통령은 '진보를 위한 동맹'의 필요성을 역설하면서 빈곤의 사슬을 벗어던질 수 있도록 '자유로운 인간과 정부'를 지원하겠다고 다짐했다. 이는 당시 냉전체제하에서 미국이 소련 주도의 '공산 진영'에 맞서는 '자유세계'의 지도국가임을 선포하는 메시지였다. 미국의 대외 원조와 해외 평화봉사단 및 국제선교 사업은 사회주의식 발전과 대결을 벌이는 자본주의식 발전모델을 선전하는 역할을 담당했다. 제3세계[1]를 향한 미국의 구원의 손길은 이념적, 정치적 목적에 따른, 저발전국에 대한 패권다툼을 위한 것이었다. 서구 자본주의의 성장이 식민지 약탈과 착취의 성과였다면, 미국 주도의 발전주의 패권다툼은 평화로 위장된 신식민주의적 정치기획이었다.

경제 환원주의에 입각한 발전 패러다임은 경제를 진보와 발전의 대명사로 만들었다. 경제발전은 서구적 근대화이자 '선진국'을 만드는 요체였다. '후진국'이란 곧 경제후진국을 말하는 것이었고 경제후진국은 자본주의적 성장에 뒤처진 나라를 지칭하는 것이었다. 이러한 호칭들이 자연스럽게 통용되는 세상은 발전주의를 아무런 의심 없이 아주 자연스럽게 받아들이는 독사가 발전의 신화와 맞물려 작용한다는 것을 의미했다.

선진국과 후진국의 이름으로 모든 국가를 줄 세우는 세상에서 경제발전은 선진화를 위해 바람직하고 이상적이며 어떤 문제든 해결할 수 있는 유일한 길이었다.

이러한 상황에서 '저발전' 국가들은 선진국이 되기 위해 서구의 자본주의적 발전모델을 자발적, 적극적으로 수용해야 했다. 이는 자본주의 체제 도입을 국민의 열망이자 국민경제의 절대적인 목표로 만드는 것

---

1 이 호칭은 서구의 선진자본주의 국가들을 제1세계로, 동구의 사회주의 국가들을 제2세계로, 그리고 그 나머지 국가들을 제3세계로 호명하는 서구중심주의의 산물이었다.

이었다. 발전주의는 국익우선론과 결합하여 국가의 권력을 생산하고 강화하는 지상과제가 되었고 국민에게는 생존과 생활수준의 향상을 위해 국가에 충성해야 하는 최대의 명분이 되었다. 발전은 국민국가의 강압적인 힘 덕분에 추진될 수 있었다. 국가는 각종 발전 사업에 대한 국민의 능동적 참여를 이끌어내고 조직하는 한편 발전주의에 대한 환상과 공모의식을 조장했다. 그 대가로 국민은 사회문화적 뿌리가 잘려나가는 상태로 탈지역화된 경제사업의 자원으로 동원되는 객체가 되어야 했다. '후진국'에서 발전주의 과업은 국가가 발전의 결실을 독식하고 국민을 탄압하는 권위주의적 통치의 반대급부로 정당화되기도 했다. 그러한 희생의 대가를 치르면서도 '발전도상국'으로 발돋움하기 위한 경쟁은 가열되었다.

발전 패러다임은 빈곤을 '부당한' 사회경제의 산물이자 치료할 수 있는 질병으로 취급했다. 경제발전은 교육, 보건, 인구조절, 영양, 농촌개발의 사업 등을 통해 '사회적 진보'를 이룩하는 지름길로 찬미되었다. 이는 식민지시대에 영국의 식민지 발전(복리) 법이 원주민의 복지 증진을 식민지 착취의 명분으로 내세운 것과도 상통했다. 발전 패러다임은 저발전 지역의 자급자족적 생활양식을 배척하거나 폄하하게 만들었고 경제적 자립능력과 자율성을 훼손시켰다. 거대한 규모의 동질적 공간을 재건하는 도시개발은 저발전을 불도저로 밀어붙이고 공동체를 파괴하는 근대화의 상징이 되었다. 산업폐기물의 하치장으로 변해 가는 저발전 도시들은 발전의 폭력이 자행되는 곳이었다.

서구 자본주의 물질문명은 '가난'을 문명의 후진성이자 전근대의 문화적 열등성의 상징으로 만들었다. 물질적 빈곤이 문화적 후진성을 낙인찍는 잣대로 작용하면서 발전의 장애로 치부되는 토착문화는 '빈곤 퇴치'를 위한 폐기대상이 되었다. 자본주의 성장에 핵심 역할을 담당하는 노동자와 소비자가 후진국의 물질적, 문화적 빈곤을 벗어난 '진화된 근대인'의 모델로 제시되었다. 발전주의는 서구적 근대문화를 동경하도록 만들었고 경제발전이 자동적으로 문화발전을 가져오는 것처럼 곡해하게 했다. 발전의 세계화 사업은 서구문명이 주도하는 '세계문화'의 '건설'을 위해 저발전국의 경제적 식민화와 함께 문화적 식민화를 유도하는 거대한 자본주의 문명화 사업이었다.

발전의 등급은 일국의 경제규모를 나타내는 '국민총생산'(GNP)과 '국내총생산'(GDP)[2] 같은 지표로 매겨졌다. 이 지표들에 함축된 발전의 개념은 물질적 진보와 시장가치를 중시하는 반면 사회적 공공성이나 구성원의 공동 자산은 고려하지 않는 것이었다. 삶의 중심을 인간이 아닌 물질에 두고 그 양적 성장을 측정하는 것이었으며 생산된 모든 것을 시장가치로 환산하는 것이었다. 따라서 상업적 재화가 아닌 비영리적 영역의 질적, 사회 문화적 가치들, 공익을 위한 비영리활동, 화폐로 계산되지 않는 봉사활동 등은 지표에서 배제되었다. 이러한 지표들에 의한 국가의 등급화는 저발전의 '실체'를 만들어냈고 그 실체에 해당된 나라들을 탈빈곤 경쟁에 몰입하게 만들었다. 발전국들의 기술경제가 고도화될수록 저발전국들이 따라잡아야 할 발전의 격차가 심화되면서 새로운 형태의 저발전이 생성되었다. 발전은 저발전을 지속적으로 배태시키는 함정을 담고 있었다. 발전의 신화는 이 함정을 알지 못하는 발전의 포로들을 양산하는 것이었다.

GNP라는 지표는 국민생산의 총량만을 중시할 뿐 소득분배의 측면

---

2 1940년대 후반부터 공식 사용되었던 국민총생산(*Gross National Production*)은 1991년에 국내총생산(*Gross Domestic Product*)으로 바뀌었다. GDP는 외국 기업들이 자국에서 번 이익을 포함시키는 것으로 주변부 국가에서 경제가 크게 성장한 것처럼 보이게 함으로써 그 이익이 중심부 국가로 이전되는 것을 은폐하는 효과를 지닌 것이었다.

을 전혀 고려하지 않는 개념이었다. 따라서 국민총생산의 증가가 국민의 복지 증진을 말해주는 것은 아니었다. 발전의 신화는 국민생산이 늘어나면 빈곤이 감소된다는 믿음을 주었지만 실상은 그 반대로 나타났다. 국민총생산에 따른 자본의 축적은 국민경제와 국민노동을 그 희생양으로 삼는 것이었기 때문이다. 전통적 빈곤은 모든 발전국가에서 나타나는 '근대화된 빈곤'의 형태로 교체되었고 빈민화 과정은 지속되었다. 발전은 외채를 늘리고 국내 자원의 가격을 상승시켰으며, 농업생산과 자립경제를 위협하고 도시빈민을 증가시키면서 새로운 빈곤을 낳았다. 빈곤은 자본주의 물질문명의 산물이었음에도 발전주의는 바로 그 문명의 힘으로 빈곤을 퇴치한다는 신화로 작용했다. 자본주의 경제성장은 본질적으로 불평등구조에서 동력을 얻는 것이었다. 즉, 선진국의 풍요는 후진국의 새로운 빈곤과 선진국과 후진국 간의 빈부격차 덕분에 실현가능한 것이었다.[3] 발전 패러다임은 자본주의 세계질서에서 발전과 저발전의 거리를 좁히는 것을 목표로 삼는 것이 결코 아니었다.

발전의 한계가 드러나는 국면에 이르면서 1970년대에는 경제성장에 따른 불평등과 빈곤의 심화에 대응하는 '공평한 발전'이라는 개념이 창안되었다. 1973년 세계은행은 GNP로 측정한 진보가 소득분배의 불평등을 악화시키는 데 크게 공헌했다는 사실을 확인시켜주었고 그 대응책으로 국민총생산 외에도 실업률 감소나 빈곤층의 소득증대 지표들과

---

[3] 세계은행의 1988년 〈세계 발전 보고서〉에 따르면 20개 자본주의 부국의 1인당 국민소득은 1965~1986년 사이에 매년 298.08달러가 늘어났지만, 최하위 33개 빈국의 1인당 국민소득은 매년 8.37달러가 늘어났다. 이러한 증가율이 그대로 유지된다고 가정할 경우 빈국은 1986년에 부국이 도달한 소득 수준을 127년 뒤에나 달성할 수 있으며 부국을 따라잡기 위해서는 497년이 필요한 것으로 파악되었다(러미스, 2010: 115, 재인용). 빈국이 부국의 소비수준을 따라잡는다는 것은 지구가 감당할 수 없는 생태계의 재앙을 불러온다는 것을 의미했다.

'사회성을 반영한 경제 성적 척도'를 도입했다. 한편 유엔은 1974년 '신국제경제질서 확립 선언'에서 불평등을 시정하여 발전국과 발전도상국 사이에 점점 벌어지는 거리를 없애고 만인이 번영을 누리게 한다는 목표를 제시했다. 그러나 서구의 발전모델은 베를린 장벽이 무너진 1989년 이후 확립된 세계자본주의의 단일체제하에서 한층 더 지배적인 전 지구적 모델로 확장되었다. 동유럽 국가들까지 합세한 발전주의 세계화 사업으로 빈국과 부국의 격차와 부의 불평등구조는 점점 더 심화되었다.

1997년 유엔 세계개발보고서에 따르면 전 세계 173개국 중 70~80개국이 10년 전 또는 30년 전보다 1인당 국민소득이 더 떨어진 것으로 나타났다. 발전국의 상위 20%가 전 세계의 상품과 서비스의 86%를 소비하는 반면, 최빈국의 20%에 해당하는 국가들의 소비는 1.3%에 불과했다(로빈스, 2014: 217). 전 세계에서 하루 벌이가 1달러도 안 되는 절대 빈곤층이 2000년에는 12억 명이 넘었으며 세계인구의 6분의 1에 해당되는 8~10억 명이 굶주림에 시달리는 상황에 있었다. 세계의 기아는 식량 생산 부족에 기인한 것이 아니라 식량이 자본주의에 의해 상품으로 전환되어 시장의 논리에 예속되고 세계적으로 불평등한 교환과 분배가 이루어진 결과였다. 이처럼 자본주의 발전 패러다임은 기아와 궁핍을 제거하지 못할 뿐 아니라 '절대 빈곤'의 수준도 악화시키는 상황을 초래했다.

이러한 상황에서 경제발전론을 비판하는 '재발전'론이 대두되는 한편 '탈발전'의 비관론에 대한 대응책들이 제시되었다. 발전 패러다임은 보다 정교한 형태로 변형되어갔다. 환경, 여성, 기아, 주거, 고용 등 주요한 사회문제들의 영역들을 분산시키는 동시에 경제적, 사회적 요소를 통합시키는 발전론이 대두되었다. 발전의 목표를 물질이 아닌 사람에 두어야 한다는 주장들과 함께 자립을 위한 발전, '인간중심 발전', '국민의 발전', '지속가능한 발전', '공생발전', '대안발전' 등 다양한 발전의 길을 모색하는 방안들도 제시되었다. [4] 유엔개발프로그램(UNDP)은 경제성장과 인간의 발전 간에 필연적 관계가 존재하지 않는다는 문제제기와 함께 빈곤의 축소와 환경보호 등을 포함하는 '인간발전지수'(Human Development Index)를 제시했다. 유엔 개발계획이 발표한 1990년 〈인간발전 보고〉에서는 인간의 질적 요구를 만족시키는 자원의 접근가능성이 강조되었다. 이처럼 발전 패러다임은 국가발전, 도시개발, 사회발전, 국민의 발전을 넘어 급기야 인간까지도 그 대상으로 삼는 '인간발전'이라는 개념을 창안하기에 이르렀다. 그러나 여기서 인간발전이란 인간의 잠재력과 생활여건을 계량화하고 수치화하는 것이었다.

한 세기 이상동안 인류역사를 지배해온 발전의 신화는 자본주의 경제 발전을 불가항력의 역사적 진로로 승인하는 독사를 정착시킴으로써 그 위력을 발휘할 수 있었다. "발전은 증발했다", "진보에 대한 확신도 무너져 내렸다"고 말하는 목소리들이 점점 더 높아지는 상황에서도 근대인의 무의식 속에서는 발전에 대한 욕망과 집착이 좀처럼 수그러들지 않았다. 발전과 친숙한 성장, 진보, 진화, 근대화와 같은 말들이 더 이상 허망한 기대를 불러오지 않는다고 해도 발전의 신화에서 벗어난 세상에 대한 상상력은 세상을 변화시킬 만한 힘을 발휘하지 못했다. '탈발전시대'나 '탈경제시대'를 열망하는 목소리들은 자본주의 문명의 오랜 역사 속에서 뿌리내린 역사의 무의식이나 이데올로기와 문화의

---

4 1974년 10월 멕시코 코코요크에서 열린 유엔 환경계획과 유엔무역개발회의 심포지엄에서 채택된 코코요크선언이나 노르웨이 평화운동가 요한 갈퉁(Johan Galtung)의 주장 등이 이러한 경향을 대변해주었다.

무의식과 대적하기에는 역부족이었다.

일리치(Illich, 2010)는 발전이라는 미신이 사람의 본성을 바꾸어놓았다고 역설했다. 발전이 자기실현을 추구하는 인간의 본성으로 자리잡았다는 것이다. 발전에 대한 현실적 의식은 부정적이고 회의적이더라도 발전의 신화는 무의식속에서 인간의 본성으로 작용하게 된 것을 말한다. 발전의 패러다임은 호모 사피엔스(지혜로운 인간, *homo sapiens*)를 희소성의 주인공인 호모 에코노미쿠스로 대체했고, 2차 대전 이후의 세대에 와서는 이를 호모 미세라빌리스(*homo miserabilis*), 즉 '궁핍한 인간'의 본성으로 둔갑시켰다는 것이 일리치의 통찰이었다. 여기서 궁핍한 인간이란 자신이 발전의 '정상성'에서 벗어났다고 스스로 판단하면서 그 절박함을 경험하는 인간을 말한다. 즉, 발전의 약속으로 부풀어진 경제적 요구가 결코 충족될 수 없다는 것 때문에 시달리는 인간이다. 이러한 인간 유형은 발전이 풍요와 부를 기대하게 만드는 만큼 궁핍을 느끼게 하는 상황에서 생성된다.

또한 발전은 인간을 자본주의 시스템의 부품인 '호모 시스테마티쿠스'(*homo systematicus*)로 전락시킨다. 발전 패러다임은 시스템의 개발과 관리로 무장하고 그 시스템의 유지만을 명령한다. 발전을 절대적 가치로 추구하는 시스템이 인간의 삶을 대체하고 시스템을 작동시키는 기술과 구조의 견고성, 엄격성, 효율성이 인간의 삶을 조건 짓게 된다. 시스템의 일부가 된 호모 시스테마티쿠스는 오로지 시스템의 기획을 완수하는 자동기계처럼 살아가는 인간이다. 시스템에 전적으로 의존하는 인간은 시스템과의 접속을 끊을 수가 없다. 시스템의 위기는 곧 인간 생존의 위기이므로 시스템을 살리는 일에 매달려야 한다. 시스템의 공학적 요건에 순응하는 기계적 인간은 문화적 결속을 해체당한 상태에서 비인간적인 삶에 길들여진다.

발전의 시스템은 계몽시대 이후 인간이 이성의 진보를 이룩해온 놀라운 성과물이지만 인간의 자유와 자율성을 스스로 부정하는 '초인간'이 군림하게 만든다. 발전 패러다임은 시스템을 인간보다 더 중시하는 것이며 호모 시스테마티쿠스는 그 성공작이다. 호모 시스테마티쿠스는 인간으로서의 자의식이 없어도 살아갈 수 있는 존재이다. 여기서 위태로워진 것은 인간으로서의 자의식이다. 그 시스템을 의식하지도 의심하지도 않는 인간은 자신을 자유롭다고 느낀다. 시스템이 실패하지 않는 한 인간의 실패는 의식되지 않는다. 시스템을 마음대로 변경하거나 거부할 수 없는 인간은 시스템 밖의 다른 세계를 상상할 수가 없는 상황에 처한다.

시스템을 보존하고 살리는 인간의 생산은 '자기계발'의 신화로 정당화되었다. 신자유주의는 발전의 개념을 탈국민화하여 완전히 개인의 몫으로 전가시키는 자기계발시대를 열었다. 시스템이 명령하는 생존법에 따라 개인의 능력을 끝없이 강박적으로 계발해야만 살아남을 수 있는 시대가 된 것이다. '스펙 쌓기'(spec building)는 제품의 명세서처럼 개인의 능력을 시스템에 의해 표준화된 품목으로 만드는 것이었다. [5]

---

5 한국에서 '자기계발'의 열풍은 1997년 외환위기 이후부터 고조되었고 2008년 글로벌 금융위기에 이르기까지 독서시장에서는 '개인주의 발흥시대'나 '자기계발시대'를 주장하는 책들이 넘쳐났다. 2008년에 베스트셀러의 절반이 자기계발서일 정도로 열풍을 일으킨 이 책들은 일자리가 최대의 관심사인 20대에게 모든 가능성은 오직 자기 자신에게서 나온다는 것, 더 많은 꿈을 꿀수록 더 많이 성취할 수 있다는 것, 변화를 갈망하고 또 다른 도전을 시작해야 한다는 것 등을 강조하면서 '성공을 여는 만능열쇠', '최고가 되는 비법', '원하는 모든 것을 가질 수 있는 비결' 등을 가르쳤다. 또한 세상을 탓하거나 바꾸려고 하기보다는 자신을 변화시켜야 한다거나 자기계발에 미치지 않으면 비참해진다는 메시지와 함께 성공을 예찬했다. '평생직장'의 개념이 사라지고 사내 경쟁이 치열해지는 상황에서 '샐러던트'(공부하는 직장인)라는 말이 유행될 만큼 직장인들은 지속적인 자기계발을 통해 자기변신을 꾀해야 한다는 압력을 받게 되었다(이영자, "신자유주의시대의 초개인주의", 〈현상과 인식〉, 제 35권 3호, 2011).

불량상품이나 사양제품이 되지 않기 위해서는 교환가치가 높은 제품명세서를 만들어야 하며 용도나 시효성이 불분명한 자격증들까지도 무작정 늘려가야만 했다. 스펙 쌓기 경쟁은 인간이 하나의 제품으로 취급당하는 것을 당연한 것으로 받아들이는 반인간적 독사로 작용하였고 이로부터 신자유주의적 인간의 전형이 창출되었다. 신자유주의적 인간은 발전의 환영을 쫓아 자기 자신과의 싸움을 극대화하는 인간이었다. 발전주의 시스템에 자신의 삶을 바치는 인간들의 정상에는 신자유주의의 충복이자 성공 모델인 초국가적 엘리트 계급이 자리하고 있었다.

이처럼 발전 패러다임은 국가나 사회로부터 외부적으로 강제되는 단계를 넘어서 인간의 자의식과 무의식의 수준에서 개인의 삶 전체를 지배하는 수준으로 진화되었다. 발전의 신화는 개인의 선택과 결정에 의해 자발적으로 추종되는 것일 뿐 아니라 인간의 본성을 움직이는 차원에 이르렀다. 자본주의 세계질서로부터 시작해서 개인의 본성에 이르기까지 거시적, 미시적 차원에서 총체적으로 그 위력을 발휘하는 것이 발전의 신화였다.

2. 반생태적 기술공학의 독사

자본주의 문명의 세계화는 자연의 정복을 통한 물질적 진보를 이룩하는 것으로 생태계의 위기를 심화시키는 역정이었다. 자본주의는 공유지로서의 자연을 사유화하고 자본축적의 도구로 독점하고 훼손시킴으로써 이로부터 발생되는 희소성을 경제 가치로 환원시켰다. 자연은 오직 인간의 경제적 이익을 위해 개발되어야 하는 자원이자 자본축적과 상품생산을 위해 투입되는 원료로 착취되었다. 토지, 숲, 물 등을 자원화하는 자본은 자연의 수탈과 죽음을 '유익한 것'으로 받아들였고 그에 합당한 생산양식과 생활양식을 당연한 것으로 뿌리내리게 하였다. 자본주의 문명이 약속하는 물질적 풍요는 자원의 재생불능과 생태적 위기를 담보로 가능한 것이었다. 인간이 물질적 풍요를 열망하는 만큼 생태적 위기는 불가항력이었다. 자본주의는 그 열망에 힘입어 자연의 죽음을 불가피한 것으로 정당화할 수 있었다. 환경문제를 경제성장과 불가분하게 결합된 '부정적 외부 효과'나 부수적 피해로 취급해온 경제학도 생태적 재앙을 불러온 주범이었다. 자본주의의 무한한 창조성을 찬양하는 슘페터주의자들은 그 창조가 동반하는 파괴성을 경제성장의 불가피한 비용으로 취급했다. 이는 생태적 위기를 방치하는 낙관론을 조장하고 합리화하는 것이었다.

자본주의는 기술공학과 혼연일체를 이루어 비약적 발전을 달성할 수 있었다. 근대 과학과 산업의 결합은 산업혁명을 낳았고 유전공학과 생명공학은 녹색혁명과 바이오혁명으로 이어졌다. 자본주의의 팽창 동력과 생산경쟁은 자연파괴를 가속화하는 반생태적 기술에 의존하는 것이었다. 자연은 자본과 기술의 실험과 수탈의 대상이자 먹잇감으로 전락했다. 자원 집약적이고 에너지 집약적인 생산기술의 끝없는 혁신은 생태계의 엄청난 희생을 요구했다. 자본은 기술의 힘을 빌려 자연의 한계를 무한정 확장시키는 위험한 도박을 감행했다. 서양식 근대 기술은 단기 계산으로 당장의 큰 효용과 만족을 주는 '고성능'에 집중되었으며 그 비용과 희생을 외부의 다른 공간과 시간으로 떠넘기는 특성을 지니고 있었다. 이것이 생태계에 미치는 악영향과 파괴력은 당장에는 드러나지 않더라도 시간을 두고 다층적 공간에 걸쳐 파급되고 누적되어 왔다.

서구 자본주의 문명에서 기술공학은 발전의 혜택을 누리게 하는 핵심도구이자 대중적인 상품이 되었고 인간의 문화 환경을 바꿔놓았다. 기술공학은 자연을 '자연화'된 가공물로 대체시키는 사업들을 촉진시켰으며 이는 자본의 문화적 영향력을 증진시키고 과시하면서 자본주의 문명을 점점 더 유혹적인 것으로 만들어왔다. 기술공학은 문화적, 사회적 요소들을 기계화하고 획일화함으로써 삶의 조건을 비인간적으로 변질시키는 것이었다. 기술공학의 제국주의는 발전과 기술 원조의 이름으로 제3세계의 자연을 탈취하는 동시에 문화를 식민화하는 역사를 재현했다. 반생태적인 기술공학이 인간의 문화에 끼치는 해악은 보이지 않고 의식되지 않는 독사로 작용하는 만큼 그 심각성은 헤아릴 수 없을 정도였다. 심각성은 특히 제3세계와 미래 세대에게 가중되었다.

국내총생산(GDP)이란 지표는 경제성장이 수반하는 생태계의 훼손과 이에 따른 물질적/정신적 손실을 무시하는 것뿐 아니라 환경문제로 인한 비용 지출과 소비까지도 유용한 재화의 생산으로 취급하는 것이었다. 무엇이든 시장 거래의 총량을 늘리기만 하면 긍정적인 경제적 가치로 계산되어 GDP의 수치를 높이는 데 한몫했다. 자연적 재해, 대기오염, 의료지출 등이 국내총생산의 수치를 올리는 축복이 된다는 것은 역설이 아닐 수 없었다. 인간의 삶이 자기파괴적인 악순환에 빠지는 사회가 '부유한 사회'로 칭송되었다. 초과/과잉 생산을 부채질하고 자원의 고갈을 가속화하는 국민총생산의 경쟁은 국민의 행복을 증진시키는 것이 아니라 그 반대의 결과를 초래하는 위험한 경쟁이었다.

1970년대부터 두드러진 자원고갈의 논쟁에도 불구하고[6] 서구의 발

---

6 1960년대부터 제기되어온 '환경'문제가 글로벌 이슈로 대두된 것은 1972년 스톡홀름에서 열린 유엔 인간환경회의에서 산업폐기물, 사막화, 바다오염 등 대형사고의 국제화에 당면하면서 경제성장에 대한 인식 변화가 촉구된 상황 때문이었다. 1972년 로마클럽에서 펴낸 《성장의 한계》는 세계라는 시스템의 존립이 위협받는 상황에서 세계 인구조절과 국제 관리의 책임을 강조했다. 그러나 이는 성장 자체를 문제시한 것이 아니라 성장에 이르는

전 패러다임은 그 대체물을 고안해내는 신규투자의 필요성에 따라 기술공학에서 또 다른 해법을 찾았다. 기술공학으로 촉발된 생태계의 위기에 대한 해법은 자연의 한계를 또다시 깨뜨리는 기술혁신의 악순환을 반복하는 것이었다. '세계 환경 개발위원회'의 브룬틀란 보고서 (1987)[7]는 발전과 환경을 연계시키는 '지구의 관리'를 강조했다. 이는 '자연의 복수가 내일의 성장을 위협한다'는 인본주의적 인식을 바탕으로 '천연자원의 효율적 관리'를 강조했고 생태적 부담이 경제성장을 저해하는 문제를 부각시켰다. 이 보고서에서 '빈곤은 지속가능한 방식으로 자원을 쓰는 사람의 능력을 떨어뜨리고 환경이 받는 부담을 높이는 것'이므로 제3세계의 소득증가가 시급하다는 점이 주목되었다. 여기서 빈민과 저발전국은 환경파괴의 주범으로서 환경의식을 일깨워야 하는 표적이 되었고 환경파괴를 막는다는 명분으로 발전의 불가피성이 강조되었다. 이는 저발전국에게 환경파괴를 강요하는 서구의 발전 사업을 환경보호의 해법으로 위장하는 것이었다.

브룬틀란 보고서는 환경을 발전 패러다임으로 끌어들이는 '지속가능한 발전'의 길을 열어주었다. "지속가능성 없이는 발전이 없고 발전 없이는 지속가능성도 없다"는 공식이 선언되었다. 지속가능한 발전은 미래 세대의 필요충족 능력을 저해하지 않는 수준에서 현재의 필요를 충족시킨다는 원칙을 담았다. 그러나 이는 자연의 과부하와 피드백 기제를 조절하고 환경재앙을 제압하기 위해 지구의 개발이윤을 계산하고 기술적 발전을 지속하는 '약한 지속성'을 지향하는 개념이었다. 이는 생명을 유지하는 자연의 능력에 초점에 맞추는 지속가능성과 상반되는

길을 다원화하는 발전모델의 탐색을 촉구한 것이었다.

7 World Commission on Environment and Development, *Our Common Future*, Oxford: Oxford Univ. Press, 1987.

것으로 생태적 위기의식을 잠재우는 효과를 겨냥한 것이었다. 지속가능한 발전은 환경자원의 효율과 관리에 목적을 둔 국가 관료주의적 환경정책과 자본주의적 환경사업을 정당화하였다. 이는 1960년대 이후 대중화된 생태학운동을 기술공학과 기술 관료주의에 기초한 발전론으로 포섭하고 재정비하기 위한 것이었다. 이러한 지속가능 발전론은 자연정복을 위한 기술적 합리성에 항거해온 생태학과 분명 충돌하는 것이었다.

1990년대에 들어 '지구의 생존'이 비상시국의 구호로 대두되는 상황에서 새로운 발전담론들이 제시되었다. 세계은행은 1996년 자본과 노동이라는 생산요소에 환경을 추가시켰고, 노벨상 수상 경제학자인 제임스 토빈(James Tobin)은 '신국민복지'(new national welfare)라는 개념을 통해 국내총생산에서 환경파괴 부분을 제외한 순수 성장을 측정하고자 했다. 유엔의 주도로 고안된 생태학적 개념의 'Green GNP'는 환경파괴의 사회적 비용을 고려한 새로운 국민 경제지표로 제시되었다. 이러한 시도들은 생태적 위기에 대한 경고와 경각심으로부터 나온 것이었지만, 전 세계 곳곳에 파고든 발전의 신화를 깨뜨릴 수는 없었다.

신자유주의자들은 기본적으로 지속적인 자본축적과 기술개발을 위한 세계화를 통해 환경문제의 해법을 찾아야 한다는 입장이었다. 기업들은 생태운동의 최전선에서 친환경적 사업들을 홍보하는 한편 지속적인 경제성장의 당위성을 주지시키는 전략을 구사했다. 이른바 '생태자본주의'에서 생태계의 보존은 오직 지속적인 경제성장과 이익창출을 위해 필요한 것이었다. 첨단기술의 개발과 함께 친환경적인 신제품, 신공정, 신사업의 기획을 고안하는 경영전략은 경제성장의 새로운 계기들을 포착하기 위해 지속가능한 발전모델을 창출하는 데 주력했다. 녹색기술은 큰 이윤을 만들어내는 사업으로 육성되었다. 친환경사업은 환경파괴로 부를 축적한 사람들에게는 친환경적 삶을 누릴 수 있는 여건을 증진시키는 반면에 그 피해자들에게는 오히려 고통을 가중시키는 것이었다. 친환경적인 삶도 경제가 지배하는 만큼 환경파괴가 심각해질수록 저소득층의 삶은 더더욱 피폐해질 수밖에 없었다.

자연의 정복과 환경파괴의 덕으로 성장해온 자본주의는 지구와 인간을 살리는 것보다 시장을 살리는 일에 몰두하는 야만적 문명의 모태였다. 자본축적은 생태적 위기 앞에서도 결코 포기될 수 없는 것이었다. 지구의 생존은 오직 경세시스템의 생존을 위해서만 필요한 것이었다. 생태주의를 자본주의 논리로 흡수하는 생태자본주의는 투자영역을 새롭게 확장시키는 데 유효한 전략이었다. 새로운 기술의 실험으로 환경보호와 경제적 이익을 동시에 추구한다는 명분의 친환경사업들은 자본주의 성장의 새로운 활력을 찾기 위한 것이었다. 오염방지를 위한 기술개발과 자본의 투자는 또 다른 오염을 발생시키는 악순환을 정당화하는 것이었다. "환경은 발전을 고발하기 위해 끌어온 말이지만 새로운 발전의 시대를 알리는 깃발이 되었다. 빈곤을 없애는 것이 성장이 되면서 환경은 성장을 통해서만 지킬 수 있는 것이 되었다."(작스, 2010: 72) 발전주의와 생태주의는 양립 불가능한 것이므로 환경운동은 발전주의와 대적하는 전선을 구축하지 않는 한 그 생명을 지킬 수가 없는 것이었다.

생태적 위기는 자연의 한계를 끝없이 깨뜨리는 모험을 미화하고 정당화해온 서구의 발전 패러다임에서 초래된 것이었다. 반다나 시바(Vandana Shiva)는 자연의 한계를 존중하고 인간 활동을 자연의 순환 논리에 맞추어 생태계의 테두리 안에 묶어둘 것인지, 아니면 시장의 무한한 요구를 만족시키고 끝없는 생산과 소비의 팽창을 위해 자연의 한계를 무시하고 파괴할 것인지, 양자 중 한 가지를 선택해야 한다고 주장한다. "자연의 한계를 인정하는 것은 사회에 한계를 설정한다는 것을 뜻하고, 사회에 어떤 한계도 둘 필요가 없다는 발상은 자연의 한계를 무너뜨리는 발상으로 이어진다"는 것이다(시바, 2010: 445). 자연의 분노가 전 세계를 점점 더 지구 공멸의 공포에 사로잡히게 하는 오늘의 상황에서도 자연의 한계를 인정하지 않는다면, 그것은 지구 공멸의 위기의식보다 자본주의 시스템의 위기의식이 더 강한 때문일 것이다.

3. '글로벌 스탠더드'의 독사

각 문명은 그 자체만의 고유한 표준을 지니고 있으며 이 표준은 일련의 가정에 의한 것으로 문명과 비문명을 구별 짓고 문명화된 등급을 결정짓는 기준으로 작용한다. 그 기준은 문명에 따라 달라지는 것이므로 문명과 반문명의 구분이나 문명화의 정도에 따른 위계질서는 하나의 문명 안에서만 의미를 지닌 것이다. 문명의 세력 확장은 그 표준의 확대를 의미하며, 하나의 문명이 다른 문명보다 더 강해질 때 그 표준은 다른 문명들에게 강요되면서 지배적인 표준으로 군림하게 된다. 문명의 지배는 곧 그 표준의 지배를 의미하며 표준의 지배는 문명의 지배를 당연하고 자연스러운 것으로 수용하게 하는 독사로 작용한다. 서구 자본주의 문명의 확장과 세계적 지배는 그 문명의 표준들을 다른 문명들이 수용하도록 설득하고 강제하는 과정을 통해 이루어진다.

서구 근대문명의 표준화는 자본주의가 주도하는 세계주의(cosmopolitanism)의 판을 짜는 기획이었다. 세계주의는 자본주의적 제국주의의 또 다른 이름이었다. 자본주의는 항시 국제화를 통해 시장 확장을 꾀해왔고 신자유주의가 내세운 '세계화'는 바로 이 작업을 가속화하는 것이었다. 백 년 전에는 노골적인 제국주의가 득세했고, 20세기 후반에는 '지구촌'의 이미지로 위장된 패권주의적 '세계주의'가 그 뒤를 이었다. 세계화와 세계주의는 미국을 위시한 자본주의 열강들이 자본과 국가의 긴밀한 결합을 통해 그 어느 때보다도 더 노골적으로 세계적 헤게모니를 확장시키는 작업이었다.

서구 근대문명은 상업자본주의가 식민지 무역과 무역국가로부터 그 성장 동력을 확보한 역사의 산물이었다. 서구의 무역 국가들은 상거래의 자유 및 소유권 보호의 역할을 지원하는 한편 '문명화된' 국제사회의 질서를 확립해왔다. 자본주의 문명의 표준들은 오직 경제성장을 위해 보다 나은 시스템을 건설하는 기술적인 측정법을 제시했다 (Seabrooke & Bowden, 2006: 207). '교역 조건', '시장 수요', '경쟁력', '생산성', '효율성' 등을 자유시장의 필수요건으로 삼는 자본주의 국제 정치경제체계에 의해 문명의 표준들이 책정되었다. 이 표준들은 국제사회에서 인정받는 문명국가가 되기 위해 보편적인 규범들로 수용해야 하는 것이었다. '문명의 시장표준'(market standard of civilization)은 자본주의 문명하에 세계를 재구성하는 서구중심주의를 내포한 것이었다.

근대 국제질서체계는 서구의 국민국가체계를 모델로 삼는 특정한 가치들을 세계의 시대적 이상들로 제시하고 유럽 국가들의 이해관계들을 코드화하고 보편화하는 것이었다(Best, 2006: 135). 국민국가체계는 '문명의 표준들'(standards of civilization)에 부응해야만 국제사회의 합법적인 주권국가로 인정될 수 있었다. 문명의 표준들은 서구의 사회 정치 경제 조직을 표본으로 삼도록 강제하고 이로써 일원화된 국민국가들을 등급화하는 것이었다. 2차 대전 이후 제 1세계의 선진화된 문명은 과학적/합리적, 개인주의적, 자유주의적, 민주주의적 체계로 대변되는 반면, 제 3세계는 반과학적/비합리적, 집단주의적, 독재적 속성을 지닌 주변부로 대비되었다. 문명의 표준은 제 1세계가 주도하는 세계질서를 구축하는 새로운 제국적 기획을 정당화하는 기제였다. 그 주도권은 미국에 위임되었다. 미국은 서구 자본주의 문명의 아류로서 근대문명의 표준들을 새롭게 각색하고 공격적으로 세계화하는 주역을 담당하였다. 자본주의 문명의 국제표준들은 국가, 사회, 개인이 의심 없이 승인하고 자발적으로 추종하게 만드는 독사로 작용해왔다.

1980년대에 대두된 신자유주의의 세계화 전략은 세계질서를 재확립하는 '글로벌 스탠더드'를 그 무기로 삼았다.[8] 중립적, 기술적 언어로 구사된 표준들의 총체적 세트를 제시하고 특정한 사회 내에 존재해온 과거의 제도들과 행동패턴들을 변형시키는 것이 글로벌 스탠더드였다 (Broome, 2006: 119). 신자유주의는 글로벌 스탠더드를 통해 세계적으로 각 분야마다 통일된 표준체계를 적용시키는 전체주의적 세계화에 주력했다. 이는 부의 집중으로 양극화되는 자본주의 세계질서를 공고히 하는 한편 그 불평등구조를 시스템의 강제로 재생산하고 합리화하는 것이었다. 글로벌 스탠더드는 현재를 평가하고 미래를 기획하는 하나의 통일된 가치체계로서 자본주의 문명을 '세계적 표준'으로 군림하게 하는 것이었다. 글로벌 스탠더드는 인간의 복지를 희생시키는 '글로벌 자본'의 자유를 극대화하는 세계시장의 확대개방과 IT기술의 세계적 보급을 '신문명화 미션'의 중심축으로 작동시켰다. 자본과 금융의 자유로운 이동으로 자유 무역의 새로운 시대를 열고 시장의 탈국가화를 추진하는 것이 그 목표였다.

글로벌 스탠더드는 국민국가 모델을 넘어서는 제국적 차원의 세계자

---

8 '글로벌'이라는 용어는 서구중심주의를 탈색시키고 국가 간의 갈등과 불평등을 은폐한 채 자본주의 세계체제의 확장을 정당화하는 뉘앙스를 담은 것이었다.

본주의를 실현시키는 기획이었다. 세계적 표준들을 토대로 각국의 정책들을 평가하고 각국의 경제활동을 규정짓는 제도적 동질화가 추진되었다. '신자유주의 국가'(neoliberal state)는 자본축적의 조건들을 충족시키기 위해 글로벌 스탠더드에 맞추어 시장을 창출하고 구조적 권력의 행사를 국가의 권위로부터 시장으로 이전시키는 역할을 담당했다. 그 역할에 충실할수록 국민경제와 국민시장은 세계경제와 세계시장에 복속되어갔다. 새로운 국제 무역 협정들은 글로벌 스탠더드를 통해 점점 더 많은 권력들을 민족국가로부터 세계기업들로 이전시켰다. 다국적기업들은 국가의 권력을 침식시키면서 세계의 자원, 노동력, 시장에 대해 무소불위의 권력을 행사했다. 거대한 세계기업이 국가 위에 군림하게 되면서 그 자산이 한 국가의 국민 총생산을 초과할 정도의 막강한 경제력을 보유하는 상황이 초래되기도 했다. 글로벌 스탠더드로 작용하는 초국가질서가 국민국가의 주권과 국가의 사법권을 위협하는 사태가 발생했다. 신자유주의는 글로벌 스탠더드의 덕분에 중심부의 최상층에서 세계경제 전체를 조직하고 지배하는 막강한 힘을 발휘할 수 있었다.

글로벌 스탠더드는 자본주의 세계질서를 불가항력적인 것으로 승인하게 만드는 독사로 작용했다. 세계무역기구(WTO), 국제통화기금(IMF), 세계은행과 같은 국제기구들은 무역장벽을 제거하고 시장체제를 전 지구적으로 관리/규제하면서 국가에게 이를 지지하고 보조하는 역할을 담당하게 했다. 글로벌 스탠더드는 세계경제의 '문명화된 환경'을 조성한다는 명분으로 세계적 차원에서 상품과 자본의 자유롭고 안전한 흐름을 보장하는 것이었다. 세계적 표준화는 첨단기술과 정보를 이용한 시장 거래와 '시공간의 압축'이 고도화되면서 촉진될 수 있었다. 이는 전 세계로부터 생산된 부품과 선진기술로 조립된 '세계 자동차',

'세계 텔레비전' 등의 표준상품들이 세계시장을 주도하게 만드는 것이었다. 글로벌 시장은 컴퓨터와 인터넷 등 IT기술과 전 세계를 망라하는 정보망을 통해 글로벌 스탠더드가 확산되는 거대한 공간이었다.

신자유주의 금융시장은 모든 나라에 과잉의 새로운 문명 표준들과 규율들을 부과했다. IMF와 세계은행은 외채위기에 처한 개도국들에게 정교한 구조조정 프로그램을 강요함으로써 국민경제를 와해시키고 채무국과 세계경제의 새로운 관계를 정립했다. 국제통화기금은 위기가 발생할 때마다 '표준적' 해결책을 처방했다. 이는 서구의 이해관계들에 의해 지배되는 국제 금융기구의 규정들을 따르게 하는 것이었다. IMF가 글로벌 스탠더드의 이름으로 강요하는 금융개혁이나 '구조조정'은 투기자본의 이익을 위한 경제 질서의 재편과 자본시장의 세계화에 기여했다. 아울러 이에 따른 심각한 금융위기들을 방지하기 위해서도 세계은행이나 IMF의 개입은 필수적이었다. 글로벌 스탠더드는 국제기구들에 의해 일정한 이득을 보장받는 자발적인 코드('*voluntary*' *codes*) 가 되어 지역사회의 규범, 가치, 실천들로 이식되었다. 국제표준화기구들 (*International Organization for Standardization*) 은 사회적 책임, 투명성, 공정성, 가이드라인 등의 이름으로 글로벌 스탠더드의 강요를 정당화하는 한편 국제기구들 간에 등급을 매기는 방식으로 글로벌 스탠더드의 수행성을 증진시키는 경쟁도 부추겼다.

글로벌 스탠더드는 기업의 생존과 세계적 성장을 위해 선진화된 경영기법의 필수불가결한 요건으로 도입되었다. 특히 앵글로 색슨 시스템의 미국식 경영방식이 기업의 국제적 경쟁력을 키우는 글로벌 스탠더드로 자리 잡았다. 이는 노동시장의 '유연성', 경영의 '투명성', 벤처 캐피털의 활성화라는 이름으로 자본의 이익을 탄력적으로 극대화하는 경영을 이상적 모델로 삼는 것이었다. 노동시장의 유연성을 정착시키기 위한 글로벌 스탠더드는 고용불안정을 정상화하는 표준들에 의거하여 조직문화와 노동제도의 개혁을 요구했다. 경영의 투명성은 시장이 모든 정보를 정확하게 처리할 수 있다고 가정하는 시장 근본주의에서 나온 것이었다. 글로벌 스탠더드는 그 투명성을 약속하는 조세, 금융, 회계에 관한 단일한 표준들을 담은 것이었다.

글로벌 스탠더드는 저개발 국가들과 비서구세계를 자본주의 세계경제 시스템으로 통합시키는 보편적인 조건들로 제시되었다(Watson, 2006). 국가들 간의 불평등조약들은 저개발국들에게 비대칭적인 상호의존성을 수용하게 함으로써 주기적 빈곤, 부채증가, 무역적자를 야기했다. 국제통화기금과 세계은행은 노동자의 희생을 담보로 한 수출 지향적 시장경제, 구조조정, 민영화 등을 강제했다. 그 결과 이 국제기구들은 한 나라의 경제위기를 공황과 재앙으로 만드는 '불 지르는 소방수', '사람 죽이는 응급차'라는 오명을 쓰게 되었다. 그럼에도 세계은행은 개발도상국을 상대로 세계적 표준들을 확산시키는 교육개혁 프로그램 등을 통해 세계적 무역구조로 통합시키는 역할을 담당해왔다. 저개발국들은 성장제일주의가 더 이상 설득력을 얻지 못하는 상황에서도 글로벌 스탠더드를 사회제도들의 '선진화 개혁'의 기법으로 수용해야 했다. 글로벌 스탠더드는 문명화의 불균형을 해소한다는 허울 아래 국제적 협상과 국가의 권력행사를 통해 강제적이고 자발적으로 수용되고 확산되었다. 해외훈련, 외국컨설턴트, 전문가파견 등을 통해 정책과 기술이 이전되었고 세계적 모델들의 비합리적인 모방에 따라 제도적 동형이질(isomorphism) 현상들이 초래되었다. 신자유주의시대의 세계은행은 후기 소비에트 국가들(post-Soviet states)에 대해서도 거시적/미시적, 공식적/비공식적 차원에서 이와 유사한 역할을 담당했다.

글로벌 스탠더드는 거시적 수준의 국제적 제도들에서부터 개인의 건강 등의 미시적 수준에 이르기까지 포괄적으로 적용되었다. 경제영역은 물론 국가의 제도/정책과 각 사회분야에서 글로벌 스탠더드가 가장 효율적이고 이상적인 것으로 도입되었다. 전 세계의 고등교육이 '국제화'를 추구하면서 글로벌 스탠더드가 교육시스템 속에 자리 잡는 현상도 나타났다. 교육의 선진화가 글로벌 스탠더드의 도입에 의한 국제화로 직결되었다. 국내외적 인정과 경쟁력을 얻기 위해 교육활동은 글로벌 스탠더드에 입각한 평가 및 인증시스템, 그리고 국제공조의 네트워킹 및 해외마케팅 전략에 편입되어야만 했다. 지식과 학문의 역할과 그 변화의 흐름도 시장과 자본의 요구에 적극 응답하는 추세로 전환되어야 했다. 글로벌 스탠더드는 교육과 지식의 기능과 목적 자체를 시장의 논리에 통합시키고 저개발국을 포함한 전 세계의 교육과 지식생산의 시스템을 자본주의 문명이 요구하는 통일된 이념으로 포섭하는 기제였다.

글로벌 스탠더드는 시민권, 자유민주주의, 인권, '공정한 통치', 개인의 자유 등의 보편적 표준들로 확장되었다. 이 표준들은 기본적으로 신자유주의적 세계질서에 순기능적으로 작용하는 것이었다〔Bowden & Seabrooke (eds.), 2006: 7〕. 동유럽의 사회주의 국가체제의 붕괴 이후 시민의 자유로운 사회참여 권리와 민주주의에 대한 보편적 열망은 신자유주의 세계질서로 포섭되었다. '공정한 통치'의 기획들은 반부패의 명분으로 비정부단체들에게 신자유주의적 글로벌 스탠더드를 확장시킬 수 있었다. 9 이 기획들은 저개발의 문제를 부패의 문제로 접근함으로써

---

9 1993년에 설립된 Transparency International이라는 NGO는 비즈니스업계나 정부와의 동맹을 통해 국제 비즈니스 활동들에서 부패와 싸우는 에이전트이자 시장문명의 비평가임을 자처했다. 그런데 이 기구가 설계한 반부패사업은 글로벌 스탠더드의 증진을 통해 국제적

세계시장의 기능을 보완해주는 것이었다. 여기서 글로벌 스탠더드는 높은 도덕적 경지를 요구하는 통치의 표준들(*governance standards*)로 부과되면서 저개발국의 자기결정권과 정치적 자율성을 위협하는 도구로 작용하였다. 부패는 다국적기업들이 개발도상국에 침투하는 발판이 되었고 투자가들이 법망과 세금을 피하거나 탐욕스러운 공무원들을 이용하는 수단이었다. 글로벌 스탠더드는 자유시장의 가치들을 도덕적으로 실현하게 하는 것이 결코 아니었다. 부패의 통제는 서구의 합리주의적/윤리적 개입을 빙자하여 비서구세계에 대해 시장 개방이나 신자유주의적인 경제제도의 도입을 강제하는 기술적이고 효과적인 재식민화의 전략에 이용되었다.

'문명의 축복'으로 제시된 글로벌 스탠더드는 신문명사회의 구성원을 창출하는 사회문화적 재공학화(*social reengineering*)를 의미했다. 구체제의 악습이나 비합리성을 제거하는 개혁적 사고방식과 글로벌 시대의 경쟁력을 갖춘 '신인간'이 그 모델이었다. 세계적 수준을 따라가는 '선진화'의 열망과 '창조적'인 혁신을 추구하는 글로벌 감각은 신자유주의가 내세우는 '신자유'의 요건이었다. 그러나 여기서 신자유는 사유재산가, 다(초)국적기업, 금융자본가 등의 특권을 극대화하는 자유이며 그 나머지 사람들의 자유는 이들에게 위탁된 것이었다. 이는 자유라는 것 자체가 시장과 자본의 자유화를 위한 것으로 축소되고 퇴보한 결과였다.

글로벌 스탠더드는 소수의 특권계급이 지배하는 세계체제를 정당화하는 신자유를 그 피해자들로 하여금 자연적이고 당위적인 것으로 승

___

인 규율권력에 기여하는 역할을 담당했다. 즉, 세계은행 등의 국제융자를 얻기 위해 모니터링 및 훈련을 위한 사업원칙들을 표준화하고 그 데이터의 객관화와 계량화를 통해 글로벌 스탠더드가 NGO 영역에까지 그 영향력을 행사하는 사례를 보여주었다.

인하게 하는 독사였다. 이 독사는 지배자와 피지배자 간의 공모관계를 구축하게 하는 숨겨진 설득이었다. 글로벌 스탠더드는 위로부터 또는 외부로부터 부과된 것이면서 이를 아래로부터 또는 내부로부터의 자발적 동의로 가장하기 위한 것이었다. 그 자발적 동의는 글로벌 스탠더드의 수용을 선진화된 문명의 필수조건으로 인정하게 만드는 구조적 강제성을 은폐시키는 것이었다. 글로벌 스탠더드는 자본주의 문명의 세계화 물결 속에서 소외되거나 배제당하지 않기 위해 어쩔 수 없이 추종해야만 하는 것으로 자본주의 세계질서를 '자연적 필연성'으로 받아들이게 하는 독사였다. '전 지구적 융합'(수렴)을 통해 인류의 '보편적 가치'를 실현한다는 명분으로 자본주의 세계질서에 대한 그 어떤 도전도 무력하게 만드는 것이 글로벌 스탠더드의 전체주의적 기획이었다.

3부

자본주의 시장경제와
시장사회의 신화와 독사

08
시장경제의 신화

1. 자본주의의 '히드라'적 본성

브로델은 자본주의가 시장경제를 선행조건으로 이용하면서도 시장경제에 대립하는 방식으로 번성해왔다는 점에서 자본주의를 '반(反)시장 체제'(*anti-market*)로 규정했다.[1] 유럽에서 전통적 시장인 공적 시장과 병행하여 15세기부터 성장하기 시작한 자본주의의 '사적 시장'은 투명한 교환과 경쟁의 핵심 법칙을 준수하는 시장경제가 아니었다는 것이다. 자본주의 시장경제는 전통적 시장의 규칙에서 벗어나려는 갖가지 시도로 과도한 교란을 유발하고 모든 수단을 동원할 수 있는 불투명성을 내포한 것이었다. 이는 자유로운 상품교환을 억제하고 저지하려는 조직적 전략을 동반한 것이었다.

시장경제는 자본주의 없이도 가능한 것이라면, 자본주의 시장경제는 종래의 시장의 모습을 점점 사라지게 했다. 그 이전까지 시장은 이

---

[1] 수십 년 동안 자본주의를 연구하고 고증한 브로델(1902~1985)의 대표 저서로 《물질문명과 자본주의》(주경철 옮김, 까치, 1995)가 있고 그 주제들을 집약한 《물질문명과 자본주의 읽기》(김홍식 옮김, 갈라파고스, 2012)가 있다.

웃과의 교환을 통한 만남의 장소이자 지역주민들의 일상적 생활용품을 조달하는 평화로운 공간이었다. 시장은 개인의 자유가 보장되고 누구에게나 강제되지 않고 동등하게 개방되어 있는 해방의 계기로 작용했던 시대가 있었다. 그러나 이러한 시장메커니즘은 자본주의 시장경제의 현실에 부합되지 않는 것이었다. 자본주의의 지배 메커니즘으로 작동하는 시장은 불공정한 거래와 불평등한 분배구조를 위장하는 기제로 이용되었기 때문이다.

브로델은 자본주의가 성장해온 역사를 보면 그 규모에서는 상상을 초월하는 변화가 있었지만 그 성격이 변한 것은 아니라고 했다. 자본주의의 기본성격은 높은 이익이 나는 곳이면 수단방법을 가리지 않고 뛰어들어 무차별적으로 결합하고, 무엇에나 기생하여 공모하고 밀착하면서 자기 것으로 전유하고 탈취하는 것에 있었다. 자본은 보다 많은 화폐를 벌어들이기 위해 끊임없이 새로운 수익 모델과 투자처를 찾아나서는 투기와 모험을 감행했다. 자본주의는 끊임없이 팽창해야만 존속할 수 있는 것이었다. 자본주의의 변함없는 속성은 불투명성과 불예측성이었다. 자본주의 체제하에서 시장은 본질적으로 불안정한 것이었으며 이 불안정은 고도로 정치적인 것이었다. 자본주의의 자기변신은 그 동력을 극대화하는 성장비결이었다. 자본가들의 변신은 '무죄'로 통했고 그 변신은 자본가들의 특권을 강화시켜주는 것이었다.

자본주의 시장경제에서 '위기'는 한층 더 놀라운 변신을 불러오는 계기로 작용했다. 호황과 불황, 정체와 도약의 시기를 번갈아가면서 사회를 끊임없이 불안과 혼란에 빠뜨리는 것이 자본주의의 본질적 특성이었다. 자본주의 역사는 원천적으로 구조적인 리스크와 위기상황을 동반한 것이었다. 이 때문에 자본주의는 '머리가 백 개쯤 달린 변화무쌍한 히드라'에 비유되었다. 머리 하나를 자르면 두 개의 머리가 돋아

나는 히드라처럼 자본주의는 정체를 알기 힘들고 통제 불가능한 괴물의 양태로 증식을 거듭하는 것이었다. 자본주의는 이 괴물처럼 탐욕스럽고 변덕스러운 힘으로 인간의 삶을 지배하는 것이었으며 자신의 히드라적 본성을 닮은 인간을 요구했다.

지젝(Zizek)은 자본주의의 '정상적인' 상태가 그 자신의 존재조건을 영원히 '혁명화'하는 것이라고 말한다. 자본주의는 그 내재적인 모순과 구조적인 불균형에서 오는 한계와 무능력을 힘의 근원으로 변형시키기 위해 자신을 혁명화해야 하며, 그 치명적인 모순과 불협화음이 가중될수록(점점 더 '썩을수록') 혁명화는 자본주의의 더욱 더 절실한 생존방식이 된다는 것이다(지젝, 2001: 100). 여기서 혁명화란 시장의 폭발적인 광기와 급진적인 변신을 의미하며 이는 쉬지 않고 혼란과 불안을 증폭시키는 것이다.

그럼에도 자본주의의 히드라적 괴물성과는 아랑곳없이 자본주의를 이상화하는 경제이론들이 제시되어왔다. 자본주의 시장경제를 경제의 '본질'로 규정하는 주류 경제이론은 자본주의에 대한 이데올로기적 정당화의 주장들을 '경제'에 대한 '과학적' 이론들로 위장했다. 고전경제학에서 말하는 경제 '법칙'이란 서구에서 등장한 자본주의 시장경제의 역사적 현상과 특성들을 보편적 원리로 제시한 연역적 가공물이었다. 그 경제법칙은 자본주의 시장경제를 자유시장의 영구적 모델로 제시함으로써 보편적인 시장원리가 존재한다는 믿음을 주고 자본주의의 괴물적 속성들을 합리화하고 정상화하는 것이었다.

경제학자들은 경제적 합리주의를 인간행동의 목적과 수단으로 시키고 자본주의 근대사회를 그 법칙에 따라 움직이는 '합리 들'의 집합체로 규정했다. 경제적 합리주의는 희소성의 원리에 반을 둔 시장경제의 이념으로서 희소한 자원으로 경제적 목적을 가장 효과적으로 달성하는 시장주의적 합리성을 추구하는 것이었다. 합리성의 가설에 입각한 수학적인 경제법칙들과 계량적 엄밀성은 자본주의 시장경제에 과학적 외피를 입히는 것이었다. 경제법칙들은 마치 자본주의의 진화 방식과 경로가 예측 가능한 것처럼 만들었다. 위기의 다양한 징후들에 대한 데이터를 수집하고 그 속에서 규칙성을 발견하고 그 규칙성을 표현하는 수학적 모델을 통해 자본주의적 인간행위에 대한 예측력을 높이는 것이 주류경제학의 주요한 작업들이었다.

자본주의를 시장경제의 이상적 모델로 가장하는 경제적 합리주의는 자본주의의 히드라적 본성과 불투명한 역사를 기만하는 신화들을 생성시켰다. '보이지 않는 손'에 의한 자유방임과 자유경쟁에 대한 믿음을 설파하는 신화들은 시장의 효율성과 합리성에 대한 믿음과 낙관론으로 자본주의 체제를 정당화하는 데에 기여했다. 자본주의가 시행착오와 오류수정의 반복을 통해 최악의 상황으로부터 스스로를 구할 수 있는 능력을 지닌 시장체제라는 환상을 파급시켰다. 자본주의의 위기는 '도약적 발전'을 위한 불가피한 진통이라는 낙관적 믿음도 조장되었다. 이처럼 자본주의를 합리적 경제의 본질로 보는 경제학의 인식론은 자본주의의 참모습을 외면하는 것이었다.

후기 자본주의에 올수록 '히드라'의 변신은 더욱 요란해졌다. 새로운 첨단기술의 등장과 함께 생산, 시장, 금융, 자본의 세계화가 확산되면서 끊임없는 쇄신과 혁신을 촉구하는 분위기가 확산되었다. 신자유주의시대의 '고삐 풀린 자본주의'는 히드라의 술수가 얼마나 위험하고 치명적인 것인지를 적나라하게 드러냈다. 자본의 자유화는 일명 '카지노 자본주의'를 활성화시켰다. 전 지구적 차원에서 각종 투기사업이 번창하면서 도박의 생존게임들이 난무하고 '먹고 튀는', '도망치는 세상' (runaway world)이 조장되었다. 투기시장은 개인의 생존전략을 교란하고 개인의 삶을 위험에 빠트리는 것이었다. '대박'을 노리는 각종 투기가 점점 일반화되는 생존전략이 구사되었다. 증권시장의 거품과 폭락이 주기적으로 반복되는 현상으로 가계와 국민경제의 불안이 증폭되는 상황에서도 투기 수법들은 점점 더 요란해졌다. 서구자본주의 개척시대의 '노다지' 열풍이 21세기의 '카지노 자본주의'를 번창하게 하는 열풍으로 부활되었다.

금융자본 경제학자들이 말하는 모럴 해저드(moral hazard)는 정부가 '전 국민적 구제'라는 명분으로 은행에 구제 금융을 제공하는 유인정책에서 두드러졌다. 산업자본의 약세와 금융자본의 강세가 대비되는 상황에서 기업의 파산 위험을 막아주는 구제금융은 시장이 더 큰 모험을 감행하도록 유도했다. 금융기관은 기업 활동을 보조하는 차원을 넘어 스스로 벤처 자본가가 되었다. 투기 뒤에는 항상 투자은행이 있었다. 미국의 투자은행들이 개도국들에게 대규모의 대출을 해준 결과 이 국가들에서는 부채위기들이 발생했다. 아무런 수익이 없는 회사들의 주가가 단숨에 급상승하는 이변들이 나타났고 국경을 넘어 단기수익을 노리는 모험성 파생금융상품(환율변동이나 이자율의 변동에 대한 보험 상품)들이 번창했다. 투자은행의 위험감수 전략은 2008년 서브프라임 모기지 사태에 따른 금융위기에서 그 참상을 드러냈고 이는 미국을 넘어 전 세계에 신용경색의 위기를 파급시켰다. 자본주의 선진국들뿐 아니라 남미와 동아시아 등 수많은 개도국들도 심각한 금융위기를 겪어야 했다. 영미식 신자유주의 경제모델은 이처럼 파산 선고를 받았음에도 폐기되지 않았다.

2. 자유방임의 신화 vs 국가의 '보이는 손'

애덤 스미스의 '보이지 않는 손'은 스스로 알아서 조정하는 '자유시장'에 대한 허상을 만들어주었다. 고전경제학은 시장이 경제활동들의 조정을 위한 가장 효율적인 장치라는 이론적 합리화와 가르침으로 자유방임의 신화를 파급시켰다. 이는 수요와 공급이 자연스럽게 균형을 이룬다는 전제하에서 시장을 자기규제적인 '자연적 현실'로 가장하는 것이었다. 자유방임주의에 근거한 경제적 자유주의는 국가의 개입이 배제된 상태에서 경제와 시장의 자유로운 활동을 사회질서의 기본 조건으로 삼는 것이었다. 이로부터 인간 사회가 '자기 조정적 시장'에 순종해야 한다는 시장자유주의의 세속적 교리가 배태되었다.

그러나 자본주의 역사는 '보이지 않는 손'이 존재하지 않는다는 것을 입증해주었다. 가격 메커니즘에 의한 수요와 공급의 자동조절과 이에 따른 시장체계의 자기균형은 결코 달성될 수 없는 것이었다. 브로델은 수요와 공급이 만나서 순간적으로 균형가격이 결정되는 '추상적' 시장은 발견하지 못했다고 했다(브로델, 2012: 55). 경쟁의 효과를 인정한다고 해도 시장은 생산과 소비를 잇는 불완전한 연결 장치라는 점에서 자유방임의 논리는 기만적이라는 것이 그의 주장이었다. 자연적인 힘으로 작용하는 자유방임의 시장은 환영일 뿐이라는 것이다.

폴라니(Polanyi)[2]도 '보이지 않는 손'에 의거한 시장의 '자기 조정' 원리를 '유토피아적 환상'이라고 비판했다. 그는 자기 조정 원리를 상식

---

2 주류 마르크스주의를 포함한 모든 경제결정론과 근본적인 차이점을 보이는 폴라니(1886~1964)의 저서 《거대한 전환》(1944)(*The Great Transformation: The Political and Economic Origins of Our Time*, Beacon Press, 1957)은 경제적 자유주의가 지배했던 19~20세기 시장사회에 관한 가장 객관적인 시각을 담은 것으로 평가되었다.

적 관념으로 만든 자유주의적 자본주의의 뿌리를 파헤치고자 했다. 자유방임의 신화는 시장, 교역, 화폐, 도시생활, 국민국가 등의 진정한 성격과 기원을 심하게 왜곡시켰으며, 게다가 그 왜곡된 모습들을 마치 '자연적 일반 법칙'인 것처럼 신비화함으로써 그러한 왜곡 자체를 거의 의식하지 못하게 했다(폴라니, 2009: 229). 자유주의 교리가 '십자군과 같은 열렬한 전투성'을 갖게 된 것은 시장체계의 새로운 질서가 확립되는 과정에서 무고한 사람들에게 쏟아지는 고통의 크기가 엄청나게 늘어난 현실에 대처해야 하는 필요성 때문이었다. 이는 인간을 구원하는 것이 아니라 인간성을 뿌리 뽑는 현실의 모순과 폭력을 은폐하고 속이기 위한 것이었다. 그럼에도 시장자유주의자들은 시장사회에 잠복해 있는 위험들과 이로부터 파생되는 처참한 결과들을 무릅쓰고 자본주의 시장경제의 확장이라는 대모험을 관철시켰다.

폴라니의 주장처럼 '자유방임은 국가에 의한 계획의 산물'이었다. 자유방임은 국가에 의한 법령과 그 집행을 통해 달성되어야 할 목표였다. 국가는 시장경제의 '바깥'에 있는 것이 아니라 시장경제 안에서 자유시장을 만들어내기 위해 부단히 노력해야 했다. 국가는 개별적으로 존재했던 시장들을 연결시켜 통합된 단일한 시장과 자기 조정적 경제체제를 창출했다. 이로써 자기 조정 시장을 현실로 구현하기 위한 일련의 제도적 장치들이 자리 잡게 되었다. 국가는 자본주의 시장경제에 필요한 환경을 만들어주고 이를 유지 관리하는 역할을 담당했다. 화폐와 신용의 공급을 조절하여 인플레이션과 디플레이션의 이중 위험을 줄이는 일에 주력해야 했다. 시장의 위기에 대비하고 시장 메커니즘의 기능을 방해할 수 있는 제도나 행위가 용납되지 않는 환경을 조성하는 것이 국가의 역할이었다. 국가는 자국의 산업과 시장을 보호하고 지원하는 보호주의적 정책으로 해외시장의 개척과 확장에 전념해야 했다. 국가는 자본주의 시장경제의 확장과 동시에 시장화의 억제를 위한 이중적 역할을 통해 시장경제의 부정적 결과가 사회적 수용의 범위를 넘어서지 않도록 조정하는 기능을 수행해야 했다. 시장자유주의자들의 주장과는 정반대로 자본주의 시장경제는 국가의 능동적인 개입을 필요로 했다. 국가는 자유방임의 신화를 떠받치는 버팀목이었다.

경제학자들은 자본주의 시장경제가 국가의 도움을 필요로 한다는 것을 인정하면서도 자본주의가 자기 균형을 찾아가는 체제라는 주장을 굽히지 않았다. 정부의 규제가 '시장의 실패'를 가져왔다고 주장해온 경제학자들은 자본주의 시장경제의 태생적 결함을 은폐하기 위해 자유방임의 신화에 의존했다. 그러나 그들이 말하는 '보이지 않는 손'은 시장의 자기 조정 메커니즘에 대한 잘못된 믿음을 갖게 했다. 시장의 실패를 해결해주는 '보이지 않는 손'은 존재하지 않았다. 국가의 '보이는 손'이 그 손을 대행했을 뿐이다.

유럽의 자본주의는 초기부터 도시국가를 중심으로 성장했다. 유럽 제국은 14～15세기에 신흥 상공업자들과 합세하여 세력을 확장하면서 국가적, 정치적 통일을 달성하였다. 국가는 화폐경제와 시장체제를 기반으로 교역망을 확장하고 상업자본주의를 활성화시켰다. 국가는 상업자본주의에서 산업자본주의로 발전할 때까지 무역을 번성하게 하는 강력한 수단이 되었다. 자본주의는 국가에 협조하면서 국가를 이용해왔고, 국가는 자본의 축적이 가능한 조건을 만들어주는 역할을 통해 유지되어왔다. 국가는 자본의 토대가 되는 사유재산권을 보호해주고 화폐와 통화에 대한 독점 권력을 통해 자본을 지켜주는 지원군의 역할을 담당했다. 국가의 권력과 자본의 권력은 상호 모순적이면서도 상호 보강의 공생관계를 이루는 것이었다. 국가는 자본주의에 우호적일 때도 있고 적대적일 때도 있었다. 자본주의는 국가의 압박을 피할 수 없는 동시에 국가가 보장해주는 특권의 혜택을 누리는 이중적 상황에 있었다.

브로델의 지적처럼 자본주의는 국가와 한 몸을 이룰 때에만, 즉 자본주의가 스스로 국가가 될 때에만 승리할 수 있었다. 17세기 유럽에서 근대 국민국가[3]의 건설은 자본에 대한 국가의 의존성을 증대시켰으며 이는 부르주아 지배계급의 역사적 과업이었다. 자본과 국가의 결합에 기반을 둔 서구의 국민국가 모델은 부르주아 계급의 경제력과 국가의 군사력 및 통치력으로 건립된 것이었다. 국민국가는 자본의 이익을 대변하지 않고서는 존속될 수 없는 자본의 대변자였다. 국가는 자본주의 경제 성장에 필요한 국내적, 국제적 하부구조들을 확립하는 데 기여했다. 그 관리체계로서 물리적 폭력기구, 조세권의 중앙집권적 독점체제, 통치엘리트 관료집단이 형성되었다. 근대 국민국가는 자본주의가 국가를 조직하고 움직이는 원리로 작용하는 '자본주의 국민국가'(Capitalist Nation-State)였다. 유럽의 특수한 역사적 산물인 국민국가가 보편적인 국가모델로 정착되어온 역사는 자본주의의 세계적 확장이 이루어낸 역사였다. 이 역사는 '국가'라는 것 자체를 필연적이고 영구적인 것으로 받아들이게 하는 신화를 창조했다.

자본주의 국민국가는 정치적으로 통합된 국가의 구성원으로서 '국민'[4]을 창출해 국민경제를 활성화했다. 국민국가는 월러스틴(Wallerstein)

---

3 근대 국민국가는 국가에 공식적인 제도적 지위를 부여한 베스트팔렌 조약(Peace of Westfalen 또는 Treaty of Westphalia, 1648) 이후에 세계무대에 등장했다. 유럽에서 국민국가는 이 조약과 함께 결성된 '웨스트팔리아 시스템'의 기준들을 준수하는 국가의 구성요건에 따라 국경을 확정지었다. 국민국가들은 제국이든 절대군주국가이든 간에 각기 독립된 주권과 영토를 상호 인정하는 중앙집권적 체제를 확립하였다.

4 유럽어권에서 국민의 어원인 라틴어 'natio'라는 말은 968년 신성 로마제국 시대에 처음 기록되었다. 이미 14세기에 프랑스에서는 프랑스에서 태어나고 프랑스어를 하는 대학생들을 '국민'으로 지칭하기도 했다.

의 지적처럼 자본주의 세계경제를 구성하는 기본 단위로서 '국민경제'를 조직하고 통제하는 역할을 담당했다. 국민경제는 물질생활의 필요와 혁신의 이름으로 국가와 자본이 정치적으로 통일을 이루는 경제공간이었다. 국가는 동일한 임금체계, 동일한 화폐와 언어, 동일한 수준과 양상의 상품 수요와 기술을 토대로 국민을 국민경제로 통합시키는 역할을 수행했다. 국민경제는 자본주의 성장과 공동운명을 지닌 것이었으며 국민을 자본주의 체제에 결속시키는 것이었다. 국가와 자본의 결혼은 상업자본주의 단계에서부터 국민을 시장형성의 기반으로 이용하기 위한 것이었다. 18세기 중반 이후부터 유럽에서 형성된 '국민시장'(*national market*)은 정치와 경제의 중심지였던 런던의 경우처럼 대형 상인들의 필요에 부응하기 위한 것이었다. 국가는 외국의 간섭으로부터 자국시장과 신생산업을 보호하는 역할을 담당했고 국제 자본을 위한 업무 대행자로서 정당성을 획득할 수 있었다.

산업자본주의 성장과정에서 국민국가는 노동력과 자원을 공급하는 역할을 담당했다. 봉건제의 속박으로부터 해방된 시민이 획득한 노동의 자유는 국민경제의 주역을 담당하는 '국민노동'으로 재통합되었다. 상업자본주의가 국민시장에 힘입어 성장했다면, 산업자본주의는 국가의 지원 속에서 국민노동을 적극 이용한 덕분에 발전할 수 있었다. 산업혁명의 물결 속에서 자본주의의 경제 원리를 이론화시킬 필요성을 느낀 애덤 스미스(Smith)는 《국부론》(1776)에서 부의 원천이 '국민의 노동'에 있다는 논지를 피력했다. 국가의 부는 국민 한 사람 한 사람의 노동생산물의 증대와 유용한 노동에 종사하는 '인구'에 달려 있다는 주장이었다. 인구는 자본주의 체제의 재생산에 필요한 인력자원이자 국가경제의 통계적 관리와 통제의 대상으로서 인간적 요소를 상실한 개념이었다. 자본주의 국가의 국민은 생산성 향상을 위해 동원되는 인구로 간주되었다. 국가는 노동력을 안정적이고 예측 가능한 수준에서 확보하기 위해 국민을 미래의 노동자들로 교육, 훈련하고 이주 노동을 관리하는 기능을 수행했다. 국가는 또한 자본의 노동착취를 합법화하고 타협하게 하는 제도와 장치를 마련함으로써 노동착취에 항거하는 노동조합들조차도 국민경제의 명령과 임무를 저버리지 못하게 하였다.

산업혁명에 앞장선 영국의 경우 국민경제는 결정적인 역할을 담당했다. 산업혁명은 기계와 에너지 발명을 기반으로 자본과 노동을 효율적, 집약적으로 사용하여 대량의 공업제품을 저가로 생산할 수 있게 한 것이었으며 이를 위해서는 국가의 개입이 필수적이었다. 국가는 국민경제의 이름으로 생산력, 내수시장, 기술과 서비스, 금융협정, 해외시장, 철도 산업, 군사동맹, 개발계획 등의 육성과 지원을 통해 난관과 실패를 거듭하는 산업혁명의 복잡한 과정을 총체적으로 뒷받침했다. 국민국가는 또한 국민의 상호부조적인 공동체의 이름으로 계급적 대립을 규제하는 역할을 담당했다. 국가의 개입은 노동과 자본의 갈등에 대해 결코 공평무사할 수 없는 것이었으며 국가의 사회질서 유지의 업무는 지배계급과 자본주의의 요구에 응답하기 위한 것이었다.

20세기 초반에 경제적 자유주의의 패배와 자기모순이 더욱 두드러진 상황에서 폴라니는 시장경제의 붕괴 가능성을 주목했다. 경제가 탈사회화된 상황을 초래할 만큼 시장자유주의의 요구들은 도저히 사회를 지탱할 수 없는 수준에 이르렀던 것이다. 이에 따라 사회갈등이 증폭되고 사회적 파국이 유발되었다는 것이 폴라니의 분석이었다. 자유방임주의는 1929년 대공황을 계기로 결정적인 타격을 입게 되었다. 1930년대에 전면화된 시장자유주의의 위기는 파시즘의 발흥과 2차 세계대전의 제국주의 전쟁으로 이어졌다. 파시즘의 전체주의는 자유주의적 자본주의에 뿌리를 둔 것이었다. 폴라니는 자유주의적 자본주의가 마침내 산업체계 및 정치제도와 충돌하는 파국을 맞게 되고 사회 전체가 마비되는 사태에까지 이르면서 파시즘이 대두된 것으로 간파했다. 나치즘은 위독한 상태에 도달한 경제적 자유주의를 매장해버리고 그 상황을 이용하여 경제를 정치에 종속시키는 전체주의적 사회를 기획했던 것이다.

한편 자본주의 시장경제가 초래한 대공황의 난국을 타개하기 위해 국가의 적극적 개입을 주장하는 케인스주의가 대두되었다. 케인스주의는 국가가 시장을 통제하여 국민을 시장의 파괴적 힘으로부터 보호하는 역할을 수행하도록 촉구했다. 이는 일자리를 제공하고 노동조건을 보호하고 구매력을 증가시키는 정책으로 국가의 개입을 확대하는 것이었다. 그 성과는 노동자와의 계급타협을 이루고 금융 헤게모니를 제한하는 통화 및 재정 정책 등으로 나타났다. 자유방임주의에 제동을 걸고자 했던 서구의 사회민주주의 정부들은 공적 개입에 의한 경제조정 역할과 복지체계의 강화를 통해 시장사회의 위기를 해소하고자 하였다. 이러한 역사적 현실은 자본주의 시장경제가 국가의 개입 없이는 안정적으로 유지될 수 없다는 것을 말해주었다.

서구에서 탄생한 복지국가는 동유럽의 사회주의 체제와의 경쟁구도 속에서 전개되었던 강력한 노동자운동과 사회적 투쟁의 성과였다. '복지국가'의 이름으로 자본주의 국가는 사회 구성원의 최저 수입, 의료, 교육 등의 보편적 복지를 실현하는 역할을 담당했다. 시장사회의 불안정과 위험성에 대비한 사회보장의 기능을 보강하기 위한 것이었다. 폴라니가 믿었던 것처럼 시장을 견제하는 민주주의적 대안들이 일정 부분 효율성을 보여주는 상황이 전개되었다. 그러나 복지국가의 해법은 자본주의의 근본적 결함에 접근하는 대신 대증요법에 초점을 맞추는 것이었다. 자본주의적 생활양식과 가치체계에 대한 믿음을 토대로 사회적 응집성과 통합을 추구함으로써 오히려 자본주의 생산시스템을 보강하는 결과를 초래했다.

이러한 상황은 경제적 자유주의의 유토피아를 시도하는 신자유주의자들에 의해 역전되었다. 1980년 이래로 영미권을 중심으로 대두된 신자유주의는 자유주의 교리의 현대판이었다. '브레이크 없는 시장자유주의'는 자유방임의 신화에 더 큰 무게를 실어주었다. 신자유주의를 부상시킨 '워싱턴 컨센서스' 옹호자들은 시장경제의 문제를 국가의 개입에 있다고 보면서 작은 정부를 주장했고 신자유주의 국가들은 글로벌자본의 자유로운 활동을 증진시키고 자본의 유치를 위해 경쟁적으로 규제철폐 경쟁을 벌이게 되었다. 이는 기업들에게 사회적 비용을 부담지우는 사회적 시장경제를 무력화하는 것이었다. 이에 따라 국민경제는 초국적 자본의 활동들의 공략이 혼잡을 이루는 공간으로 축소되어갔다.

신자유주의하에서 국가는 자본의 이익을 위해 제도들을 급진적으로 재구조화하고 세계시장의 압력에 점점 더 순응하는 방식으로 국제화되었다. 국가의 국제화는 국가가 새로운 세계경제 질서를 수락하는 것뿐 아니라 세계시장의 힘을 구축하도록 지원해야 하는 임무를 떠맡기 위한 것이었다(Leys, 2003: 13).[5] 그 결과 자본과 화폐의 흐름에 대한 국가의 주권과 세계경제로부터 독립적인 거시경제 정책의 결정권은 크게 잠식되었다. 신자유주의적 지구화 시대는 자본이 더 이상 아무런 한계를 갖지 않는 이동과 착취의 자유를 보장받는 시대를 의미했다. 이는 자유방임의 원리에 의한 것이 아니라 국가의 적극적인 지원체제 덕분에 가능

---

5 1990년대에 14개 유럽 연합 국가들 중 12개국에서 정권을 잡은 사회민주당들조차도 자본의 자유로운 활동에 기반을 둔 세계경제의 불가피성을 수용하고 신자유주의 기조에 맞추어 그들의 경제정책과 이념들을 조정했다.

한 것이었다. 시장의 힘이 사회를 파괴하는 것을 막는 것이 국가의 본래 기능이었다면, 경제적 지구화는 국가로 하여금 시장의 통제 대신에 시장에 의해 조종되는 역할을 담당하게 함으로써 사회를 그 어느 때보다도 시장의 힘에 온전히 맡겨버리도록 만들었다(Leys, 2003: 217).

　자유시장의 지구화를 부르짖는 신자유주의자들의 신념은 프리드만(Friedman, 1999)이 '황금구속복'(Golden Straitjacket)이라고 부르는 지구화 시대의 새로운 정치적-경제적 패션으로 나타났다. 황금구속복은 국가의 축소, 무역과 자본의 이동에 대한 장벽 철폐, 자본시장의 탈규제화, 국가소유산업과 공익사업의 민영화, 외환거래의 자유화 등의 요구들을 받아들이는 대가로 주어지는 것이었다. 이는 지구적 경제를 지배하는 신자유주의 시장에 전적으로 개방적인 시장사회가 되기 위한 개혁의 청사진이었다. 프리드만은 이것에 적응하는 것 외에는 다른 선택이 없다는 불가피성을 주장했다.

　신자유주의는 글로벌 자본의 사적 이익을 도모하기 위해 국민의 삶을 '보호'하는 국가의 기능을 파괴했고 국민 복지의 책임을 개인의 몫으로 전가시켰다. 유럽의 복지국가 모델이 무력화되면서 국민을 보호해야 하는 국가의 울타리와 사회적 장치들이 무너지기 시작했다. 공공서비스와 사회적 지원이 축소되거나 박탈되고 국가와 지방정부의 재정위기와 의료제도/연금제도/실업자 보호제도의 적자가 초래되었다. 국가와 국민은 가난해지는 반면에 자본과 시장의 권력은 민영화와 규제완화에 따라 더 막강해지면서 초국적 확장을 도모했다. 공공복지를 실현해야 할 정치조직은 경제적 서비스기구로 전락하게 되었다. 신자유주의는 경제 위기들을 또 다른 재생의 기회들로 역이용하면서 세계시장을 확장시키는 모험을 강행했다. 이 모험은 경제를 사회에 종속시키고 사회의 실체를 강화해야 한다는 폴라니의 주장과는 정반대로 사회의 존재 자체를 부정하는 시장주의의 승리를 꾀하는 것이었다.

신자유주의 국가는 규제받지 않는 시장의 자유와 자본의 이동을 촉진시키기 위해 주권도 기꺼이 포기하는 국가였다. 이른바 '국민국가 기업론'은 국가를 국제무역의 경쟁을 위해 기업의 소임을 다하는 '매니저 국가'로 호명했다(마리스, 2008: 175~176). 국제무역의 성공이 곧 국가와 국민의 성공이라는 믿음으로 국가원수에서부터 지방정부 공무원들까지 비즈니스 외교의 치적에 몰두하게 만들었다. 정부는 시장의 대변자를 넘어 시장의 주역을 담당하게 되면서 국가와 시장의 경계 자체가 불분명해지는 상황이 되었다. 국가는 국채를 발행하고 국민세금으로 공적 자금을 조성하고 생산과 소비를 증대시키기 위한 '경제 살리기'에 나섰다. 그 과정에서 정부의 공공부채뿐 아니라 가계부채도 크게 증가했다. '경제 살리기'는 곧 '시장 살리기'였고 그 대가로 국가와 개인의 자기희생을 요구하는 것이었다.

3. 자유경쟁의 신화 vs 세습자본주의로의 질주

자본주의의 세뇌교육은 인간을 '자유경쟁'의 신화에 빠지게 하였다. 자유경쟁의 신화는 자본주의 체제에서 시장의 윤리가 존재한다는 잘못된 믿음을 갖게 하는 것이었다. 애덤 스미스의 '도덕감정론'은 자유경쟁의 윤리를 지키는 인간본성을 가정한 것이었고 그 인간본성은 인간활동의 가장 강력한 동기로 작용하는 이기심이었다. '나의 이기심'과 '남의 이기심'의 상호 존중이 공감과 도덕적 유대를 이룬다는 논지였다. 그러나 애덤 스미스는 자본가의 이윤에 대한 갈망이 독점을 지향하는 것이며 이것이 공공의 이익과 충돌한다는 사실을 잘 알고 있었다. 그는 중상주의 정책이 특권이나 독점을 통해 '나의 이기심'만 충족시킴으로써 사회 전체의 부로 연결되는 자유로운 자본투자의 길을 저지한다고 비판했다. 자본가의 산업 활동이 '보이지 않는 손'에 이끌려 자신이 뜻하지 않았던 사회의 이익증진에 기여하는 것은 독점이 배제된 상태에서만 가능한 것이었다. 독점은 '공갈이자 추악한 탐욕'이므로 이런 폐단을 제거하기 위해서는 모든 상행위가 자유경쟁에 의해 공공의 이익에 맞게 진행되도록 해야 한다는 것이 스미스의 주장이었다. 이처럼 자유경쟁은 독섬에 대힌 탐욕이 없다는 전제에서 이기심을 충족시킬 때에만 유효한 것이었다.

자본주의 시장경제는 스미스가 믿었던 이기심의 미덕을 실현할 수 있는 체제가 아니었다. 자본주의 역사는 자유경쟁의 신화가 독점체제의 '도덕적 위장'이라는 것을 말해주었다. 브로델의 고증에 따르면 경쟁과 규범이 아니라 '독점과 지배가 힘을 행사하는 곳'이 자본주의의 실체가 존재하는 곳이었다. 자본주의 역사에서 자유경쟁이 지배적이었던 시절은 없었으며 이익의 극대화를 추구하는 무언의 법칙은 언제나 집요하게 독점을 유지하는 것이었다. 자본주의는 독점을 통해 성장했고 시장경제를 교란시키는 독점체제를 지향해왔다. 독점은 '자유경쟁의 위와 옆에서' 자율성을 행사하는 것이었다.

자본주의는 사회 시스템의 꼭대기에서 물질생활과 시장경제[6]를 깔고 앉아 독점을 통해 가장 높은 수익을 꾀하는 최상층의 경제였다(브로델, 2012: 130~131). 시장교환 메커니즘의 꼭대기에서 지배력을 행사하고 다수의 희생으로 소수의 이익을 보장하는 불평등교환을 통해 최대의 이

---

6 브로델에 따르면 물질생활은 국민계정 통계에 잡히지 않는 자가 소비와 서비스, 그리고 수공예 장인들의 작업장을 포함하는 것이며 시장경제는 혹독한 경쟁의 법칙에 예속된 경제 분야를 말한다.

득을 얻는 것이 자본주의 시장경제였다. 중요한 교환은 낮은 곳에서 경쟁의 힘이 발휘되는 투명한 교환이 아니었다. 시장을 움직이는 것은 소수의 거대한 자본가들이었으며 이들은 영악한 술수와 막강한 힘으로 법규와 규범을 우회하거나 무시하면서 부를 독차지했다. 이들은 경쟁의 틈새가 생기는 대로 그 싹을 잘라버림으로써 자유경쟁을 가로막았다. 엄청난 이익이 소수에게 집중되는 독점체제는 일찍이 식민지시대의 해외무역에서부터 시작되었다. 자본주의 역사는 반도덕성과 반인간성을 드러내는 탈취와 착취, 독점과 지배의 역사였다. 그 때문에 자본주의는 그 사악한 본질과 추악한 민낯을 숨기고 '인간의 얼굴을 한 자본주의'로 위장해야만 했다. 자유경쟁의 신화는 바로 그 위장술이었다.

자본주의는 한 사람이 다른 사람에게 의존하는 수직적 위계를 필요로 했다. 자본주의는 그 이전부터 존재해온 수직적 위계질서와 불평등한 권력관계를 최대한 이용하는 방식으로 성장했다. 자본주의는 브로델이 말했듯이 모든 것이 다 갖추어졌을 때 이를 수탈해가는 '밤의 손님'이었다. 자본주의는 초기부터 노예제도, 농노제도, 가부장제 등과 같은 위계제도를 이용하였고 자본이 노동을 지배하는 생산양식을 통해 독점체제를 구축해왔다. 자본주의는 약자에 대한 강자의 무조건적이고 무제한적인 권리가 보장되는 위계적인 사회관계를 바탕으로 성장해왔다. 이처럼 강자가 약자를 희생시키는 구조에서는 자유경쟁의 조건 자체가 성립될 수가 없었다.

유럽에서 15세기부터 공적 시장과 병행하여 발달한 상인 주도의 사적 시장은 '별세상'과도 같은 교환의 상층부를 형성했다. 상업자본주의는 규모가 큰 거상들만이 참여하는 원거리 무역과 규제와 간섭에서 벗어나 이익을 극대화하는 소수 상인들의 자본축적에 의해 성장했다. 유럽에서 아메리카 신대륙, 인도, 중국 등지를 오가는 원거리 무역은 독점 이윤을 꾀하는 것이었다. 산업혁명과 기술혁신에 따른 생산자본의 축적 역시 최대한의 잉여가치를 독점하는 시스템을 통해 이루어졌다. 유럽이 주도하는 국제무역의 불공정한 경쟁은 가난한 국가들의 토지와 자원을 수탈하는 것이었다.

베블런(Veblen)의 주장처럼 자본의 영리 활동은 공공연한 기업 담합이 없다고 해도 '불완전 경쟁' 상태에서 이루어졌다. 경쟁의 기회들은 승자독식의 논리에 따라 소수에게 집중되었고 시장의 독과점을 위한 경쟁은 자본가의 특권적 지위를 유지하기 위한 것이었다(베블런, 2009). 수직 계열화된 독점기업들은 시장에서 절대 우위를 차지할 뿐 아니라 재화와 서비스에 가치를 부여하는 사회적 역할까지도 위임받았다. 대규모 트러스트, 기업 제휴(콘체른), 소수의 대자본에게 특권과 독점권을 부여하는 주식회사제도는 자유경쟁을 공허한 것으로 만들었다. 독점행위나 담합의 기업 활동을 제한하거나 금지하는 반트러스트 법이나 독점을 규제하는 제도들이 존재한다 해도 독점자본주의를 사라지게 할 수는 없었다. 자본은 경쟁과 독점 간의 모순적인 통합을 통해 이윤의 상한선을 모르는 무한축적을 추구하는 것이었다.

자본주의는 단지 부도덕한 측면을 지닌 것이 아니라 부도덕을 생명으로 삼는다. 기업이 이윤을 창출하는 일은 결코 윤리의 영역에 속하는 것이 아니다. 윤리와 관련성이 없는 자본주의를 윤리로 접근하는 것은 시장을 하나의 종교로, 기업을 하나의 성상으로 만들려는 것과 같다(콩트-스퐁빌, 2010: 131). 시장이 윤리에 대해 무지한 것처럼 '기업윤리'도 생소한 것이다. 윤리의 기업적 버전으로 등장한 기업윤리경영이라는 것은 윤리를 이윤의 원천이자 시장경쟁력의 도구로 삼는 것일 뿐이다. 기업이 추구하는 효율성은 윤리와 충돌하는 것뿐 아니라 시장의 논리로 윤리를 희생시키고 호도하는 것이다. 자본이 비리와 불법을 멀리하지 않을수록 보다 유리한 고지에 오를 수 있다는 것은 자본주의적 적법성의 경계가 매우 불분명하다는 것을 말해준다. 경제윤리라는 것은 인간의 삶과 연관관계 속에서 경제적 가치의 창조를 철저하게 성찰하는 것이라면, 주류경제학은 경제윤리와는 무관하게 자본주의 시장경제 시스템의 논리만을 중시하는 것이다. 여기서 윤리가 들어설 자리는 없다(울리히, 2005: 30).

신자유주의 시대에는 자유경쟁의 기회가 한층 더 축소되면서 이전보다 더 치열한 무한경쟁이 요구되었다. 신자유주의는 자본축적의 조건들을 재건하고 엘리트 계급의 경제적 권력을 세계적으로 확장시키는 목적을 위한 정치적 프로젝트였다. 시장에 대한 규제철폐를 도모하는 신자유주의는 기득권 세력이 보다 쉽게 부를 독점하도록 만들었다. 세계자본주의는 소수의 글로벌 산업자본과 독점적 금융자본에 의해 조종되었다. 글로벌 기업들은 세계적 아웃 소싱에 의한 과잉생산으로 이윤을 극대화하고 소수의 금융 권력자들은 금융과두제에 기반을 둔 정치경제적 지배력을 행사했다. 중앙은행을 필두로 하는 화폐와 신용에 대한 독점통제권이 점차 비민주적인 제도의 집합체로 이양되면서 화폐는 모든 물질적 기반으로부터 독립되어 무한정 발행될 수 있게 되었다. [7]

---

[7] 서구의 중앙은행은 국가소유의 은행이 아닌 민간은행으로서 정부의 제재를 받지 않고 화폐를 발행할 수 있는 독립성을 지닌다. 영국에서는 상업자본주의와 산업혁명의 발흥과 함께 눈부시게 성장한 금융재벌 소유의 민영은행들이 잉글랜드 중앙은행을 좌지우지하면서 국제적으로 막강한 영향력을 행사해왔다. 1945년 화폐발행권을 국영화했던 프랑스에서는 1993년 화폐발행이 국가로부터 독립적인 기관인 유럽중앙은행의 규제에 맡기는 민영화로 전환되었다. 미국의 중앙은행 역할을 담당하는 연방준비제도(Federal Reserve System, 1913년 창설)는 미국 정부가 아닌 민영 연방준비은행들이 임의적인 화폐발행 권한을 행사하게 하는 것이었다. 미국에서 1931년 금본위제의 철폐는 화폐공급을 급속하게 증가시킴에 따라 1959년에서 2009년 사이에 화폐공급은 46배 이상 늘어났고 국가의 통제권에서 완전히 벗어난 국제금융이 지배하게 되었다(마리스, 2008). 연방순비은행의 성격과 내력을 논하는 것 자체가 '금기'로 통하는 상황에서 독점적 금융권력이 미국의 정치권을 주도하

화폐와 금융의 정치화는 권력과 부를 극소수에게 집중시켰으며 특권을 지닌 민간은행은 만인의 신용을 독점할 수 있었다. 금융시장, 주식과 채권의 증권시장, 파생상품시장의 폭발로 그 반대급부 없이 유통되는 거대한 화폐의 양도 대폭 늘어나게 되었다. "미국의 제국적 권력은 직간접적으로 달러외교가 있었기에 가능했다. 세계체제에서 미국의 헤게모니는 대체로 세계통화에 대한 통제력과 과도한 군비 지출을 위해 화폐를 찍어낼 수 있는 능력을 통해 유지된다. 이 문제에 직면해 개별 국가들은 자국 통화에 내한 자신의 역힐을 포기하기도 한다. … 국가 - 금융 결합의 작동 방식은 투명하고 개방된 제도보다는 바티칸이나 크렘린에 가깝다."(하비, 2014: 89~90)

자본의 투자 영역의 세계적 확장과 함께 초국적 기업의 독점이 점점 더 두드러졌다. 초국적 기업은 1970년에 7천 개에서 1990년대 말까지 50만 8천 개의 계열회사를 거느린 6만 개로 늘어났으며, 1980년대 말에 이르러 전 세계무역에서 제조업의 절반이상과 서비스 부문의 약 4분의 3을 차지하게 되었다. 1990년 미국에서는 약 300개의 거대 기업이 미국 회사의 모든 초국적 사업의 4분의 3을 차지했고, 영국에서는 약 150개 대기업이 초국적 사업 전체의 5분의 4를 점유하는 것으로 나타났다(Leys, 2003: 15~16). 자본의 규모가 큰 최상급의 100대 다국적기업들 중 54개가 미국회사였고 27개가 유럽연합 소속이었다. 해외직접투자가 국내총생산에 차지하는 비중은 서유럽의 경우가 41%, 미국의 경우가 14%로 나타났으며, 규모로 볼 때 미국 회사들의 지배가 절대적이었다(마리스, 2008: 173~174).

'신경제'에서 경쟁의 기적을 증명해 보인 극소수의 거대 리더기업들

는 역사가 관철되었다(쑹훙빙, 2008).

만이 세계적인 독과점을 누렸으며 도전자들의 출현과 시장진입은 저지 당했다. 시장의 규모와 크기가 커질수록 승자가 독차지했고 경쟁을 불가능하게 만들었다. 정보기술시대의 소수 독점 현상은 이전 시기의 신기술 물결들보다 훨씬 더 빠른 것으로 감지되었다. 마이크로소프트사는 약육강식의 국제시장에서 경쟁자를 제거하고 엄청난 과다이윤을 남기는 대표적인 독점사례였다. 자본은 특허나 지적재산권으로 사유재산의 독점 권리를 확실하게 보장받거나 라이선스 계약보호를 통해 독점 권력을 획득하였다. '유명 브랜드화'를 통해 독점가격을 부과하는 방식으로 독점적 경쟁영역이 새롭게 확장되었다. 이렇게 창출된 자본의 독점 권력은 생산과 마케팅을 통제하고 독점세력들 간에 상호의존성을 높이는 특권 구조를 형성했다.

각국 정부의 자본의 탈규제화에 따라 유동적 화폐자본은 수익성이 가장 높은 곳을 찾아 엄청난 속도로 이동할 수 있게 되었다. 전 세계로 몰려다니는 국제 금융자본은 얼굴 없는 주식, 채권, 통화 거래자들의 인터넷 거래를 통해 축적되었다. 금융자본은 거대 다국적기업의 집중화 현상을 부추기면서 첨단 금융기법으로 떼돈을 벌어들이는 금융 부르주아 계급의 권력을 강화했다. 금융자본주의는 개인 소액 투자자들을 들러리로 세우고 주식과 채권의 소유를 통해 자본가의 꿈을 꾸게 만드는 '대중 자본주의'의 신화를 조장했다. 통화시장과 자본시장의 자유화는 하루하루 주가의 등락에 운명을 거는 개미군단의 희생을 대가로 투기시장을 활성화하였다. '승자만을 위한 시장'에서 대다수의 패자들은 떨어진 이삭만 줍게 되었다.

신자유주의 국가는 하비(Harvey)의 지적처럼 상위계급이 권력의 복원과 확장을 위해 치밀하고 정교한 계급전쟁을 치르는 장이었다(하비, 2007). 서구에서 지배계급의 권력을 굳건히 하는 경제전쟁은 공공 자산을 사적 영역으로 전환시키고 개인적 사유재산권과 소유적 개인주의를 한층 더 강화시켰다. 경제적, 정치적 민주주의를 후퇴시키는 엘리트주의적 통치는 종래의 자유주의 국가에서보다 더 강력하게 자본의 권력독점을 지지하는 세상을 만들었다. 하비의 표현대로 신자유주의는 자본주의의 야만적 본능을 해방시키는 약탈적이고 야만적인 글로벌 자본주의였다. 다국적기업이 국민국가의 권력과 권위를 압도하는 위상과 힘을 갖게 되면서 국민도 국가도 그 절대적 힘에 의존해야 하는 가난한 존재들로 전락했다. 21세기에 이르면서 자본주의 국민국가는 점점 더 자기부정과 자기파괴를 재촉하는 운명에 처하게 되었다.

신자유주의 체제는 세계적 경쟁을 통해 최후의 승자를 가리는 승자독식 경제였다. 기회의 배분과 그 공정성이 독점구조와 지배계급의 특권에 의해 침해당하는 상황에서 자유경쟁은 허상에 지나지 않았다. 빈부의 격차로 인해 양분화되는 '두 개의 미국'이 자본주의의 전 세계적 모델로 확산되어갔다. 거대 자본이 극소수에게 집중되고 계급적 불평등의 격차가 전례 없이 극대화되었다.[8] 부와 권력이 최상위층으로 무서울 정도로 집중되면서 세계적으로 치열한 계급전쟁이 전개되었다. 21세기에 와서 미국의 상위 1%는 국가의 부의 40%를 차지하게 되었다. 영국에서는 10%의 부자가 10%의 하위층보다 100배나 많은 부를

---

8 지난 4반세기 동안 대부분의 유럽 국가에서 빈부격차가 확대되어왔다. 소득양극화 경향이 가장 심한 미국의 경우 상위 1%의 부유층이 2005년 총 소득의 3분의 1 정도를 차지했고, 2002~2006년에 이루어진 전체 소득성장의 4분의 3을 차지했다(프릴랜드, 2013: 23, 66). 빌 게이츠의 자산 가치는 한때 약 900억 달러로 미국 총인구 중 하위 50%의 자산과 맞먹는 것이었고 이는 세계 156개국 중 119개국의 국민총생산보다도 많은 것이었다. 동시대의 충격적인 상황은 세계 인구의 5분의 1인 약 10억 명의 극빈자가 굶주림과 질병에 시달리고 죽어가는 현실로 드러났다(드 그라프 외, 2010: 144, 151). 21세기에 들어서 세계 최대 부자 225명의 재산은 가장 가난한 사람 25억 명의 연간 소득과 같은 것으로 나타났다(마리스, 2008: 355).

소유하게 되었다(글레이저, 2013: 84, 172). 상위 계층에게는 보상이 집중되는 반면 하위 계층에게는 위험 부담만 증가했다. 노동시장은 높은 연봉의 하이테크 생산기술자들과 실업과 비정규직을 넘나드는 노동자들로 양극화되었다. 기업의 최고경영자, '아이디어 귀족', 대중의 인기를 독차지하는 소수의 연예인과 스포츠선수 등이 거두어들이는 소득은 일일노동자의 최하임금을 조롱하는 천문학적인 숫자에 달했다. 21세기 들어 미국의 CEO들은 일반 노동자들보다 수백 배의 소득을 벌어들이게 되었다. 이러한 현실은 자유경쟁의 신기루마저도 찾아볼 수 없는 절망과 분노를 자아내고 삶의 의지를 무참하게 짓밟아버리는 폭력의 온상이었다.

수익성 높은 투자처를 찾아다니는 갑부들은 '큰돈을 베팅하는 세계적 도박사들'이었다. 이들은 변호사, 회계사, 로비스트 등의 전문 브로커 집단들과 그들이 후원하는 싱크 탱크들을 거느리고 세계적으로 막강한 부와 권력을 독점하는 세력이었다. 사막 위에서 거대 자본과 첨단기술의 초대형 사업으로 건설되는 녹색도시나 신도시는 세계적 슈퍼엘리트계급이 '그들만의 파라다이스'를 위한 아성을 쌓는 곳이었다. 수천만 달러의 연봉을 챙기는 '플루토크라트'(plutocrats)[9]도 등장했다. 이들은 국가에 얽매일 필요가 없는 글로벌 유목민으로서 그들만의 왕국에서 중세시대의 특권계급처럼 모든 권력을 누리는 슈퍼 부자들이었다. 이들의 거주 지역은 궁전을 닮아가는 반면에 빈자들은 게토화된 지역으로 숨어들었다.

---

9 19세기 미국의 경제학자이자 자유무역주의 신봉자였던 헨리 조지(Henry George)는 그 시대에 등장한 플루토크라트, 즉 강도귀족들을 '거대한 스핑크스'로 보았다. 그는 오로지 거대한 부를 축적하고 빈부의 격차를 강화시키는 진보는 진정한 발전이 아니며 영원하지 못할 것이라고 했다(프릴랜드, 2013: 17). 그러나 불행히도 오늘의 상황은 그 당시보다 훨씬 더 심각한 수준에 이르렀다.

거대한 자본과 기술과 권력을 독점하는 특권계급은 전 세계의 대중을 그들에게 목을 매고 살아야만 하는 노예로 만들었다. 신자유주의 시대에서 빈민가는 기하급수적으로 늘어났다. 도시 빈민은 지주들과 개발업자들의 노예로 전락했다(데이비스, 2007: 39, 112). 슬럼 거주자는 선진국의 경우 도시인구의 6%에 불과한 반면에, 저개발국가의 경우에는 도시인구의 78.2%를 차지했으며 이는 전 세계 도시인구의 3분의 1에 해당되는 것이었다. 신자유주의 시대에서 자본주의는 마침내 '괴물'의 참모습과 폭력성을 노골적으로 드러냈다. 이러한 상황에서 '박애 자본주의'를 운운하는 것은 자본주의 시장경제가 초래하는 재앙들과 이에 대한 분노를 도외시하는 모욕적인 기만이었다.[10]

신자유주의 시대는 '1:99의 사회'를 향해 질주하는 시대였다. 유럽에서 봉건적 신분제의 세습적 불평등을 타파하고 계급사회로의 변화를 추동했었던 자본주의는 마침내 그 계급사회 자체를 부정하고 아예 폐기시키는 상황에 이르렀다. 자본주의 계급사회는 계급의 이동과 상승의 가능성이 열려 있는 조건이 성립될 때에만 봉건제 신분사회보다 진일보한 것일 수 있었다. 그러나 신자유주의는 계급이동을 구조적으로 차단시키는 세습자본주의를 정착시켰고, 부의 독점에 비례하여 새로운 빈곤이 양산되고 대물림되었다.[11] 세습 자본주의는 기업의 경영권

---

10 성공한 자본가들의 도덕성을 내세우거나 이들을 사회적 공헌을 위해 일하는 '영웅'처럼 부각시키는 현상은 바로 이런 사례들이 예외적일 만큼 자본주의 체제가 본질적으로 부도덕성에 기반을 둔 것임을 말해주는 것이었다. 야만성을 드러내는 신자유주의 시대에서 '박애 자본주의'라는 신조어까지 탄생하면서 갑부들의 자선 및 기부활동과 공익활동을 대거 선전하는 현상도 나타났다. 이러한 활동들은 박애주의의 실천을 명분 삼아 비즈니스적 이해관계를 관철시키는 또 하나의 전략이었다.

11 이처럼 전 세계적으로 사회 양극화가 점점 더 심각해지는 상황에서 전 국민에게 최소한의 생활이 가능하도록 아무런 조건 없이 기본소득을 지급하는 기본소득제도의 도입운동이 확산되어왔다. 유럽에서는 1986년에 기본소득 도입을 위한 기본소득유럽네트워크가 결성되

세습, 국가의 자본 친화적인 조세정책, 문화자본과 사회자본의 독점권 세습을 위한 안전장치, 자본과 정치권력간의 유착관계 등이 함께 맞물려 작동하는 구조의 산물이었다. 노동력과 학력도, 개인의 능력과 노력도, 부와 권력의 독점과 세습 앞에서는 점점 더 무력해질 수밖에 없었다. 엘리트 교육은 값비싼 교육을 감당할 수 있는 상류층의 전유물이 되면서 부와 신분을 세습시키는 촉매제가 되었다. 세습자본주의는 독점자본주의의 종착점이었다.

세습자본주의에서 계급질서는 세습적 신분질서로 대체되어갔다. 전 지구적인 자유경쟁과 평등한 거래의 신화로부터 카스트의 위계에 따라 배열되는 '위계적 인간'이 생성되었다(바우만, 2008: 115). 세습자본주의는 불평등을 사회적 불의로 치부하는 대신 숙명적인 것으로 감내하도록 불평등에 대한 독사적 승인을 종용했고 '평등하게 뿌리 뽑힌 개인들'을 양산했다. 세습자본주의가 만들어내는 '1:99'의 세상에 대한 격한 분노는 마침내 2011년 세계 곳곳에서 그리고 세계자본주의의 심장부인 월스트리트에서 폭발되었다. "손실은 사회화되고 이득은 사유화"되었다는 외침으로 점화된 항거의 투쟁들은 앞으로도 점점 더 심각해질 수밖에 없는 세계적 비상사태의 전초전이었다.

있고 이는 2004년 기본소득지구네트워크로 확장되었다. 스위스에서는 2013년 10월 기본소득의 도입을 위한 국민발의 법안이 국민서명을 받아 연방의회에 제출되었으며, 이러한 서명운동은 유럽 19개국에서 추진되어왔다.

09

시장사회의 신화와 독사

1. 시장의 이상(理想) vs 사회의 이상

자본주의 시장경제가 사회구조를 구성하는 원리와 권력으로 작용하게 된 것은 폴라니의 지적처럼 인류역사에서 매우 '우연적'이며 '예외적'인 것이었다. 경제현상은 인간이 자신이 필요로 하는 물적 수단을 조달하는 행위로서 본래 다른 사회현상과 구별되는 별도의 체계가 아니라 사회적 조직망 내에 깊이 '묻어들어 있었던 것'(*embeddedness*)이었다. 18세기 말에 탄생한 고전 정치경제학은 사회로부터 분리된 독립 영역으로 '경제'를 발명하면서 시장이 사회질서의 유일한 조정 메커니즘이라고 주장하는 이론을 제시했다. 경제라는 영역이 자율적 체계를 구성하게 되면서 시장이 경제의 일부가 아니라 경제를 지배하게 된 것은 19세기의 유럽적 현상이었다.[1] 이로부터 경제는 다른 질서들을 교란할 정도로 막강한 영향력을 행사하게 되었다. 경제활동은 '시장적 행위'로 '자연화'되었고 영리추구를 위한 경제적 합리성이 사회를 재조직하는

---

[1] 서구에서 18세기까지 자본주의와 시장경제는 경제생활 전체를 징익하지 못하는 작은 부분에 불과했다.

토대가 되었다. 이는 자본주의 시장경제의 성장에 따른 '경제주의'의 승리이자 이러한 역사적 현실을 합리화한 고전경제학의 결실이었다.

경제주의는 "경제적 합리성, 곧 효율성을 최상의 가치로 절대화하고 삶의 양식, 사회, 정치를 거의 무제한적으로 경제화하는 세계관"이었다(울리히, 2005: 36~42). 경제주의만큼 그 어떤 이데올로기도 세계적 영향을 미친 것은 없었다. 경제주의는 개인의 소득 극대화와 자본의 이윤 극대화가 맞물려 상호적 강제로 작용하게 하는 것으로 인간과 사회를 물적 강제에 철저히 복속시키는 것이었다. 경제주의의 레토릭은 자본주의적 시장경제가 '공공복리'를 위한 '보편적 효율성'을 추구한다는 허위의식을 조장했다. 이는 시장원리가 자본의 이해관계를 일방적으로 대변한다는 것을 은폐하는 것이었다.

브로델은 자본주의를 '경제 시스템'이라고만 여기는 것은 최악의 오류라고 했다. '경제'란 결코 날것으로 나타나는 것이 아니라 복잡한 사회적 과정에서 뽑아낸 추상이며 자본주의는 사회시스템과 유기적 전체를 이루어 능동적으로 공모하지 않고는 존재할 수 없는 것이었다(브로델, 2012: 77). 자본주의는 '경제'라는 핵에 기초한 것으로만 볼 것이 아니라 단일한 사회질서 전체에 기반을 둔 것으로 볼 때에만 제대로 이해할 수 있는 것이었다(비클러·닛잔, 2004: 104). 자본주의는 사회조건들을 무엇이든 가리지 않고 이용하고 수탈하는 한편 인간의 물질생활과 시장경제가 변해가는 추세에 맞추어 쉬지 않고 새로운 사회적 구조물을 만들어냈다. 자본주의는 기존의 사회질서, 국가, 문화 등 온갖 영역으로 침투하여 기생하고 공모관계를 형성하면서 시스템 전체가 자본주의적 논리와 가치를 수용하게 만드는 것이었다.

근대사회가 '시장사회'(*market society*)로 지칭되는 것은 사회의 일부분이어야 할 시장경제가 거꾸로 사회를 주도하는 자율적 힘을 갖게 된 것을 의미한다. 시장사회란 경제가 자율적인 것이 되었을 뿐 아니라 사회가 시장경제에 종속되는 사회를 말한다. 폴라니에 따르면 시장사회는 시장의 힘, 즉 자본이 정치적 통제를 벗어난 사회이다. 자본은 그가 지배하는 사회와 결코 계약에 의해 맺어져 있는 것이 아니라는 것이다. 사회로부터 떨어져 나온 시장이 사회생활을 조직하는 가장 중요한 메커니즘으로 작용하는 시장사회는 인간의 생존을 포괄적인 사회적 관계와 의무에서 분리시켜 시장의 메커니즘에 의존하게 만든다. 자본주의는 시장을 사회보다 우위에 두고 사회를 경제의 목적달성을 위한 도구로 이용하는 시스템이기 때문이다.

자본주의 시장사회는 사회구성원을 '경제적 인간'으로 환원시킨다. 경제적 인간은 소유적 개인주의를 추구하고 개인적 목적을 위해 사회가 존재하는 것으로 보는 도구적 관점을 지닌다. 이는 애덤 스미스가 개인들이 각자의 이기심을 충족시키기 위해 시장사회를 창조한다고 본 것과 상통한다. 자본주의 시장사회는 이윤 추구의 절대명제에 종속된 조직체로서 사회적 가치관을 생존동기에서 경제적 이윤동기로 전환시킨다. 이는 경제적 효용을 극대화하는 개인적 선택과 산술가치가 지배하게 만들고 사회생활을 이윤을 창출하는 활동으로 변질시킨다. 시장사회는 자기 이익을 극대화하는 계산적 합리성에 몰입하는 인간을 요구하며, 경제적 계산으로 정직함이나 도덕성과 같은 인간의 미덕들을 밀어내는 생활방식을 자리 잡게 한다. 시장사회는 경제영역의 기형적 비대화에 의해 사회문화영역의 왜소화를 초래하는 것이다.

자본주의 시장사회는 교환가치가 사용가치를 압도하게 만드는 사회로서 그 무엇이든 교환될 수 있을 때에만 가치를 갖는 것처럼 변질시킨다. 교환가치의 메커니즘을 통해 제공되는 모든 것은 사용가치와 별도로 작용하는 시장의 논리에 예속된 것이다. 개인의 경제행위는 인간의 물질적 필요를 충족시키는 실체적 관계를 벗어나 시장의 교환관계에 예속된다. 교환가치는 삶의 방식과 사회관계를 자본주의 시스템에 맞추어 재구성하도록 강제하는 핵심기제로 작용한다. 시장적 거래가 개인과 집단의 사고와 행동뿐 아니라 사회적 동기와 사회관계를 주도하게 되면서 인간의 삶을 '이익'과 '비용'에 따라 조종하게 만든다.

시장에 의해 식민화된 사회에서는 시장이 사회화의 양식으로 작용한다. 이는 사회와 경제의 전통적 관계가 뒤집힌 것으로 인간과 사회를 시장에 의해 조종당하는 경제적 기계로 만드는 것이다. 시장의 효용성 원리가 가치파괴와 가치창조의 주도적인 기능을 수행하면서 시장가치가 사회가치를 생성시키고 보증하는 원천이 된다. 시장가치가 있다는 것은 사회에 필요한 것이자 '좋은 것'으로 인정받는 것과 같은 효력을 지니게 된다. 이는 사회가치를 시장의 전유물로 만드는 위험성을 내포한 것이다.

자본주의 시장사회는 '경쟁사회'라는 이름으로 그 공정성을 정당화하고 구성원의 자발적, 적극적 참여를 이끌어낸다. 앞서 본 것처럼 자본주의는 자유경쟁의 허상을 주는 것일 뿐 아니라 이 허상에서 벗어나지 못하도록 치열한 경쟁관계를 유도한다. 그런데 경쟁은 본질적으로 사회가 중시하는 유대와 협력의 가치와 조화를 이루기 힘든 것이다. 사회적 동물로서 인간은 개인의 사익보다 사회의 공익에 더 우위를 두어야 한다면, 경쟁은 개인과 집단의 배타적 이익을 더 중시하게 만들기 때문이다. 타자성은 주체성의 토대를 이루는 것이라면, 경쟁의 대상으로만 바라보는 타자는 자아를 항시 불안하게 만드는 존재가 될 수밖에 없다. 경쟁 원리가 지배하는 인간관계는 이웃을 포용해야 하는 존재가 아니라 비교우위의 대상으로 경계하고 질시하게 만든다. 이로 인해 사회적 관계는 갈등과 적대로 치닫기 쉽다. 자본주의가 미덕으로 삼는 무한경쟁은 도덕심을 약화시키거나 파괴하는 상황을 유발한다. 개인의 성공을 무한경쟁의 결실로 예찬하는 사회는 인간을 비사회적, 반사회적 동물로 만든다. 정글의 법칙이 당연한 사회적 법칙으로 통용되는 사회는 자본주의를 살리기 위해 '사회적인 것'(the social)의 희생과 죽음을 감내하게 만드는 것이다. 그럼에도 자본주의 사회에 길들여진 현대인은 '경쟁사회'를 기정사실로 자연스럽고 다행스러운 것으로 받아들인다. 경쟁사회가 얼마나 어떻게 인간과 사회를 훼손시키는지를 의심하는 대신에 경쟁이 가져다줄 행운을 믿고 속절없이 이에 매달린다. 이는 자본주의 시장사회에서 성공적으로 사회화된 인간의 전형이다.

경제적 효율성만을 추구하는 '시장의 이상'은 공동체적 가치를 추구하는 '사회적 이상'과 너무나 큰 괴리가 있는 것이다. 시장과 사회의 결합은 본질적으로 이율배반적인 것이며 자본주의 시장사회가 공공의 선을 실현시킨다는 것은 애초부터 불가능한 것이다. 시장에서 개인은 공동체의 귀속감으로부터 해방된 익명적 존재일 뿐, 권리와 의무를 지닌 사회적 존재가 아니다. 사회를 하나의 거대한 시장으로 전환시키는 시장사회는 사회의 존재기반 자체를 위태롭게 하는 것이다. 이것이 바로 자본주의 시장사회의 태생적 결함이다.

서구의 근대 자본주의 문명에 기원을 둔 사회학은 자본주의 시장사회를 근대사회의 '보편적' 모델로 정립하는 지식체계를 제공했다. 이는 시장사회를 자본주의 시장경제의 특수성을 담은 역사적 산물로 접근하는 대신에 근대성을 실현하는 모델로 탈역사화하는 것이었다. 시장이 경제 분야로 범주화되면서 시장사회의 태생적 결함은 학문적 고찰의 대상이 되지 않았다. 시장사회의 병폐현상들은 근대화와 산업화에 따른 과도기적이고 불가피한 진통으로 진단되었을 뿐 시장이 지배하는 사회와 인간에 대한 근원적인 접근은 이루어지지 않았다.

폴라니는 시장 메커니즘이 인간과 자연환경을 관리하고 지배하는 주도권을 행사하도록 허용하는 상황은 사회의 해체로 귀착된다고 보았다. 이는 자유방임의 원리가 경제적 기능에 머물지 않고 시장체계의 창출에 몰두하는 시장사회의 조직 원리로 작용하면서 자연 법칙의 권위를 갖게 된 상황에서 비롯되는 것이었다. 자기 조종의 능력이 없는 무절제의 시장사회는 위험천만한 사회였다. 자기조절의 메커니즘이 없는 자본주의 시장경제는 '사회적 와해'를 초래하는 '악마의 맷돌'이었다. 그럼에도 자본주의 시장사회가 유지될 수 있었던 것은, 폴라니에 따르면, 자유주의 경제 원리에 대응하여 '사회의 자기보호 원리'가 작동하였던 덕분이었다. 노동계급 운동뿐 아니라 다양한 사회집단들은 시장의 압력과 불확실성에 대처하는 반시장적 운동을 통해 사회적 안정성과 예측 가능성을 증대시키는 사회보호 장치의 확립을 요구했다. 고삐 풀린 시장이 유발하는 사회와 자연의 파괴위험성에 저항하는 자생적이고 비계획적인 사회의 자기보호 운동이 나타났다. 사회의 자기보호 운동은 단순히 경제적 동기만으로 촉발된 것이 아니라 인간의 존엄성의 파괴와 삶의 질적 타락에 대항하기 위한 것이었다. 이 때문에 국가는 노동시장, 토지시장, 화폐시장에 개입하여 사회적 보호 조치들을 추진해야 했다. 이 조치들은 자본의 저항에 따른 계급갈등과 제도적 긴장을 무릅쓰고 시장을 사회적 관계로 일정부분 재흡수하고 통제하기 위한 것이었다.

그러나 자본주의 시장사회의 반동적 위력은 전 지구를 하나의 단일한 시장으로 통일하는 신자유주의 시대에 와서 그 절정에 달했다. '사회'라는 것은 더 이상 존재하지 않는다는 영국의 대처 수상의 공언처럼 신자유주의는 사회의 존재와 그 필요성 자체를 공공연하게 부정하는 체제였다. 자본주의 시장사회가 반사회성을 넘어 마침내 사회적 가면을 벗어던지고 사회를 해체시키는 국면에 이른 것이다. 개인의 기본적인 생존조건이 더 이상 국가와 사회에 의해 보장될 수 없는 단계에 이르면서 국가와 사회에 대한 개인의 결속이 무너지고 시장이 국가와 사회의 역할을 대신하는 전지전능한 권력이 자리 잡게 되었다. 시장이 사회통제 밖에서 불확실성을 고조시키는 상황에서 폴라니가 강조했던 사회의 자기보호 운동이 더 이상 힘을 발휘하지 못하는 단계로 접어든 것이다. 이처럼 개인의 삶이 전적으로 시장에 의존해야 한다는 것은 개인과 사회의 관계가 개인과 시장의 관계로 대체된 것을 의미했다.

전 지구적 시장의 창출은 시장경제의 절대명령을 이행하는 거대한 프로젝트로 추진되었다. 신자유주의는 시장의 자유화를 위해 사회계약을 침범하고 무효화했으며 시장의 불안과 위험을 통제 불가능한 상태로 만들어 사회의 존재 자체를 위협했다. 그 좌절과 공포는 소수 상층계급을 제외한 대다수의 구성원들을 사로잡았다. 하층계급은 생계의 위협과 권력의 횡포에 대한 공포에 사로잡혔고, 중상층 계급은 소유의 감소, 사회적 강등, 명성의 상실 등의 위협과 좌절에 시달렸다. 개인의 삶은 통제할 수 없는 시장으로부터 초래된 온갖 위험들을 홀로 떠안아야만 했다.

반면에 시장은 인간의 자발적 예속을 이끌어내는 절대적 권위의 '대주체'이자 '새로운 신'으로 부상했다(Dufour, 2003). 여기서 '신자유'란 시장의 무한한 자유를 의미하는 것이었다. 신자유주의적 사고방식으로의 전향은 시장의 자유의 신성불가침을 호소하는 대중 전략을 통해 이루어졌다. 강력한 이데올로기적 영향력을 지닌 싱크탱크의 지식인집단, 기업, 대중매체, 교육기관, 교회, 전문가 협회 등이 그 주역을 맡았다. 신자유주의하에서 시민권은 시민의 자유를 시장의 자유로 축소시키는 '시장 시민권'(*market citizenship*)으로 변형되었다(Root, 2007). 제한을 받지 않는 시장의 자유는 시민의 자유와 양립할 수 없는 것이었다. 시장 시민권은 시민사회를 대신하는 시장의 권력과 권위를 대변해주는 것으로 시민의 사회적 권리들을 자본의 논리에 종속시키는 것이었다. 시민권을 보장하는 공적 영역은 시장 주도적 정치와 함께 글로벌 자본의 타깃이 되었다. 국가의 권력은 공적 서비스 영역의 상품화를 촉진시키고 비시장 영역을 파괴하는 데 이용되었다. 이는 사회가 보장하는 시민의 권리를 시장에 의존하는 소비자의 권익으로 대체시키고, 시장지향적인 사회경제적 정책들을 통해 공동체의 이익을 추구하는 집합적 요구와 가치들을 저버리는 것이었다. 시장 시민권은 시민적 미덕과 도덕성을 약화시키고 시민의 사회연대를 저지하는 데 기여했다.

1990년대 미국을 중심으로 대두된 시장 포퓰리즘은 시장을 종교로 떠받들게 하는 급진적 시장주의로서 시장의 독재를 찬양하게 하는 것이었다. 시장의 독재는 가혹한 시장원리가 내면화된 개인의 공포와 좌절을 시장에 대한 사회적 순응으로 강제하고 도치시키는 것이었다. 시장의 전 지구화가 부와 자유, 기술/재정/정보의 민주화 등 그 모든 것을 어디서나 누구에게나 제공해줄 것이라는 믿음을 주는 것이었다. '신자유'라는 용어는 특히 미국인들의 공명을 불러오는 대중 친화적인 수사였다. 시장 포퓰리즘은 '대중 자본주의'(*People's capitalism*)의 이름으로 시장이 대중을 대변하는 반엘리트주의적인 것으로 표방하였다. 시장이 마치 대중의 이익을 옹호하고 위계질서와 엘리티즘에 대한 대중의 적대감을 담아 계급전쟁의 대리전을 치르는 것처럼 위장하는 것이었다. 친기업적 포퓰리즘은 빌 게이츠와 같은 비즈니스맨을 엘리트의 특권에 대항하는 '보통 사람들의 영웅'으로 부각시킴으로써 시장에 대한 신뢰를 조장했다. 이는 시장이 '계급전쟁'을 대신해서 도전적인 기업가들의 성공을 통해 일종의 사회혁명을 시도하는 것처럼 위장하는 전술이었다

(Frank, 2000: 29~31). '영웅적 대중'을 부각시키는 포퓰리즘은 시장의 대중친화성을 통해 대중의 시장친화성과 시장사회에 대한 적극적이고 자발적인 동조를 이끌어내기 위한 것이었다. 이는 자본주의 시장사회가 사회적 약자들의 자유와 이익을 위협한다는 사실을 망각하게 하고 이들을 무한경쟁의 회로 속으로 끌어들이는 최면술이었다.

시장주의와 민주주의의 모순된 결합을 통해 시장과 대중을 본질적으로 동일한 '하나'임을 주창하는 것이 시장 포퓰리즘이었다. 이는 시장의 자유를 정치적 자유의 극대화로 착각하게 만들어 시장자유주의가 자유민주주의와 운명을 같이한다는 믿음을 주는 것이었다. 소비자 대중의 자유를 시장민주주의의 자유와 동일시하고 시장이 선거제도 이상으로 민주주의를 실현하는 것처럼 위장하는 것이었다. 이를 위해 소비시장은 대중의 모든 욕구, 취향, 선호를 편견 없이 허용하고 무한한 다원성을 구사한다는 민주적 환상을 조장했다. 문화적 다원주의를 표방하고 소비자를 적극 참여시키는 마케팅 기법들은 시장민주주의를 선전하는 전략이었다.

대중매체들은 대중의 아픔을 치유하고 자선사업과 사회봉사에 앞장서는 '착한 기업'을 선전하면서 시장사회의 민주적 배려를 부각시켰다. 시장민주주의는 신자유주의적 시장 메시아니즘의 민중 배제적이고 반민주적 성격을 대중의 동원체제로 상쇄시키는 것이었다. 즉, 시장이 초래하는 반사회적이고 반인간적인 폐해들에 대한 반감과 저항을 무마하고 시장에 의한 사회의 식민화를 정당화하는 것이었다. 이윤에 따라 움직이는 시장을 민주주의의 실현의 장으로 삼는 시장정치는 민주주의를 왜곡하고 무력화하게 만드는 전술이었다. 시장 친화적 정책들을 주장하는 정당들끼리 서로 힘겨루기를 하게 만드는 것이 시장민주주의의 근본 취지였다.

투렌(Touraine)은 이처럼 오직 시장에 의해 통제되는 사회는 일찍이 존재하지 않았었다고 말한다. 신자유주의에 의해 세계화된 시장들과 네트워크들은 결국 사회의 개념 자체를 위협하는 것이자 행위자의 탈사회화를 조장하는 것이었다. 생활세계를 구성하는 사회적 역할/규범/가치들이 사라지는 탈사회화 현상은 국제적 경쟁체계가 명령하는 시장경제, 신기술의 증식, 자본의 투기적 운동이 사회적 관계들로부터 분리되는 상황에 기인한 것이었다(Touraine, 1997: 57~58). 이처럼 탈사회화되고 딜제도화되는 상황에서 '사회생활'은 더 이상 아무런 통일성을 지닌 것이 아니었다. 이 때문에 투렌은 '사회'라는 개념을 더 이상 사용하지 말아야 한다고 주장한다(Touraine, 2000: 31).

시장의 자유가 전 지구적으로 극대화되면서 시장전체주의가 시대정신으로 부상하고 시장이 사회적 총체성을 대변하는 전체주의적 권력을 행사하게 된 초유의 상황이 벌어진 것이다. 시장이 전 세계를 통합하는 매개체가 아니라 세계자본주의의 절대적 힘을 자랑하는 독재자로 군림하게 되면서, 시장의 독재에서 벗어나 자기 운명을 스스로 제어할 수 있는 나라와 사회와 인간을 기대하기가 힘든 국면에 이른 것이다.

2. 화폐의 신화

인류의 역사만큼이나 긴 역사를 지닌 화폐는 자본주의 시장사회에서 가치의 핵심이자 유일한 부(富)로 군림하게 되었다. 자본주의는 더 많은 돈을 벌어들이기 위해 돈을 이용하는 체제였다. '자본'은 브로델의 지적처럼 '이윤을 낳으면서 스스로 증식하는 화폐'였다. 이윤에 대한 숭배는 곧 돈에 대한 숭배였다. 화폐의 소유와 축적은 부르주아지를 새로운 지배계급으로 부상하게 한 원천이었다. 부르주아지가 신성불가침으로 제도화한 소유권은 화폐경제에 기초한 자본주의 시장사회를 안착시켜준 동인이었다. 화폐경제는 소유의 개념을 '그 대상을 사용할 권리'에 머물지 않고 '그것을 통해 얻을 수 있는 화폐가치'로 변화시켰다 (베블런, 2011: 138). 화폐는 부르주아지의 배타적 소유권을 강화시키고 미래로 확장시키는 것이었다.

화폐의 가치는 경제적 가치를 최상의 가치로 섬기는 자본주의 시장사회의 우상이었다. 자본주의 시장사회에서 화폐는 경제적 소유와 합리적 계산에 의한 일반적 교환 매개체로 전락하면서 과거에 공동체가 부여했던 상징적 의미와 효용가치를 상실하게 되었다. 화폐는 모든 개별적 차이들을 초월하는 경제적 가치의 보편적 형식으로서, 추상적인 경제적 가치 일반을 표현하기 위해 개별적인 경제적 가치를 거래관계의 평균적인 객관화로 통일시켰다. 교환가치의 정확한 등가성을 표현하는 화폐는 사물들의 경제적 가치를 가장 간결하고 강렬하게 표현하는 기능을 지닌 것이며, 균등할 수 없는 것을 균등화하고 개인의 활동과 경험의 특수한 요소들을 평준화시키는 것이었다.

자본주의 시장사회에서 모든 것이 화폐경제로 포섭되면서 환금성이 없는 것은 존재가치가 상실되었다. 모든 직업 활동은 화폐제도에 예속되었고 직업적 능력은 화폐의 등가물로 평가되었다. 화폐는 사회적 노동의 가치를 결정하는 척도로 기능하였고 인간의 일은 돈을 벌어들이는 수단으로 전락하였다. 돈벌이는 자본주의 경제법칙이 강제하는 절대적인 생존방식이 되었고 화폐는 개인의 독립적이고 자율적인 자기발전의 수단으로 기능했다. 화폐의 개인주의적 본질은 경제적 개인주의를 촉진시켰다. 화폐의 소유와 증대를 목표로 삼는 삶은 인간을 평생 동안 돈의 노예로 만들었다. 화폐의 결핍은 곧 존재의 결핍을 초래했기 때문이다. 생존을 위해 화폐임금에 매달려야 하는 노동자는 기업의 부를 축적시켜주는 장본인이면서도 거꾸로 기업에 의해 부양되는 대상으로 취급되었다. 이처럼 인간의 사회적 생존을 돈의 권력에 복속시키는 사회는 삶의 자율성 자체를 원천적으로 부정하는 것이었다.

화폐는 교환의 수단을 넘어 지배의 수단이 되었다. 화폐는 사회 전체를 움직이고 인간의 존엄성 위에 군림하는 권력이 되었다. 모든 것이 화폐가치를 높이는 '무형 자산'으로 옮겨가고 화폐가 지배할 수 있는 대상의 범위가 끊임없이 늘어나는 상황에서 화폐의 위력은 점점 더 강화될 수밖에 없었다. 화폐의 양만큼 그것이 지배하는 사회적 권력도 늘어났다. 이와 함께 화폐의 유혹도 끝없이 증폭되었다. 개인의 삶에 대한 만족을 화폐의 소유수준과 직결시키는 풍조와 화폐의 획득과 축적을 인생의 목적으로 삼는 생활문화가 자리 잡았다. 돈에 대한 강박적 욕구는 화폐의 권력을 점점 더 비대하게 만들었다.

부르주아지는 '돈의 인간'으로 불릴 만큼 화폐 이데올로기를 떠받들었다. 화폐의 실질적인 기능과 상관없이 화폐의 맹목적인 소유는 부르주아적 삶의 원동력이자 목표였다. 유효기한도 없이 무제한적 축적이 가능한 화폐는 부르주아지가 세상을 제압하는 절대적 무기가 되었다. 부르주아지가 신봉한 화폐의 이데올로기는 자본주의 시장사회의 일반적 믿음으로 보편화되면서 신화로 자리 잡았다. 이는 화폐가 경제적 기능을 넘어 이데올로기적, 문화적 영역을 정복하고 더 나아가서 자연의 불가항력적인 힘을 발휘하는 단계로 진입하게 된 것을 의미했다. 화폐의 신화는 자본주의 화폐경제가 문화적 지형을 구조화하고 인간의 정신구조까지도 변형시키고 지배하는 기제로 작용하는 상황에서 생성된 것이었다. 이로부터 화폐에 대한 절대적 믿음과 열망 그리고 화폐에 대한 물신숭배가 조장되었다.

짐멜(Simmel)은《돈의 철학》(1920)에서 돈이 개인과 사회를 지배하게 된 역사적 현상을 해부하고 이를 통해 시대정신의 총체성을 추출해내었다. 이는 자본주의 시장사회에서 화폐가 마력으로 작용하는 배경과 이로부터 파생되는 문화적 폐해들을 파악하게 해주는 것이었다.[2] 짐멜의 논지를 빌려 말하면, 화폐의 신화는 양적 가치가 지배하는 세상을 자연화하고 양(量)이 질(質)을 대신하는 전지전능함을 떠받들게 하는 것이다. 화폐는 전적으로 양에 의해 규정되는 것으로 모든 질적인 차이를 양적인 차이로 표현하기 때문이다. 사물들을 똑같은 가치척도로 측정하는 양적 가치가 화폐의 의미와 화폐의 힘을 결정하는 것이다. 화폐의 양적 가치는 질적 가치의 소거(消去)와 희생을 통해서만 획득된다. 화폐는 모든 가치의 공통분모로서 사물의 본질, 고유한 특성, 특수한 가치, 비교할 수 없는 독특함 등을 남김없이 제거해버리는 가공할 측량기로 작용한다. 질(質)로부터 해방된 화폐는 질을 무력화하는 힘을 지닌 것이며, 이는 세계를 하나의 거대한 산수문제로 접근하는 것과 같다.

가치의 양적 개념에만 몰입하는 삶의 모델은 자본주의 시장사회에서 가장 순수하고 이상적인 형태로 구현된다. 양적 가치의 정확성과 엄밀성이 우월한 생활양식으로 정착된다. 화폐거래가 보편화된 생활양식에서는 모든 질적 가치들(미적, 정치적, 도덕적 가치들)이 계산가능한 수의 체계로 환원된다. 쾌락과 고통이 화폐의 양적 계산으로 결정되고 비교되면서 개인의 주관적 특성과 자질이 제거된다. 화폐의 마술은 그 질적 공허함이 열어주는 무한한 가능성과 기회로부터 탄생한다. 화폐

---

2 이 저서는 당시 "경제학이 멈추는 지점으로 스며들어가 경제학의 등 뒤에서 살아 움직이고 있다"는 평가를 받았다. 짐멜 자신도 경제적 현상의 피상성을 뚫고 인간적인 것의 궁극적 가치와 중요성을 끄집어내려는 시도로 이 글을 썼다고 밝혔다.

는 '질적 공허함'을 의미하는 무특징성, 무개성, 무형식성 때문에 교환의 대상을 화폐등가물로 대체시킬 수가 있다(짐멜, 1983: 159). 교환가능성과 대체가능성은 화폐의 절대적 역동성으로 작용한다. 이 역동성은 화폐가 인간이 지정하는 기능에 완전히 몰두할 수 있는 최대 강점이다. 화폐는 그 질적 공허함 덕분에 어떤 요구에도 무조건 순응할 수 있는 속성을 지닌다. 화폐의 무성격성이라는 소극적 개념은 화폐가 무엇이든 만들어낼 수 있는 무한한 활동성의 적극적 개념과 짝을 이루는 것이다. 화폐는 등가와 교환이라는 근본 법칙과 이에 따른 자유로운 유통에 의해 참과 거짓, 선과 악의 모든 구별을 깨뜨린다.

게다가 화폐의 양적 가치는 질적 가치로 위장되고 증폭된다. 화폐는 누구나 이용할 수 있다는 이유 때문에 개별적인 요구와 조건에 따라 원격작용을 할 수 있는 특별한 힘으로 작용하면서 양적인 차이를 질적인 차이로 변화시킬 수가 있다(짐멜, 1983: 550). 화폐는 천한 것을 귀한 것으로 둔갑시킨다. 화폐에 의한 질의 '생성'이라는 것 자체가 질의 개념 자체를 변질시키는 '질의 본질적 소거'를 의미하는 것이다. 따라서 화폐가 양을 질로 변형시키는 것은 질을 양으로 전환시키는 것 이상의 위험성을 지닌다.

화폐의 신화는 화폐를 삶의 수단이 아닌 삶의 절대적 가치이자 목적으로 전도시키는 세계를 예찬하고 인간적, 사회적 가치들이 화폐가치로 교체되는 '가치의 화폐화'를 초래한다. 인격과는 아무런 관계가 없는 화폐는 인격적 의존상태를 제거하는 해방과정의 매개로 작용하여 인간관계를 비인격적인 것으로 만드는 것이다. 화폐의 신화는 이러한 화폐의 기능을 미화하고 정당화하는 것으로 화폐가 인간의 정신을 지배하고 변질시키는 차원을 넘어 화폐의 정신이 인간의 정신을 대체하는 현상을 자연스러운 것처럼 위장한다. 여기서 화폐는 인간에게 정신적 통일성을 부여하면서 인간의 정신세계까지도 탈취하는 힘으로 작용하게 된다.

3. 상품물신주의의 독사

자본주의 시장사회는 상품형식이 인간의 삶과 사회생활의 지배적인 형식으로 보편화되고 상품의 객관적 힘에 의해 추동되는 상품사회(*commodity society*)였다. 상품사회는 그 어떤 것이든 상품이 되어야만 가치가 있다는 것을 세뇌시키는 사회로서 상업적 가치가 없는 것에 시간을 허비하는 것을 허용하지 않았다. 상품화를 사회구성원 모두의 불가피한 생존방식으로 강요하고 사회생활의 기본과제로 삼게 하였다. 자본주의는 '시장성 있는 상품생산에 대한 개인의 투자에 기초하는 체제'이므로 상품화는 자본주의에 필수요건이었다. 이윤이 생긴다면 모든 것들이 자본의 투자대상으로 상품화될 수 있었다. 상업의 역동성은 화폐량의 증가와 짝을 이루는 것이므로 화폐가치가 있는 것들을 만들어내기 위해서는 상품화를 끝없이 촉진시켜야만 했다. 화폐의 공급이 늘어나는 만큼 화폐로 살 수 있는 상품과 서비스의 공급도 늘어나야만 했다.

상품은 뿌리를 잃은 물자의 형식이라면, 상품화는 물자의 뿌리를 없애는 이동성을 통해 지역에 뿌리내린 특수한 가치를 뿌리 없는 상품의 교환가치로 변질시키는 것이었다. 무엇이든 하나의 상품이 되는 순간부터 그 본래의 고유한 속성과 가치가 상품가치에 의해 퇴색되었다. 상품화는 상이한 대상들을 교환이 가능한 형식적 동일성과 계산가능성으로 환원시키는 것이었다. 상품화는 화폐 가치를 획득하기 위해 인간의 활동을 자기 자신과 정신세계로부터 소외시키고 획일화하였다. 자본주의 상품사회에서 인간이 자신을 교환가치나 상품이 아닌 '사람'으로서 자기실현을 기대하는 것 자체가 비현실적인 것이었다(보드리야르, 1992: 149~150). 교환가치로 평가되는 '경제적 인간'은 자본주의적 생산 과정에 투입될 때에만 그 사용가치를 인정받는 존재였다. 상품화는 자본주의가 비영리적인 사회적 자원과 생산물을 시장의 전리품으로 수탈하는 전술이었으며, 상업적 성장을 위해 사회적 가치와 발전을 희생양으로 삼는 것이었다.

자본주의는 인간의 모든 경험을 상품으로 변모시켜 매매의 대상으로 전락시켰다. '금단의 상품'이었던 토지와 노동은 물론 화폐도 시장에서 거래되는 '허구적 상품'으로 만들었다. 화폐의 상품화는 각종 투기를 조장하고 '머니게임'을 생존방식으로 자리 잡게 하였다. 노동의 상품화는 노동을 상품가치의 저수지로 만들었다. 노동자에게는 사유재산 대신에 노동을 상품화할 수 있는 몸이 유일한 자산이자 생존권을 보장받는 길이었다. 노동의 자유는 자본이라는 비인격적인 주인과 시장의 논리에 몸을 자발적으로 복속시키는 '자유의 포기'를 의미했다. 이는 인간의 몸을 노동의 상품화에 의해 가치화하도록 강제한 자본주의적 근대성의 기획이었다. 노동의 상품화는 인간의 몸을 노동의 상품가치로 측정하는 대상으로 객체화하고 자본축적의 도구로 삼는 것이었다.

문화도 시장에서 영리를 추구할 목적으로 판매되는 상품이 되었다. 문화는 시장의 교환과 상품가치에 맡겨지면서 교환가치와 동일시되었다. 문화는 상품화의 영역을 새롭게 발굴하고 확장시킬 수 있는 무궁무진한 자원으로서 자본 증식의 도구로 이용되었다. 문화의 자본화가 촉진되면서 문화는 경제활동이 되어버렸다. 상품화는 문화의 무목적성을 효용성의 원리로 대체시키고 문화를 창조하는 인격적인 가치들을 무력화하는 것이었다. 상품화는 인간성과 사회성도 거침없이 파괴할 수 있는 무서운 위력을 지닌 것이었다.

루카치(G. Lukacs, 1960)는 자본주의 사회에서 상품이 '사회적 존재 전체의 보편적 범주'로서 사회의 지배형식이 되고 사회구조의 통일성을 조건 짓는다는 점을 역설했다. 이는 상품구조의 보편성으로 확장되는 '물화'(物化, reification) 현상에 의해 사회적 관계가 교환을 위한 상품관계로 전화되는 것을 말한다. 상품에 의한 사물화 과정은 사회의 총체성을 파괴하고 사회의 원자화를 초래한다. 즉, 사회적 세계를 사물화된 범주로 표준화하고 인간의 통제를 넘어선 사물의 객관적 법칙으로 인간세계를 파악하게 하는 것이다. 이는 상품에 대한 물신숭배를 낳는다. '물신'(fetisch)이란 본래 '인공적'이고 가공된 제작물, 인위적인 개입으로서의 '속임수', '마술에 걸린 대상' 등을 지칭한다. 상품의 물신화는 생명이 없는 사물에 생명, 권력, 신성을 부여하는 것이다. 물신숭배는 세속적이고 물질적인 사물들에게 초자연적이고 신비로운 이미지와 힘을 부여하고 그 주술적인 힘을 숭배하면서 사물을 신성화하는 것을 말한다.

마르크스는 노동의 상품화 과정에서 나타나는 물신숭배를 강조했다. 노동생산물이 상품의 형식을 취하게 되면서 인간관계가 인간의 통제와 의식적 활동으로부터 독립된 사물의 속성을 띠게 된다는 점을 주목했다. 상품형식의 비밀은 "인간에 대해, 인간 자신의 노동이 갖는 사회적 성격들을 노동생산물 자체의 대상적 성격들로 보이게 만들거나 이 물적 존재들의 사회적인 자연속성으로 비쳐보이게끔 한다. 총 노동에 대한 생산자들의 사회적 관계도 생산자들 외부에 존재하는 갖가지 대상들의 사회적 관계로 비쳐보이게끔 한다"는 것이다(마르크스, 1987: 90~91). 상품의 물신성은 자본주의 사회시스템이 인간의 노동을 교환가치의 추상노동으로 만들고 인간관계 자체를 사물의 관계에 예속시키는 물화과정에서 파생된 것이다. 모든 생산물이 인격과 분리되어 무한한 자율성과 운동성을 지닌 자기완결적인 세계로 발전하면서 인간에 대해 독자적이고 대립적인 힘으로 작용하게 된 것을 말한다. 생산주체와 분리된 노동생산물이 종교적 숭배와도 같은 물신숭배의 대상이 된다는 것은 생산자의 인격 자체를 그 생산물에 예속적인 것으로 만드는 것이었다.

짐멜은 물신숭배를 객관적 문화가 주관적 문화를 압도하는 현상으로 파악했다. 즉, 상품과 화폐를 매개로 이루어지는 문화의 객관화 과정을 통해 객관적 문화와 주관적 문화가 분리되는 상황에서 객관적 문화가 우위성을 갖게 되는 것에서 물신숭배가 나타난다고 보았다. 객관적 문화의 생산물들은 개별적인 생산자들이 도저히 획득할 수 없는 에너지, 속성, 지배력을 갖게 될수록 물신숭배의 대상이 된다. 물신숭배는 사물의 문화가 인간의 문화를 대체하여 자율적인 주관적 문화를 억압하고 빈곤하게 만든다. 사물을 발전시킨 대가로 주관적 문화의 발전이 저해당하는 것이다. 상품형식을 지닌 객관적 문화의 발전은 근본적으로 인간의 문화적 능력과는 무관한 비인격적인 것이다. 문화의 객관화는 정신의 객관화를 의미하며, 객관적 정신은 영혼성을 결여한다는 점에서 짐멜은 '문화의 진보'에 대한 비관론을 피력했다(짐멜, 1983: 582). 물신숭배는 주관적 문화를 상품 형식의 객관적 문화에 포위당하게 만들어 인간을 창조적 능력으로부터 소외시키는 것이기 때문이다.

상품물신주의(*fetichism of commodities*)는 상품가치가 인간의 존재가치와 사회적 가치를 결정하는 자본주의 시장사회 시스템을 숙명적인 것으로 받아들이게 하는 독사로 작용한다. 즉, 상품세계가 지배하는 사회질서를 당연하고 자연스러운 것으로 수용하고 경험하게 만들어 상품의 형식과 가치를 신성시하는 심리적 예속을 초래한다. 상품물신주의는 교환가치의 프리즘에 의해 굴절되고 변질된 사물의 사용가치를 거짓 자연이 아닌 자연으로 오인하게 하는 독사로 작용한다. 여기서 교환가치의 물신화와 그 교환가치로부터 파생된 사용가치의 물신화가 서로 결합한다(보드리야르, 1992: 143~152). 즉, 사용가치는 교환가치에 의해 산출된 '결과'로서 그 유용성 안에는 이미 등가의 논리가 들어 있기 때문에 교환가치가 무력화되면 사용가치도 사라지게 된다. 그러나 사용가치는 상품의 유용성에 자연스러움과 '인간적인' 목적성을 부여함으로써 교환가치의 작위성을 의심받지 않도록 위장하는 기능을 한다. 사용가치는 가치의 절대적 명증성을 부여하고 교환가치를 인간적인 것으로 순화시켜주는 기능을 통해 생산체계와 교환체계의 당위성을 이데올로기적으로 정당화한다. 사용가치 체계는 교환가치 체계의 '영원한 이데올로기적 보증'이다. 사용가치는 교환가치의 순화된 형태로서 교환가치의 대안으로 위장되어 자율성을 발휘함으로써 교환가치의 호소력을 배가시킬 수가 있다. 이처럼 상품사회가 교환가치와 이로부터 파생되는 사용가치의 이중의 지배력을 발휘하는 상황에서 상품물신주의의 독사가 작용한다.

상품물신주의는 자본주의 시스템에 대한 인간의 예속을 미화하거나 정당화하는 효과를 갖는다. 날로 막강해지는 자본과 기술의 힘으로 무장하는 오늘의 시장사회는 상품물신주의를 신앙의 교리로 확산시킨다. 스마트폰처럼 인간의 손바닥 안에서 춤추는 마술이 되어 인간의 몸과 마음을 사로잡는 상품들은 상품물신주의를 맹렬하게 전파하는 전도사들이다. 짐멜이 살았던 시대에는 상상할 수 없었던 객관적 문화의 전성시대가 펼쳐지고 있다. 인간의 문화가 사물의 문화를 결코 따라잡을 수 없는 처지에서 인간은 주관적 문화의 빈곤을 우려하기는커녕 객관적 문화로부터 소외되지 않는 것에만 몰두한다. 이는 상품의 세계를 '자연'의 질서로 섬기게 만드는 상품물신주의의 독사가 인간의 무의식 속에 점점 더 깊숙이 뿌리내리고 있기 때문이다.

4. 시장주의적 개인주의의 독사

　서구의 근대 시민사회를 태동시킨 시민적 개인주의는 서구에서 봉건 국가의 신분제도로부터 해방된 인간의 개인적 자유, 존엄성, 자율성을 인정하는 것으로서 개인의 경제적 이익을 위해 사회가 필요하다고 보는 경제적 개인주의와 대비되는 것이었다. 시민적 개인주의에서 개인의 사적 자유는 시민의 사회성에 소속된 것으로 확장될 때에만 긍정적인 의미를 지닌 것이었다(Ehrenberg, 1995: 90). 시민사회가 구현하고자 한 '근대적 개인'은 '상호적 개인화' 또는 '이타적 개인주의'를 추구하는 존재였다(Beck & Beck-Gernsheim, 2010). 이타적 개인주의에서 개인성과 사회성은 상호 간에 그 존재기반을 제공하는 불가분의 관계에 있었다. 반면에 자본주의는 기본적으로 이타적이지 않은 목적을 지닌 것이며 이로부터 파생된 경제적 개인주의는 개인주의적 경제활동의 원리를 중시하는 것으로 공리주의적 개인주의와 짝을 이루는 것이었다. '공리적 개인'은 개인적 이해관계를 사회적 유대나 의무보다 앞세우고, 사회보다 시장의 요구에 더 충실하며, 사회에 대한 믿음보다 시장의 '보이지 않는 손'에 대한 믿음을 더 중시하는 인간이었다. 경제적 개인주의는 인간을 시장사회라는 거대한 경제적 기계의 톱니바퀴로 만드는 것이었다.

　자본주의 시장사회는 경제적 개인주의가 시민적 개인주의를 압도하는 사회로서 시민이 추구하는 공동선보다 개인의 경제적 이해관계가 우선하는 곳이며 경제주의가 시민정신을 위협하는 곳이었다. 근대사회에서 나타난 공동체의 해체나 개인의 사회적 이탈 현상은 자본주의 시장사회의 성장에 따라 시민사회가 점점 쇠퇴하게 된 상황에서 초래된 것이었다. 이러한 배경에서 에리히 프롬(Fromm)이 말한 '시장적 정향'(marketing orientation)의 인간, 즉 교환가치로 측정되는 상품으로서 자기동일성을 추구하고 체험하는 인간이 창출되었다(프롬, 1984: 339~340). 시장적 정향의 인간들이 늘어날수록 개인의 탈시민화가 촉진되었고 경제적 개인주의가 시민적 개인주의를 대체하게 되었다.

20세기 후반에 이르면서 유럽에서 대두된 후기(탈) 근대성은 '탈사회적 개인화'를 추구하는 '신개인주의'[3]로 나타났다. 이는 급진적 근대성이 고조된 역사의 산물로서 '전면적' 개인주의를 실현하는 또 하나의 개인주의적 혁명이었다(Ehrenberg, 2010: 212). 모든 책임과 간섭으로부터 벗어나 자율적 선택, 자급자족성, 과도한 독립성을 주장하는 탈근대적 개인화는 비/반사회성을 동반하는 것으로 주체성과 자기중심적인 '개인주의의 인플레이션'을 초래했다(Castel, 2010: 20). 탈근대적 개인화는 근대 시민사회가 추구했던 집단적 기획을 '자아의 기획'으로 전환시키고 개인의 자아기획을 시민의 집단적 기획보다 우세한 것으로 만들었다. 개인을 집단적 기획이나 행동들과 연결시켜주던 유대관계들이 녹아버리고 이성적인 집단적 기획이 개인 차원의 과감성과 정력에 맡겨지는 사적 기획으로 대체되었다(바우만, 2005: 13, 49, 60).

신자유주의 시대는 개인주의가 '제 2의 권력'으로 부상하는 시대였다(Elliott & Lemert, 2006: 3). 신자유주의는 사회를 개인단위로 해체시키면서 사회공동체적 가치나 유대를 부정하는 이기주의적 개인주의가 득세하게 만들었다. 이는 인간이 사회적 동물이라는 명제 자체를 망각

---

3 Elliott와 Lemert는 그들의 저서 *The New Individualism, The Emotional Costs of Globalization*(2006)에서 신자유주의적 시대의 개인주의를 '신개인주의'로 지칭한다.

하게 만들어 공공정신의 위기를 초래하는 것이었다. 이는 시민적 협동과는 아랑곳없이 세계적 무한경쟁의 가혹함을 이겨낼 수 있는 강인한 생존 본능을 부추기는 시대의 산물이었다.

신자유주의는 시장을 개인의 자기실현을 꾀하는 장으로 삼아 시장의 가치를 절대적인 것으로 추종하는 시장주의적 초개인주의를 조장했다. 초개인주의(*hyper-individualism*)[4]는 개인주의가 과도해지고 과잉 표출되는 것으로 자율성, 개체성, 개인적 성취를 극대화하고 유동적인 정체성과 주체성의 팽창을 통해 고도의 자유를 꾀하는 것이었다. 시장주의적 초개인주의는 시장의 이상에 부합하는 '시장적 정향'을 주체적, 조직적으로 극대화하는 시장행위자(*market actor*)를 성공모델로 삼았다. 이는 시장의 자유와 권력에 적극적으로 편승하여 개인의 성취를 이루는 것으로 경쟁, 개방, 혁신, 효율성 등을 중시하는 시장의 가치들을 실현하는 것이었다. 신자유주의가 추구하는 시장의 자유화는 '금지된 것들을 위반하는 명령'으로서 '절대적인 자유주의의 향기'를 불어넣고 개인의 자율성을 확장시키는 계기로 정당화되었다(Dufour, 2003: 234~235). 그러나 이는 시장 밖에서 개인의 삶을 영위할 수 있는 실질적 자유를 박탈하고 개인을 시장의 포로로 만드는 것이었다.

시장주의적 초개인주의는 시장이 제시하는 '글로벌 스탠더드'에 맞추어 쉬지 않고 초능력을 발휘하는 생존/성공 전략을 추구하게 만드는 것이었다. 시장경쟁력은 세계적 수준의 '보편적 비교'에 의해 인정받는 것이기 때문에 그 기준은 항시 미결정 상태에 있을 수밖에 없었다. 정

---

4 '초개인주의'라는 용어는 Elliott/Lemert(2006)와 Lipovetsky(2005)의 논의들로부터 차용된 것으로 후기 근대의 개인주의의 일반적 특성을 통칭하는 개념이다. 초개인주의는 후기 근대성을 '초근대성'(Auge, 1992; Balandier, 1994)으로 명명하거나 후기 근대적 개인을 '초근대적 개인'(Aubert, 2010)으로 규정하는 다양한 논의들과 그 맥을 같이하는 것이다. 이영자, "신자유주의 시대의 초개인주의", 〈현상과인식〉, 제 35권 3호, 2011.

보기술과 글로벌 시장의 변화가 가속화될수록 더 높은 순발력과 적응력이 요구되었다. 신자유주의가 주창하는 '지구화된 개인'이란 세계시장에서 고독한 싸움을 통해 살아남는 최후의 생존자를 의미했다. 이를 미화하는 성공신화들이 부상했다. '글로벌 성공시대'를 예찬하는 매스컴이 그 중심에 있었다. 성공신화는 자본주의 시장사회가 누구에게나 성공의 기회를 제공하는 '능력주의 사회'라는 환상을 파급시켰다. 극소수의 예외적인 성공사례가 마치 누구에게나 가능한 것처럼 과장함으로써 초개인주의적 실현에 대한 열망과 허위의식을 조장했다.

초개인주의는 현실에 대한 맹목적 긍정으로 헛된 믿음과 희망을 갖게 함으로써 신자유주의가 강제하는 무한경쟁의 비인간적 생존게임을 미화하는 이데올로기였다. '할 수 있다'(candoism, 'cando' protocols)고 외치는 매스컴의 수사적 담론들은 허황된 자신감으로 기존의 현실을 무조건 긍정하고 냉혹한 현실 속에서 경험하는 좌절감과 무력감을 긍정의 힘으로 이겨내도록 세뇌시키는 주술이었다. 승자독식의 생존싸움을 개인의 정체성과 주체성의 전쟁으로 위장하여 잠재적인 패배자들을 체제의 자발적인 들러리로 무작정 끌어들이는 것이었다. 이는 패배의 책임을 초개인주의적 역량과 '충분한' 경쟁력을 발휘하지 못한 개인의 탓으로 전가시킴으로써 전 지구적 지배체제를 강화하는 신자유주의의 거대담론과 거시정치에 맞서는 대신에 개인주의적 차원의 미시권력과 미시정치에 집중하게 만드는 전략이었다.

신자유주의 시대에서 세계적인 유행으로 파급되었던 '서바이벌 게임'도 초개인주의적 생존경쟁 문화를 조장하는 데 기여했다. 영미권을 중심으로 그 영역을 가리지 않고 번창해온 텔레비전의 '서바이벌/오디션' 프로그램들은 냉혹한 생존싸움이 극대화되는 현실을 각광받는 오락으로 희화화하고 탈정치화했다. 최종 '생존자'를 정할 때까지 탈락자를 하나하나 늘려가는 냉혹한 게임은 죽음과 삶, 성공과 실패로 양극화되는 상황에서 살아남는 초개인주의적 생존원리를 가르치고 예찬하는 것이었다. 적대적인 경쟁관계와 탈락의 공포 속에서 강요되는 인간능력에 대한 무한도전을 미화함으로써 초개인주의적인 성취욕을 고조시키는 것이었다. 초개인주의는 시장에서 선택된 소수의 성공과 승자의 특권을 정당화하는 이념이었다. 이는 공동체의 희생을 딛고 개인의 생존을 달성하는 비인간적 경쟁문화와 그 상징폭력을 당연한 상식처럼 받아들이게 하는 독사로 작용했다. 이 독사는 신자유주의 체제하에서 벌어지는 잔인한 서바이벌 게임의 실전을 불가피한 것으로 기정사실화하는 것이었다.

신자유주의는 글로벌 엘리트의 육성을 국가적 과제로 삼을 만큼 다수가 소수의 특권에 예속되고 기생하게 만드는 체제를 지향했다. 이는 사회구성원을 개인의 자유와 자율성을 극대화하는 소수와 최소한의 생존과 독립성마저 위협당하는 다수로 양분화시키는 것이었다. 신자유주의는 경제적, 사회적 자원들의 특혜를 받는 경우에만 '주체성의 모험들'을 가능하게 할 뿐 그 반대의 경우에는 그 어떠한 모험도 허용하지 않았다(Aubert, 2010: 17). 글로벌 엘리트들은 점점 더 풍요로운 주체성을 획득하는 반면에 다수의 패자들은 사회구성원의 범주에서조차도 제외되었다. 승자들은 '초과(超過)개인'이었고 패자들은 '결손개인'이었다.

'초과개인'은 초과노동을 수행하고, 과잉활동성을 과시하고, 극도의 압력과 스트레스를 감내하고, 끊임없이 보다 많은 기회들을 포착하고, 새로운 모험들을 시도하고, 매사에 앞질러 달리고 끝장을 보는 신생산주의적 모델이었다. 다양한 차원의 시공간을 쉬지 않고 가장 빠르게 넘나들 수 있는 편재성과 동시다발성의 기술들을 갖춘 예외적인 자아가

되기 위해서는 '언제나 새로운 것'을 보여주기 위한 자기발견, 자기탐색, 자아의 정복이 필요했다. 이는 자신만의 자발성과 진취성을 발휘하여 최고의 시장적 가치를 창출하기 위한 것이었다. 전문화된 영역들이 확장되고 상호간 융합에 의해 경계를 넘어서는 경쟁이 가속화될수록 보다 더 다재다능한 전문가와 모든 분야에서 최상의 위치를 차지하는 '종결자'가 요구되었다.

초능력의 공적으로 명성을 얻기 위해서는 '과잉'의 취향과 신경증과 중독에 길들여지고 그 강도와 위험을 '매혹적인 선택'으로 즐기도록 자신을 스스로 유혹해야 한다(Cournut, 2010: 65). 초과개인은 '삶이 나를 죽인다'고 외치면서도 자아의 폭발과 과잉기능을 병리상태가 아닌 개인적 자부심으로 받아들여야 한다. 끝없는 성취를 위해 모든 자원을 고갈시킬 때까지 가속화된 리듬으로 자기추월을 시도하고 '과잉주체화'된 수행성과 초능력을 발휘해야 한다. 끝없는 승부욕을 키워가면서 자아의 '절대치'를 무한대로 늘려가는 게임에 뛰어들어야 한다. 지속적인 자기추월을 위한 자아의 투신은 자아의 격렬한 탐색에 빠져드는 자기도취를 유발하고, 이러한 자기도취는 오직 자아의 확장과 칭송에만 관심을 갖는 이기주의를 동반하게 된다. 여기서 구조적 강제는 개인의 주체적 수용으로 전복된다.

'결손개인'은 '초과개인'과 대비되는 개념이다(Castel, 2010: 123). 결손개인은 체제의 결함을 개인의 결함과 책임으로 전가시키는 신자유주의의 산물이다. 결손개인은 시장사회에서 '불필요한 무능력자들'로 취급되며, 초과개인이 되지 못한 자책에 시달린다. 초개인주의가 부추기는 자기실현의 극대화는 그 반대급부로 극도의 자기부정을 낳는 것이다. 시장에 의해 선택된 소수는 그 끝을 모르는 성공을 위해 끝없는 자기추월과 자기착취의 강박증에 시달린다면, 배제의 대상이 되는 다수는 끝없는 추락을 막기 위해 자기착취에 매달려야 한다. 누구나가 '루저'(loser)가 될 수 있다는 불안과 공포는 선택된 소수나 배제된 다수를 다 같이 자기착취의 함정에 빠져들게 하는 것이다. 신자유주의가 요구하는 초과노동과 과잉경쟁이 심화되고 '글로벌 스탠더드'가 높아질수록 개인의 능력은 한계에 부딪치고 자기착취의 부담은 가중되면서 자기착취적 생존방식이 점점 더 자연스러운 것으로 받아들여진다. 이처럼 신자유주의적 초개인주의는 개인의 자유와 존엄을 훼손하고 좌절시키는 시장의 압박과 폭력을 통해 작동한다. 이는 자본주의 시장사회를 가혹한 '정글'로 변질시키고 인간의 자기파괴를 강요하는 것이다.

4부

생산주의 신화와
노동의 독사

10
생산주의 신화 vs 비(非)생산적 자본

서구에서 '경제'를 '생산'과 결합시키는 패러다임은 18세기 중반 프랑스의 중농주의자들로부터 유래된 것이었다. 그들은 경제가 잉여를 낳는 생산과정을 중심으로 성장하는 것으로 보았으며 농업만이, 즉 자연만이 생산적이라고 주장했다. 진정한 '부'란 중상주의자들이 주장하는 상품의 부등가 교환이 아니라 농업생산에 있다는 것이었다. 그런데 자본주의의 본래 영역은 브로델이 강조했듯이 생산이 아니라 교역이었다. 교역은 자본의 축적과 함께 상업자본주의를 발달시켰으며 산업자본주의는 이를 토대로 이윤축적의 기회를 교역에서 생산으로 확장시켰다. 자본은 본래 더 많은 돈을 얻기 위해 사용되는 것이며 생산도 그 목적달성을 위한 것이었다. 자본주의가 산업적 생산에 주력하게 된 것은 산업혁명의 덕분에 생산영역이 이윤을 극대화할 수 있는 가능성을 담고 있었기 때문이다. 중농주의자들의 생산 패러다임은 자연의 법칙으로 산출되는 생산성을 중시하는 것이었다면, 자본주의의 생산 패러다임은 산업적 생산성으로부터 도출되는 이윤을 극대화하는 것이었다.

서구의 산업혁명 이래로 자본은 사회의 생산적 과정을 지배하고 사회적 관계를 재구조화하는 권력이 되었다. 자본의 축적에 순기능적으로 작용하는 산업적 생산시스템이 구축되면서 자본주의는 '근대경제'를 추동하는 생산 패러다임의 모체로 자리 잡았다. 고전경제학은 자본 축적을 경제성장의 핵심과제로 삼으면서 자본을 사회적 생산의 원동력이자 사회를 먹여 살리는 '구세주'로 만들었다(비클러·닛잔, 2004: 27). 이는 자본의 소유권 행사가 생산성 증대에 기여하는 것이라는 이데올로기적 정당성을 부여하는 것이었다. 자본주의는 생산력을 극대화하는 최상의 경제로서 생산력 중심주의, 즉 '생산주의'(productionism)를 추구하는 체제로 자리매김되었다. 마르크스가 인류역사를 생산력 증대의 역사로 보고, 생산력의 극대화 단계로서 자본주의의 역사적 필연성을 인정한 것도 자본주의를 생산주의 체제로 규정한 것이었다.

생산주의는 자본주의 국가뿐만 아니라 20세기에 등장한 사회주의 국가에서도 추앙받았다. 생산력 증대를 최상의 국가적 과제로 삼았던 사회주의 경제체제는 생산 패러다임의 근대경제에 뿌리를 둔 것이었다. 생산주의는 사유재산과 자유시장을 거부하는 '사회주의적 근대화'에서 지배 이데올로기로 작용하였다. 1920년대 중반에 생산주의 이념으로 무장한 소련은 산업적 생산과 예술적 창조의 기술적 결합을 위한 공장시스템에 몰두했다. 생산지상주의는 자본주의 국가와 사회주의 국가 전반에서 근대경제의 성장을 정당화하는 이념이었다. 자본주의 체제에서 생산주의는 자본축적을 정당화하는 것이었다면, 사회주의 체제에서 생산주의는 전 국민의 집단적 동원을 정당화하는 명분이었다.

생산주의는 근대경제체제의 지배적 이념을 넘어 신화로 작용해왔다. 생산력 증대는 물질적 풍요를 달성하고 국가의 경쟁력을 강화하고 산업사회의 발전을 위해 필연적인 것이라는 믿음이 자리 잡았다. 생산주의 신화는 GNP에 의해 전 세계의 국민들을 하나로 줄 세우는 풍경을 연출했다. 모든 국가가 국민의 생산력과 생산성의 정량화로 비교우위를 따지고 그 힘을 자랑하는 시대가 되었다. GNP에 의한 국가서열화는 국가의 경쟁력과 국제적 위상을 높여야 한다는 국민의 동기유발을 촉진시키고 '국민경제'를 추동하는 자극제로 작용했다. 생산성의 가치를 수치화하는 신화적 산술은 생산경제에 대한 국가적 강박관념으로 나타났다. 산업자본주의는 이러한 신화를 업고 이상적인 경제체제로 군림할 수 있었고 환영받을 수 있었다.

생산주의는 자본주의 물질문명을 떠받드는 주술적인 가치이자 '성장을 위한 성장'을 떠받드는 보편적 신념이 되었다. 지난 200여 년 동안 산업자본주의가 유럽과 미국의 주도력으로 세계적 확장을 이루면서 자본주의는 생산성 증대를 위해 가장 효율적인 경제시스템이라는 신화가 파급되었다. 생산성의 증대는 생산성을 즐기는 자유와 복지의 증대와 동일시되었다. "생산된 모든 것은 생산되었다고 하는 사실 자체만으로 무조건 긍정적인 것이 되고 신성화"되었다(보드리야르, 1991: 39~40).

그러나 생산주의 신화는 자본주의가 성장해온 역사적 현실을 호도하는 기만이었다. 자본의 본질은 생산이 아니었다. 브로델의 지적처럼 자본은 '이윤을 낳으면서 스스로 증식하는 화폐'로서 오로지 더 많은 화폐를 벌고 '잉여를 낳기 위해 생산과정에 투자되는 돈'이었다. 베블런도 자본이 경제적 생산과는 아무런 관련이 없으며 산업에서 부의 축적의 근원은 유리한 협상을 통해 이득을 취하는 영리활동에 있다고 보았다(베블런, 2009: 38). 즉, 자본주의에서 산업은 영리활동의 목적에 복속된 것으로 이윤을 위한 투자일 뿐이며, 자본가의 소득은 공동체의 산업이 작동하도록 허락해주는 대가로 뜯어내는 '몸값'이었다는 것이다. 자본가의 소유권이란 공동체를 무력화시켜 버릴 수 있는 특권적 권력, 즉 '깽판놓기'(sabotage)라는 법적 권리를 의미했다. 기업의 투자와 영리 활동은 노동자에게서 일감을 빼앗아가거나 시장에서 생산물을 감추어버릴 수 있는 권력을 제도적, 기술적으로 보장받는 것이었다. 자본은 본질적으로 생산이 아닌 '권력'에 기초한 것이었으며 그 권력은 단지 노동의 착취만이 아니라 사회적 자원과 자산을 이윤증대 목적으로 이용하고 점유할 수 있는 것이었다.

자본은 산업의 관점에서 보면 '반(反) 생산적'일 수밖에 없다는 베블런의 주장은 자본주의가 생산주의로 위장되어온 허상을 벗겨내기 위한 것이었다. 자본주의에서 생산은 축적의 수단일 뿐이었다. 자본은 오로지 자기증식을 위해 생산주의 시스템을 이용해왔고 자본축적이 가능한 범주 내에서 생산력을 통제해왔다. 주식회사는 대규모 산업과 연관된 것이었지만, 영업의 위험 부담을 투자가들이 함께 짊어지게 하는 가장 효율적인 영리활동 제도였다. 영리활동을 저해하는 생산주의는 자본주의를 위기에 빠뜨리는 '비(非) 생산적'인 것이었다. 자본은 이윤의 명령만을 따르는 생산주의에 입각해서 '생산되어야 하는 것'과 '생산되지 않아야 할 것'을 결정했다. 자본의 산업적 투자는 이익의 정도에 따라 우선순위가 이루어졌다. 자본축적에 유리한 산업적 생산과 보다 높은 잉여가치의 창출에 기여하는 생산만이 증대되고 그렇지 않은 것은 도태되어야 했다. 기업은 목표 이윤을 위해 과도한 산업적 생산 장치를 기피했다. 산업 활동은 자본주의 영리 활동에 필수적인 것이 아니었다.

생산은 사회의 요구와는 무관한 자본의 요구일 뿐이었다. 자본이 산업적 생산을 조종하는 원칙은 공동체에 대한 물질적 기여가 아니라 남들에 비해 '차등적 이익을 극대화'하는 것에 있었다. 영리활동을 위한 산업은 목표 이윤의 달성을 위해 생산활동의 전략적 제한, 즉 베블런이 말하는 '깽판놓기'를 필요로 하는 것이었다. 이윤의 창출은 생산능력이나 생산량 자체를 영리 목적으로 제한하고 통제하는 덕분에 가능한 것이었다. 이런 의미에서 비클러(Bichler)와 닛잔(Nitzan)은 모든 종류의 자본은 '생산'과 형식적인 연관을 갖는 자본까지 포함하여 본질적으로 '비생산적'인 것이라고 했다(비클러·닛잔, 2004: 148~151). 자본주의는 반생산적인 본질에도 불구하고 생산주의로 위장된 생산시스템을 가동시키는 체제였다.

따라서 자본주의가 생산주의적 체제라는 믿음은 잘못된 것이었다. 생산주의는 자본주의가 사회적 생산에 부정적이거나 적대적일 수 있다는 것 자체를 위장하는 도그마였다. 자본주의가 추구하는 생산주의는 생산의 논리에 기반을 둔 인간 조직을 정당화하는 이데올로기적 기제로서 그 궁극적 목적이 생산성 자체에 있는 것이 아니라 이윤의 극대화에 있다는 것을 은폐하는 기만적 방패였다. 생산주의는 자본주의가 생산력 증대를 가져온 인류역사의 공로자라는 명분으로 자본주의에 의한 생산노동의 착취를 불가피한 것으로 정당화하는 것이었다.

유럽에서 1890년대 이래로 영리활동과 산업의 완전 분리가 이루어지면서 부재소유제도가 나타났고 자본가들은 산업에 전혀 관계하지 않는 '자금'의 투자가들로 변해갔다. '부재 소유제로 인해 아주 적은 수의 투자가들이 아주 광범위한 영역에서 '수익창출 능력의 자본화'에 주력할 수 있었다. 자본의 투자는 영리상의 거래로 활성화되고 자본의 축적은 금융 가치를 증식시키는 것에 치중되었다. 천연자원뿐 아니라 토지와 주택시장은 산업적 생산보다 더 빠른 자본축적에 기여했다. 부재소유와 복합기업이 지배하는 상황에서 '산업 이윤', '상업 이윤', '금융 이윤' 등을 규정짓기 어려워질 정도로 기업의 업종 다각화가 추진되었다. 금융 권력을 이용한 부동산 투기와 그로 인한 수익의 급상승은 개발업자와 불로소득계급의 과도한 권력을 낳게 되었다. 네덜란드인들이 16세기에 금융을 탄생시킨 이래로 금융투기가 자본주의 역사만큼 오랫동안 번창했던 것은 금융자본주의가 산업자본주의 이상으로 주요한 영리활동이었음을 말해주었다. 산업자본주의는 높은 이윤이 보장되지 못할 경우 언제든 쇠퇴할 수 있는 운명을 지닌 것이었다.

신자유주의는 생산의 시대가 아닌 금융의 시대, 즉 금융의 법칙이 강요되고 금융활동이 중시되는 금융화된 경제를 구가하는 시대였다. 여기서 자본주의의 비생산적 본질이 보다 극명하게 나타났다. 1979년에 일어난 통화정책의 변화로 케인스주의 시기에 억압되었던 금융권력이 회복되었다. 급속도의 금융세계화에 따라 자본의 국제적 이동이 촉진되고 주식시장이 활성화되면서 전 세계적으로 금융이익을 증대시킬 수 있는 우호적 조건이 만들어졌다. 금융시장이 생산영역에서의 투자를 제치고 과잉자본을 흡수했다. 국제 금융시장의 규제완화와 함께 '카지노 자본주의'를 번창시키는 금융자본이 비대해졌다. 거대한 금융자본 기구들은 전 세계의 수많은 개인들의 노동과 생명을 좌우하는 야만적 지배력을 행사하게 되었다.

소수의 특권을 보장하는 금융독점체제는 생산적 자본과는 별도로 금리에 기초한 이윤의 극대화와 대규모 자본의 축적에 기여했다. 1990년대 이래로 수익성이 낮은 생산에 투자를 기피하는 과잉자본이 금융투기에 몰려들면서 자본주의 위기의 금융화 경향이 나타났다(하비, 2012: 49). 이로 인해 산업노동계급이 아닌 비생산적인 불로소득계급의 권력이 현저하게 확대되었다. 국내총생산에서 임금의 비중은 줄어드는 반면 이윤과 지대의 비중은 늘어났다. 1980년 후반부터 2000년경에 이르기까지 프랑스와 미국에서 가계의 기업주식이나 채권 등 유동자산의 보유가 증가했다(뒤메닐·레비, 2006: 155~157). 2012년 미국에서 '초고액 순자산 보유자들' 중 40%는 금융권에 종사하는 것으로 나타났다.

생산주의가 위기를 맞게 된 상황에서 신자유주의의 시장 자유화 전략은 단기적으로 보다 높은 이윤을 추구하는 생산경쟁의 압력을 가중시켰다. 국제적으로 이윤율이 가장 높은 곳으로 과잉자본이 집중되면서 생산의 재조직화와 재배치가 나타났고, 과잉자본의 흡수 수단으로 보호주의 대신에 자유무역이 촉진되었다. 자유무역의 세계화는 세계시장의 확장을 위한 새로운 상품 개발, 생산 가격, 품질, 속도, 상품차별화 등의 경쟁을 가열시켰다. 기술혁신으로 증가된 생산 잠재력은 전 세계를 신시장의 개척과 경쟁의 도가니로 몰아가면서 주변부 국가들을 그 격전장으로 만들었다. 시장의 공략이 한계에 이르고 폐기처분되어야 할 상품들과 그 쓰레기들이 포화상태에 이르면서 자본주의는 '쓰레기문명'의 대명사가 되었다. 그 오명에도 불구하고 생산주의 신화는 결코 사그라들지 않았다.

생산주의는 돌이킬 수 없는 지구환경의 파괴와 그로 인한 사회적, 인간적 폐해들을 초래했다. 그 엄청난 폐해들은 기후변화와 같은 자연의 역습을 불러오는 단계에 이르렀다. 생산지상주의는 생산의 진가를 훼손시키고 생산력을 파괴력으로 변질시키는 자기부정의 역설을 초래했다. 그럼에도 자본주의 생산체계는 이 모든 파괴력을 가치의 손실로 계산하기는커녕 새로운 생산력을 만들어내는 '창조적 파괴'의 힘으로 이용하는 것에만 몰두해왔다. 생산주의 신화는 자본축적의 명령에 복종하고 충성을 바치기 위해 인간의 생명까지도 기꺼이 담보로 삼는 실험과 모험들을 정당화했다. 생산주의 신화는 자본주의 체제의 재생산을 위해 자연과 인간이 그 제물로 바쳐지는 상황에서도 결코 흔들리지 않았다.

11
생산노동의 독사

　산업자본주의의 성장은 생산노동의 착취 덕분에 가능한 것이었다. 자본주의 경제성장의 원동력은 자본집약적인 산업이 아닌 노동집약적 산업이었다. 자본주의가 산업적 생산에 주력하게 된 것은 이윤을 극대화할 수 있었기 때문이며, 그 전제조건은 지속적인 생산기술의 개발과 노동력의 착취였다. 자본의 축적은 보다 값싼 임금으로 보다 높은 생산성을 제공하는 노동자들을 필요로 했다. 이를 위해 자본은 국민국가 내에서 또한 국민국가들을 넘나들면서 노동과의 대립과 갈등을 우회하거나 돌파하는 온갖 방법들(불법, 회유와 협박, 폭력, 전쟁, 식민화 등)을 동원하였다. 국민의 생산력을 탈취하고 인권과 도덕을 유린하는 환경은 자본주의 국민국가의 친기업적인 법, 제도, 정책에 의해 마련되었다. 자본에 복속된 노동은 '보이지 않는 수갑'으로 비유되었지만 그 수갑은 불가피한 구속으로 받아들여졌다.

　생산주의 신화는 '호모 라보란스'(*homo laborans*), 즉 일하는 인간을 예찬했고 착취당하는 노동을 불가피한 것으로 승인하는 독사를 자리잡게 했다. 노동의 착취는 생산주의 시스템에 대한 자발적 예속과 그 시스템이 규정하고 요구하는 '생산노동'을 당위적인 것으로 받아들이는 독사를 통해 이루어졌다. 이 독사는 국민노동을 생산주의 시스템에 복속시키는 자본과 국가의 숨겨진 설득이었다. 노동의 생산력을 개인의 필수적이고 '자연화된' 생존 조건으로 삼아 자본과 노동의 공모관계를 형성하게 하는 것이 독사의 기능이었다. 부르디외가 말하는 '프롤레타리안 독사'는 피지배계급으로 하여금 생산노동의 독사적 질서에 편입하도록 만들어 생산주의 시스템의 자본주의적 본질을 직시하지 못하게 하는 것이었다. 생산노동의 독사적 질서는 자본과 노동 간에 불가피한 계급투쟁을 생산주의 시스템 내로 포섭하는 것이었다.

1. 비(非)생산노동의 독사

애덤 스미스가 노동을 부의 원천이라고 한 것은 교환가치의 척도가 노동에 있다고 보았기 때문이다. 여기서 노동은 교환가치를 창출하는 것이자 교환가치에 의해 평가되는 것이었다. 노동의 생산성을 교환가치와 직결시키는 논리는 '교환가치를 갖지 않는 노동은 생산성이 없는 노동'이라는 등식을 성립시켰다. 그 등식은 노동시장 밖에서 이루어지는 모든 범주의 생산활동을 '비노동' 또는 '비생산노동'으로 제외시키고 자본과 시장에 예속되지 않는 생산 활동인구를 '비생산적 존재'로 취급하는 것이었다. 자본주의 노동시장은 노동력을 상품화하는 곳이자 자본축적에 기여하는 '생산노동'의 범주를 규정짓는 곳이었다. 이처럼 생산노동의 가치를 교환가치로 국한시킨 것은 생산을 가장 좁은 의미로 축소시키는 경제 환원주의에서 비롯된 것이었다. 생산노동이란 마르크스가 정의했듯이 잉여가치를 생산하는 노동, 즉 자본의 가치증식을 위해 생산과정에 투입되어 소비되는 노동이었다. 노동의 '생산성'이라는 것은 잉여가치의 생산과 직결된 것이었다. 자본의 잉여가치 창출에 기여하는 생산노동은 국가의 생산력을 높이고 사회적 가치로 인정받는 시장가치를 지닌 노동이었다.

그런데 임금제도에 기초를 둔 경제시스템으로서 자본주의는 '생산노동'과 '비생산노동'의 이중착취를 통해 성장해왔다. 자본의 직접적인 통제하에서 행해지지 않는 이른바 '비생산노동'도 자본주의 체제에 필수적인 것이었다. 자본주의적 생산노동은 노동시장 외부에서 이루어지는 생산활동 덕분에 원활하게 공급될 수 있었고 더 많은 잉여가치를 창출할 수 있었다. 비생산노동으로 취급된 생산활동은 사회적 재생산에 기여하는 것이자 동시에 자본주의 체제의 재생산에 필요한 것이었다. 자본주의가 '생산노동'과는 무관하거나 별개인 것처럼 치부해온 '재생산노동'의 영역이 그 중심에 있었다. 자본주의는 재생산노동을 생산시스템에서 제외시킴으로써 경제적 비용을 지불하지 않고 착취할 수가 있었던 것이다.

가사노동은 자본주의 성장에 공헌한 대표적인 재생산노동이었다. '재생산'이란 생산 시스템 자체의 재생산, 노동력의 재생산, 그리고 인간의 생물학적 재생산을 의미하는 다의적 개념이다(치즈코, 1994: 81). 가사는 가족의 의식주를 해결하고 자본이 구매하는 노동력을 재생산하는 노동으로서 생산노동력의 '저수지'로 기능한다. 출산과 물질적, 정신적 부양을 위한 가사는 자본주의 생산시스템을 재생산하는 복합적인 노동이다. 가사를 여성전담의 일로 고정시킨 성별분업체계는 가부장제의 산물이었다. 가부장제가 여성의 성역할(gender role)로 규정한 가사는 여성이라는 신분 때문에 모든 여성이 무조건 숙명적으로 받아들이는 노동의 독사로 작용해왔다. 가사는 가부장제의 성역할 이데올로기가 여성에게 체화시키는 '여성의 일'로서 여성의 신분을 보증해주는

'자연화'된 노동이었다. 사회적 위계제도를 이용하여 성장해온 자본주의는 가부장제로부터 물려받은 성별분업 체계를 여성노동의 착취 기반으로 삼았다. 가사는 자본주의가 임금을 지불하지 않고 자연스럽게 이용할 수 있는 여성노동으로서 임금노동을 수행하는 남성노동의 비용을 절감하게 해주는 것이었다. 가사가 여성의 성역할로서 무보수로 제공되는 덕분에 자본은 남성노동을 보다 낮은 임금으로 착취하면서 잉여가치를 늘릴 수가 있었다.

자본주의 산업사회는 재생산과 생산의 영역을 분리시킴으로써 가족구성원의 재생산에 필수적인 가사를 비생산노동으로 취급하였다. 생산과 재생산의 분리에 의해 생산노동을 재생산노동보다 우위에 두는 것은 서구 근대사회를 지배한 생산의 신화에서 비롯된 것이었다. 가족과 경제의 분리는 가족을 경제구조에서 비가시적인 영역으로 만들었고 가사를 경제적 가치가 없는 사적인 일로 취급하는 결과를 초래했다. 여성을 남성에게 종속시키는 시스템인 가부장제는 여성의 생산/재생산노동을 남성 가장이 전유하도록 했다면, 자본주의는 여성노동에 대한 남성의 소유권을 자본이 행사하도록 만들었다. 가부장제와 자본주의가 결합된 시장사회에서 여성의 가사노동은 가부장 남성과 자본의 이중적 착취의 대상이 되었다. 자본주의는 생산노동과 비생산노동을 시장노동과 비시장노동으로 구별 짓고 비시장노동인 가사를 자본에 의한 시장노동의 착취와 무관한 것으로 만들었다. 주부로 일하는 여성은 시장에서 돈벌이노동을 하지 않는다는 이유로 '경제적 인간'의 범주에서 제외된 '보이지 않는 노동자'가 되었다. 이는 가사의 생산노동 가치를 전면 부정하는 것이었다. 이 때문에 가정주부는 자본주의 산업사회에서 경제적 자립이 불가능한 비경제활동인구에 속하게 되었고 생산노동자의 사회적 지위를 부여받을 수 없게 되었다. 가사노동은 자본주의적 착취의 숨겨진 영역이었다.

산업자본주의는 초기부터 저임금의 여성노동력을 대대적으로 이용한 덕분에 성장할 수 있었다. 가사노동의 비가치화는 노동시장에서 여성노동을 저임노동으로 동원하는 전략에 유용한 것이었다. 이는 무보수의 가사노동 대신에 저임금의 시장노동을 택하도록 만드는 구조에서 가능한 것이었다. 여성은 가사노동과 시장노동의 이중역할에 시달리면서도 가계소득을 위해서는 저임금노동이라도 감수할 수밖에 없었다. 가사노동을 일차적 의무로 삼는 주부는 상황에 따라 가정과 노동시장을 넘나드는 임시노동자나 노동예비군이 되어야 했다. 무임의 가사노동자는 대표적인 노동예비군으로서 노동시장의 필요에 따라 '생산노동자'가 되기도 하고 '비생산노동자'로 배제되는 조건에 있었다. 주부노동자는 가부장제 가족의 요구와 자본의 전략에 따라 노동시장 안팎으로 밀고 당기는 유휴인력으로서 이중적 통제를 받았다. 주부노동자는 상대적 과잉노동인구로서 자본주의가 가정과 노동시장에서 이중으로 착취할 수 있는 이상적인 노동력의 보고(寶庫)였다.[1]

인간 활동은 생산과 재생산의 상호 불가분의 관계에서 이루어지는 것이다. 생존을 위한 생산활동은 생존을 지속시키는 다양한 재생산활동을 동반한다. 인간은 성별과 상관없이 생산노동자이자 재생산노동자이다. 삭스(Sacks, 1982)의 지적처럼 여성의 재생산노동을 극대화하고 남성의 재생산노동을 극소화한 것은 자본주의 산업사회였다. 가사노동은 자본주의 산업사회에서 교환가치를 인정받지는 못하지만 사용가치를 낳는 생산노동이다. 노동자는 노동과정 밖에서까지도 자본의 부속물이라는 점에서 가사는 자본의 가치증식과정에 기여하는 비시장

---

1 참조논문 - 이영자, "신자유주의 노동시장과 여성노동자성: 노동의 유연화에 따른 여성노동자성의 변화", 〈한국여성학〉, 제 20권 3호, 2004.

적 생산노동이다. 그럼에도 마르크스의 생산성 개념은 가사노동을 생산노동과 분리시키는 한계를 보였다. 그 한계는 마르크스주의 노동이론이 가사노동을 '생식본능'의 연장선상에서 이루어지는 '자연스러운' 성별분업으로 접근한 것에서 비롯된 것이었다. 이는 가사노동이 여성의 '자연적인' 성역할이 아니라 가부장제의 권력관계와 위계적 성별분업체계에 뿌리박고 있는 것임을 간과한 것이었다.

페미니즘은 1960년대 말부터 가사노동에 대한 논쟁을 통해 가부장적 자본주의 사회에서의 작동하는 여성차별적인 노동원리에 도전했다. 자본주의 시장경제하에서 가사노동을 '비생산노동'으로 취급하거나 재생산노동을 제외시키는 생산노동의 개념적 오류를 문제제기한 것이다. 가사노동은 상품생산노동과 마찬가지로 잉여가치를 창출하는 생산노동이라는 주장이 제기되었다(포르뚜나띠, 1997). 가사노동을 전담하는 여성은 비시장영역인 가정에 남아 있다고 하더라도 자본의 간접적인 지배를 받는다는 점과 가사노동이 부불노동 형태로 자본 축적에 기여한다는 점이 부각되었다. 더 나아가서 페미니스트들은 가사노동을 생산노동과 '사회적 노동'으로 새롭게 가치화하는 운동을 전개했다.

한편 신가계경제학파는 가계를 기업의 생산활동과 마찬가지로 생산의 주체로 간주했다. 이러한 입장에서 가사노동을 생산노동으로 규정하고 국민계정에 가정생산 부문의 통합이 필요하다는 주장이 제기되었다. 의식주와 자녀 양육을 위시한 총 가정생산규모가 GDP에서 차지하는 비중이 나라마다 차이가 있기는 하지만 대체로 40~60% 이상을 차지하는 것으로 나타났다. 1993년 유엔 통계국은 가족의 사용을 위한 비시장 재화, 즉 가정생산 부문을 유엔 국민계정에 포함하도록 권고하였다.

여성주의 경제학에서도 주류경제학에서 가사노동처럼 화폐화되지 못하는 노동을 '비생산적'인 것으로 보는 패러다임을 비판해왔다. 여성의 시장노동이 늘어나고 전업주부와 같은 가사노동 전담자가 줄어들면서 가사노동의 문제는 인간의 생산 및 사회재생산의 비용부담과 위기의 차원으로 확장되었기 때문이다. 이는 자본주의의 생산성 개념에서 가사노동의 생산적 가치가 배제되는 문제의 심각성을 부각시키는 것이었다. 경제위기와 재생산위기는 상호 악순환관계에 있다는 점에서도 가정의 재생산노동은 경제적 생산영역과 결코 분리될 수 없는 것이었다. 이 때문에 페미니즘은 여성의 비시장노동과 시장노동의 이중착취에 도전하는 운동을 전개해왔다. 이 운동은 가부장제가 여성에게 강요한 비시장노동의 독사가 자본주의 노동시장에서 여성을 배제하고 차별하는 기제로 작용하는 실상을 드러내고 여성노동을 재가치화하기 위한 기나긴 고난의 역정이었다.

2. 노동과학의 독사

서구의 자본주의 생산 시스템은 '생산노동'의 과학적 관리에 의한 노동자의 훈육과 육성에 주력해왔다. 노동자계급은 '가장 소중한 인간자본'으로서 생산주의의 역사적 사명을 부여받았다. 생산성이 높은 노동을 제공하는 것이 노동자가 당연히 지켜야 할 도리이자 규범으로 요구되었다. 노동자는 생산성 증대에 비례하는 보상을 받지는 못할지라도 생산주의의 첨병이 되기 위해 끊임없이 재교육되고 재훈련되고 재사회화되어야 했다. 인간의 자질과 가치, 인성과 감성까지도 변화시켜야만 했다. 여기서 생산노동의 능력 향상은 인간이 스스로 원하는 것이 아니라 생산주의가 원하는 모델에 따른 것이었다. 생산주의는 생산성 증대를 목표로 삼는 노동 관리체계와 관료주의적 조직의 이데올로기로 작용했다. 이는 자본의 무한 축적을 위해 모든 에너지를 생산에 쏟아붓는 종신형 노동을 강제하는 한편 인간을 생산체계의 한 부속품으로 살아가는 생활방식에 길들이는 것이었다.

산업자본주의는 산업혁명 이래로 인간의 노동을 경제적/기술적 합리성의 도구로 착취하는 '산업'사회를 조직했다. 영어에서 '산업'(industry)은 '근면'의 의미를 담고 있듯이 산업적 생산노동은 근면을 노동규율 원리로 삼는 계산적이고 기계적인 행동양식으로 육성되었다. 이는 규율, 정확성, 질서, 지구력, 시간엄수, 금욕 등의 생산규칙에 충실한 노동기계를 만들기 위한 것이었다. 경제적 합리성에 예속된 노동행위는 노동자의 자기통제의 훈련으로 합리화되었고, 인간적인 요소들을 지배하는 기술적 합리성은 노동의 기계화에 의해 관철되었다.

20세기 초반에 미국에서 노동 훈육시스템의 모델로 제시된 테일러리즘(Taylorism)은 산업사회의 주요한 조직 원리로서 전 세계에 영향을 미쳤다. 테일러리즘은 테일러[2]의 '과학적 관리'론을 근대적 대량생산체제와 결합시킨 것으로 시간과 동작의 규격화와 계량화에 의한 기계적 통제를 통해 노동의 표준적인 생산량을 달성시키도록 강제하는 시스템이었다. 소련의 레닌도 국가의 생산능력 증대를 위해 미국적 스타일의 테일러리즘을 '선진적'인 노동과정으로 도입했다. 스탈린 역시 러시아 혁

---

2 미국의 프레데릭 테일러(Taylor, 1896~1915)는 1890년대에 노동자들의 작업수행에 관한 정밀한 시간연구에 몰두했고 1911년 그의 저서 《과학적 관리의 원칙》(The Principles of Scientific Management)을 통해 노동의 과학적 관리법을 제시했다. 이는 노동자들의 조직적 태만과 비능률적 작업 관행을 제거하고 고임금 저원가의 차별적 성과급제를 실시함으로써 기업의 경쟁력을 높이는 경영방식이었다. 테일러리즘은 경영학의 주요 이데올로기로 자리 잡았다.

명의 압승과 미국의 효율성 결합을 레닌주의의 본질로 천명했다. 이처럼 사회주의 국가도 생산주의 노동시스템을 예외 없이 환영했다. '생산성 혁명' 또는 '낭비를 제거하는 정신혁명'으로 불리는 테일러리즘은 노동의 '성과에 따른 보상'이라는 차등적 성과급제를 통해 노동착취를 극대화하기 위한 것이었다. 이는 자본주의 대규모 생산체제 및 독점체제의 성장과 경제 불황의 극복에 기여한 것으로 평가되었다.

테일러리즘은 두뇌노동이 요구되지 않는 작업조건을 만들기 위해 기계가 노동을 지배하는 분업체계와 노동관행을 정착시켰다. 기계의 부속물로 전락한 노동자는 철저한 시간 관리와 동작 관리에 의해 기계의 리듬에 길들여졌다. 기계적 리듬이 주입된 노동은 생산주의적 효율성을 극대화하는 몸과 정신을 만들기 위한 것이었다. 초시계(*stop watch*)로 엄밀하게 계산된 노동리듬은 강도 높은 노동에 시달리는 노동자의 내면적 의식까지도 지배하게 되었다. 집합적 '수용소'나 '감옥'으로 비유되는 노동현장은 자본이 '임금노예'들에게 생산주의의 규율권력을 체화시키는 '인간공학'의 장이었다. 이는 '구상과 실행의 분리'에 의해 노동과정을 이해할 수 없게 만들어 노동자를 사고와 행위가 분리된 무력한 존재로 소외시키는 것이었다. 브레이버맨(Braverman)은 노동자들이 감옥과 같은 공장에서 탈숙련화되고 '만능 기계들'로 전락하는 '노동의 쇠퇴'를 강조했다. 기술적 합리성은 표준화되고 세분화된 노동패턴들을 통해 노동의 인간적인 요소들을 기계의 부품으로 전락시킴으로써 노동의 가치와 의미를 상실하게 하는 것이었다.

테일러리즘은 노동조합의 저항과 투쟁을 유발하였지만 자본주의를 발전시킨 핵심 노동전략으로서 과학과 기술을 가장한 '비정치적' 국가 개입과 노동통제에 효과적인 것이었다.[3] 과학기술은 자본주의의 생산주의 정치를 탈정치화하고 그 지배와 통제의 합리성을 정당화하는 이데올로기적 도구로 이용되었다. 테일러의 과학적 관리법은 작업장의 조직화뿐 아니라 삶의 방식까지도 효율성의 논리가 지배하게 만드는 것이었다. 노동의 과학적 조직화는 생산주의적 행동모델을 공장에서부터 시작하여 사회생활 전반으로 파급시키면서 경제적/기술적 합리성에 포섭되는 생활방식을 보편화하였다. 이는 곧 자본주의 생산시스템에 의한 '생활방식의 식민화'를 의미했다. 생산과정의 파편화, 규격화, 물화는 산업적 생활방식에 의해 개인성의 말살과 '삶의 객체화'를 초래하고 인격적 자존감을 훼손시키는 것이었다. 이는 자본의 논리를 따르는 '사회의 자본화'에 의해 가치체계와 사회관계 전반에 근본적인 변화를 유도하는 '자본주의적 사회화'를 의미했다. 이는 자본주의적 시간리듬에 맞추어 자본의 규율을 재생산 영역의 지배적인 요소로 자리잡게 하는 과정이었다(히르쉬, 1995: 248~251).

생산성을 면밀하게 측정하기 위한 시공간의 표준화는 모든 사회조직과 인간 활동을 전적으로 '효율'에 맞추는 문화를 정착시켰다. 효율의 열풍은 1920~30년대부터 미국사회를 휩쓸었다. "효율 사회는 전국의 사무실과 공장, 학교 및 시민단체에서 확립되었다."(리프킨, 1996: 80) '효율의 도그마'는 가정과 개인의 일상생활에까지 산업적 기계문화를 파급시키고 젊은이들에게 '생산적이고 효율적인' 세대가 될 것을 요구했다. 효율성의 기제로 등장한 엔지니어링은 미국 문화를 효율의 이념과 밀착시키는 것이었다. 모든 사람들이 '엔지니어'를 선망할 정도로 기술이상주의가 부상했다.

1929년 대공황의 시기로부터 부상한 포디즘(Fordism)[4]은 생산의 가

---

3 테일러리즘은 미국처럼 장인노동의 전통이 약한 지역에서 경영자의 권한이 강하게 작용한 결과 성공할 수 있었다면, 숙련공 조직의 전통과 노동조합의 힘이 강했던 유럽에서는 강력한 저항에 부딪치게 되었다.

속화를 위해 노동과정의 테일러주의적 재조직화를 꾀하는 것이었다. 포디즘은 테일러리즘을 조립생산라인의 기계적 생산 장치 및 작업조직과 결합시키는 방식으로 노동자를 엄격하게 규제, 관리하고 훈육하기 위한 것이었다. 포드주의적 생산패턴은 표준화된 제품들의 대량생산을 위해 전문화된 설비와 대량의 반숙련 및 미숙련노동자를 요구했다. 이들은 컨베이어 시스템과 같은 기계장치에 완전히 종속되는 노동 작업을 감당해야 했다. 포디즘은 고도의 분업으로 직무를 파편화하고 노동강도를 강화하는 한편 임금과 소비의 수준을 향상시키는 방식으로 생산력의 혁명을 목표로 삼는 것이었다. 금전적 보상은 노동자의 육체와 정신을 기계화하는 대가이자 대량소비 체계로 노동자를 끌어들이는 방편이었다.

이처럼 테일러-포드주의로 대변되는 노동과학은 단순반복적인 일상작업을 통해 생산주의를 당연한 것으로 체험하고 승인하고 체화하게 하는 독사로 작용하였다. 노동과학의 독사는 노동현장에서 생산주의적 노동윤리와 노동관리에 의해 노동자를 치밀한 육체적, 정신적 통제에 습관적, 자동적, 기계적으로 순응하게 하는 것이었다. 생산성을 극대화하는 생산체계의 전략은 노동을 '고역'으로 변질시키고 이 고역을 불가피한 생존방식으로 감내하는 육체를 만들어내는 것이었다. 그 육체는 생산시스템의 지배력이 작동시키는 독사적 질서가 각인된 무의식과 실천 감각으로 이루어진 몸이었다. 노동과학의 독사는 자본주의의 노동착취구조를 노동자의 정신구조와 육체의 질서로 전환시키는 기능

---

4 헨리 포드(Henry Ford, 1863~1947)는 포드 자동차 회사의 창설자로서 1903년 세계 최초로 자동차의 대중화를 위한 대량생산방식의 자동차 모델을 제작했다. 그는 1913년에 자동차 생산 공정에 컨베이어 벨트의 생산라인을 구축하고 테일러리즘을 도입함으로써 자동차 산업이 대량생산체계를 설립했다.

을 수행하는 것이었다.

노동과학의 독사는 노동자가 자신의 육체적 질서로 자리 잡은 생산주의 시스템을 숙명적인 것으로 받아들이고 그 시스템의 정당성을 자발적으로 인정하게 하는 것이었다. 이는 노동과학과 공모관계를 이루게 하는 숨겨진 설득이었다. 노동과학에 의한 육체적, 정신적 훈육은 노동자를 자발적이고 능동적인 노동주체를 만드는 것이었다. 네그리(Negri)는 노동 과정의 테일주의화에 의해 강요된 훈육이 노동자들의 능동적인 주체성을 생성시키는 노동의 실질적 포섭 과정이라고 했다. 전 세계적으로 테일러-포드주의에 의해 훈육된 노동력을 실천에 옮기는 능동적 주체세력들을 통해 자본주의 체제의 발전과 통치가 지속될 수 있었다는 것이다(네그리, 2003: 341~342).

한편 그람시는 1차 세계대전 이후 유럽에 도입된 미국의 생산방식이 미치는 영향의 심각성을 강조했다.[5] 포디즘은 생산방식의 차원을 넘어 산업과 산업노동을 우위에 두는 일상생활과 경제적 요구에 예속된 가치관과 생활관습을 정착시키는 '특정한 생활양식'이라고 했다. 테일러의 '훈련된 원숭이'를 양산하기 위해 노동자의 지성, 상상력, 창의력을 파괴시키는 훈육은 반휴머니즘적인 노동세계에 길들여지는 생활문화를 창출하는 것이었다(그람시, 1995: 327~329). 이는 노동을 기계적 신체로 전락시키는 강제와 금전적 보상이라는 설득에 의해 생산체계에 자발적으로 동조하는 새로운 유형의 인간을 창출하는 헤게모니 전략이었다. 그람시는 이로 인해 혁명적인 노동계급 운동이 후퇴하고 패배하

---

5 유럽에서 포디즘에 앞서 도입된 테일러리즘은 19세기 말과 1차 세계대전에 이르기까지 기술적 합리성에 의해 전근대적인 습속과 전자본주의적인 잔재들을 일소하게 해준다는 점에서 특히 독일과 이탈리아에서 지식인들의 관심을 끌었다. 이러한 미국의 기술주의적 유토피아의 비전은 1929년 대공황을 계기로 퇴색되었으나 2차 세계대전 이후부터 다시 소생하게 되었다.

는 국면에 들어선 것으로 간파했다.

마르쿠제(Marcuse)는 기술적 합리성이 '부정적 사유의 힘', 즉 이성의 비판적인 힘을 상실하게 하고 체계에 대한 반대가 뿌리내릴 수 있는 정신의 '내적' 차원을 마멸시킨다고 보았다(마르쿠제, 2006: 30~31). 이는 체계의 지배력에 이성을 굴복시키고 그 체계가 개인의 생존을 소외시킨다는 것조차 인식하지 못하게 만들어 '소외된 인간'이 자신의 '소외된 생존'에 스스로 잡아먹히게 하는 것이었다. 인간은 산업사회가 주입시키는 정량적 사고방식과 가치체계, 효율성 및 수행성의 표준들과 그 목표들을 실현하는 기계로 변질되어야 하는 운명에 처하게 된 것이다.

이러한 상황은 갈브레이스(Galbraith)가 《신산업국가》(1979)에서 강조했듯이 거대기업의 권력이 '테크노스트럭처(techno-structure)로 이행하는 국면에서 더욱 심화되었다. '과학적 마인드'로 기업을 효율적인 기계처럼 움직이는 새로운 경영자 시대가 도래한 것이다. '테크노크라트'로 불리는 자칭 개혁자 집단의 등장과 함께 '과학에 의한 통치'와 기술 독재가 대두되었다. 이는 생산의 효율성 논리를 과학적 원칙과 전문성으로 위장하여 탈정치화하고 의문의 여지가 없는 자명한 원리로 받아들이게 하는 것이었다.

포디즘은 2차 세계대전 이후 세계자본주의 경제의 황금기를 불러왔고 1960년대에 그 정점에 이르렀으나, 1970년대 중반에 와서는 세계적 차원의 위기국면에 이르렀다. 대량생산 및 대량소비 체제로 인한 자원의 고갈과 생태환경의 위기가 초래되고, 1973년 오일쇼크와 함께 생산성의 정체와 노동자들의 강력한 저항에 직면하면서 포드주의적 축적방식과 헤게모니 전략은 그 한계에 도달하게 되었다. 이에 따라 자본 수익성의 하락에 대처하기 위한 경영혁신과 새로운 시스템을 고안할 필요성이 제기되었다. 자본주의의 새로운 축적양식으로 대두된 것이 포스트포디즘과 네오 테일러리즘이었다. 포디즘의 이데올로기와 노동문화에 저항하는 노동자들의 투쟁과 갈등이 포스트포디즘의 이름으로 재합병되었다.

포스트포디즘은 다품종 소량생산, 서비스산업, 금융시장, 적소시장(niche markets)의 활성화를 위해 테일러-포드주의를 새로운 첨단기술과 조직적 혁신으로 재구조화한 것이었다. '극소전자혁명'으로 새로운 정보처리 및 작업 기술을 도입하고 팀작업, 소집단활동, 다기능화 등을 통해 작업조직과 작업관계를 개별화하는 방식으로 생산의 효율성과 기업의 자유를 증가시켰다. 첨단 정보통신 기술의 비약적 발전으로 초창기 호황을 구가한 '유연한 자본주의'는 경직된 관료제를 공격 대상으로 삼았다. 생산의 유연전문화를 내세운 노동조직 모델은 관료제적 피라미드의 중간층을 통폐합하는 구조조정이나 아웃소싱으로 비효율성을 제거하는 새로운 중앙 집중화의 경영 전략이었다.

'노동의 인간화'의 이름으로 대두된 '유연한' 생산체계와 포드주의적 생산패턴이 상호 보충적으로 공존하는 상황에서 포스트포디즘의 불안정성이 고조되었다. 대량생산체계 안에서는 위계적이고 표준화된 작업방식이 요구되는 반면 포스트포드주의적 생산체계에서는 수평적인 작업조직에 의해 노동자의 개별적 동기와 자발적 참여가 종용되었다. 유연한 생산조직은 생산 공정의 배열을 필요에 따라 재조정하거나 생산라인을 신축적으로 증감시킬 수 있게 하였다. 이는 새로운 기술도입에 따른 새로운 유형의 비숙련 대량노동자와 상대적으로 자율적이고 전문화된 숙련노동자를 분리하는 방식으로 노동공간을 개별화하고 임금소득자들 간에 새로운 위계를 창출하는 것이었다(히르쉬, 1995: 63~64). 테일러-포디즘에 의한 노동관리가 지속되는 한편 포스트 테일러-

포드주의로의 전환에 의한 노동시장의 분절화가 추진되었다. 노동과학의 독사는 이처럼 자본주의가 끊임없이 새롭게 고안해내는 노동착취 방식을 합리화하고 노동자에게 체화하는 기제로 작용하면서 생산주의 시스템을 재생산하는 데 기여해왔다.

3. 기업문화주의의 독사

신자유주의의 노동 현장에서 야기되는 갈등을 우회하고 기업의 이데올로기적 통제를 정교하고 은밀한 문화적 통제로 강화하는 경영 전략으로 대두된 것이 '기업문화론'이었다. 기업문화(*enterprise culture*)가 기업의 생산성과 성패를 좌우한다는 기업문화론은 1980년대부터 주로 영미권에서 이론가, 비즈니스 컨설턴트, 매니저들에 의해 주창되었다. 기업문화론은 생산적인 노동환경을 창조하는 조직문화와 노동자들의 행위방식과 의식의 변화를 통해 창조적인 노동주체성('*can-do business-man*')을 형성한다는 명분의 신 경영관리 전략이었다.[6]

기업문화론은 이른바 '경영의 혁명'을 통해 노동과 인간의 관계를 새롭게 설정하는 '자본주의 정신'의 실용화 프로젝트였다(Boltanski & Chiapello, 1999; 세넷, 2002). 새로운 자본주의 정신은 노동자의 적극적이고 자발적인 참여를 유도하는 '기업가정신'을 의미했다. 프랑스의 경제학자 세이(Say)에 따르면 기업가(*entrepreneur*)는 '경제적 자원을 생산성과 수익성이 낮은 곳으로부터 보다 높은 곳으로 이동시키는 사람'을 말한다. 기업가 정신은 전략적인 경영자 정신 또는 세일즈맨의

---

6 영국에서는 '제 3의 길'이라는 정치담론과 함께 '신노동'(*New Labour*)의 수사가 대두되면서 노동력을 동원하는 새로운 기획이 추진되었다.

정신으로서 기업 관료의 피라미드 구조에 의한 조직적 통제를 개인의 자기관리와 정신적 통제로 대체하는 것이었다. 노동조직의 관료적 경직성을 탈권위주의적 방식의 자율적인 참여와 자기 경영으로 치환하는 것을 말한다. 개인의 자율성을 '열망'이 아닌 '조건'으로 제시하고 그 조건을 충족시키기 위해 기업가의 가치를 이상적인 것으로 추구하는 행동모델을 학습하도록 만드는 것이었다(Ehrenberg, 2010: 213~216). 이는 자본의 지배가 노동자들의 자발적인 자기규율화의 방식으로 이루어지게 하기 위한 것이었다. 자본의 논리로 사고하고 행동하는 '우리 속의 자본'을 만드는 일체화 전략이었다. 자율적 노동통제는 노동자의 능동적인 참여를 이끌어내어 자본과 노동의 대적관계를 무색하게 만들고 노동자의 자기 정체성을 희석시키는 숨겨진 설득이었다. 기업의 책임을 전적으로 개인에게 전가시키는 개인주의적 노동관리가 새로운 조직문화의 핵심이었다.

기업문화주의는 '부드러운 자본주의'의 이름으로 냉혹한 비즈니스의 합리성 대신에 인본주의적 가치에 의거한 노동자의 자기실현을 표방했다. 여기서 기업은 노동윤리, 노동현장의 '인간화', '생산성을 위한 자기발전', '노동을 통한 자기 존재의 가치화', '인적 잠재력의 해방'의 장으로 제시되었다(Heelas, 2002: 89). 테일러주의적 노동조직에서는 '장애 요소'로 폄하되었던 주체성, 창조성, 참여와 같은 요소들이 적극 도입되었다. 개인주의적 능력주의를 예찬하는 기업문화에 의해 노동현장을 자기주체화와 개인의 권능화의 공간으로 재구성하는 기획이었다. 즉, 기업과 노동자의 성공과 미래를 하나로 일치시켜 기업의 가치를 노동자 자신의 가치로 실현시키고 조직의 하향적인 목표달성명령을 노동자들의 상향적인 요구로 전환시키는 전략이었다. 이는 노동자로 하여금 기업의 이익에 몰두하게 만들어 노동착취를 극대화하고 정당화하기 위한 것이었다.

더 나아가서 기업 문화주의는 노동자 개인이 그 자신의 '리더'이자 '통제자'가 될 것을 요구했다. 기업의 가치와 자본의 합리성을 내재화함으로써 노동자 스스로가 하나의 기업을 주도하는 '기업가적 주체'('나 주식회사'의 최고경영자)가 되도록 종용했다. 이는 '자신이 곧 사장'이라는 인식을 심어줌으로써 노동자가 아닌 자본가의 입장에서 생산성 향상에 매진하도록 만드는 것이었다. 노동자는 기업과 하나가 된 자본 권력의 대리행위자로서 기업가적 가치, 태도, 비전을 내면화하고 기업의 과업을 솔선수범하여 달성하는 '기업가적 인간'이 되어야 했다. 'CEO'를 '우상'으로 삼는 기업가적 인간은 자기 프로모션의 기회를 포착하는 능력과 결단을 갖추고 자신의 삶을 기업적 기획의 대상으로 삼아 치밀한 자기경영, 잠재력 개발, 자기관리, '자기 마케팅'에 매진하는 인간을 말한다(Brunel, 2008). 숨 가쁘게 변화하는 시장에서 자신의 문화적 자원을 지속적으로 잘 팔릴 수 있는 상품으로 제공하는 '기업가적 자아'(enterprising self)가 필수요건이었다(Skeggs, 2004: 73).

기업의 '행동하는 에고'로 주체화된 노동자란 기업조직의 한 부분으로 객체화된 행위자로서 내적 자율성을 훼손당하는 존재였다. 기업가적 인간은 자신의 존재를 자본화함으로써 자아에 대한 경제적 통치를 극대화하는 에이전트에 불과했다(다카시, 2011: 106, 115). 고용불안정에 시달리는 노동계층에게 기업문화는 결코 자기계발의 계기를 제공하는 것이 아니었다. 기업조직에 대한 노동자들의 일체감과 자발적인 충성을 이끌어내는 기업문화의 기획은 '부드러운' 자본주의가 아니라 부드러움을 가장한 전체주의적 폭력이었다. 불안한 일자리를 전전하는 노동자가 기업문화와 일체성을 갖는다는 것 자체가 불가능한 상태에서 기업문화주의는 배제와 탈락의 위협을 노동자 개인의 부적응과 무능력의 탓으로 돌리는 것이었다. 이는 노동자들의 일체화된 저항의 잠재력을 위축시키는 것이었다.

한편 기업가적 인간의 생산 정치는 기업과 사회의 상생을 도모한다는 명분으로 교육선진화 정책을 위한 기업의 역할을 부각시켰다. 기업이 요구하는 경쟁력과 효율성을 높이는 취업맞춤형 인성교육이 강조되었고 기업가형 인재육성의 경쟁이 조장되었다. 기업은 교육콘텐츠를 공급하고, 청년들의 도전적인 창업을 지원하는 선진 직업교육체계를 구축하고, 미래의 창의적인 인재양성을 위한 투자를 주도하는 주역을 맡게 되었다. 시장의 논리에 따른 대학의 기업화가 촉신되면서 대학교육은 기업가적 인간을 배출하는 양성소로 전락하게 되었다. 인간자본의 재생산 과업이 기업의 생산주의 노동전략과 기업문화에 복속되는 상황이 초래되었다.

이러한 상황에서 기업문화주의는 생산주의 시스템에 대한 예속을 자기발전의 계기로 받아들이게 하고 기업이 요구하는 생산주의적 노동문화를 자발적으로 체화하게 하는 독사로 작용한다. 기업문화주의의 독사는 자본이 주도하는 '생산의 정치'를 개인의 '자가 생산'과 개인주의적 권능화의 계기로 삼아 주체적으로 수용하게 하는 것이다. 이는 생산주의의 이데올로기적 강제와 기업의 통제를 노동자의 자발적 참여와 자기통제로 치환하는 헤게모니 전략이다. 이 전략은 기업문화주의를 개인의 무의식 속에서 작동시키는 독사를 매개로 구사되는 것이다. 기업문화주의는 기업이 '영혼의 매니저'로서 노동자의 정서적 영역을 식민화하는 방식으로 그들의 '가슴과 마음'을 얻어내기 위한 것이다(Salaman, 2006: 240~252). 이는 기업의 이념과 비전을 이상적인 신념체계와 영성으로 경배하게 하는 '기업종교'를 지향하는 것과 같다. 기업 조직과 하나가 되는 노동자들의 자발적인 일체성을 통해 기업은 유기적인 통일체

로서 노동자의 정신과 영혼까지도 탈취하는 '인간의 기업화'를 추진하고
자 하는 것이다. [7]

---

7 한국의 경우 1990년대 초반부터 범국가적 차원에서 경쟁적이고 공격적인 기업문화운동
이 확산되었다. 문화부의 적극적인 지도하에 기업문화협의회가 결성되었고 전경련의 《기
업문화백서》가 발간되었다. 기업문화주의는 비즈니스 세계뿐 아니라 국가의 공공영역을
포함한 일반 조직에서도 이상적인 문화적 모델로 자리 잡았다. 관료사회는 '기업에서 배
우자'는 구호를 내세우면서 '관료의 기업가화'를 추진하였고, 지방자치단체, 노동조합,
대학사회에도 '기업가정신'이 도입되었다(강내희, 《신자유주의와 문화》, 문화과학사,
2002). 이러한 배경에서 '기업가적 주체성'이 '새로운 문화적 영웅'의 상징으로 부상했다.
기업문화운동은 '자본가의 논리'에 맞추어 생산성 향상에 기여하는 육체와 정신을 습득하
게 하고 기업구성원의 공동체형성과 노사 간 일체감 형성을 위한 것이었다(정태석, 지금
누군가가 내 뒤통수를 노려보고 있다, 조봉진/홍성태 기획, 《회사가면 죽는다》, 현실문
화연구, 1995: 52~53). 기업문화운동을 관철시키기 위해 기업이 재정적, 정책적으로 지
원, 육성하는 각종 문화 활동의 공세는 노동조합의 속수무책 속에서 노동자를 대중문화
에 편입시키고 노동자의 의식을 소시민화하는 데 기여했다(신재걸, "90년대 노동자 문화
현실", 〈문화과학〉, 2호, 1992: 249~261). 노동자의 능동적이고 진취적인 자세와 '프로
정신'을 이끌어내는 '정신 길들이기' 전략은 노동자들의 저항을 무마시키는 규범 및 도덕
의 형성을 위한 것이었다. 이처럼 기업문화운동은 노동자들의 일터와 삶터를 모두 관장하
는 전략이었다.

12
'노동자 없는 노동': 그 신화와 독사

1. 생산-기술지상주의 신화

산업혁명 이래로 자본축적의 중요한 원동력이었던 기술혁신은 이른바 3차 산업혁명으로 도약했다. 고도의 기술상품의 개발이 이윤 극대화의 첨경이 되었고 애덤 스미스가 '비생산적'이라고 한 서비스 활동도 기술혁신에 힘입어 점점 더 다양한 형태로 급증하였다. 1945년에 발명된 컴퓨터에서부터 로봇으로 이어진 과학기술은 인간의 지능과 사고영역으로까지 침투했다. 1차 산업혁명 때부터 시작된 기계화는 육체노동을 넘어 정신노동을 대체하는 수준에 이르렀다. 오늘에 와서 생산-기술지상주의 신화는 '노동자 없는 노동'으로 향하는 세상에 대한 잘못된 믿음을 주는 것이었다.

서구에서 1960년대 말 이래로 고도화되어온 '자동화'와 '정보화' 기술은 노동시장의 지각변동을 초래했다. 첨단 정보통신 기술의 비약적 발전과 생산과정의 고도화는 기능직 노동력을 축소시키고 노동시장에서 밀려나는 근로자들을 양산했다. 자동화는 노동자의 육체적, 정신적 활동을 기계화함으로써 육체노동과 두뇌노동을 점점 더 대체가능한 부속품으로 전락시키는 한편 노동자들의 기술적 무능함을 조장하는 것이었다. 이는 일에 대한 직업의식이나 애착심을 갖지 않는 피동적인 노동방식과 조작적인 지능을 요구했다. 정보기술에 기초한 생산시스템의 대량 도입은 '생각하는 기계'가 인간의 노동력을 대신하고 기계를 인간화하는 단계로 진입하는 것이었다. 하이테크의 맹공격은 날로 새로운 숙련노동을 요구함으로써 숙련노동자의 노동조건을 위태롭게 만들었다.

1990년 중반 이래로 디지털 기술의 범람으로 구경제를 혁명적으로 변화시킨다는 이른바 '신경제'론이 대두되었다. 신경제론은 컴퓨터 및 통신기술의 개발에 따른 정보혁명이 과거의 경제와는 달리 '모두를 위한 번영'을 가져올 것이라는 기술지상주의 열풍을 불러왔다.[1] 그 배경에는 미국을 위시한 기술선진국들의 호황과 함께 과잉투자와 부채의 과잉팽창이 유발되었고 유례없는 기업 합병, 소수 글로벌 기업의 독점, 부의 양극화, 가상자본의 투기적 성장이 나타났다. 신경제의 우상으로 떠오른 벤처 기업들은 신기술 개발과 '카지노식 신기루' 사업으로 횡재한 성공모델로 등장했다(우송, 2004). 신기술은 이른바 '지식경제'와 함께 생산노동의 가치를 하락시키거나 무가치하게 만드는 대신 자본의 수익성을 높이는 특허와 지적 재산권의 영역을 강화시켜주었다. 1990년대 말 신경제의 신기루는 하이테크의 주식가치 폭등과 함께 그 정점을 이루었다. 그러나 시장이 포화상태에 이르고 빠른 속도로 거품이 빠지면서 신경제-신기술 신화의 허상이 드러났고 경기침체가 이어졌다.

신기술은 상품 메커니즘의 요구조건을 충족시키는 데 집중되었을

---

1 이러한 기술지상주의 열풍은 과거에도 있었다는 점에서 자본주의의 작동방식의 기본 성격을 변화시킨 것은 아니었다. 이 때문에 이른바 '신경제'란 실제로 존재하지 않는 이데올로기에 불과하다는 반론이 제기되었다(헨우드, 2001).

뿐, 지속적인 생산성 향상이나 고용증가에 기여하는 것이 아니었다. 중간계급 노동의 컴퓨터화는 매우 빠른 속도로 진행되었고 신기술의 도입은 대대적인 노동력을 감축하는 리엔지니어링을 요구했다. 정보기술의 확산은 노동의 '과잉'을 없애는 방식으로 높은 수익률을 올리는 계기를 제공했다. 신기술에 대한 의존은 신자유주의의 노동시장 유연화에 대한 이데올로기적 정당성을 강화시켰다. 미국에서는 노동생산성 상승률이 낮아졌다는 문제인식과 함께 '효율성 열풍'이 다시 점화되었다. 기업조직의 중심부는 '이메일에 의한 통치'에 의해 업무의 설정 및 파악, 결과에 대한 평가, 조직운영 및 감독 등에서 효율성을 향상시키는 작업을 추진했다. 노동시간에 구애받지 않고 노동과 통신을 감시할 수 있는 경영체계가 도입되면서 노동과정의 가속화와 노동통제가 강화되었다. 반면 구조조정은 외부의 컨설팅에 맡김으로써 기업의 책임을 면피하는 방식으로 기업의 책임을 최소화하는 컨설턴트식 경영이 추진되었다.

빈틈없는 생산조직 속에서 노동관계는 개별화되고 파편화되었다. 컴퓨터로만 연결된 노동자들은 서로 얼굴을 맞댈 기회조차 박탈당한 채 오로지 개별적인 성과를 올리는 것에만 몰두하는 시스템의 노예가 되어야 했다. 기술혁신은 새로운 직무숙련과 재훈련을 요구했다. 노동자들은 기계적인 작업에서부터 다재다능의 전문능력을 발휘해야 했다. 생산현장에서는 프로그래머나 경영진의 수치제어에 의한 엄격한 통제로 인해 노동의 과잉 착취가 나타났다. 노동의 탈숙련화와 재숙련화로 인해 만성적인 직업불안이 야기되었다. 기술-생산주의 합리성은 이른바 '비생산적'인 노동력을 양산했다. 신기술의 도입으로 창출된 새로운 노동시장은 소수의 전문가 그룹이나 엘리트 집단에게 집중되었기 때문이다. 첨단기술을 새롭게 배우지 않는 엔지니어들은 곧바로 '뒤처진 세대'로 전락했고 그들의 지식이 빠르게 퇴색해가는 상황은 능력 상실의 두려움을 조장했다. 기술적 변화의 속도만큼 일에 대한 불안과 무력감도 늘어났다. 직업 경력은 가치를 인정받기는커녕 오히려 걸림돌이 되었다.

정보 및 커뮤니케이션 기술체계로 무장한 노동시장은 세계 인구를 두 개의 집단으로 양극화하는 상황을 초래했다. 세계적 수준의 엘리트 집단은 기술과 생산력을 통제하는 반면 기술로 대체되는 노동자들은 새로운 하이테크 세계 경제의 이방인이 되었다. 기술혁신은 대다수 노동자들이 넘어설 수 없도록 점점 더 높은 진입장벽을 만들어갔다. 전문 기술 분야가 아닌 제품과 서비스 부문에서는 노동력의 시장 가치가 점점 더 하락하는 경향을 나타냈다. 새로운 정보 기술은 일자리와 생계를 위협하는 괴물로 변했다. 생산성 향상을 위한 기술혁신은 영구실업자와 불완전 고용을 양산하고 경제 전반에 걸쳐 구매력을 저하시켰다. 1980년대 이래로 리엔지니어링의 혁명은 중간층의 경제적 안정성을 위협하면서 미국을 위시한 서구자본주의 국가들에서 '중산층의 몰락'을 초래했다. 기술지상주의는 대다수 노동자들에게 '황금시대'를 열어주는 것이 아니라 삶의 황폐화를 불러오는 것이었다.

반면에 끊임없이 새로운 기술과 지식으로 무장하는 매니저급 신생노동계층은 자본가의 꿈에 부풀게 되었다. 기업들은 '창조적' 산업모델이 강요하는 노동 강도에 대한 대가를 임금인상 대신에 보너스와 스톡옵션으로 보상하였다. 회사 직원들에게 회사 소유주식 일부를 분배하고 스톡옵션을 제공하는 사원주주 자본주의는 주주 민주주의의 환상을 주면서 증권시장에 의존하는 삶을 종용하는 것이었다. 이는 소유주의 의식을 갖게 함으로써 오직 이윤 추구에만 전념하게 만드는 한편 기업의 도산과 노동자의 해고 부담을 짊어지게 하는 것이었다. 스톡옵션제도는 기업의 경영진과 간부들에게 거대한 부를 안겨주는 반면 중산층과 저임노동자의 가치와 사기를 떨어뜨리는 것이었다(마리스, 2008: 281 ~285). 금융자본가와 스톡옵션을 받는 상층부 경영자의 연합 체제가 형성되는 분위기 속에서 소득불평등의 양극화가 두드러지게 되었다.

제레미 리프킨(Rifkin, 1996)의 '노동의 종말'론은 정보화와 자동화 시대가 도래하면서 인간의 노동을 거의 필요로 하지 않는 문명의 세계를 성찰하게 하는 것이었다. 컴퓨터에 의한 자동화의 도입으로 '노동자 없는 공장'이 현실로 나타나기 시작하고 새로운 경영기법으로 제시된 '관리혁명'이 사람관리를 기계관리로 대체하게 된 것은 '인간작업자로 부터의 해방'을 촉진시키는 것이었다. 이에 따라 21세기에는 수억 명의 노동자들이 자동화와 세계화라는 쌍두마차로 인해 영구 실업자로 전락할 것이며, 따라서 '문명화'는 '돌이킬 수 없는 빈곤 증대와 무법천지로 해체되어버릴 것'이라는 경고가 이어졌다. 그 경고는 점차 현실로 드러나게 되었다.

2. 탈노동자화의 독사

신자유주의는 기술혁신과 산업의 재구조화에 장애요인이 되는 노동 부문을 배제시키고 보다 높은 잉여가치를 실현하는 고용관계를 재조직화하는 전략을 구사했다. 이에 따라 선진 자본주의 국가들이 내세웠던 완전고용의 이상이 무너지고 심각한 대량실업이 발생했다. '경제적 자유화'의 이름으로 고용에 대한 규제철폐, 지속적인 구조조정, 상품생산의 하청, '아웃소싱', 탈지역화 등이 조직적으로 이루어졌다. 노동비용을 최소화하는 분할-포섭의 전략이 주효할 수 있는 우호적 조건이 형성되었다. 종전까지 내부-외부, 1차-2차, 공식-비공식 부문으로 차별화되어온 노동시장의 분할구도가 세계적으로 확장되고 심화되었다. 고용안정성과 임금이 상대적으로 높은 1차 시장에서 배제된 노동자들이 저임금과 불안정 고용의 2차 노동시장으로 몰리고 경쟁이 치열해지는 상황에서 저임금의 노동자들이 양산되었다. 여성, 청년, 이주노동자 등 사회적 약자들은 이중 노동시장 구조의 가장 큰 피해자였다. 최저생계비도 보장받지 못하는 노동빈곤층(working poor)이 늘어나면서 노동계급의 하향화가 초래되었다.

주변부 국가들에서는 특히 비공식 경제에서 노동착취가 두드러졌다. 비공식 노동은 주변부 서민들의 주요한 생활양식으로 자리 잡게 되었고 특히 빈민층은 비공식 노동을 통해서만 살아남을 수 있었다. 국가의 통제를 벗어난 비공식 경제는 지하경제를 포함하여 불안정한 소득에 매달리는 빈곤층의 노동이 다양한 형태로 착취되는 영역이었다. 비공식 경제부문이 거시경제에서 담당하는 역할은 가히 혁명적이었다. 1980년대에 비공식부문 고용은 공식 부문보다 2~5배 빠르게 성장했다 (데이비스, 2007: 227). 비공식 노동은 공식 경제의 노동력을 보충하는 '비밀창고'였다.

신자유주의 노동시장은 '노동 유연화'의 이름으로 차별과 배제의 전략을 구사했다. 노동의 유연화는 종전의 노동시장의 분절화와 노동력의 분할 지배를 한층 더 강화하는 것이었다. 자본주의의 노동착취구조는 노동 유연화 전략에 의해 보다 극명하게 그 심각성을 드러냈다. 노동의 질적, 양적 유연성은 다기능적 고숙련노동과 주변적인 저숙련노동의 이원화를 통해 확보되었다. 기능적 유연성은 고숙련노동을 중심으로 노동력의 다기능화를 요구하는 질적 조정으로 이루어졌다. 반면에 수량적 유연성은 주변적인 저숙련노동 부문에서 인건비절감을 위한 양적 조정으로 관철되었다. 그 어느 쪽이든 노동자는 살아남기 위해 끊임없는 경쟁에 시달려야 했고 강도 높은 노동통제와 노동착취를 불가피한 운명처럼 감내해야 했다. 노동자 간의 능력주의적 경쟁은 노동자 간에 분열을 조장하는 한편 개인의 능력 범위를 초과하는 무리한 압력으로 자기착취를 유발하는 것이었다.

노동의 유연화 전략은 장기근속자들을 해고하고 그들의 일자리를 외주나 하청으로 돌려 단기 계약직 및 파견 노동자들로 대체하는 것이었다. 기업들은 직무평가와 보수체계의 변형을 통해 노동자들의 해고를 용이하게 하는 유연성을 강화시켰다. 이에 따라 기업이 필요로 할 때에만 사람을 쓰는 '적시 고용', 고용기간의 단기화, 직접 고용을 기피하는 노동 공간 및 노동 관리의 외부 용역화가 관철되었다. 노동의 계약기간이 점점 더 짧아지고 '일시적 계약'이 '영구적 제도들'을 대체하게 되면서 생존의 불안이 고조되었다. 신속하고 단기적인 노동력의 공급을 위한 일시적이고 지속적인 배제는 고용불안정을 야기했고 노동의 유민화를 초래했다. 근로계약과 보험 및 각종 기업복지의 부담을 없애기 위해 노동자를 '위장된 자영업자'로 고용하는 다양한 특수고용형태들도 늘어났다. 이는 자본과 노동의 계약 자체가 아예 성립되지 않게 만드는 노동 비용의 최소화 전략이었다. 이처럼 노동의 '유연화'란 자본 일방의 이익을 위해 노동자를 '탈노동자화'시키는 전략을 우아한 수사로 위장하는 것이었다. 탈노동자화는 노동의 유연성 확보라는 명분으로 노동자의 신분과 생존 자체를 위협하고 침해하는 노동시장의 환경에 순치시키고 열악한 노동조건을 불가피한 것으로 수용하게 만드는 신자유주의 노동전략의 독사로 작용했다.

자본주의 노동시장의 기본 특징은 산업예비군의 영구적 유지에 있었다면, 신자유주의 체제에서는 유례없는 고용불안정과 열악한 노동조건에 시달리는 '프레카리아트'(*precariat*: 불안정한 직업을 전전하면서 불안한 생활에 시달리는 새로운 형태의 프롤레타리아 계층)가 양산되었다. 이들은 노동자로 인정받지 못한 채 노동자와 실업자의 경계를 넘나들면서 일회용 소모품으로 동원되는 노동예비군이었다. 특히 여성은 주부노동자로서 자본의 전략과 가족의 생계부양의 필요에 따라 언제든 임시노동자로 차출될 수 있는 최적의 노동예비군이었다. 프레카리아트의 양산은 노동시장에서 최하급 노동으로 착취되어온 여성노동의 조건이 남성을 포함한 대다수 사회적 약자들의 노동조건으로 확장된 결과였다. 프레카리아트는 노동계약의 불공정성과 노동권의 유린에 시달리는 것뿐 아니라 노동시장에서 언제든 '폐품'처럼 밀려날 수 있다는 불안과 두려움에 사로잡힌 대다수 노동자들의 운명이었다.

2002년 미국 CIA는 "1990년대 후반이 되면서 세계노동력이 3분의 1에 해당하는 10억이라는 어마어마한 노동자가 실업, 준실업 상태에 처하게 되었다"고 보고했다.[2] 특히 젊은 세대의 노동력은 초과 공급 상태에 처했다. 학력 인플레 속에서 고학력의 인력을 필요로 하는 직종들의 공급에 비해 수요가 넘치는 능력 과잉 현상이 두드러졌다. 근로수명이 짧아질수록 세대를 막론하고 실직의 압박에 시달리는 노동자들이 늘어났다. 이들은 자존감을 짓밟는 수모와 자괴감에 시달리면서도 노동시장으로부터 영원히 퇴출당하지 않는 행운만을 빌어야 했다. 이러한 상황은 생산주의 시스템이 비생산적 본질을 지닌 자본에 전적으로 의존해온 근본 모순에서 빚어진 결과였다. 생산시스템이 자본의 이익과 충돌하는 국면에서 신자유주의 시대의 최대과제로 떠오른 '일자리 창출'은 절대로 자본의 몫이 될 수가 없었다.

---

2 Central Intelligence Agency, *The World Factbook*, Washington, D.C. 2002, 80(데이비스, 2007: 253쪽 재인용).

신자유주의의 노동 유연화는 '잉여인간'의 '생산라인'을 적극 가동시키는 전략이었다. 실업자나 노동예비군은 그나마 다시 노동 현장으로 돌아갈 수 있다는 막연한 희망을 가질 수 있었다면, 잉여인간에게는 '쓰레기 폐기장'이 최후의 목적지였다. 이들은 노동시장으로의 재진입의 기회가 영원히 배제된 '잉여계급'(surplus class)이었다. '잉여'로 규정된다는 것은 버려져도 무방하기 때문에 버려졌다는 것을 의미하며, "당신 없이도 잘할 수 있고 당신이 없으면 더 잘할 수 있다"는 메시지를 전달받은 것과 같았다(바우만, 2008: 32). '불합격품', '불량품', '폐기물'로 비유되는 잉여인간은 노동시장에서 배척당한 것 때문에 사회 구성원의 기본 자격마저도 박탈당하는 존재였다. 이들은 사회적 보호를 받지 못할 뿐 아니라 불법적인 인간 무역의 먹잇감으로 제공되기 쉬운 존재로서 계급질서에서도 배제된 최하층민(underclass)이었다.

신자유주의적 세계화는 국제무역의 자유화를 촉진시켰고 이는 북반부의 자본주의 선진국과 남반부의 후진국 간에 불공정한 교역을 증대시켰다. 미국과 유럽의 다국적기업들은 주로 기업 내 교역을 활성화시켰고 이에 따라 다국적기업의 자회사, 공장, 대리점 사이에서 발생하는 무역이 국제 무역의 절반을 차지했다(마리스, 2008: 172). 선진국과 후진국 간의 국제교역은 세계 노동시장을 재조직하는 국제 분업에 의해 활성화되었다. 국제적 분업은 다국적기업이 노동법의 규제나 세금의 부담을 피하고 각국이 제공하는 지원과 혜택을 누리면서 이윤을 빼돌리기 위한 전략이었다. 다국적기업이 주도하는 생산과정의 분절, 국제적 하청체제, 신국제 노동분업은 주변부의 값싼 노동자들을 이용하는 전 지구적 생산체제를 확립했다. 자본의 세계화에 힘입어 해외의 저임노동 국가에 직접 투자하거나 하청계약의 방식으로 노동력의 재생산비용 이하 수준의 임금을 지불하는 노동착취의 여건이 증진되었다.

주변부 국가들의 노동자들은 자국 내에서 국제하청 노동자가 되거나 중심부 국가 내로 유입되는 불법 이주노동자들이 되어야 했다. 과거 식민지시대부터 이주노동자들은 서구 중심부 국가들의 광산, 철도건설, 공장 등에서 부족한 노동력을 제공한 일등공신이었었다면,[3] 신자유주의는 이주노동을 '불법'으로 이용해온 오래된 착취관행을 전 세계적으로 확장시켰다. 자본에게는 국가의 경계를 마음대로 넘나들 수 있는 자유가 허용된 반면, 노동 이주의 자유는 불법이었다. '하이테크 국경 강화'라는 거내장벽이 생기면서 부유한 나라로의 대규모 이민은 불가능해졌다. 국가는 자본이 필요로 하는 노동력을 '불법'으로 제공하고, 자본은 불법의 고용을 통해 노동권을 유린한 덕분에 초과이득을 얻을 수 있었다.

노동시장의 세계화에 따라 원격관계가 확장될수록 주변부 노동자들은 기업의 중심부와 아무런 계약관계를 맺지 않는 상태로 거대자본의 '노예노동자'가 되어야 했다. 자본주의 초기부터 산업예비군으로 동원되어온 아동들과 여성들이 더 심각한 노동착취의 표적이 되었다. 하루에 1달러도 못 버는 어린 아이들과 남성가장을 대신하여 가족을 먹여 살리는 주부노동자들이 세계 곳곳에서 목숨을 걸고 위험한 조건의 노

---

3 이주노동의 오랜 역사를 지닌 서구에서 이주노동자들의 2세대, 3세대가 점점 늘어남에 따라 계급적, 인종적 차별로 인한 문화적, 정치적 갈등이 확산되었다. 이주노동 1세대는 생산성을 높이는 긴요한 존재들이었다면, 그 자손들은 노동예비군의 대열에서 헤어나기 힘든 상황에 처했다. 이들은 게토화된 지역에 밀집된 이방인들로서 배제와 차별의 타깃이 되었다. 유럽 국가들 내부에서 고조되는 극우주의와 인종차별주의는 이주노동자 계급에 대한 적개심으로 나타났고 이러한 조짐은 일자리 다툼이 치열해질수록 심화될 수밖에 없었다. 인종갈등은 '내부의 적'을 조장하고 공격하는 파시스트적 범죄를 증가시켰다. 인종과 종교와 문화의 차이는 계급적 차별과 맞물려 중첩적으로 작용하면서 적대와 갈등이 심화되는 상황을 초래했다. 이러한 갈등은 자본주의 선진 국가들에 의한 주변부 국가들의 노동착취가 수 세기 동안 누적되어온 역사의 산물이었다.

동현장에 뛰어드는 형국이 되었다. 다국적기업들이 높은 이윤을 얻을 수 있었던 것은 바로 이러한 노예노동의 덕분이었다. 신자유주의 시대는 프레카리아트와 노예노동자를 양산하는 방식으로 노동 착취를 극대화하는 시대였다.

3. '사회적 노동'의 독사

노동의 종말이 경고된 상황에서 자본주의적 생산노동이 사회 전체로 확대되는 세계적 흐름이 주목되었고 '생산의 사회화'를 강조하는 생산양식론이 대두되었다. 생산의 사회화는 생산노동의 임금을 지불하지 않고 생산력을 이용하는 것, 즉 자본의 노동착취가 고용된 노동자의 범위를 벗어나 사회구성원 전체를 상대로 이루어지는 것을 말한다. 자본주의가 복잡한 양상으로 발전을 거듭하면서 영리 기업의 수익 결정이 산업적 활동으로부터 공동체 전체의 생산성으로 변화한 것이다(비클러·닛잔, 2004: 103). 자본의 창조적 파괴가 가장 음험하게 나타나는 사회적 재생산의 거의 모든 영역이 침략적인 자본주의 활동의 현장이 되었다(하비, 2014: 285). 자본 권력의 촉수가 사회 도처에서 무수한 방식으로 급증한 것이다.

20세기 말 상품 생산에 기반을 둔 사회가 정보 생산에 기반을 둔 사회로 이행하는 국면에서 이루어진 정보 축적 혁명은 사회적 공간 및 시간성의 축소와 함께 '생산의 사회화'를 촉진시키는 것이었다. 정보기술을 통해 생산의 효율성을 추구하는 정보 경제가 그 핵심 역할을 담당했다. 정보경제의 성장에 따라 공장의 생산조직은 탈집중화되고 인접성이 없는 네트워크 형태로 대체되었으며 생산 명령은 네트워크를 통해 전 세계로 전달될 수 있었다. 정보화 사업이 번창하고 사회 전체가 정보 생산 네트워크 속에 통합되면서 사회적 생산이 증대되었다. 정보네트워크를 통한 소통적 노동, 정보의 검색 및 교환, 지식의 활용 등은 잉여가치를 생산하는 통로이자 사회적 생산에 기여하는 노동이었다. '프로슈머'[4]들은 임금도 받지 않고 기업을 위해 가치를 창출하는 생산적 소비노동자가 되었다. 정보경제에서 각종 서비스업의 마케팅 대상이 되는 사회구성원 모두가 잠재적인 잉여가치의 생산노동자로 봉사하는 셈이었다.

이처럼 자본은 노동력의 구매 없이 사회적 활동을 노동력으로 이용하는 기술적 조건과 환경을 조성해왔다. 자본은 네트워크와의 접속을 수반하는 모든 종류의 활동을 이용하여 그 결실을 가치화하고 영유하게 되었다. 정보 과잉과 과도한 성능의 통신기술을 자랑하는 테크놀로지 시대에서 사회적 적응력을 키우는 것 자체가 자본에 봉사하는 '사회적 노동자'로 훈육되는 것을 의미했다. 디지털 기술이 일상의 삶 속에서 필수적인 것이자 피할 수 없는 것으로 자리 잡은 상황은 자본에 봉사하는 사회적 노동을 불가피하고 당연한 것으로 만들었다. 디지털환경이 자연스러운 환경으로 받아들여질수록 사회적 노동은 사회구성원의 자연스러운 일과로 자리 잡게 되었다.

네그리는 자본주의 생산주의 시스템이 지배하고 통제하는 '훈육사회'(disciplinary society)는 바로 '공장-사회'(factory-society)라고 했다(네

---

4 마셜 맥루언과 베링턴 네빗은 《현대를 이해한다》(1972)에서 "전기기술의 발달로 소비자가 생산자가 될 수 있다"는 점을 강조했다. 앨빈 토플러는 《제3의 물결》(1980)에서 미래소비자의 속성으로 생산자와 소비자를 하나로 합체시키는 '프로슈머'를 제시했고 프로슈머 경제와 그 영웅들이 부상하는 시대를 예고했다. 프로슈머(prosuemer)는 생산자(producer)와 소비자(consumer) 또는 전문가(professional)가 결합되어 만들어진 신조어로서 자신이 원하는 정보를 생산하고 가치를 창출하는 다양한 생산소비활동자를 말한다.

그리, 2003: 326, 345). 사회 전체가 잉여가치를 생산하는 공장, 즉 '사회적 공장'이라는 것이다. 이는 자본주의 시장 영역으로 포섭된 사회 전체와 전 지구가 임금을 지불하지 않는 노동현장이 되면서 고용 없는 노동착취가 가능해진 것을 말한다. 산업자본주의에서는 임금노동자들의 노동만이 생산적인 것처럼 보였지만 오늘에 와서는 생산노동, 재생산노동, 비생산노동 사이의 구분을 유지하는 것이 점점 더 어렵게 된 것이다. 노동은 물질적이든 비물질적이든, 지적이든 육체적이든 사회적 삶을 생산하고 재생산하며 그 과정에서 자본에 의해 착취당한다는 것이 네그리의 주장이었다(네그리, 2003: 508). 생산 시간과 재생산 시간의 분리나 노동시간과 여가 시간의 분리가 점점 더 어려워지고, '생산성의 주체성'이 공장을 벗어나 사회 전반에서 작동하는 사회적 생산 체계에 의해 주조된다는 것이다. 이는 자본의 생산이 사회적 삶의 생산과 재생산으로 점점 더 수렴되는 상황에 이른 것을 말한다.

사회적 노동의 대표적인 것이 '소비노동'이다. [5] 자본주의 생산경제는 사회구성원 전체를 끌어들여 소비경제를 작동시킨다는 점에서 소비노동은 네그리가 말하는 사회적 공장의 핵심 동력이다. 소비노동은 임금노동과 마찬가지로 자본축적에 기여한다. 소비경제가 번창할수록 시장에서 구입된 상품을 소비 가능한 물품으로 만드는 무급 활동과 같은 그림자노동이 증가한다. 이른바 모바일 혁명에 힘입어 전 지구적 차원에서 날로 증가하는 정보의 소비, 인터넷 쇼핑, 그리고 점점 더 다채로워지는 문화적 소비는 소비노동의 부담을 가중시킨다. 보드리야르는 소비가 생산의 수준에서와 마찬가지로 사회적 노동이며 소비자는 노동

---

5 소비활동은 생산노동과 대비되어 '비노동'이라는 통념이 지배해왔지만, 생산노동의 연장 선상에서 이루어지는 다양한 종류와 형태의 노동이라는 점에서 이 글에서는 '소비노동'으로 지칭한다. 이에 대한 논의는 5부에서 보다 상세히 다루어진다.

자로 동원되는 존재라고 했다. 소비자 역시 '소외된 노동자'로서 자신이 현대사회의 '새로운 피착취자'라는 막연한 잠재의식을 갖게 된다는 점을 주목했다(보드리야르, 1991: 111~112). 소비노동은 사적인 활동으로 이루어지지만, 개인의 삶뿐만 아니라 자본주의 사회를 재생산하는 데에 필수적인 사회적 노동이다. 자본주의가 생산의 정치를 소비의 정치로 확장시키는 상황에서 소비는 점점 더 중요한 사회적 노동으로 자리 잡는다.

사회적 노동의 증기는 고용관계로부터 최대한의 해방을 꾀하는 자본의 전략을 관철시킨다. 노동력의 이용을 노동시장 내에서는 최소화하고 노동시장 밖에서는 극대화하는 전략은 노동시장을 넘어 사회 전체를 노동의 잉여가치 창출의 장으로 포섭하는 것이다. 자본은 고용관계를 벗어난 영역에서 사회구성원들이 사회생활 전반에 투여하는 노동을 통해 이윤을 극대화한다. 네그리는 생산의 사회화를 새로운 '사회적 생산양식'으로 규정하면서 '새로운 프롤레타리아'의 개념을 제시한다. 이 개념은 "산업노동자 계급뿐 아니라 자본의 지배 아래 종속되고, 자본에 의해 착취당하고, 자본의 지배 아래에서 생산하는 모든 사람들", 즉 "협동하는 전체 대중"을 가리키는 일반적 개념이다(네그리, 2003: 342~343, 508). 새로운 프롤레타리아는 새로운 산업노동자 계급이 아니라 실업자들을 포함하여 사회적 노동에 참여하는 대중 전체를 말한다. 자본이 생산관계를 지구화함에 따라 모든 노동 형태가 프롤레타리아화하는 경향을 지니게 된 것이다. 이는 산업 노동자 계급이 감소하거나 사라진 것이 아니라, 프롤레타리아가 사회적 노동의 '일반적 형상'으로 자리 잡게 되면서 헤게모니적 지위를 잃게 된 것을 의미한다.

사회적 노동은 개인의 삶을 영위하기 위해 필요한 일상의 활동이 자본에 의해 포획된 것임을 의식하지 못하게 하는 독사로 작용한다. 노동시장에서는 개인의 생계활동이 직접적으로 자본에 복속되는 반면에 노동시장 밖에서의 사회적 노동은 자본과 직접적인 관계를 맺지 않는 개인의 일상 활동으로 이루어지기 때문이다. 사회적 노동자로 훈육되는 대중은 자신이 자본에게 봉사한다는 사실을 인지하지 못하는 상태에서 생산의 사회화에 적극 참여한다. 소비노동에서부터 여가와 문화 활동에 이르기까지 사회적 노동은 습관적으로 반복되거나 사회적 적응을 위해 불가피하게 이루어지거나 개인의 선호와 욕망에 따라 얼마든지 증대될 수 있는 것이다. 이는 자본이 사회 어디에서나 이윤증대에 기여하는 매우 다양한 유형의 사회적 노동자들을 동원할 수 있다는 것을 의미한다.

따라서 네그리는 사회구성원 전체에게 '보장된 수입'을 확장시키는 '사회적 임금'이 요구된다고 주장한다. 사회적 임금은 임금노동 이외에 보장되는 사회적 수당으로서 자본 생산에 필수적인 모든 활동에 대해 동일한 보상을 주기 위한 것이다. 자본은 사회 전체가 자본주의를 위해 존재하고 활동을 벌이고 위기에 대처하는 그 모든 것의 결실을 독점하는 것이기 때문에 당연히 그 비용을 사회에 지불해야 한다는 것을 말한다. 사회구성원 모두가 당당하게 자본을 위해 생존하고 활동하는 대가를 받아야만 하고 또한 이를 요구할 권리가 있다는 것이다. 이는 새로운 개념의 노동권이며 생존권이자 실업자를 포함한 사회구성원 모두에게 지불하는 '시민권'의 수입이다(네그리, 2003: 509). 네그리는 자본의 제국을 지탱하는 착취구조에 대적하기 위해 사회적 임금과 '전 지구적 시민권'을 위한 투쟁의 필요성을 강조한다. 네그리의 사회적 임금은 사회적 약자를 위한 복지지출과는 전혀 다른 차원에서 '생산의 사회화'에 대한 당연한 대가로 지불되는 것이다. 사회가 자본의 대변자 역할을 하고 사회구성원의 생존 자체가 자본축적의 도구로 이용되는 상황에서 요구되는 것이 사회적 임금이다. 네그리가 주장하는 사회적 임금은 사회구성원의 노동력이 점점 더 자본에 봉사하는 사회적 노동으로 포섭되어가는 현실 자체가 요구하는 것이다.

5부

소비사회의 신화와 독사

1950년대부터 유럽과 미국을 중심으로 발달한 소비사회는 소비가 생산을 추동하는 경제로 진화한 소비자본주의의 산물이었다. 소비자본주의는 물질적 소비를 증가시키는 변화와 함께 소비가 가치를 생산하는 질적 변화를 야기했다. 이로부터 소비가 사회를 역동적으로 구조화하는 기본 원리이자 모든 사회계층이 따라가야 하는 '사회적 규범'으로 자리 잡는 소비사회가 조직되었다 (Bocock, 1993; Miles, 2006). 소비사회는 소비를 문명성과 시민성 (*civility*)의 표준으로 삼는 사회였다. 20세기 자본주의 문명을 꽃피우는 세계적 모델로 자리 잡게 된 소비사회는 소비주의[*]를 예찬하는 신화들과 소비주의를 자연스러운 것으로 체화하게 만드는 독사들이 지배하는 사회였다. 자본주의 소비경제로부터 생성되고 파급되는 소비주의는 이데올로기의 차원을 넘어 '하나의 삶의 방식'으로서 일상생활을 구조화하는 문화적 표현과 경험으로 작용하였다(Miles, 2006: 4~5). 소비주의는 단지 자본주의 소비경제를 정당화하는 이데올로기로 작용하는 것이 아니라 그 이데올로기적 기능을 의식하지 못하는 자연스러운 삶의 방식으로 자리 잡게 하는 신화들과 독사들을 통해 작동하는 것이었다.

---

[*] 소비주의는 영어로 'consumerism'으로 표기된다. 이 용어는 경제발전의 조건으로 소비확대를 주장하는 이데올로기를 말하는 것뿐 아니라 마케팅에서처럼 소비자의 이해관심을 촉진시키는 소비자중심주의나 또는 소비자보호운동 등을 지칭하는 다양한 개념으로 이해된다. 이 글에서는 소비주의가 이데올로기적, 문화적 기능을 넘어 신화와 독사의 차원에서 작용하는 측면들을 조명한다.

13
소비주의의 신화들

1. '생활수준'이라는 신화

소비자본주의는 '소비사회' 또는 '풍요사회'의 이름으로 물질문명의 승리를 구가했다. 1950년대 이후부터 서구에서 풍요로워진 중산계급의 층이 두터워지기 시작하면서 소비사회는 풍요사회로 불리기도 했다. 소비사회는 물질적 풍요를 '좋은 사회'의 표준으로 만들었다. 2차 세계대전 이후 미국의 '풍요사회'를 모델로 삼아 물질적 안락을 추구하는 소비주의적 생활방식을 예찬한 것이 '생활수준'(the standard of living) 이라는 신화였다.[1] 생활수준은 서구의 발전모델이 추구하는 물질적이고 소비지향적인 삶의 모든 측면을 담은 이념으로서 소박한 삶을 미덕이 아닌 수치로 여기도록 만들고 풍요로운 삶을 성공의 상징으로 만들었다. 생활수준은 서구에서 1970년대까지 모든 계급이 물질적 풍요와 소비의 양적 확대를 이상적인 것이자 '자연스러운 것'으로 추구하게 만

---

1 그러나 풍요의 상징으로 부상했던 미국에서는 2005년 당시 매일 천만 명이 굶주리고 2,100만 명이 푸드 뱅크와 같은 비상급식으로 연명하는 상태에 이르면서 그 풍요의 허상을 드러냈다.

드는 신화로 작용했다. 생활수준이라는 신화는 자본주의적 열망 속에서 소비주의적 생활방식을 행복의 비결로 받아들이게 하고 소비자본주의의 성장을 지상명령으로 떠받들게 하는 것이었다.

생활수준은 사회과학적이고 대중적인 담론에 의해 합리화되었다. 소비주의에 앞장선 미국에서는 1920년대에 소비경제학이 등장했고 초기 소비경제학자들은 소비행동의 결정요인으로 생활수준을 보편개념으로 정의했다. 여기서 '수준'이란 사물의 정도를 규정하는 기준과 목표를 구체화하고 행동의 방향을 이끌어주는 역할을 하는 것이었다. 생활수준은 '소비수준'(standard of consumption)을 포괄하는 것으로 미국에서 경제적 사고의 핵심이자 근대적 소비가구의 중요한 지침으로 작용하였다. 즉, 소비를 위한 돈과 시간의 쓰임새를 생활수준의 성취를 가늠하는 잣대로 규정한 것이다. 1945년 유엔헌장이 '높은 생활수준의 증진'을 범지구적 목표로 설정하면서부터 국제무대에서 생활수준을 끌어올리기 위한 경쟁이 펼쳐졌다. 생활수준은 소비정치의 조작물이었다. 자본주의 선진국의 과잉생산체계가 요구하는 소비주의적 생활방식을 '향상된' 생활수준으로 보편화하고 후진국을 그 프레임 속으로 끌어들임으로써 우열의 위계질서를 확립하기 위한 것이었다.

생활수준은 평균적인 국민소득으로 구입할 수 있는 재화와 서비스의 양으로 측정되는 지표였다. 이 지표는 시장에서 구매되지 않는 공적 서비스, 무상의 재화와 서비스, 무보수 가사노동 등의 가치들은 제외시켰다. 생활수준은 생활방식의 다양성과 질적 차이들을 오직 물질적 복리의 양적 기준으로만 재단하는 것이었다. 삶의 다차원적 가치들을 단일한 차원으로 양화한다는 것은 삶의 다양한 질적 측면들을 무시하고 의미 없게 만드는 계산법이었다. 생활수준이 높다는 것은 소비의 양과 이에 따라 생산되는 쓰레기의 양이 많다는 것을 의미했다. 삶의 질을 떨어뜨리는 소비는 구매량의 증대만으로 생활수준 향상에 기여하는 것으로 간주되었다. 이는 사회적 비용을 증대시키는 각종 소비를 무조건 긍정적인 것으로 평가하게 만들었다. 생활수준의 획일적인 계량화는 모든 국가를 소비자본주의 체제의 세계질서로 통합시키는 전략이었다.

한편 생활수준은 재화와 서비스의 소유와 사용방식에서 현재 수준보다 더 높은 수준의 가치와 욕구충족을 추구하는 '이상적' 기준이었다. 생활수준에서 책정된 표준이란 생리적, 사회문화적, 개인적 차원에서 '필수적인 것'으로 간주되는 '이상적 수준'을 말하는 것으로 소비수준을 현실적 수준보다 더 높은 단계로 끌어올려야 한다는 당위성을 함축한 개념이었다(Moskowitz, 2004). 요컨대 물질적 소비의 극대화를 지향하는 것이었다. 이상적 수준이란 상품소비의 증대에 따른 생활수준의 균질화, 즉 '생활수준의 민주주의'를 의미했다. 생활수준의 민주주의는 자본주의의 성장 자체가 불평등에 의존한다는 사실을 은폐시키는 레토릭일 뿐이었다. 그 수사는 현재의 소비수준을 부정하게 하고 끊임없이 더 많은 소비를 지향하는 생활방식을 정당화하는 것이었다.

생활수준은 신상품들이 늘어남에 따라 생활필수품의 범주를 확장시키는 암묵적인 사회적 압력으로 작용했다. 소비시장의 변화에 따라 오늘의 사치품이 내일의 생활필수품과 일용품으로 전환되면서 생활필수품에 대한 정의가 계속 달라졌기 때문이다. 최신형 제품이 더 '좋은' 제품으로 대체되는 것에 비례하여 소비수준도 상향조정되었다. 표준화된 생활수준의 등급은 소비수준에 의해 정형화된 소비양식에 맞추어 소비행동의 규범을 규정짓는 것이었다. 소비수준을 따라잡는다는 것은 과소비, 즉 소득초과의 소비를 '불가피한 것'으로 만들어 그 부담을 빈곤층에게 가중시키는 것이었다. 생활수준은 부나 빈곤처럼 상대적 개념이므로 사람들을 끊임없는 비교우위와 따라잡기의 경쟁으로 몰아갔다. '남부끄럽지 않은' 생활수준이란 곧 소비주의에 적극 편승하는 것을 의미했다.

생활수준이라는 신화는 노동자들로 하여금 부르주아적 생활방식을 추종하게 만드는 것이다. 생활수준의 향상은 부르주아 계급이 향유하는 물질적 복지와 안락을 이상적 모델로 삼는 소비양식이 대중화되는 현상으로 나타난다. 이는 노동자 계급으로 하여금 소비수준의 향상에 집착하는 쁘띠 부르주아의 생활방식에 빠져들게 한다. 노동자들의 생활방식은 부르주아 계급에 비해 '보다 덜 좋은 재화'를 소비하는 것에서만 다를 뿐 부르주아적 생활 스타일, 가치관, 습관, 이상을 닮아가는 것이다. 생활수준은 부르주아 계급이 제도화한 기술적, 산업적 세상에서 그들의 물질적 풍요를 따라가는 삶의 모델을 정형화하는 것이다.

소비자본주의의 전 지구적 확장 속에서 생활수준은 가속도로 상향조정된다. 바우만(Bauman)은 소비사회를 '보편적 비교의 사회', 즉 비교의 기준도 한계도 없는 무제한의 소비를 유도하는 사회라고 부른다. 소비를 위주로 조직된 삶은 더 이상 규범적 규제가 작동하지 않는 삶을 사는 것이며 그 삶을 인도하는 것은 '꼬드김, 자꾸만 커지는 욕망, 일시적 바람들'이라는 것이다(바우만, 2009: 123). 상품시장의 유혹과 이에 따른 소비의 우발성과 즉시성, 예측불허와 환상적 욕망이 일상의 삶을 탈규범화하는 것을 말한다. 여기서 소비주의는 '보편적 비교'에 의한 맹목적인 소비에 동조하게 만들고 세계적 유행과 소비정보를 강박적으로 따라가게 하며 마케팅의 속임수로부터 쉬지 않고 소비의 새로운 요령을 배우도록 종용한다. 생활수준이라는 신화는 생활수준의 향상을 삶의 목표로 삼도록 만들지만 그 목표가 영원히 달성될 수 없다는 것을 전제한 기만일 뿐이다.

2. 쾌락의 신화

자본주의의 생산주의는 금욕주의를 요구하는 것이라면 소비주의는 쾌락주의를 추구하게 하는 것이었다. 금욕주의는 베버가 간파한 것처럼 프로테스탄트 윤리에 기초한 금욕/검약/근면을 중시하는 자본주의 정신으로서 생산주의 시스템이 요구하는 것이었다. 반면 쾌락주의는 노동보다 여가와 놀이를 즐기는 삶에 몰두하고 쾌락을 예찬하는 소비주의와 친화성을 갖는 또 하나의 자본주의 정신이었다. 소비사회는 '즐겁지 않은' 일들은 멀리 하고, 당장의 만족과 즐거움을 추구하는 사고방식과 생활습관을 정착시키고, 쾌락을 인간의 가장 자연스러운 본능이자 삶의 원동력으로 여기는 믿음과 그 실천을 일상화하는 사회였다. 소비사회는 생산주의적 금욕주의로 훈련되어온 노동자를 소비주의적 쾌락주의에 길들여지는 소비자로 재사회화하는 체제였다. 쾌락의 신화는 소비사회를 미화하고 정당화하는 것이었다.

다니엘 벨(Bell)은 프로테스탄트 윤리의 금욕주의에 힘입어 성장한 자본주의가 쾌락주의적 자아실현의 가치를 열광적으로 조장하면서 프로테스탄트 윤리를 파괴하게 된 것을 '자본주의의 문화적 모순'으로 보았다(벨, 1990). 베버(Weber)가 '자본주의 정신'을 대변하는 것으로 강조한 금욕의 윤리가 물질적 쾌락주의로 변질되면서 전통적인 부르주아적 가치 체계가 부르주아 경제 자체에 의해 붕괴된 것이라고 했다. 생활양식으로서 쾌락주의만이 남게 된 것은 자본주의 시스템이 그 문화적 정당성과 그 초월적 윤리를 상실한 것으로 간파되었다. 따라서 벨은 자본주의 경제에 의해 생성된 현대의 문화를 반합리주의적이고 반지성주의적이고 낭비주의적이며 난잡한 것으로 규정했다. 이는 1950년대부터 부상한 미국문화의 쾌락주의(특히 캘리포니아주의 문화)에서 나타났듯이 놀이와 쾌락, 외양과 섹스가 일종의 강박관념으로 작용하는 문화를 비판한 것이었다. 쾌락주의 세계는 패션, 사진, 광고, 텔레비전, 여행의 세계로 대변되는 외양 중심의 세계였다. 낮에는 '성실(straight)해야 하고' 밤에는 '즐기는 사람'(swinger)이 되는 것이 쾌락주의 시대를 살아가는 현대인의 전형이었다.

그런데 벨이 말하는 자본주의의 '문화적 모순'은 자본주의 생산경제를 소비경제로 확장시킨 일등공신이었다. 금욕주의와 쾌락주의는 다 같이 자본주의의 경제적 필연성에서 비롯된 것이며, 자본의 축적은 이성이 명령하는 금욕과 감성이 추구하는 쾌락의 변증법적 작용을 적극 이용한 덕분에 가능한 것이었다. 즉, 생산노동의 착취를 위해 금욕주의의 압박을 가할수록 그 반대급부로서 소비를 통한 쾌락주의의 흡인력이 강해질 수 있는 이중효과를 발휘하는 것이었다. 금욕주의가 전통적인 부르주아적 가치관이었다면, 부르주아 경제는 금욕주의를 쾌락주의를 촉진시키는 발판으로 삼았던 것이다. 쾌락주의는 부르주아 경제를 살찌게 하는 또 하나의 자본주의 정신이었다. 이는 자본주의의 '문화적 모순'이 아니라 문화를 자본주의 경제성장의 도구로 전락시킨 '문화의 배신'이었다.

캠벨은(Campbell)은 벨의 '문화적 모순' 테제가 자본주의 근대문화의 지배적 특성을 합리성에 있다고 보는 가정에 입각한 것이라고 반박했다(캠벨, 2010). 소비수요는 산업혁명의 핵심이었던 만큼 산업혁명은 생산혁명과 함께 소비혁명(18세기 후반 영국사회의 중류계층을 중심으로 시작된)을 동반한 것이었으며, 따라서 소비를 정당화하는 윤리와 생산을 정당화하는 윤리가 산업사회에서 공존해왔다는 것이 캠벨의 주장이었다. 베버처럼 자본주의 정신을 금욕주의적인 청교도주의에만 초점을 맞추는 것은 "대부분의 사회과학에 만연한 생산중심주의적인 경제학적 편향"에서 비롯된 것이었다고 했다. 근대 '소비주의 정신'은 반항정신을 담은 낭만주의[2]와 '선택적 친화력'을 갖는 것이며, 낭만주의는 근대적 소비행동이 확산되는 데에 필요한 정당화와 동기를 제공한 것으로 파악되었다.

캠벨에 따르면 소비주의 정신은 물질주의적, 공리주의적 사고방식에 대항하여 다양성, 개성, 상상력의 가치를 중시하는 낭만주의를 소비 영역으로 끌어들이는 것이었다. 낭만주의는 역동적인 소비주의에 필요한 재창조의 철학을 제공했고, 소비주의는 몽상과 공상을 통해 자기 환상을 조장하는 양태로 쾌락을 상품화했다. 이는 몽상과 현실 속의 불완전한 쾌락 간에 피할 수 없는 간극으로부터 영속적인 소비의 욕망을 분출하게 하는 것이었으며 새로운 것에 대한 끊임없는 소비의 갈망을 자극하는 것이었다. 낭만주의의 도덕적 이상주의가 본래 의도와는 달리 무제한의 상업주의와 손을 잡게 된 결과, 소비주의는 '이기적 쾌락주의'의 날개를 달고 파급될 수 있었다. "낭만주의는 대중적 취향에 양보를 했고, 이 양보는 예술가들이 새로운 '자유시장'의 조건하에서 계속 경제적으로 생존할 수 있게 해주는 것이었다."(캠벨, 2010: 387) 그 대가로 낭만주의는 예술가의 '이상'과 '물질적' 이해관계 사이에서 야기되는 긴장과 갈등에서 벗어나기 힘들게 되었다. 이러한 역사의 아이러니는 바로 소비자본주의의 상업주의적 승리가 빚어낸 것이었다.

이처럼 '소비주의 정신'은 소비경제가 필요로 하는 자본주의 정신으로서 생산혁명과 짝을 이루어온 소비혁명의 산물이었다. 생산과 노동

---

2 낭만주의는 "하나의 감정상태, 즉 감성과 상상력이 이성을 지배하는 마음의 상태로서 새로운 것을 추구하고 개인주의, 반항, 도피, 우울, 공상을 지향하는 경향"을 지닌 것이었다. 이는 계몽주의 개인주의에 대한 반발과 함께 사라져가는 진정한 공동체의 탐색과 새로운 사회질서를 모색하는 것이었다. 반면에 낭만주의의 말기적 증상으로 대변되는 감상주의는 감정에 빠져 이성을 상실한 정서 상태로 이해되었다.

에서의 금욕적 측면과 소비와 놀이에서의 감정적/쾌락적 측면이 모두 자본주의 경제발전에 필수적인 요소들이었다. 쾌락주의는 노동력을 재충전하고 생산주의를 감내하게 만드는 위안과 보상의 기제로 작용한다. 생산주의와 소비주의처럼 금욕주의와 쾌락주의도 동전의 양면을 이루는 것이었다. 자본주의 경제는 금욕주의와 쾌락주의의 상호 상승 작용을 통해 생산과 소비를 증대시킬 수 있었다. 금욕적인 현실은 바로 쾌락적인 소비의 유혹을 증대시키는 토양으로 이용되었다. 소비자본 주의는 공리주의에 반발하는 낭만주의를 포섭하는 역동성을 통해 쾌락 주의에 기초한 자본주의 정신을 파급시킬 수 있었다.

자본주의에서 성산업이 번창해온 것은 바로 쾌락주의적인 소비주의 정신이 금욕주의와 맞물려 작용하는 현상을 대변해주는 것이었다. 자 본주의 체제가 요구하는 금욕적 노동의 강도가 높아질수록 성쾌락을 추구하는 성의 소비가 촉진될 수 있었다. 마르쿠제의 지적처럼 성산업 은 성충동을 승화시키는 것이 아니라 '억압적 탈승화'를 초래하는 것이 었다. 성적 욕망과 전희를 끊임없이 자극하는 성상품들은 성적 충동의 현실적인 충족불능을 습관화시킴으로써 마조히즘적 성쾌락주의를 조 장하였다. 여기서 쾌락은 무정부적이고 난폭한 것이며 자생적 쾌락을 누릴 수 있는 능력을 교란시키는 것이었다.

쾌락주의로 무장한 소비주의 정신은 자본주의의 모순된 현실과 실패 를 우회하고 망각하게 만드는 도피와 치유의 신화적 기능을 지닌 것이 다. 소비주의는 생존투쟁으로 인해 누적된 긴장과 갈등, 상대적 박탈 감이나 자기 비하감, 그리고 생산주의적 노동의 소외와 좌절에서 벗어 나게 하는 방편으로 순간적인 만족을 찾는 쾌락주의를 동원한다. 자본 주의에서 초래되는 사회적 병폐들이 늘어날수록 현실도피적이고 자포 자기적인 쾌락주의적 소비주의가 조장되기 쉽다. 소비주의는 상업적인 쾌락주의에 심취하게 만들고 자본주의를 쾌락주의적 삶의 천국으로 착각하게 만든다.

쾌락주의는 또한 자본주의의 냉혹한 현실을 견딜 만한 것으로 만들어주는 최면의 효과를 발휘하면서 소비대중의 탈정치화를 유도한다. 쾌락주의는 전복적이고 저항적인 소비문화를 즐기는 방식으로 저항의 정치성을 탈색시키고 현실 속에서의 저항 자체를 불필요하고 무의미한 것으로 만든다. 쾌락주의는 소비대중의 탈정치적 성향을 조장하는 자본주의 정신으로서 체제의 재생산에 순기능적인 것이다.

3. 자유의 신화

절약과 고난의 생산시대와 대비되는 '행복한 소비시대'는 소비의 무한한 자유를 구가하는 시대라는 신화를 낳았다. 그 무한한 자유는 오직 소비를 통해서만 구현될 수 있었다. 자본주의 대량생산시스템이 만들어내는 상품과 서비스의 종류와 양이 늘어남에 따라 소비의 자유도 무한정 증가한다는 환상이 파급되었다. 소비시장은 익명의 개인들이 자유롭게 상품을 구매하고 개인주의적 욕망을 마음껏 충족시킬 수 있는 열린 공간이었다. 시장의 자유가 무한히 확장되기 위해서는 소비의 자유도 무한히 확장되어야 했다. 소비사회는 소비의 자유를 통해 시장의 자유를 확장시키는 사회였다.

쇼핑몰은 소비 공간이 여가, 오락, 사교, 산책 등 자유로운 활동의 장으로 이용된다는 것을 자랑하는 상징물이었다. 돈만 있으면 누구나가 아무런 간섭을 받지 않고 그 공간의 주인공이 될 수 있었고 '왕'처럼 대접받을 수 있었다. 화폐의 전지전능한 위력만큼 소비의 자유도 막강한 위력을 지닌 것이었다. 소비의 자유는 개인의 자기실현의 자유이자 풍요와 쾌락을 극대화할 수 있는 자유를 보장해주는 것이었다. 자본주의는 소비의 자유를 통해 자유로운 정신을 구가하는 체제로 표방될 수 있었다. 소비사회는 소비의 '자유'와 '해방된 소비력'을 예찬하는 생활양식을 파급시키는 사회였다.

그러나 생산주의가 노동의 자유를 억압하듯이 소비주의가 제공하는 소비의 자유는 강요된 자유였다. 소비는 개인의 선택과 자율성을 증대시키는 피상적 매력을 지닌 깃이지만 그 배경에는 자본주의 생산체계의 이데올로기적 통제가 치밀하게 작동하고 있었다. 소비의 자유는 자본과 시장이 개인의 삶에 직간접으로 개입하고 영향력을 행사할 수 있는 역량을 늘려 주었다. 소비의 자유는 생산시스템과 소비시장에 의해 구조적으로 결정되고 허용되는 '기만적 자유'였으며, 소비대중의 자발적 동조를 이끌어내는 헤게모니 전략의 기반을 마련해주는 것이었다. 소비의 자유는 자본주의 체제 안에서 체제의 통제를 구속이 아닌 자유로 받아들이게 하는 효과적인 기제로 작용하였다. 소비의 자유가 많아질수록 그 자유를 관리하는 통제시스템이 점점 더 정교해지고 강화될 수 있었다.

생산주의는 자본주의 국가와 사회주의 국가들이 함께 추구했던 공통 과제였다면, 소비주의는 자본주의 국가가 사회주의 국가에 비해 우월성을 과시하는 무기로 작용했다. 자본주의는 소비주의의 덕분에 민주주의를 '성공'시킨 체제로 정당화되는 반면 사회주의는 소비재 결핍을 초래한 반민주적, 반대중적 체제로 낙인찍혔다. 여기서 소비주의는 민주주의 실현의 증표로 오인되었다. 1989년 동유럽의 사회주의 체제가 무너진 이후 서구의 소비주의가 자유 민주주의를 실현하는 지름길로 받아들여지는 분위기가 연출된 배경에는 민주주의를 소비의 민주화를 실현하는 '소비자민주의'와 등치시키는 풍조가 있었다. 소비자민주주의는 사회구성원의 다수를 차지하는 노동자들의 소비의 자유가 증대되는 만큼 경제적 평등의 실현가능성도 높아진다는 믿음을 주는 것이었다. 소비의 자유가 정치적 자유를 압도하는 소비자민주주의에서 소비의 대중화는 곧 민주화의 증표였다. 소비자민주주의는 자본주의 체제가 표방하는 자유민주주의의 성패가 대중의 소비수준 향상에 달려 있다는 명분으로 자본의 사회적 통치를 정당화하는 것이었다.

'근대성의 제3단계'로 대변되는 신자유주의시대는 시장의 자유화와 함께 소비의 자유를 전 지구적 차원으로 확장시키는 시대였다. 1980년대 영미권에서 신자유주의를 주창한 대처리즘과 레이건 경제는 소비주의 정치를 구사한 전형적인 통치자들이었다. 소비 진작을 위한 국가의 부양정책 및 세금제도와 소비수준의 향상 및 '소비자주권'을 강조하는 담론들이 소비주의적 자유의 신화를 한층 더 굳건하게 만들었다. 소비주의는 시민의 자유와 역동성을 대변하는 생활방식이자 신우익의 개인주의적 에토스로 제시되었고 소비주의적 자유는 정치적 자유와 동일시되었다(슬레이터, 1997: 18; Miles, 2006: 10). 소비주의 정치는 상품소비의 행복을 주창하는 대중정치와 국가전략을 통해 시민의 정치적 자유를 '소비주의적 자유'로 대체시키는 것이었다. 신자유주의가 그 어느 때보다도 '불평등'을 심화시키는 현실에서 소비주의는 그러한 현실을 은폐하고 오도하는 매우 유용한 기제로 작용했다.

시장의 전 지구적 자유화는 서양식 소비경제와 소비문화가 세계의 오지까지 점점 더 깊숙이 침투하는 상황을 초래했다. 초국적 미디어 및 광고 산업의 확대와 공간과 시간의 제약이 없는 인터넷 쇼핑은 초(過)소비 현상을 촉발시켰다(Lipovetsky, 2005: 57~62). 초국적 소비자들은 인종과 계급의 문화적 특성을 넘어 세계화된 쇼핑몰의 고객이 되었고 전 세계 곳곳을 여행하는 관광객들은 초국적 소비시장에서 자유를 만끽하고자 하였다.

소비시장의 추진력을 증진시킨 것은 대중의 순응이 아니라 '반란'이었다(히스·포터, 2006). 소비대중의 비순응적이고 급진적인 반응들과 소비문화에 도전하고 저항하는 경향들까지도 '새로운 자유'의 상징으로 소비시장에 포섭되면서 소비주의가 촉진되었다. 21세기 북미 지역에서 가장 중요한 문화로 부상한 반(反)소비주의는 새로운 양식의 소비주의를 조장하는 데에 기여하는가 하면, 탈물질주의직 가치를 지향하는 문화운동은 미국 소비자본주의의 최고 수익 사업 중 하나가 되었다. 소비시장의 공격적이고 치밀한 상업적 배려는 점점 더 다양화되고 정교화된 소비주의적 삶을 불가항력적인 것으로 만들었다. 소비시장이 확장시키는 무한한 자유는 오직 소비주의만을 추종하는 '무능한' 자유를 의미했다.

14
소비주의의 독사들

1. 낭비와 과잉의 정상화 : 신용과 부채의 독사

자본주의의 대량생산체계는 대량소비체계와 맞물려 돌아가는 것이라면, 대량생산체계는 대량소비체계를 정착시킴으로써만 유지될 수 있었다. 대량소비체계의 정착은 공급을 따라가는 수요의 창출에 의해서만 가능한 것이었다. 생산과 소비는 짝을 이루는 하나의 거대한 과정이며 소비는 전적으로 생산의 함수였다. 서구에서 소비경제의 활성화는 생산주의 시스템을 재생산하는 필수전략으로서 과잉생산의 구조적 문제를 해결하기 위한 것이었다. 산업혁명 이래로 수요가 창출되는 속도보다 더 빠르게 높아지는 생산성으로 인해 초래된 과잉생산은 자본주의의 생산주의 시스템의 예정된 난제였다. 1873년 시작된 경기침체는 공급이 수요를 넘어서는 단계에서 발생한 것으로 서구경제뿐 아니라 세계시장을 위협했다. 과잉생산물의 해소를 위해서는 생산이 가속화되는 만큼 소비의 속도를 높이고 과소비를 촉진시키는 전략과 장치가 요구되었다. 이 때문에 국내 소비시장뿐 아니라 해외시장의 확장이 서구 자본주의 국가들의 절실한 과제가 되었다.

국가는 소비 진작을 위한 경기부양 정책 등 다각도의 개입을 통해 소비경제를 활성화하는 데에 주력했다. 국민의 소비는 과잉생산체제에 기여하는 '애국'으로 장려되는 반면에 과잉생산체제가 필요로 하는 유효수요가 미달되는 상황은 국가가 해결해야 할 '과소소비'의 위기로 간주되었다. 값싼 노동력의 착취는 값싼 생산물의 대량생산과 대량소비를 위해 필수적인 것이었으며 노동자는 그 착취의 대가로 대량소비체제의 일원이 될 수 있는 것으로 정당화되었다. 노동자의 임금상승도 대량소비체제를 활성화시키는 목적을 담고 있었다. 이러한 상황은 소비가 오랫동안 생산의 부산물로 간주되거나 '자본주의 정신'에 반하는 반생산적인 것으로 취급되었던 과거 시대와 분명 대조를 이루는 것이었다.

자본주의 소비경제는 소비주의를 조장하고 확산시켰다. 소비주의는 자본 축적을 위한 생산시스템이 명령하는 생산주의의 분신으로서 대량생산체계에 의거한 대량소비체계를 정당화하는 것이었다. 소비주의는 무제한의 소비수요를 요구하는 생산주의와 한 짝이 되어 자본주의 생산체계를 재생산하는 이데올로기적, 문화적 토양을 배양하는 것이었다. 즉, 경제성장을 위해 소비증대가 필수적이라는 믿음을 심어주고 소비에 몰입하는 생활양식을 자리 잡게 하는 것이었다. 소비사회는 소비주의를 자연스럽게 받아들이는 일상생활의 조건을 형성해왔다. 대형 백화점과 쇼핑몰은 소비주의의 유혹과 위력을 가시화하고 일상생활 속에 깊숙이 스며들게 하는 소비사회의 상징물이었다.[1] 대량소비의 세계적 확장은 소비주의를 자본주의의 보편적인 생활양식으로 추종하게 만드는 과정이었다.

---

1 소비재의 다양성은 생명 다양성을 능가하는 수준에 이르면서 오늘날 쇼핑몰과 슈퍼마켓의 진열대에 들어찬 소비재는 지구에 사는 생물 종의 수를 이미 넘어선 상태이다(드 그라프 외, 2010: 143, 152).

자본주의 생산경제는 희소성을 만들어내는 동시에 낭비를 강요하는 이율배반성을 지닌 것이었다. 생산의 증가는 '곤궁의 경제'를 벗어나게 해주는 것이 아니라 새로운 결핍을 만들어냈고 과잉생산 시스템은 그 결핍의 해소를 위해 낭비를 강요하는 것이었다. '신 모델'의 생산은 상품의 수명을 단축시키는 '계획적인 구식화'였고 이는 '소비=낭비'라는 도식을 일반화하는 것이었다. 낭비는 '악'이 아니라 풍부함을 드러내는 '미덕'이라는 소비윤리를 통해 낭비적 소비를 일상적 소비로 '정상화'하는 것이었다. 신제품 개발의 가속화는 생산 공장과 쓰레기통 사이의 거리를 최소화하는 소비자본주의의 성장비결이었다. '튼튼한 물건을 만들어낸 회사는 망한다'는 말처럼 빠르게 노후화되고 폐기처분되는 상품을 쉬지 않고 만들어내는 생산경제가 소비주의를 종용하는 주범이었다. 소비자들의 사용범위를 능가하는 수많은 기능들이 탑재된 제품들이 쏟아져 나오는 순간 구식의 상품들이 양산되었다. 소비주의는 소비자로 하여금 빨리 소모되어버릴 물건들을 선택하고 선호하도록 만들었고 보다 더 새로운 것과 보다 더 많은 것에 현혹당하는 소비양식에 길들여지게 하였다.

19세기에는 절약과 검소를 장려하고 사치품을 '낭비'로 간주했던 미국문화가 20세기에 와서는 소비와 허식을 장려하는 쇼핑센터의 문화로 바뀌었다. 19세기 미국경제에서 약 20%를 차지했던 소비가 21세기 초에 와서는 약 70%를 차지하게 되었다. 사치품을 필수품과 일용품으로 전환시키는 데에는 마케팅과 광고의 지대한 공헌이 있었다. 도시화를 통한 소비생활의 조직화도 소비주의적 생활양식의 확산에 기여했다. 도시화는 선진자본주의 국가들뿐 아니라 전 세계에 거대한 소비 공간을 형성했고 선진국형의 소비도시는 세계적 모델로 파급되었다. 소비주의는 낭비로 치부되었던 '여분'의 쓸데없는 지출을 비합리적인 '소모'

가 아니라 개인적, 사회적 차원에서 가치, 차이, 의미, 쾌락을 만들어 내는 것으로 예찬하는 것이었다. 개인의 사치스러운 소비가 행복 증진과 직결되고 국민의 과다소비가 그 사회의 행복의 크기를 말해주는 것처럼 오도되었다. 소비의 양극화 현상이 두드러지는 신자유의시대에서 부유 계층을 위한 고급화 전략(이른바 'VVIP 마케팅')은 하층계급과의 간극을 점점 더 증대시키는 방식으로 낭비적 소비주의를 고조시키고 일반 대중의 소비주의적 욕망을 부추기기 위한 것이었다. 날로 새로워지는 첨단 징보통신기술들은 계층을 막론하고 세계적 수준의 소비양식을 따라가는 '글로벌 컨슈머'들을 양산하는 데 기여했다.

소비주의는 의미 없는 상품의 과잉소비에 빠져드는 과잉의 문화를 조장하는 것이었다. 소비주의는 실질적 용도가 없거나 당장의 필요성이 없는 물건들을 축적하는 생활문화를 정착시켰다. 대형마트의 거대한 매장은 엄청난 물량과 다채로운 상품들의 유혹으로 과소비의 습관을 길들이고 과소비의 강박증과 중독증을 유발했다. 각종 세일, 끼워 팔기, 특가품, 증정품, 특별사은품, 경품, 상품권, 쿠폰 등은 과잉생산을 과잉소비로 강제하는 판매 촉진전략이지만 소비시장이 베푸는 특별한 혜택으로 위장되면서 과소비를 유도했다. 소비자들은 너무나 많은 물건들을 소유한 나머지 그것들을 유지하고 돌보는 데에 일상의 삶을 바쳐야 했다. 개인이 소유하는 모든 것들이 오히려 자신을 소유하게 만드는 상황이 초래되었다(드 그라프 외, 2010: 79). 과잉의 문화는 불평등 격차를 줄이는 것이 아니라 새로운 '빈곤'을 만들어내고 그 빈곤을 줄이는 방편으로 소비주의를 종용하는 것이었다. 소득불평등이 소비격차로 이어지는 상황에서 소비주의는 상대적 박탈감을 해소하는 방편으로 조장되기도 하였다.

과잉의 문화는 양이 질을 압도하게 만든다. 정보화 사회에서 의사소통의 도구들이 넘쳐나도 정보의 질은 점점 더 의심스러워진다. 미디어에 의해 전파된 정보들이 많을수록 인간의 두뇌는 잡동사니 지식들로 채워지고 그 질적 가치들은 희석되고 쇠퇴한다. 인간 간의 접촉을 원활하게 하는 기술의 소비가 증가할수록 시간과 관심을 요하고 집중과 인내가 필요한 진정한 만남은 점점 더 불가능해진다. 소비하는 정보와 기술의 양이 비대해지는 만큼 인간의 삶은 그 질을 생각할 여유를 잃어버리게 된다. 과잉의 문화는 인간뿐 아니라 자연을 파괴하는 쓰레기문명의 원천이지만 생산과 소비의 감소는 곧 경기침체라는 등식 때문에 쓰레기문명에 대한 근본적인 성찰은 이루어질 수가 없다. 소비사회는 자원과 에너지의 무한정 소비로 지구의 운명을 위태롭게 만드는 소비주의에 의해 유지되는 사회였다.

한편 생산주의가 생산력 증대를 위한 노동훈련을 강화한 것처럼 소비주의는 소비력을 높이는 조직적이고 체계적인 훈련을 요구하는 것이었다. 소비사회는 보드리야르의 지적처럼 '소비를 학습하는 사회' 또는 '소비에 대해 체계적인 사회경제적 훈련을 하는 사회'였다. 이 훈련은 고도의 생산성을 추구하는 경제체계가 필요로 하는 특수한 사회화의 양식"이었다(보드리야르, 1991: 106). 즉, 수입보다 지출이 선행되고 버는 것보다 쓰는 것이 더 많은 생활방식을 가르치고 과소비를 '보편적인 소비규범'으로 내면화하는 것이었다. 소비사회는 빚을 권장하고 강제하는 사회였다. 여기서 결정적인 것은 노동자들에게 소득보다 더 많은 구매력을 만들어내는 신용경제였다. '돈을 빌리는 것'을 '신용'이라는 형식을 빌려 미화하고 부채에 대한 거부감과 부담을 소비자에 대한 혜택과 권리로 포장함으로써 빚을 지는 것 자체를 일상화하고 보다 많은 빚을 지게 하였다. 신용경제는 노동자의 임금과 소비 지출액의 차이를 부채로 메워주고 이를 통해 잉여생산물에 대한 수요를 창출하기 위한 것이었다. 이는 노동자의 임금은 낮게 유지하면서도 구매력을 높이는 일거양득의 전략이었다.

신용경제는 생계유지 이상의 소비를 할 만큼 소득이 없는 사람들까지도 소비수준을 향상시키도록 강제하는 제도였다. '신용'은 돈의 부족함을 없애주는 소비사회의 선물이었던 만큼 신용경제는 신용조건을 점점 더 완화시키는 방식으로 성장해왔다. 신용대출은 저축과 검약의 습관을 조롱하듯 돈의 씀씀이를 늘려주고 소비주의를 미덕으로 받아들이게 했다. '즉시 대출'은 구매력을 즉각적으로 조작해내고 소비의 자유를 만끽하게 하는 복권처럼 기능했다. 소비금융은 소비주의를 마음껏 즐길 수 있게 해 주는 덕분에 '소비사회의 꽃'으로 환영받을 수 있었다. 신용의 대가로 부과되는 높은 이자율은 금리생활자와 예금자의 구매력을 높여주는 효과를 가져왔다. 신용대출을 용이하게 하고 개인과 가계의 부채를 늘리는 덕분에 주택 건설, 자동차 산업, 휴가여행 등의 경기가 활성화될 수 있었다. 부채는 소비주의를 조장하는 필수조건이었다. 이에 따라 가계수입의 대부분이 월부금 충당에 투입되는 미국식 가계모델이 전 세계로 확대되었다. 소비사회는 채무관계를 불가피한 것이고 지극히 자연스러운 것으로 자리 잡게 하고 소비주의로 유발되는 부채중독을 일상문화로 '정상화'하는 사회였다.

신용판매제도만큼 소비주의적 구매 습관을 길들이는 데에 효과적인 것은 없었다. 자본주의 선진국에서 경제 불황기였던 1920년대 초반부터 등장한 월부판매전략은 새로운 '필요'를 만들어내는 데에 집중되었다. 구매력이 소비시장의 확장을 결코 따라잡을 수 없는 상황에서 외상구매는 예정된 것이었다. 이는 가난한 계층의 경제적 불안정을 이용하여 자본주의 경제 시스템에 대한 이들의 예속과 위험부담을 가중시키는 것이었다. 외상구매는 제품의 수명이 단축될수록 소비자에게 더 빠르게 더 많은 빚을 안겨주었다. 신용판매제도는 '쾌락주의적 정신의 깃발 아래에서' 소비를 유발하기 위해 경제적 계산에 대한 체계적인 훈련 과정을 동반한 것이었다. 이 훈련은 지출의 부담을 유예시키고 의식하지 않게 함으로써 부채에 익숙해지는 생활습관을 형성시키는 것이었다. 소비주의적 자유를 만끽한다는 환상과 강박으로 부채에 대한 압박감을 상쇄시키는 훈련이었다.

신용카드 사업은 1958년 아메리칸 익스프레스 카드로부터 시작된 이래 세계적으로 확산되었고 오늘의 신용카드 천국을 이룩했다. 현금과 수표를 대신하여 제3의 화폐로 등장한 신용카드는 당장에 돈이 없이도 재화와 서비스를 구입할 수 있도록 소비주의를 조장하는 제도였다. 신용카드는 충동구매, 유행추구, 과시소비의 성향을 부추기는 것이었다. 카드빚을 갚기 위해 또 다른 카드를 발급받는 것을 예사로운 소비행태로 만들었다. 신용카드 제도는 소비시장을 살리기 위해 노동자를 빚쟁이로 만들어 미래의 노동을 저당 잡히게 하고 그 때문에 노동을 하지 않을 수 없게 만드는 통제시스템이었다. 이 제도는 또한 노동자들의 임금투쟁도 우회할 수 있게 해주고 노동착취도 감내하게 만드는 해결사였다.

1970년대 이후 두드러진 부채증가는 자본주의의 핵심적 근본문제인 '자본잉여 흡수문제'와 관련이 있었다(하비, 2012: 35~45). 세계에 과잉유동성이 넘쳐나고 자본잉여를 흡수하는 문제가 심각해진 상황에서 부채경제는 자본축적을 위한 투자기회를 제공하는 것이었다. 생산에 흡수되지 않는 엄청난 규모의 과잉자본은 부채의 폭발적인 증대를 초래했다. 자본주의 선진국들은 실질 구매력도 없이 빚을 내서 소비하는 불안정한 패러다임으로 전환되었고, 이는 과다한 가계부채를 늘려왔다. 선진국의 금융기관은 대규모의 대출을 통해 개도국의 부채경제를 활성화하고 새로운 소비시장을 확장하는 데에 기여했다. 1997년에 이르러 신자유주의적 팽창 동력이 그 한계를 드러낸 위기상황에서 그 돌파구로 이자율 하락에 힘입은 무분별한 신용확대가 두드러졌다. 모기지론 부채와 신용카드 부채의 증가는 결국 2008년 미국발 글로벌 금융위기를 불러왔다. 경제의 금융화를 가속화하는 신자유주의시대에서 금융거래의 비중이 커지고 부채가 확대되는 만큼 투기적 성격을 지닌 금융산업이 대대적으로 팽창했고 막대한 수익을 거둘 수 있었다.[2]

소비주의적 자유는 부채경제의 덕분에 확대될 수 있었지만 결국 부채경제의 파국을 몰고 왔다. 성장이 정체되고 고용불안정, 실업증가, 중산층 붕괴, 소득 불평등이 세계적 추세로 두드러지는 상황에서 가계 및 국가의 부채위기와 파산상태가 발생했다. 부채로 추동되는 성장전략이 실패하면서 소비주의적 자유는 부채경제의 저주로 대체되었다. 미국 가계의 총 소비자 부채는 1964년 2천억 달러에서 2002년 7조 2천억 달러로 증가했는데, 이는 2002년 말 현재 총 개인소득의 40%에 이르는 액수였다(바우만, 2008: 200). 미국 가계부채는 1980년 실소득의 65%였던 것이 2005년에는 125%에 육박했다(드 그라프 외, 2010: 52). 상승일로에 있는 국가부채 역시 천문학적인 숫자로 나타났다. IMF는 '전 세계적 규율집행기관'으로서 자금을 제공하는 대신에 부채상환을 위해 긴축을 강제하는 구조조정을 요구했고 그 와중에 세계적 금융자본은 점점 더 덩치를 키워갔다. 소비주의는 부채경제와 가계부실의 엄청난 대가를 치르는 현실에서도 멈추지 않았다.

---

2 신자유주의하에서 지난 수십 년간 미국 경제에서 금융 산업의 비중은 10%에서 90%(2011년)으로 높아졌고, 그 수익도 상품과 서비스에서 얻는 총수익의 10%에서 40% 수준으로 높아졌다(맥낼리, 2011: 189).

2. 마케팅: 소비주의 독사창출의 전략

소비시장의 창출과 확장은 마케팅의 몫이었다. 현대가 '마케팅 시대'를 향해 달려온 것은 소비자본주의의 성장을 최상의 과제로 추구해왔기 때문이다. 마케팅은 '시장을 정의하고 관리'하는 것으로 기업이 원하는 방향으로 시장을 선도하고 소비자의 행동을 이끌어내는 것이다. 소비시장을 새롭게 만들어내고 소비자의 행동방향을 조종하고 변화시키는 기능을 통해 마케팅은 그 목표를 달성한다. 마케팅은 시장의 세분화와 차별화를 통해 표적이 되는 집단을 선별하고 관리한다. 표적이 된 집단에 대해서는 소비의 충동과 욕망을 자극하는 심리적 테크닉의 공략이 집중적으로 가해진다. 상품과 서비스의 판매를 촉진시키는 작업은 소비자들에게 상품 가치를 창조하고 전달하는 과정을 통해 이루어지며 이는 특정한 이데올로기와 문화를 조장하는 것이다. 마케팅은 현존하는 시장과 제품으로는 충족될 수 없는 '미래 시장'과 미래의 생활양식을 창출하는 방식으로 매우 다양한 소비주의의 독사들을 창출하는 전략을 구사한다.

'미래시장의 선취기술'로 부상한 것이 라이프스타일 마케팅이었다.[3] 미국의 마케팅협회(AMA)를 중심으로 1960년대부터 도입된 라이프스타일 마케팅은 구매자의 생활자원을 질적, 양적 측면에서 효율적으로 활용하는 전략이었다. 이는 소비자의 계층, 성별, 나이 등에 따른 정밀한 통계분석과 각종 시장조사를 통해 그들의 욕구, 생활양식, 변화에 대한 기대를 파악하고 그들의 '이상적인 라이프스타일'을 상품으로 개발하고 판매하는 것이었다. 시장은 소비자를 대신하여 라이프스타일을 만들어주는 역할을 담당했다. 라이프스타일이 상품판매 촉진, 가격

---

3 이영자, "소비시장과 라이프스타일의 정치학", 〈현상과인식〉, 제 34권 1/2호, 2010.

설정, 광고 기획 등에서 주요변수로 작용하는 마케팅은 특정 시장을 겨냥하는 표적 마케팅으로서 세분화된 '라이프스타일 브랜딩'과 '패키지' 소비를 통해 소비주의를 증진시키는 전략이었다.

'라이프스타일 브랜딩'은 브랜드의 상표를 차별화된 라이프스타일로 부각시켜 소비주의를 부추기는 시장개발 전략이었다. 이는 단순히 하나의 상품을 파는 것이 아니라 개인의 인성, 세계관, 가치 등을 패션이나 디자인과 조합시킨 라이프스타일의 상표로 구매하게 하는 것이었다. 브랜드의 경쟁은 오직 상표만으로 라이프스타일의 차별성과 고유성을 가장하고 그 환상을 부추기는 상술로써 브랜드에 대한 소비자의 충성심과 맹목적인 숭배를 유도하는 소비주의 전략이었다. 라이프스타일 제품을 공급하는 프리미엄 브랜드로 자리 잡은 '나이키'가 그 대표적 사례였다. 나이키는 스포츠의 이상이자 스포츠를 통한 초월성과 자신감, 더 나아가서 인종평등까지도 아우르는 라이프스타일의 대명사로 선전되었다.

브랜드는 제품이 아니라 하나의 특정한 라이프스타일로 소비되었다. 젊은 세대에게서 값비싼 브랜드 제품에 대한 열망은 개인의 자존감의 표출이자 정체성의 창조를 의미했다. 교육현장에서까지 브랜드의 열풍을 일으키게 하는 스쿨 마케팅이 주효했다. 마케팅 기계라는 포식자는 소비자들의 정체성, 스타일, 사고방식을 빨아들여 브랜드의 먹잇감으로 삼았다. "펑크도, 힙합도, 테크노도, 페미니즘도, 다문화주의도 예외는 아니었다."(클라인, 2010: 165) 주류에 편입되지 않았던 하위문화의 반항적, 대안적 요소들까지도 브랜드 마케팅의 표적이 되었다.

한편 패키지 소비 전략은 일상생활의 다양한 소비실천들, 즉 스포츠, 음악, 영화, 식당, 의상, 몸치장 등을 인위적으로 짜 맞추어진 라이프스타일 상품세트로 통합시켜 이 상품들의 연쇄적인 소비가 불가피하고 자연스러운 것으로 만드는 것이다. 하나의 라이프스타일을 선택하는 순간 그 이름을 붙인 종합상품세트 전체를 소비하도록 만들고, 라이프스타일을 바꾸는 순간 그때까지 사용했던 물건들을 폐기시키고 또 다른 종류의 상품세트를 소비하게 한다. 라이프스타일 숍들은 각기 다른 라이프스타일의 이름을 내걸고 수시로 바꾸는 차별화 전략을 통해 소비를 부추긴다. 라이프스타일 마케팅은 라이프스타일의 이름으로 상품과 소비패턴을 하나의 통일된 이미지로 조합하여 안정감을 주는 한편 새로운 라이프스타일을 연출하는 상품세트의 소비를 부추긴다.

마케팅의 필요에 따라 라이프스타일은 얼마든지 조작될 수 있다. 라이프스타일은 합의된 개념적 정의나 분류체계가 없고 표준화된 조사항목이 없으며 그 범주들의 사회학적 근거 자체가 불확실하기 때문이다. 소비양식, 여가, 매체접촉습관, 가치지향, 취미, 소득 등 매우 다양한 요소들이 작위적으로 혼합되는 방식으로 라이프스타일이 유형화되고 군집화된다. 라이프스타일은 시장을 세분화하고 소비패턴의 변화를 유도하는 만능의 기제로 이용된다. 라이프스타일의 마케팅은 계급적 불평등을 탈계급적 라이프스타일의 연출로 위장하고 교란시키거나 탈계급화의 환상을 통해 오히려 계급적 세분화를 조장하는 전략이다. 라이프스타일을 소비자의 소득수준과 구매력에 따라 분류한다는 것 자체가 경제적 계급성을 주입시키는 것이다. 이는 소비자로 하여금 계급/신분/지위를 구별 짓는 보다 정교한 라이프스타일의 소비행태와 감각을 학습시키고 규율화하는 것이다. 라이프스타일의 차별화 마케팅은 계급취향을 새롭게 생성하거나 고도로 세분화함으로써 계급상향적인 라이프스타일의 모방소비를 조장한다. '명품'경쟁과 '명품'의 대중화는 이른바 고급취향으로 대변되는 상층계급의 라이프스타일에 대한 동경과 열망에 편승하여 소비주의의 독사를 창출하는 전략이다.

라이프스타일 마케팅은 라이프스타일을 소비활동과 등치시켜버리는 이데올로기적 효과를 가져온다. 상품이나 서비스를 구매, 소비하는 것이 곧 라이프스타일을 구현하는 것이라는 관념과 실천을 조장하는 것이다. 라이프스타일 마케팅은 소비자가 각자의 라이프스타일을 창조하고 유지하고 향상시키는 데에 필요한 정보와 재화를 제공한다는 명분으로 소비자의 생활양식을 특정한 유형의 소비행태와 결합시키는 전략이다. 개인의 가치체계, 자아의 기획, 개성의 파생물인 라이프스타일을 오로지 소비양식으로 환원시키는 것이다. 라이프스타일의 상품화는 소비시장이 기획하고 디자인하고 가공한 라이프스타일을 소비자의 고유한 라이프스타일로 '자연화'한다. 이는 라이프스타일이 구현되는 현실적 토대를 잠식해버리고 라이프스타일을 시장 밖에서는 존재하지 않는 것처럼 시장의 전유물로 만드는 것이다. 즉, 소비자가 자신의 경험과 현실을 바탕으로 스스로 자아의 기획을 주도할 수 있는 가능성과 잠재력을 선취하는 것을 말한다. 또한 소비시장에서 유행하는 라이프스타일이 소비자의 현실과 욕구를 대변해주는 것처럼 허위의식을 갖게 함으로써 라이프스타일의 창조와 연출을 전적으로 소비시장에 의존하게 만드는 것이다. 여기서 소비시장의 기만이 여실히 드러난다.

한편 1970년대 이래로 소비자의 욕구와 취향에 부응하는 상품공급에 주력한다는 마케팅이 대두되었다. 이는 잠재고객들의 생활방식과 다양한 하위문화들을 반영한다는 명분으로 소비자들을 기업의 마케팅에 '동반자'로 끌어들이는 것을 필수적 기법으로 삼는 것이었다. 소비자들이 제품평가를 통해 생산과정에 의견을 반영하거나 제품개발이나 유통 및 생산과정에 직간접으로 참여하도록 유도하는 것이었다. '소비자 참여 마케팅'은 기업과 소비자 간에 소통과 '상생'을 명분으로 아이디어 공모전, 소비자의 품평단(모니터링) 및 체험단 활동, 파워 블로거의 이용

등 다양한 방법들을 동원하였다. 인터넷의 대중화로 소비자가 무한한 정보와 선택의 기회를 제공받게 된 환경도 소비자 참여 마케팅을 활성화시켰다. 온라인 마케팅, 디지털 마케팅, 개인화된 1:1의 마케팅 등은 소비자들이 기업을 홍보하고 대변하는 소비주의의 자발적인 전도사로 나서게 만들었다. 이는 기업의 요구를 소비자의 요구로 일체화하는 전략으로 소비시장의 독재를 은폐하고 소비자가 주도적으로 소비주의의 독사를 창출하도록 만드는 것이다.

소비자의 일상생활뿐 아니라 인간의 지성과 감성의 섬세한 요소들까지도 마케팅의 실험과 공격대상이 되었다. 지성에 호소하는 인지마케팅에서부터 인간의 오감 속으로 깊숙이 침투하여 소비주의적 감각을 일깨워주고 감성적 체험을 창출하는 감성마케팅과 상품을 가공된 이야기로 포장하는 스토리텔링 마케팅까지 점점 더 세분화된 전략들이 개발되었다. 마케팅은 끊임없이 새로운 소비취향을 창출하고 소비심리를 촉진했다. 수준이 높고 안목 있는 소비자라는 수사로 심리학적 조종을 위한 마케팅 기술과 전략이 동원되었다. 소비시장은 '발런타인데이'나 '할로윈 상품'처럼 특정한 상품구매를 암묵적으로 강제하는 마케팅을 통해 새로운 소비풍습의 유행을 만들어내는 주역을 담당했다.

문화의 영역을 마케팅의 최상의 자원이자 상업적 전술의 수단으로 삼는 문화마케팅도 부상했다. 문화마케팅은 소비시장을 복합적인 문화공간으로 자리 잡게 함으로써 소비와 일상문화를 결합시키는 기획이었다. 이는 삶의 질을 추구하는 경향이 늘어나고 여행이 대중화되는 상황을 이용하여 소비자들의 다양한 문화적 욕구에 부응하기 위한 것이었다. 제품이나 서비스에 문화적 이미지를 투영하고 각종 문화판촉과 기업이미지를 홍보하는 문화지원활동 등 다양한 기법들이 동원되었다. 백화점이 문화센터, 콘서트, 교양강좌 등을 제공하는 문화공간이 된 것처럼 소비시장은 취미생활, 교육현장, 교양 습득의 장이 되었다. 이는 소비자의 교양과 문화적 수준을 향상시킨다는 명분으로 소비주의 문화를 촉진시키는 전략이었다. '메세나'(Mecenat)로 불리는 기업의 문화예술 지원 활동은 기업과 브랜드와 제품의 이미지를 차별화, 고급화하는 마케팅이었다. 이는 기업의 '사회적 책임'과 기업이윤의 사회적 환원을 명분 삼아 기업의 경쟁력 향상을 꾀하는 전략이었다. 다국적기업들은 세계시장에 파고들기 위한 현지화 전략으로 각 지역의 문화적 특성과 문화예술의 감성 코드를 활용하는 마케팅에 전념했다. 문화마케팅은 소비주의가 문화적 삶을 고양시키는 필수적인 기제라는 믿음과 상업문화를 문화의 대명사로 착각하게 하는 환상을 유포하는 것이었다.

'프로슈머' 마케팅은 규격화된 상품들의 대량 생산으로 포화상태가 된 시장에서 개별적인 용도와 기호에 맞추는 주문품의 생산을 통해 이윤증대를 지속시키는 사업전략이었다. 이는 인터넷 등 통신매체의 이용에 따른 정보력의 확장, 여가시간의 증대, 전기/전자 기술의 발달에 따른 각종 장비가격의 하락으로 셀프 서비스가 용이해지면서 자체생산 활동에 참여하는 프로슈머들이 늘어난 상황을 적극 이용하는 마케팅이었다. 스마트폰과 애플리케이션의 확산은 생산자와 소비자와 프로슈머들의 욕구와 이해관계를 하나로 결합시키는 프로슈머 경제를 활성화하는 방식으로 소비주의의 독사들을 창출하는 전략이었다. 이는 소비주의 전략을 소비자들이 기업과 함께 풀어야 하는 공동과제로 만들어 그들을 시장논리에 적극 포섭하기 위한 것이었다. 여기서 프로슈머는 기업 활동에 기여하는 가치를 창출하고 생산과 분배에 관한 의사결정에 참여하는 존재로 예찬되었다. 그러나 시장의 제로섬 게임의 논리가 강요되고 수익의 공유와 배분이 불가능한 구조에서 프로슈머는 기업과 대등한 관계의 동반자가 아니라 저렴한 노동력과 소비자 관리대상으로 이용될 뿐이었다.

온라인상에서 전개되는 다양한 마케팅은 '페이스북 마케팅'처럼 소비자들의 자발적인 '상향식' 참여로 위장된 기술을 이용하는 것이었다. 홍보회사가 웹사이트를 이용하여 익명으로 특정한 캠페인을 벌이는 방식으로 소비자들의 적극적인 참여와 반응을 유도하는 마케팅도 늘어났다. 2009년 '유고브'(YouGov) 조사에 의하면 온라인에서 구매하는 영국인들 가운데 40% 이상이 '소비자 리뷰'들이 진짜가 아닐 수도 있다는 것을 인식하지 못했다고 한다. 같은 해 미국의 리서치 회사 닐센의 한 보고서에서도 70%가 넘는 온라인 소비자들이 일면식도 없는 사람들의 추천을 신뢰하는 것으로 나타났다(글레이저, 2013: 80). 이처럼 새로운 마케팅 기술들은 소비자의 이름을 빌려 소비자 스스로가 자기기만과 허위의식에 빠지도록 만드는 것이었다. 소비주의의 독사들을 창출하는 마케팅의 전략은 점점 더 정교하고 민주적인 형식을 통해 소비대중을 공략하는 시대로 진화했다.

3. 광고의 독사

광고는 과잉생산이 소비습관을 앞서가는 문제를 해결하기 위한 자본주의의 경제제도였다. 광고는 소비주의 마케팅의 핵심기제이자 자본주의 체제의 선전 도구였다. 19세기에는 속임수로 경멸되었던 광고가 20세기 초부터 미국을 중심으로 급성장했다. 광고 산업은 한 세기 이상 동안 소비시장을 확장시키고 상품소비를 통제하는 혁명적인 힘을 발휘해왔다. 광고는 경제적 지원을 미끼로 삼아 자본과 시장의 논리를 관철시키는 것이었다. 광고시장은 터무니없는 비용 때문에 이를 지불할 수 있는 독점자본이 활개를 치는 곳이었다. 광고비용은 생산노동의 임금을 낮추고 소비가격을 높이는 이중착취의 대가로 조달되었다. 대자본의 도구로 이용되는 광고는 소비자들을 대기업에 묶어놓는 기제로 기능했다. 광고는 대중매체를 먹여 살리는 것이었으며 광고에 의존하는 미디어는 모든 활동을 상업성에 사활을 걸어야 했다. [4]

소비사회는 사회구성원 모두가 불가피하게 광고의 소비자가 될 수밖에 없는 물리적 환경을 조성한다. 광고는 소비자를 호명하는 주요 기능을 담당한다. 광고는 특정한 이데올로기를 담은 이미지와 문구로 불특정 다수의 사람들이 자신들을 바로 광고가 호명하는 특별한 '당신'과 동일시하도록 유혹하는 매체이다. 사회생활 전반에 너무나 깊숙이 들어와 있는 광고매체들은 누구나 할 것 없이 소비에 많은 시간과 에너지를 쏟는 삶을 살도록 강제하는 것이다. 각양각색의 상품광고들이 생활공간을 무차별적으로 뒤덮고 있는 풍경은 소비사회가 소비시장의 제물로 바쳐진 사회라는 것을 여실히 보여준다. 광고매체들로부터 자유로울 수 없는 일상의 삶은 사회 자체가 자본에 복속되고 사회적 정신 상태가 자본에 의해 식민화되는 환경을 조성한다. 광고는 소비대중이 소비시장의 독재를 의식하지 않고 소비주의에 자연스럽게 빠져들게 하는 독사로 작용한다. 광고와 일상이 하나의 세계로 통합된 상황에서 광고는 아무런 제약 없이 독사적 기능을 수행할 수가 있다.

보드리야르는 광고가 '사회적인 것'을 디자인하고 환기시킨다고 말한다(Baudrillard, 1981: 133~143). 사회적인 것이 광고 기획의 대상이 되면서 사회적인 것의 역사적 실체가 수요와 공급의 항목으로 전락한다는 것이다. 사회성 자체가 광고의 환각 속에서 실현되고 용해되어 사

---

4 미국의 TV광고는 2005년 연간 2, 200억 달러 규모의 시장으로 매년 7.6%씩 성장해왔으며 이는 전체 경제의 평균 성장률보다 2배나 큰 것이었다(드 그라프 외, 2010: 250).

회성의 잔해들만이 넘치는 상황에서 사회구성원들은 그 '시나리오에 미쳐 날뛰는 관중'이 된다. 광고는 사회적인 것과 그 공공의 의미를 파괴하고 사회의 정치적 기능을 무력화하는 것이다. 광고는 "나는 구입한다. 소비한다. 즐긴다"는 슬로건을 통해 '사회적인 것'을 통제 불가능한 구매와 소비의 자유 속에서 조롱하고 붕괴시킨다. 광고가 고취시키는 '사회성'은 자본의 논리를 관철시키는 것으로 사회성의 위장과 기만일 뿐이다.

날로 번창하는 광고 산업은 인간의 본능에서부터 소비자의 사회경제적 조건에 호소하는 다각적인 접근을 통해 소비주의를 친숙하고 당위적인 것으로 수용하고 실천하도록 유도한다. 광고는 소비주의를 조장하는 정보와 전문지식을 제공하고 문화적 기호들 및 상징들을 창출한다. 광고는 소비주의적 행동규범과 세계관을 제시하고 미화하는 한편 새로운 생활 스타일의 모범을 보여주면서 생활습관을 바꾸도록 종용한다. 효과적인 광고 기술은 단순한 구호나 감각적인 이미지를 통해 초합리적이고 초현실적인 상상과 환상을 부추기고 이성적 판단을 외면하는 소비주의의 은밀한 설득으로 작용한다. 모든 광고문구들은 행동과학적 접근을 이용하는 소수의 손에 의해 소비자의 정신이 조종되고 지배된다는 사실을 은폐하기 위해 고안된 연막이다(글레이저, 2013: 54~55).

소비광고는 선전하는 사물들이 필연적인 의미를 지닌 것처럼 포장한다. 사물들에 대해 그 무엇인가를 지칭하고 이해시키고 주입하면서 암묵적으로 강요한다. 광고는 꾸며낸 이야기를 확실한 사실처럼 만들어 허구성을 자명함으로 위장하고 진정성을 가장한 환영들을 조작해낸다. 광고는 반기업적 비판의 상징조차 상술로 포장하고 언더그라운드 트렌드까지도 매끄럽게 수용한다. 광고는 복잡한 세계를 단순하게 만들어 깊이가 없고 모순이 없는 '행복한 명백함'으로 가장한다. 그 가짜 진정성을 알아채는 소비대중의 지각능력이 고양되는 것 이상으로 광고의 기법은 점점 더 정교해진다. 그 덕분에 광고의 세계는 현실보다 더 강력한 힘을 갖게 된다.

광고는 생산체계가 만들어내는 욕구체계를 소비욕망의 연쇄적 생성체계로 전환시키는 기제로 작용한다. 광고의 목표는 소비 욕망을 조직적으로 만들어내는 것에 있다. 욕망의 조작은 소비주의를 고조시키는 동력으로 작용한다. 소비주의적 생활방식의 활력은 물질적 소유에 대한 '허위적' 부족으로 야기되는 욕망의 확장에 의존한다. 광고는 현재 생활에 대한 결핍과 불만을 일깨워주고 위축감을 자극함으로써 생활수준의 상향조정을 위한 소비주의를 유도한다. 좋아하지 않던 것도 좋아하게 만드는 것, 하나를 갖게 되면 연쇄적으로 또 다른 것들을 더 원하게 만드는 것, 또는 소비중독에 걸리게 하는 것이 광고의 기능이다. 이는 소비자가 자신의 욕구를 스스로 규정짓고 파악하게 하는 가능성을 차단시켜버리고 소비자를 생산체계가 만들어내는 욕구체계 내로 포섭하기 위한 것이다. 소비자의 자기의식적인 통제를 불가능하게 만드는 것이 광고의 독사적 기능이다.

광고는 소비주의를 일상생활에서의 불만과 긴장을 해소하는 개인주의적인 해결책이자 사회적 성취의 비결로 제시한다. 노동시장과 사회생활에서 야기되는 인간의 소외, 갈등, 왜소화의 대안으로 광고는 소비주의를 권장한다. 삶의 영역이 공허함, 단조로움, 좌절감을 느끼게 할수록 광고는 '허구적 현실'을 과장하는 방식으로 소비의 청량제 역할을 강조한다. 이 모든 것들은 현실적 불만과 박탈감을 해소시키는 것이 아니라 오히려 조장하는 것이다. 소비의 자유를 만끽할 수 없는 소비자들에게 소비주의를 종용하는 광고는 압박과 소외를 야기하는 것일 뿐이다.

더 나아가서 상품의 상상세계를 가공해내는 광고의 소비 그 자체가 상품의 소비와 상관없이 이루어지는 문화적 소비인 것이다. 광고매체가 추구하는 판매촉진의 경제적 목적은 정보전달의 기능을 넘어 문화적 소비에 의한 이데올로기적, 문화적 기능을 통해 달성되기 때문이다. '소유'나 '자유'는 광고에서 '잘 팔리는 이데올로기들'로서 중산층과 개인주의적 소비대중을 겨냥한 것이다. 광고는 상업화된 수사법과 비언어적인 묘사를 동원하여 특정한 상품과 특정한 집단의 이해를 연결시키는 이데올로기적 기능을 한다. 광고는 또한 특정한 이데올로기를 특정한 문화적 형식과 정보의 가치로 담아내는 전시장이다. 광고는 사물을 바라보는 특정한 관점과 도식을 제시하고 특정한 가치들을 매개하고 부각시킴으로써 문화적 영향력을 행사한다. 광고는 그 자체가 문화상품이자 오락거리로 소비되면서 소비대중의 정서, 감성, 정신세계를 자극하고 조종하는 기제로 작용한다.

오늘에 와서 광고형식이 일상의 지배적인 표현양식으로 자리 잡게 되면서 광고의 문화적 영향력은 심각한 수준에 이르고 있다. 보드리야르가 말하는 것처럼 현대는 '모든 잠재적인 표현양식들이 광고양식 속으로 흡수되는 시대'이다. 광고양식은 깊이가 없고 즉각적이며 모든 독창적인 문화형태들을 흡수하는 것이다. 독특한 내용물은 광고형태로 서로 다른 것들 속에서 베껴 쓰일 수 있는 순간부터 사라진다. 선전에 의한 언어의 남용은 단어의 뜻을 비우고 이유 없는 용어의 반복과 남용으로 그 질적 요소를 퇴색시킨다. 광고텍스트에서 사용되는 상업적 언어들은 '카니발적' 다양성과 무차별성 속에서 이데올로기의 의미 자체를 해소시켜 버린다. 이데올로기에서 유래한 어휘들은 오로지 소비주의를 조장하기 위한 자유와 진정성의 수사학적 장식들로 변질된다. 정치 영역에서도 이미지와 수사법에 의존하는 광고양식을 차용하는 추세가 나타나면서 이데올로기적 투쟁의 의미가 상실된다. 광고는 의미를 나타내는 것들과 비-의미적인 것들을 무감각하게 반복하면서 언어의 모든 기능을 희화적이고 광대한 조롱거리로 전락시킨다.

전 지구를 하루 24시간 휩쓰는 광고들은 더 이상 의미를 부여하지 않는 언어의 화려하고 자극적인 유희들만 증폭시킨다. 광고는 의미를 단순화시키는 힘으로 매혹시키는 것이라면, 그 힘이 커질수록 의미는 강탈된다. 보드리야르의 표현처럼 이는 기호의 작동양식에 의한 피상적이고 말초적인 형식, 모든 의미화의 최소공통분모, '의미의 0도'의 승리를 말한다. 모든 표현양식들이 깊이 없고 즉각적이고 선동적이고 감각적인 과장법으로 포장됨으로써 생각과 판단은 불필요한 것이 된다. 모든 것이 광고로 향하는 시대는 의미의 소진과 사유의 마비를 향해 돌진하는 시대이다. 인간의 사유 자체가 광고에 의해 식민화되는 수준에 이르는 것을 말한다. 더 이상 사유할 필요가 없는 상태에서 광고의 독사는 거침없이 무의식을 잠식할 수가 있다. 광고는 경제적 목적으로 기획되지만 그 효과는 이데올로기와 문화를 넘어 인간의 무의식에까지 파고드는 광고의 독사적 기능에 의해 극대화된다.

4. 유행의 독사

유행(*fashion, mode, fad*)은 특정시기에 널리 받아들여지고 채택되는 스타일이나 생활양식으로서 주기적으로 새로운 것을 추구하는 특성을 지닌 사회적 집합현상을 말한다. 소비자본주의하에서 유행은 소비유행이 주도하며 그 추동력은 생산체계와 소비시장으로부터 발생한다. 유행은 소비시장을 새로운 감수성을 추구하는 문화의 산실로 만든다.

소비시장은 유행의 확산을 통해 물건, 행위, 사상 등의 유행을 주도하고 소비양식을 선도한다. 의식주의 필수품에서부터 여가와 놀이, 예술과 지식까지 연속적인 스타일의 변화를 통해 '베스트셀러'를 창출하는 것이 유행이다. 시장에서 팔리지 않는 것은 유행이 될 수 없듯이 유행은 소비주의 마케팅의 성공을 의미한다. 유행의 변화는 소비주의를 자극한다. 유행은 대중의 소비행태와 생활방식에 개입하는 강력한 기제로서 소비주의를 불가피한 것으로 추종하고 실천하게 하는 독사로 작용한다.

유행은 시장경제가 소비를 일방적으로 강제할 수 있는 강력한 수단이다. 시장경제는 유행을 매개로 인간의 생활방식과 취향을 시장의 논리에 의존하게 만든다. 유행은 소비자들의 선택이전에 생산체계와 마케팅의 기획에 의해 그 코드와 표적(타깃) 시장이 결정된다. 유행은 특정한 소비패턴을 유통시키고 파급시키는 방식으로 특정한 소비를 암묵적으로 강요하는 것이다. 유행은 배제와 포섭, 감시와 보상의 이중기제로 작용한다. 유행은 그 선도자들을 탄생시키는 순간부터 나머지 소비자들을 배제시키고 유행에 뒤처진 '지체자'들로 만들어 소비시장의 포섭대상으로 공략한다. 이들도 유행으로부터 완전히 자유로울 수 없는 환경이 조성된다. 반면에 유행의 선도자들과 추종자들은 유능한 소비자들로 각광받는다. 유행의 선도자와 추종자를 자처하는 대중은 소비시장에 자발적 충성을 다하는 소비주의의 일등공신이다.

유행을 따르는 소비주의는 자본주의 생산체계에 순응하는 문화를 조성한다. 이는 짐멜이 강조한 '객관적 문화'에 점점 더 의존하게 만드는 것을 말한다. 유행하는 소비상품은 소비자의 외부에 존재하는 객관적으로 주어진 생산물이며 상품의 독특한 존재와 성격은 소비자로부터 독립된 것이다. 유행은 객관적 문화가 주관적인 취향과 주체성을 조종하게 만들어 주관적 문화를 객관적 문화로 포섭하는 기제로 작용한다. 유행은 집단적 동질성을 추구하는 성향과 개별적인 개성을 추구하는 성향을 타협하고 끊임없이 재협상하는 형태로 그 추종자들을 양산한다. 유행은 자신만의 독특한 정체성과 취향을 추구하는 수단으로 추종되지만 집단주의적 모방으로 인해 개체성을 상실하게 만드는 결과를 초래한다. 이는 바로 유행이 차별화와 동조화에 의해 확산되는 역설이다. 따라서 유행을 추종하기 위한 소비경쟁은 개성화와 균질화의 경계를 넘나들면서 과잉개성과 과잉동조의 악순환을 야기한다. 유행은 소비주의를 강제하는 것이지만 그 강제성을 개인의 '자유로운 선택'과 '자발성'으로 위장하고 전환시키는 것이다.

유행은 '새로운 것'에 대한 취향과 욕구를 자극하고 강박적인 변화를 유도한다. 유행은 발생, 확산, 소멸의 주기를 통해 변화하며 그 주기는 불규칙적인 것이다. 유행은 '단기적 소비'를 유도하기 위해 장시간 소비를 '결함'으로 취급하게 만든다. 단기적 소비는 유통의 가속화를 통해 자본의 순환 속도를 높여주고 더 많은 이윤을 보장해 준다. 유행의 주기가 짧아질수록 소비주의가 촉진된다. 유행을 통한 소비주의의 학습은 오랫동안 한 가지 취향을 고수하지 않게 하는 것, 쓰고 있는 물건에 대한 애착을 갖지 하게 하는 것, 새로운 것을 경계하는 성향을 시대에 뒤떨어진 것으로 낙인찍는 것, 싫증과 권태를 쉽게 느끼고 끊임없이 새로운 것을 원하게 하는 것이다. 이러한 학습의 효과로 생성되는 유행의 노예들은 끊임없이 새로운 것을 원하는 욕망 때문에 소비주의에 앞장서는 존재들이다.

그러나 새로운 것을 좋게 만드는 유행은 기만적인 것일 수밖에 없다. 유행은 항시 새로운 것으로 교체된다는 전제하에서 성립하는 것으로 새로운 것의 환상을 조장하는 상술이기 때문이다. 유행에서 절정의 순간은 곧 몰락의 순간이기 때문이다. 유행의 매력은 모든 것을 장악할 만큼 강력한 전파력을 지니는 동시에 신속하고 철저하게 소멸하는 속성에 있다. 소멸의 속도는 확산의 속도에 비례하기 때문에 쉬지 않고 더 빨리 다른 것을 찾아야만 한다. 이는 찰나의 시대를 살게 한다. 변덕스럽고 예측 불가능하고 일시적인 속성을 지닌 것들이 더 큰 가치를 지닌 것처럼 만드는 것이 유행이다.

유행은 소비대중을 인스턴트 문화에 길들이는 독사로 작용한다. 유행의 빠른 속도와 연속적인 분화는 일회성이 지배하는 생활방식을 초래하고 변화와 불안정에 익숙해지는 성향을 조장한다. 유행은 무엇이든 재빨리 사라질 것이라는 사고방식에 친숙하게 만들고 유효기간이 짧은 것을 선호하는 소비습관에 길들여지게 한다. 유행은 끊임없는 변화가 지속될 것이라는 믿음과 함께 보다 더 기발하고 신기한 것을 추구하는 취향을 길러준다. 인간관계도 소비유행을 재빨리 따라잡는 상품의 사용 방식을 닮게 되면서 일회성의 만남과 단기간의 피상적인 교제를 선호하는 경향을 띠게 된다. 반면에 지속적인 헌신과 밀도 있는 소통을 요하는 인간관계는 뒷전으로 밀려난다. 이처럼 유행은 지속과 축적의 문화가 아니라 단절과 소멸의 문화를 파급시킨다. 소비시장은 유행의 독사를 통해 인스턴트 문화를 꽃피우게 하는 곳이다.

문화의 본질적 특성은 영원성에 있다면 유행은 문화의 본질 자체를 위협하는 속성을 지닌다. 유행의 '혁명'은 문화를 일시적인 스타일로 연출하여 외양에 치우치는 문화를 열광하게 하기 때문이다. 유행의 일시성을 좇아가는 문화는 장식적이고 과시적인 유희로 대체되면서 문화의 개념 자체가 변질된다. 유행은 예술도 그 희생물로 만든다. 예술적 가치가 유행을 따라가게 되면 영원성이 상실된다. 미학의 세계도 유행의 변덕에 따라 춤을 추게 된다. 유행은 관념, 이론, 원리, 미적 형식들이 아주 빠르게 교체되는 것을 이상으로 삼는 것이다. 유행의 독사는 무엇이든 빠르게 퇴색하고 사라지고 폐기처분되는 현상에 익숙해지게 만들고 이를 당연한 것처럼 받아들이게 한다. 유행은 폐기물 생산을 가속화하는 것이며, 이는 곧 실속 없는 역사의 가속화를 의미한다.

모든 유행은 짐멜의 지적처럼 본질적으로 계급적 유행이며 계층적 구별 짓기의 수단으로 작용한다. 모든 유행은 똑같은 겉모습에 의해 특정한 사회계층을 내적으로 통일시켜주고 외부의 다른 계층들로부터 분리시켜줌으로써 그 계층의 정체성을 표현하게 한다. 유행은 동등한 위치에 있는 사람들과의 결합을 의미하는 한편 그들보다 낮은 신분의 사람들에 대한 집단적 폐쇄성을 드러낸다(짐멜, 2005: 57). 유행에 동참하는 것은 계층적 우월감을 보이기 위한 것일 수도 있고 반대로 위화감을 희석시키기 위한 것일 수도 있다. 유행은 바로 그 양가적 기능을 통해 소비주의를 필수적인 것으로 받아들이는 독사로 작용한다. 계층적 분리와 동질성을 부각시키게 해주는 유행의 변화가 빨라질수록 소비주의가 촉진된다.

짐멜은 유행이 상류 계층에서만 발생한다고 보았다. 상류계층은 유행을 빠른 속도로 변화시킴으로써 계급적 격차를 갱신시킬 수 있기 때문이다. 이들은 유행을 자신의 것으로 동화시키자마자 그 유행을 버리고 또 다른 새로운 유행을 추구한다. 상층지향적인 하류계층에게 유행은 신분상승의 욕구를 표출하는 수단이다. 그러나 오늘의 소비자본주의는 하층계급이 상층계급의 유행을 신속하게 모방할 수 있도록 대중화하는 방식으로 소비시장을 확장시킨다. '패션주기'는 원래 부유층의 취향과 가치를 반영한 것이지만, 고가품을 모방한 저가품의 대량생산은 저소득층에서도 상류층의 취향을 흉내 낼 수 있는 소비시장을 창출한다. 유행의 확산은 저소득층을 소비시장에 적극 끌어들이는 수단으로 작용한다. 유행은 애초에 부각된 희귀성을 상실할 만큼 대량공급과 대량소비의 단계에서 절정기를 맞게 된다. 유행의 쇠퇴기에 접어든 상품들은 가격이 인하된 재고처분의 과정에서 저가의 유혹에 빠져들기 쉬운 저소득층의 소비주의를 부추긴다.

한편 소비유행은 계급적 격차나 고상한 취향과 저급한 취향의 대립을 희석시키는 방식으로 대중적 인기를 끌어 모은다. 유행상품의 대중화로 계급적 소비의 특권을 없애거나 포스트모던적 취향에 파고드는 방식으로 탈계급화된 취향의 소비를 조장하는 것이다. 여기서 유행의 독사는 현실속의 위계질서와 계급적 위화감을 의식하지 않게 하거나 탈피하게 만드는 유혹으로 소비주의를 촉진시킬 수 있다. 부유층과 엘리트층의 생활양식과 소비습관을 모방하는 소비유행의 대중화 역시 계급적 구별 짓기를 깨뜨린다는 착각의 파격적 소비를 조장한다. 이렇듯 유행은 부와 권력의 불평등한 관계를 희석시키는 방식으로 대중의 소비주의를 증진시킨다.

유행은 특히 젊은 세대에게 소비주의를 학습시키는 효력을 지닌다. 모방소비를 즐기는 습관과 성향을 조장하고 소비주의적 생활방식에 친숙해지도록 만드는 것이 유행이다. 유행은 젊음의 특성과 진취성을 과시하는 소비를 통해 구세대와 구별되는 신세대 문화를 추구하게 한다. 경험이 적고 변화를 갈망하는 신세대는 패드(fad)처럼 아주 짧은 기간 동안 파급되었다가 빠르게 사라지는 유행의 홍수에 빠져들기 쉽다. 유행의 독사는 소비시장의 유혹에 끝없이 빠져들게 만들어 각자의 개성을 스스로 창조할 수 있는 문화적 잠재력 자체를 박탈한다. 유행은 일탈과 전위의 코드를 연출하는 소비주의를 자극하여 젊음의 급진성과 저항성까지도 소비시장으로 포섭한다. 소비유행에 대한 열광은 젊음의 열정을 개인주의적 소비양식으로 흡수시켜버리는 것이다.

5. 상품기호의 독사

보드리야르는 현대 소비사회에서 상품이 기호로 생산, 소비된다는 점에서 기호의 정치경제학[5]을 제시했다. 기호의 정치경제학이란 '일반적인 등가 법칙하에서 이루어지는 생산의 교환으로부터 기호들의 코드에 의한 교환으로의 이행'을 말한다. 즉, 교환에서 등가의 법칙이 아닌 코드의 법칙이 절대적인 기준의 심급이 되면서 상품의 지배가 코드의 지배로 전환되는 것을 말한다. 여기서 상품의 교환가치는 차이와 위계로 특징지어지는 기호 가치로 치환된다. 모든 기호들은 기호체계의 테두리 안에서 내적인 차별화에 의해 의미작용을 한다. 기호는 하나의 기호체계 안에서 기호들 간의 차이와 등급에 의해서만 가치를 발생하는 것이다. 기호로 소비되는 상품은 그 기능적 유용성과는 상관없이 하나의 기호체계 내에서 다른 상품기호들과의 관계와 차이에 의해 가치를 부여받게 된다. 상품의 언술행위는 상품의 생산체계에 의해 조작된 기호체계로부터 생성되는 것이다.

보드리야르가 제시한 기호의 정치경제학은 이데올로기의 기호학적 환원을 밝혀주는 것이다. 상품기호의 전반적인 조작은 생산력을 이용했던 구조보다 훨씬 더 읽어내기가 어려운 '새로운 이데올로기적 구조'를 생성시킨다. 여기서 이데올로기는 상징적인 물질이 형식으로 환원되고 추상화되는 과정에서 그 '형식' 자체로부터 파생되는 것이다(보드리야르, 1992: 160). 이데올로기적 형식은 모든 상품이 의식적이건 무

---

5 보드리야르는 생산력이 그 고유의 영향력을 상실하고 문화적 강제로 작용하는 소비사회에서 급진적 비판의 주제는 상품생산의 정치경제학에서 기호의 정치경제학으로 이전되어야 한다고 주장한다. 이는 문화와 의미작용의 기능을 경제생산에 종속시키는 것에 반대하고 경제와 문화의 구분 자체를 이데올로기적 형식의 기능으로 보는 논지를 담은 것이다.

의식적이건 세상에 대한 특정한 이미지를 담은 것이자 특정한 의미작용과 시각을 암묵적으로 강요하는 것이다. 기호의 구조가 상품형식의 핵심에 자리 잡게 되면 상품은 기의와 기표의 이항 형식에 의해 의미작용의 효력을 발생시키고 사회적인 교환 전체를 지배하는 의사소통체계로 정립된다.

따라서 상품의 소비는 상품의 이데올로기적 구조와 의미작용을 담은 기호체계를 받아들이고 그 기호들에 의해 흡수되는 과정이다. 기호의 소비에서 상품은 하나의 물질적 실체로서 어떤 내용을 담고 있는 것이 아니라 오로지 기호적 가치를 충족시키는 것이다. 상품의 소비는 기호적 가치와 의미를 전유하기 위한 것이다. 소비의 욕구도 상품생산에 의해 코드화되는 기호가치의 의미를 지니게 된다. 보드리야르는 소비상품의 기호체계들을 통해 '차이화의 강제'가 극대화된다고 주장한다. 차이화의 강제란 소비자가 자신의 선택에 따라 타인과 자신을 구별 짓는 행동을 함으로써 '차이의 질서' 속에서 점수를 얻어내고 동시에 그 질서를 재생산하는 것을 의미한다. 차이화의 강제는 '상대성의 강제'로서 소비의 기본 성격인 '한계 없음'을 말해주는 것이다(보드리야르, 1991: 73). '차이화의 강제'는 상품기호들을 따라가는 '자연스러운' 소비의 연속을 통해 관철된다.

물질적, 예술적, 지적, 과학적 생산의 모든 것이 기호들로 산출되면 이것들은 등가성을 지닌 다른 기호들로 얼마든지 교체될 수가 있다. 인간의 삶의 모든 부분이 상징과 재현을 넘어 기호체계로 변질된다. 이것이 욕망과 쾌락의 원천이며, 욕망과 쾌락의 기호적 가치들을 불러오는 상품들은 끊임없이 다른 것들로 대체될 수가 있기 때문에 기호적 가치의 끝없는 소비를 불러온다. 일례로 혁명가의 기호로 생산, 소비되는 '체 게바라'는 정반대의 이념을 지닌 혁명가의 기호나 또는 혁명가와는 전혀 상관없는 소비유행의 기호로 대체될 수 있다. 상품의 기호적 소비는 동일한 기호적 가치를 지니는 수많은 상품기호들의 소비를 촉진시킨다.

소비시장은 소비자가 상품의 기호체계에 따라 다른 것과 차별화되는 기호적 의미와 가치를 읽어내고 소비하도록 훈련한다. 여기서 상품기호는 기호체계의 생산과 조작에 따라 소비주의를 촉진시키는 독사로 작용한다. 의미와 차이를 산출하는 능력을 이용하는 기호의 조작은 노동력을 이용하는 조작보다 더 철서한 것이다. 상품기호는 이러한 조작이 은밀하게 불러오는 소비주의를 관철시키는 독사적 기능을 수행한다.

보드리야르는 자본주의가 독점단계에 이르면서 생산수단의 독점보다는 '코드'의 독점으로 집중되는 상황을 주목한다(보드리야르, 1994: 119~123). 독점주의적 체계에서는 수요와 공급의 변증법이 더 이상 작용하지 않으며, 코드의 독점에 의한 계획적인 조절과 통제가 우발적 수요를 대체하는 전략이 구사되는 것이다. 이에 따라 "모든 가치들이 조작할 수 있는 기호에 따라 변화하고 교환되는 거대한 결합관계로 이행한다." 이는 자본주의가 "더 이상 생산수단의 소유에 의해서가 아니라 코드의 지배에 의해서 모든 사회관계들을 상징적으로 파괴하는" 단계에 이른 것을 말한다. 이는 코드화, 과잉코드화, 코드의 보편화의 결실이다. 상품의 기호체계가 '착취의 구조보다 더 교묘하고 전체주의적인 통제와 힘'을 행사하게 된 것이다. 보드리야르는 이것이 산업혁명과 동등한 중요성을 갖는 '자본주의적 체계의 혁명'이라고 강조한다.

코드의 독점시대에서 기호의 기능은 '의미작용의 양식에 있어서 근본적인 변화'를 수반한다. 기호는 그 자체만으로는 더 이상 아무것도 가리키지 않고 오직 다른 기호들만을 가리키는 구조적 한계에 도달한다. 소비사회는 그 내용물들을 제거하고 아무것도 말하지 않는 기호의 체계들만을 고안하는 단계에 이른다. 생산물과 분리되어 부유하는 기호들은 더 이상 사용가치로 기능하지 않는다. "기호의 사용가치는 오직 자신의 교환가치만을 위해 사라진다."(보드리야르, 1994: 124~125) 교환가치로 완전히 환원되는 사용가치는 단지 교환가치의 '구실'이자 '농간'일 뿐이다. 사용가치의 자율성과 무상성을 소멸시키는 교환가치의 논리만이 관철되는 것이다. 사용가치가 폐기된 상태에서 상품 소비의 궁극적 목적은 사라지고 오직 교환가치만을 위한 소비, 즉 기호체계의 생산 명령만을 따르는 기계적인 소비가 조장된다. 상품기호의 소비는 기의와 더 이상 결속되지 않는 '기표들'의 소비로 자가 발전한다. 소비주의는 이러한 기표들의 끊임없는 갱신을 통해 또 다른 기표들을 불러오는 유희 속에서 촉진된다.

상품미학은 '예술의 대중화'나 '일상생활의 미학화'의 이름으로 미학적 감수성을 상품의 생산체계와 마케팅으로 통합시키는 것이다. 하우그(Haug, 1986)의 지적처럼 상품미학은 미적 가치를 교환가치의 대용물로 삼아 고도의 '사용가치를 약속하는 외양'을 제시한다. 미학화는 이미지, 상징, 기호들의 범람을 초래하면서 사용가치의 '최소치'를 신화적 환상의 '최대치'로 위장하고 각색한다. 광고, 포장, 마케팅, 전시 등에 내재화된 상품미학은 기술적으로 완벽하게 만들어진 미적 외양을 통해 소비자의 감각과 욕구와 무의식에 호소한다. 상품미학은 상품의 감성적 소비, 미학적 감동, 예술적 심미안을 부각시킨다. 그러나 상품미학에 의한 미적 쇄신은 오로지 자본축적의 목적으로 고안된 소비 착취의 도구로서 상품의 사용가치의 질적 감퇴를 상쇄시키는 것이다. 상품미학은 인간의 욕구와 감성을 시장의 논리에 맞게 변형시키는 방식으로 식민화함으로써 사용가치를 위장한 교환가치에만 몰두하기 때문이다. 상품미학은 미학적 가치의 과잉코드화를 조장하고 기의 없는 기표들을 양산함으로써 오직 기표들만을 즐기는 소비주의를 조장한다. 상품의 기표들의 소비에 몰입하는 소비주의는 상품에 대한 물신숭배를 심화시킨다. 여기서 물신숭배는 사물 그 자체에 대한 것이 아니라 지배적 코드로 작용하는 상품의 체계에 대한 신성화이며 기호체계로서의 상품에 대한 신성화'를 의미한다(보드리야르, 1992: 94~95).

보드리야르는 코드의 독점체계가 소비뿐만 아니라 생산 자체도 무력화한다고 주장한다. 상품의 소비가 상품기호의 소비로 확장되고 상품기호의 소비가 기의 없는 기표들만의 소비로 변질되는 상황에서 소비는 더 이상 고유한 가치를 지니지 못하고 생산명령만을 따르는 '소비를 위한 소비'로 전락하게 되었으며, 생산도 또한 목적도 없이 '생산을 위한 생산'으로 변질된다는 것이다. 이처럼 생산과 소비가 맹목적인 자가발전의 상태에 이른 것은 생산자와 소비자로 살아가는 인간의 삶이 오직 자본주의 시스템을 지탱시키기 위해 그 제물로 바쳐지고 있다는 것을 항변해준다.

15
소비주의적 주체 생산

1. 소비자의 호명: 소비욕구 생산의 역학

서구에서 '소비자'라는 새로운 인간형을 탄생시키는 데에는 100년의 시간이 필요했지만 그 나머지 지역에서는 그 시간이 획기적으로 단축될 수 있었다. 미국은 다른 자본주의 선진국가들보다도 10~20년 앞서서 소비자중심 경제로 진입했다. 미국은 할리우드의 막강한 영화산업, 정보산업, 스포츠산업, 대량 소비문화 등을 통해 소비유행을 선도하는 세계적인 영향력을 발휘함으로써 소비주의를 추종하는 소비자 모델을 파급시켜왔다. 미국식 소비주의는 '아메리칸드림'을 실현하는 것이었다.

20세기 초부터 미국을 중심으로 어린이를 표적으로 삼는 공격적인 마케팅이 시작되었다(로빈스, 2014). 그 전까지 자본주의 경제는 어린이를 주로 노동자로 이용해왔다면, 아동노동이 불법이 되고 양육과 아동교육에 대한 관심과 열의가 고조되는 상황에서 어린이를 특별한 소비자로 훈련하는 전략이 구사되었다. 이는 어린 시절부터 소비주의에 아주 철저하게 길들여지는 소비자들을 창출하기 위한 것이었다. 1920년대에 산타클로스의 상품화가 절정을 이루게 된 것에서 그 효과가 나타났다. 유아 및 어린이용 식품, 위류, 가구, 식기, 서적, 각종 장난감과 놀이기구 등 다채로운 상품들의 소비시장이 번창하게 되었다. 유행과 감성에 휘둘리기 쉬운 어린이와 청소년 세대는 오늘에 이르기까지 미국뿐 아니라 세계적으로 소비경제를 떠받치는 핵심집단이 되었다. 부모 세대의 문화자본의 경쟁과 계층적 차별화를 위한 소비행태들이 자식 세대로 확장되고 답습되면서 어린이의 소비시장은 더욱 더 번창할 수 있었다.

어린이 세상과 어린이 문화(kinderculture)의 창조는 소비시장의 몫이 되었고 디즈니월드는 그 결정판이었다. 디즈니랜드는 모형세계를 통해 자본주의 소비사회를 이상화된 '소비자 천국'으로 만들어주었다. 고도로 조작된 상징들을 통해 불의의 역사적 현실까지도 무비판적인 소비상품으로 만들어 즐거움을 유발하는 소재로 미화했다. 디즈니월드는 어린이 문화를 닮아가는 어른들의 소비시장을 세계적으로 활성화시키는 계기로 작용했다. 세계적 관광명소가 된 디즈니랜드처럼 단순한 어린이 취향과 현실도피적인 유아적 환상을 즐기게 하고 '키덜트족'(아이와 같은 감성과 취향을 가진 어른들)을 세계적으로 확산시키는 미국식 자본주의 소비문화가 세계적으로 번성하게 되었다.

청소년 세대는 부모 세대를 점점 더 능가하는 소비주의적 생활양식의 전도사로 육성되었고 이는 상대적으로 소비문화의 영향을 적게 받는 어른 세대와 문화적 격차를 벌이게 하는 요인으로 작용했다. 오늘날 약 10억 명으로 추정되는 글로벌 10대들은 가족 전체 소득에 어울리지 않는 소비를 즐기는 집단으로 '전대미문의 마케팅 기회'를 열어주었다. 청바지나 운동화로 대표되는 10대 유니폼과 전자제품, 청량음료, 패스트푸드와 개인 생활용품의 '10대' 품목들의 소비는 나날이 증대되었다(클라인, 2010: 216). 전 세계에 퍼져 있는 MTV의 세상에 빠져드는 글로벌 10대의 유목민이 많아질수록 소비시장은 동질화되었다.

소비의 대중화는 특히 노동자를 소비자로 육성하는 작업으로 추진되었다. 19세기는 노동자계급이 부상한 시기였다면, 20세기는 소비자 대중이 양산된 시기였다. 소비경제의 운명은 과잉생산의 문제를 해결하기 위해 노동자를 얼마나 적극적인 소비자로 훈련하는가에 달려 있었다. 노동자들은 '생산성 혁명'의 주역이자 동시에 '소비혁명'을 완수하는 임명을 떠맡게 되었다. 노동자들의 구매력을 높이기 위한 임금인상은 노동자 계급을 소비자대중으로 편입시키는 주요 전략의 하나였다. 구매력이 지위의 원천이 된 소비사회에서 노동자를 지위의식이 강한 소비자로 바꾸어 놓는 상술이 요구되었다. 부르주아 계급만이 향유했던 사치품들을 노동자계급의 구매가능한 필수품들로 대중화함으로써 소비주의의 열망을 부추겨야 했다. 이는 부르주아적 소비생활을 모델로 삼아 자본가 - 노동자 - 소비자의 공동운명체를 구축하는 것이었다.

소비사회는 생산주의에 매달리는 노동자를 소비주의를 추종하는 소비자로 재사회화했다. 여기서 노동은 능동적인 자기실현의 영역이고 소비는 그 반대로 수동적이고 소모적인 영역이라는 도식이 뒤집어졌다. 즉, 노동은 소외와 스트레스의 영역으로 퇴행하는 반면 소비는 노동의 고통에 대한 보상으로서 사치, 낭만, 꿈을 허용하고 '자기 창조'의 계기를 제공한다는 새로운 도식이 자리 잡았다. 소비의 자유는 노동의 억압과 대비되었다. 이는 노동과 생산의 의미를 희석시키고 노동시간 단축을 통해 소비/여가의 시간을 늘리는 것에 몰두하게 만들었다. 소비의 유혹은 노동의 동기부여로 작용하였고 노동은 소비주의적 생활방식을 따라가기 위한 돈벌이 수단으로 전락하게 되었다. 노동의 영역이 피폐해지고 비인간화될수록 소비의 영역은 그 보상을 약속하는 영역으로 부상하였다.

소비주의는 노동시장에서 야기되는 불만을 해소하고 노동으로부터의 해방의 욕구를 조장하는 것이었다. 소비주의는 생존을 위한 일차적 욕구를 넘어 '이차적', '문화적' 욕구를 끝없이 자극하는 방식으로 촉진되었다. 마르쿠제는 이러한 소비욕구가 생산체계의 동학이 발생하는 구조로부터 부과되는 타율적인 것이라는 점을 강조했다. 즉, 외부로부터 부과되는 욕구의 타율성이 '자기부과'되는 방식으로 생성되는 '허위 욕구'는 소비자의 자율적이고 합리적인 숙고가 결여된 상태에서 파생되는 이데올로기적 결과물이라는 것이다. 이는 소비자로 하여금 자신들이 원하는 것을 제공받는다는 자기최면을 갖게 함으로써 욕구의 허위성을 직시하지 못하게 한다. 소비자가 생산물이 자극하는 욕구를 자신의 욕구를 담은 '문화적 자연'으로 오인하여 자신에게 스스로 부과하는 과정에서 시스템의 통제가 효과적으로 이루어지는 것이다.

그런데 보드리야르는 자본주의 생산체계가 소비의 욕구체계를 만들어낸다고 보기 때문에 욕구의 자율성 자체를 인정하지 않았다. 욕구는 생산모델의 역동성에 의해 생산되는 것이며 이는 최대한의 생산과 유통을 위한 자본의 절대명제에 속한다고 했다. 소비시장의 움직임을 통제하는 생산체계가 개인의 욕구를 창출함으로써 체계의 재생산에 필요한 '생산력'을 만들어낸다는 것이다. 여기서 주목할 것은 생산체계가 욕구의 개념 자체를 창출한다는 것과 욕구들 간에 차이를 주조하는 욕구체계 속에서 하나의 욕구로부터 또 다른 욕구들이 연쇄적으로 생성된다는 점이다. 욕구는 각각의 사물과 관련해서 일대일로 생기는 것이 아니라 생산력의 일반적 틀 속에서 전체적인 처분능력으로서, 즉 '소비력'으로서 생산되는 것을 말한다(보드리야르, 1991: 95~97). 보드리야르에 따르면 '욕구는 경제 제도에 의해 경제 제도의 재생산을 위한 기본 세포'로 생성되는 '생산적인 규율'이다. 욕구가 생산력이라면 소비도 생산력이다. 욕구와 소비는 '생산력의 조직적인 확대'와 함께 증식되는 것이다. 반대로 '욕구에 대한 속박'은 '소비에 대한 속박'이다. 따라서 욕구는 자본주의 사업가에 의해 투자된 자본이나 임금노동자에 의해 투자된 노동력만큼 생산 질서에 '필수적인 것'이다.

이는 생산체계에 전적으로 의존하는 욕구체계 안에서 자발적 욕구와 타율적 욕구의 경계 자체가 사라진다는 것을 말한다. 욕구는 생산력을 만들어내는 것이기 때문에 필요한 것이며 생산체계가 필요로 하기 때문에 발생되는 것이다. '생산성'은 '소비성'과 동전을 양면을 이루는 것이므로 욕구는 소비성과 동시에 생산성을 증가시키며, 소비의 '자유'는 '생산적인 규율'과 생산력으로 작용한다. 욕구는 노동과 마찬가지로 생산력에 대한 착취를 내포한 것이지만 그 착취를 '자유'로 위장하는 이데올로기적 기능을 지닌다. 소비의 영역은 생산체계에 의해 외부로부터 구조화되는 것이지만, 소비욕구는 소비자 자신으로부터 발현되는 형식으로 생산력을 추동하는 원천이다.

보드리야르는 소비가 하나의 '계급적 제도'이자 '사회적 차이화의 논리'로 작용하는 것은 바로 욕구생산의 속도와 관련이 있다는 점을 강조한다. 생산-욕구체계는 차이화와 사회적 차별화의 논리에 따라 욕구의 순서와 등급이 책정된다는 것이다. 욕구들의 상승적이고 불가역적인 이동은 그 욕구들을 충족시키려고 하는 재화 생산의 역학과는 별도로 자신만의 고유한 역학을 갖는다(보드리야르, 1991: 76). 재화와 욕구는 동시에 생산된다고 해도 똑같은 속도로 생산되는 것이 아니기 때문이다. 재화생산의 속도는 경제의 생산성과 관련된 것이라면, 욕구의 생산 속도는 사회적 차이화의 논리와 관련된 것이다. 사회적 차이화는 '심리적 궁핍화'와 비교경쟁 덕분에 생산의 질서에 적합한 욕구를 유발시킬 수가 있으며 또한 그 욕구를 '충족'시키는 것으로 정당화될 수가 있다. 그러나 특정한 사물에 대한 욕구가 아닌 '차이에의 욕구'는 결코 완전하게 영원히 충족될 수 있는 것이 아니다. 하나의 욕구가 또 다른 욕구를 계속 불러오는 연쇄적 고리 속에서 충족되지 않는 갈망이 이어지기 때문이다. 소비의 논리는 차별화된 욕구들의 미끄러짐 속에서 작동함으로써 소비주의를 조장하고 예찬하게 만드는 것이다.

소비자의 호명은 이처럼 자본주의 생산시스템의 기술적, 상업적 전략에 동화되는 인간의 심리적, 정신적 내면세계를 생성시키는 방식으로 이루어진다. 무제한적 소비수요의 창출을 꾀하는 전략은 대중의 소비욕구의 무한한 생성과 확장을 목표로 삼는 것이다. 이 목표는 소비사회가 추동하는 차별화 논리와 비교경쟁의 논리에 따라 소비욕구가 증식되는 방식을 통해 달성될 수 있는 것이다. 소비의 욕구체계는 생산체계에 의해 생성되는 것이지만 그 욕구체계를 확대 재생산시키는 것은 소비사회의 몫이다. 소비사회가 소비자의 욕구를 얼마나 어떻게 증식시키는가에 따라 자본주의 체제의 운명이 달려 있다. 이 때문에 소비욕구의 극대화 전략이 구사된다. 그 전략이 성공할수록 소비의 탐욕이 점점 더 만연되는 사회가 도래한다. 소비의 탐욕은 유행성독감처럼 전염성이 강해서 끊임없이 '좀더 많은 것'을 소비하는 '어플루엔자'(*affluenza*, 소비중독 바이러스)로 불리어지기도 한다(드 그라프 외, 2010). 소비의 탐욕은 자본의 탐욕을 전염시키는 바이러스와도 같은 것이다.

2. 소비주의적 노동주체

오랜 세월 동안 '소비'는 '노동'으로 생각되지 않았고 오늘날에도 '소비노동'이라는 용어는 친숙하지 않다. 상품구매는 단지 경비지출이나 재화의 획득과 향유로 받아들여지는 경향이 있다. 쇼핑은 다소 '피곤한 즐거움'으로 받아들여질지언정 노동의 부담으로 간주되지는 않는다. '돈을 쓰는 일'은 '즐거움을 사는 일'이라는 등식도 존재한다. 소비는 생산의 혜택이자 노동의 보상이라는 관점에서 본다면 소비는 고통과 구속을 부과하는 노동과는 거리가 먼 것으로 간주되기 쉽다. 이러한 통념의 배경에는 노동의 개념을 생산과 시장노동에만 국한시켜온 자본주의 정치경제학과 생산주의 이데올로기가 자리 잡고 있다. 생산과 노동, 소비와 여가로 짝을 이루는 이분법의 경제논리와 이로부터 파생된 사회적 관념이 지배해온 것이다. 소비의 영역은 환상과 매혹이 지배하는 여가의 세계로 특권화 되면서 소비의 노동 개념이 경시되어왔다.

그러나 현대의 경제생활에서 소비는 분명 노력을 요하는 노동이다. 소비는 재화나 서비스의 선별과 이를 위한 사전 정보수집, 구매, 유통, 추가적인 생산과정, 사용, 유지, 수선, 관리, 처분, 폐기 등 일련의 복잡한 과정을 요하는 것이다. 구매 이전부터 구매 이후 폐기에 이르기까지 일정한 시간과 노력을 투입하는 매우 다양한 노동과정이 필수적으로 수반된다. 소비의 최종단계에 이르는 가공과정은 생산노동의 연장선상에서 이루어지는 것이다. 소비노동은 개인의 생존과 노동력의 재생산을 위해 필수적인 재생산노동이다. 마르크스에 따르면 노동력을 유지하기 위한 노동자의 '개인적 소비'는 '노동자 자신의 생산이며 재생산'이자 동시에 '자본의 생산과 재생산의 한 요소'이다(마르크스, 1987: 648~649). 아렌트(Arendt)는 모든 경제가 소비경제가 되면서 거의 모든 인간 노동력이 소비에 소모될 정도로 노동과 소비단계의 비율이 변해 가는 상황을 주목했다. 노동과 소비는 삶의 필연성이 인간에게 부과하는 동일한 과정의 두 단계, 즉 생산활동과 새로운 노동력의 생산/재생산 활동이 서로 밀접하게 이어지는 '하나의 동일한 운동'을 구성한다는 것이다. '소비사회에 살고 있다'는 말은 곧 '노동자의 사회에서 살고 있다'는 것과 같은 표현이다(아렌트, 1996: 154~159, 183~188).

소비경제의 성장은 소비노동자의 몫이다. '소비자'의 호명은 '소비노동자'를 동원하기 위한 것이다. 소비노동자는 생산노동자와 마찬가지로 잉여가치 창출에 필수적인 존재로서 자본주의 경제성장의 사명에 임하는 역군이다. 소비노동자는 생산노동자와 마찬가지로 자본주의의 교환가치체계에 예속된 존재이다. 소비노동자에게 주어지는 임금은 '개인적 만족'이라고 하지만, 수많은 소비자들은 소외된 노동자들이자 '피착취자'이다. 소비자는 '해방의 화신'이 아니라 자본의 증식을 위해 잉여가치를 창출하도록 강제된 조건에 있기 때문이다. 소비노동은 소비력을 증대하는 만큼 자본의 축적에 기여하는 것이지만, 소비노동자에게는 끝없는 소비욕망의 창출로 인해 박탈감이 초래되도록 구조화되어 있다. 교환가치체계하에서 노동의 소외는 생산과 소비의 양 영역에서 나타난다.

소비노동자의 대표적인 집단은 가사노동자였다. 가사노동자는 가족 단위의 일상생활을 영위하기 위해 부과되는 소비노동의 의무를 짊어진 존재였다. '주부＝소비자'라는 등식처럼 자본주의에서 소비단위로 범주화된 가정은 소비경제에 핵심적인 기능을 수행했다. 자본주의는 가정의 소비적 기능을 활성화하는 전략으로 가사노동의 영역에 점점 더 깊숙이 침투했다. 가족의 생존양식과 가족문화는 기업이 큰 이윤을 창출할 수 있는 소비영역으로서 소비주의 전략의 핵심 타깃이었다. 이에 따라 소비의 '가정화'와 가정의 '상업화'가 촉진되었다. 가정에서 생산되어온 것들이 공장으로 이전되는 한편 가사노동에 추가되는 소비노동의 비중이 점점 늘어났다. '가정혁명'의 이름으로 가사노동의 기계화 시대가 열렸지만, 이는 주부를 가사노동으로부터 해방시키기 위한 것이 아니라 산업기술의 소비노동을 늘리는 것이었다.

가부장제는 주부에게 가사노동을 여성의 타고난 성역할로 부과하는 것이라면, 자본주의는 가사노동자를 자본주의 경제시스템에 복속된 소비노동자로 봉사하게 하는 것이다.[1] 가부장적 자본주의 체제에서 주부의 소비노동은 성역할의 연장선상에서 이루어지는 가사노동의 몫으로 취급된다. 이 때문에 자본주의는 주부의 가사노동을 무임의 비시장노동으로 이용하는 동시에 주부의 소비노동을 소비경제의 동력으로 활성화할 수 있는 조건을 확보한다. 주부의 소비노동자 역할이 증가할수록 가사노동은 자본주의 경제체계에 점점 더 깊숙이 포섭된다. 주부에게 소비노동자의 역할은 소비노동뿐 아니라 가정소비재들의 구입을 위해 임금노동자가 될 것을 요구한다. 가정소비의 증대는 생산주의에 헌신하는 저임의 주부노동자를 불러오는 호재로 작용한다. 이 때문에 자본주의는 가정과 노동시장의 양쪽에서 여성을 소비주의와 생산주의의 자발적이고 적극적인 주체로 만드는 전략을 구사할 수 있다.

주부의 소비노동은 생산체계와 가족의 생존 및 노동력 재생산체계를 연결시키는 생산노동의 성격을 지닌다. 주부의 소비노동은 산업적 생산노동을 확장시키는 것이다. 베커(Becker)는 신가정경제학의 이름으로 생산과 소비를 기업과 가정으로 나누는 전통적 관점을 비판하면서 가정은 시장재화와 가사노동을 결합시켜 '가정상품'을 만들어내는 '작은 공장'이라고 했다. 공장의 생산품들은 가정에서의 최종공정을 필요로 한다는 것이다. 이는 소비노동이 생산노동을 포함한 것임을 간접적으로 말해주는 것이지만 가사노동이 생산노동과 소비노동을 함께 포함

---

[1] 이영자, "소비자본주의와 주부", 〈현상과인식〉, 제33권 1호, 2009.

한다는 점을 밝혀주지는 못한다. [2]

반면에 페미니스트 사회학자인 델피(Delphy, 1984)는 마르크스주의적 페미니즘의 관점에서 가사노동을 '자가소비용 생산'노동으로 파악했다. 그는 가사노동을 포함하여 가정에서 무상으로 이루어지는 모든 종류의 가내노동(domestic work)을 자본주의적 생산양식과 구별되는 '가부장적 생산양식'으로 규정했다. 생산과 소비를 구분하는 것은 시장이며 시장화되지 않은 가내노동은 가부장적 생산양식에 복속된 것으로 생산과 소비의 구분 자체가 불가능한 영역이라는 것이다. 가사노동은 시장화되지 않은 것이지만. 가사노동의 일환으로 이루어지는 소비노동은 시장경제의 지배를 받는다. 주부의 소비노동은 가부장적 가족의 통제보다 자본의 권력에 복속된 노동이다.

자본주의 체제에서 가족의 생필품 조달에서부터 가정관리, 가족의 지위생산과 유지, 여가 및 문화생활을 위한 가정소비의 대부분이 주부의 가사노동의 이름으로 이루어졌다. 1920년대 이래로 미국의 가정은 상품과 산업의 가치가 폭발적으로 유입되는 생활양식의 대표적인 모델로 등장하였다. 주부는 소비주의 마케팅에 의해 소비노동자로 교육되어야 하는 타깃이었다(유엔, 1998). 주부의 소비노동은 '근대적 가정' 만들기와 '스위트 홈'의 생활표준을 실천하는 핵심작업으로서 자녀양육, 가족의 영양섭취, 가정위생, 물질적 안락 등을 향상시키는 데 집중되었다. 가족적 유대를 조성하는 사랑과 배려의 역할까지도 소비노동으로 포섭되었다. '스위트 홈'은 가정을 사생활의 영역이자 '안락한 휴식처'로 이상화해온 서구 근대 가족의 부르주아적 모델에 따라 정형화된 것이었다.

---

[2] 신가정경제이론은 가사를 경제적 관점에서 접근하는 의미를 지니는 것이기는 하지만, 시장재화에 추가된 노동에만 초점을 맞추는 한계를 지닌 것이다.

생활수준 향상을 위한 주부들 간의 소비 경쟁은 '필요 이상의 것'과 '아닌 것'의 구분을 모호하게 만들었고 주부들 간에 위화감을 조성함으로써 소비주의를 진작시켰다. '능률적인 주부'가 되기 위해서는 소비주의에 적극 편승해야 했다. 소비노동을 가정의 생활수준을 향상시키는 필연적인 것이자 당연한 임무로 받아들이는 주부는 소비주의적 노동주체의 역할을 아주 자연스럽게 체화할 수 있는 여건에 있었다. 가계소비경제의 대리인으로서 주부는 소비시장에서 과소비 훈련대상의 주요 타깃이 되었다. 신용판매나 신용카드의 확대는 주부의 왕성한 소비노동을 통해 가정을 '자본주의화'하고 과소비를 일상화하는 주부의 소비주의를 촉진시키는 데 기여했다.

소비시장이 세분화되고 가계소득이 높아질수록 가족구성원들의 다양한 욕구와 취향을 고려한 세심하고 복잡한 소비노동이 요구되었다. 주부의 소비노동은 쇼핑의 노하우를 터득하고 상품의 기호적 가치를 해독하는 능력을 필요로 했다. 소비시장은 '가정과학운동'의 이름으로 주부를 '소비전문가'나 '가구소비경제의 과학적 매니저'로 호명했다. '과학적 모성', '프로 엄마', '슈퍼 맘'의 호명은 자녀 양육법, 식생활, 건강관리 등의 전문성을 발휘하는 소비노동자를 요구했다. '프로 엄마'의 상업적 아이콘은 엄마 능력이 '부족'하다고 느끼는 어머니들을 양산함으로써 소비주의를 진작시키는 소비전략이었다. '디지털 주부' 역시 정보의 교류와 생산, 모니터링, 유행의 전파에 적극적이고 자발적으로 참여하는 소비노동자였다. 이처럼 소비노동의 양과 질을 높이는 부담이 가중되었지만, 소비사회는 자발적이고 적극적인 소비주의적 노동주체로 거듭나는 주부를 가정의 생활수준을 향상시키는 존재로 미화하고 정당화하였다.

소비노동은 가사노동자뿐만 아니라 소비사회를 살아가는 모든 사회구성원이 당연한 일과처럼 받아들이는 독사로 작용하면서 소비주의적 노동주체를 생산한다. 소비노동은 소비주의를 진작시키고 경기회복을 위한 사회적 의무로 요구된다. 소비주의적 노동주체는 소비경쟁의 회로에 갇힌 일상을 속절없이 반복해야 한다. 소비시장이 확장되는 만큼 소비노동을 위한 에너지와 시간도 늘어난다. 소비노동은 대량소비체계가 강제하는 노동이지만 '비노동'으로 수행된다. 특히 주부는 가사를 위한 소비노동과 여가소비의 경계가 모호한 상황에서 소비노동을 개인의 자유로운 활동이나 여가소비로 착각하기도 한다. 여가시간에 이루어지는 소비노동은 '비노동'이라는 관념 때문에 여가활동을 점점 더 소비노동으로 채우게 만드는 자본과 시장의 전략이 적중할 수가 있는 것이다.

소비노동자는 개인주의 이데올로기가 내면화된 '무관심한 군중'이자 비조직적인 존재로서 무의식적이고 몰연대적인 경향을 나타낸다. 보드리야르는 이것이 생산노동자들과 대비되는 소비노동자들의 결정적인 취약점으로 보았다. 소비자들은 자본에 종사하는 사회적 노동자로 착취당하면서도 이를 의식하지도 못할뿐더러 조직적인 권리행사를 하기 어려운 상태로 분산되어 있기 때문이다. 그럼에도 소비시장은 '소비자는 왕'이라는 허울 좋은 찬사를 보내고, 일부 소비자들은 '소비자주권'을 주장하고 행사하기도 한다. 그러나 소비자의 주권은 소비노동을 비노동으로 착취하는 구조를 유지하기 위한 자본의 유인책과 보상책을 넘어서 실현될 수 있는 것이 아니다.

3. 소비주의적 문화주체 : '자아기획'의 허위의식

소비사회에서 '나는 누구인가?'에 대한 해답은 '나는 무엇을 소비하는 가?'로 귀결된다. 소비사회에서 '자아의 기획'이 직업과 생산 영역으로부터 소비 영역으로 이전되면서 소비가 정체성 구성에서 중추적인 역할을 담당하게 된다. 생산물의 소비에 기초한 정체성과 개성의 추구는 소비주의를 적극적이고 자발적으로 추종하게 만든다. 마일스(Miles, 2006: 4~5)는 소비주의가 구조적 차원에서는 '강제적인 것'(constraining)이지만, 개인적 차원에서는 '권능을 부여하는 것'(enabling)으로 작용한다는 점을 주목한다. 자본주의 경제체계에 의해 강제되는 소비주의가 자기 존재감의 확인과 개인주의적 자기실현의 계기로 받아들여진다는 것을 말한다.

소비주의는 자아의 기획을 위한 '권능화'의 계기로 받아들여지는 경향이 점점 두드러진다. 소비주의는 개인의 다양한 욕망의 자유로운 표출, 자아정체성과 개성적 주체의 변화무쌍한 연출, 다양한 라이프스타일의 선택을 통한 자기주체화를 위해 불가피한 것으로 간주된다. 정체성은 쇼핑을 통해 선택되고 구매되는 상품과 동일시된다. 패션, 유행, 디자인 등 미적 가치를 결정하고 심미적 표준을 제시하는 상품미학은 미학적 개성과 주체를 실현시키는 문화적 소비의 핵심 영역이다. 상업주의에 편승하여 자신을 유행의 모델로 만드는 방편으로 소비주의가 촉진된다. 이러한 상황에서 소비주의에 의해 호명되는 이데올로기적 주체는 소비사회의 구조적 강제를 자유롭고 자발적인 개인적 권능화의 실천으로 전환시키는 문화적 주체로 거듭난다. 즉, 소비주의를 자아기획의 능동적이고 자율적인 문화적 실천의 계기로 받아들임으로써 자아의 기획을 소비시장에 기꺼이 내맡기는 주체를 말한다.

특히 직업이나 사회활동의 부재로 사회적 정체성을 갖지 못하는 전업주부에게 소비주의는 자아기획과 권능화의 유용한 계기로 받아들여지기 쉽다. 이들에게 소비시장은 살림공간과 가사노동으로부터 해방되는 자유와 여가의 공간일 뿐 아니라 개인주의적 실현을 꾀하는 계기를 제공하는 곳으로 다가온다. 공적 영역에서의 역할과 지위를 인정받지 못하는 전업주부에게 소비시장은 소비자의 신분으로서 자기 존재감을 확인하고 개성과 취향을 표출하는 장으로 제공된다. 더욱이 중산층 이상의 주부들에게 소비 공간은 구매력을 통해 사회적 지위와 계급적 정체성을 확인하는 계기가 될 수 있다. "나는 소비한다. 고로 존재한다"는 소비사회의 명제는 사회적 정체성을 갖기 힘든 주부들에게 '나는 누구인가?'에 대한 해법을 찾게 해주는 것으로 받아들여지기 쉽다. 자기실현의 욕망이 소비의 욕망과 하나가 되는 경우 소비주의는 바로 그 해법의 열쇠로 작용하게 된다.

소비주의적 문화주체의 자아기획은 라이프스타일의 시장에 의해 촉진된다. 라이프스타일의 시장은 소비를 통해 개인의 정체성을 즉각적으로 변형시키고 재창조하고 재디자인하라는 주문과 압력을 가한다. 라이프스타일 시장의 재빠른 회전은 정체성의 변화에 대한 욕구와 강박관념을 부추긴다. 라이프스타일은 개인의 삶을 담아내는 문화적 형식으로서 '스타일화된 자아의 기획'을 위한 것이다. 라이프스타일은 외부적으로 가시화되고 타인들에 의해 쉽게 관찰될 수 있는 표출적 행위의 시각적 이미지와 외양의 미학적 개성화로 부각된다. 이는 진정한 의미의 개성이라기보다는 외양의 차이를 통한 구별 짓기와 스타일의 과시와 '반란'에 의미를 두는 것이다. 여기서 자아의 기획은 상품미학에 의존하는 감각과 취향의 '자기표현'을 의미한다. 상품미학은 라이프스타일의 시장을 활성화하고 라이프스타일의 상품소비를 증대시키는데 기여한다.

 '나'만의 고유한 라이프스타일을 추구하는 경향은 전복적인 소비를 통해 급진성을 연출하는 현상으로 나타났다. 1960년대에 미국에서 젊은 세대의 반(反)문화적인 가치를 부각시키는 '히피 소비주의'가 등장한 이후 끊임없이 '10대의 반항'이나 '예술적 반란'을 빙자한 라이프스타일 시장이 번창해왔다. 젊은 세대를 표적으로 삼는 소비시장은 보다 급진적 형태의 라이프스타일의 소비 경쟁을 무기로 삼아 성장할 수 있었다. 그러나 시장이 전파하는 라이프스타일의 유행은 급진성이나 전복성마저도 정형화된 상품소비로 만들어 자아기획 자체를 무의미하게 만드는 것이었다.

 라이프스타일의 소비는 또한 브랜드의 소비로 확장되었다. 브랜드의 소비가 개인의 고유한 '정체성'의 표출로 받아들여지면서 브랜드의 홍수 속에 기꺼이 빠져드는 소비주의적 문화주체들이 늘어났다. 이들은 라이프스타일의 상품의 소비를 넘어 '상표'의 소비에만 열광하는 '브랜드 팬'들이었다. 브랜드화된 라이프스타일의 소비는 자아정체성을 '브랜드 정체성'으로 대체시키는 것이었다. 브랜드의 구매는 곧 정체성의 구매를 의미했다. 브랜드의 상품가치를 소비자의 존재가치와 동일시하는 '상표의 인격화'가 초래된 것이다. 다국적기업들의 세계적인 '브랜드관리체계'는 브랜드의 소비를 개인의 문화자본의 과시로 몰아가는 유행을 파급시켰다. 세계적 유행의 브랜드들이 소비시장을 지배하게 될수록 브랜드 정체성은 소비주의적 문화주체들을 점점 더 획일화된 라이프스타일로 몰아갔다. 시장공략에 성공한 브랜드의 소비를 마치 성공한 자아기획의 증표처럼 착각하는 '브랜드 광'들에게 획일화된 라이프스타일의 모방소비는 오히려 영광스러운 것으로 받아들여질 수 있었다.

한편 포스트모더니즘이 소비자본주의의 지배적 문화양식으로 대두되면서 다중적이고 가변적인 정체성을 추구하는 소비주의적 문화주체들이 양산된다. 포스트모더니즘은 모더니즘에서 두드러졌던 주체의 소외를 탈중심화된 주체의 분열로 대체하는 양상으로 나타난다. 탈근대적 주체는 하나의 일관된 정체성을 추구하는 대신에 일시적이고 가변적인 정체성이나 무정체성(non-identity) 또는 수행성, 우연성, 연극성, 전복성 등을 자유롭게 구사하는 다중적 정체성을 선호하는 경향을 보인다. 포스트모던 시대는 자기정체성의 탈중심화와 통제되지 않는 감정과 미학적 놀이를 자기능력의 확장으로 예찬한다(패더스톤, 1999: 167). 차이와 다양성을 추구하는 하위문화와 혼성적 정체성을 추구하는 포스트모더니즘은 차별화와 다양화를 추구하는 소비시장에 순기능적으로 작용한다.

여기서 소비주의는 자유분방한 정체성의 실험과 다채로운 연출을 가능하게 하는 것이다. 소비주의는 몸, 섹슈얼리티, 욕망, 취향 등의 새로운 발견을 통해 색다른 자아를 탐색하고 다채로운 자아의 정복과 모험을 즐기는 계기들을 제공한다. 끊임없는 자기변신을 위한 소비가 증대된다. 쇼핑의 자유는 정체성의 다양성을 추구하는 자유와 동일시된다. 일회용 상품소비는 인스턴트 정체성을 연출하는 것과도 같다. 자아기획은 환상적 이미지들과 상품기호들의 소비에 빠져들면서 유희적이고 파편화된 정체성의 놀이로 변질된다. 이는 주체로서의 자유를 소비재의 풍요로움과 동일시함으로써 주체가 녹아버리게 하는 것을 '자유'로 부르는 것과도 같다(Touraine, 1997: 113). 이 자유는 정체성 자체를 무정향적이고 신경증적이고 불안정하게 만들며 끊임없이 수행적 자아를 연출하는 자아분열과 유동적인 혼돈상태를 초래하는 것이다. 고정된 정체성의 회피는 정체성 자체를 무의미한 것으로 만드는 대신 정체성의 소비만 불러오며 자아기획의 허위의식을 증폭시킬 뿐이다.

신자유주의시대의 소비시장은 전 세계를 새로운 문화적 정체성과 경쟁적인 개성화의 최면술이 난무하는 싸움터로 끌어들였다(Wichterich, 2000: X). 소비시장의 자유화와 전 지구적 확장은 탈차별화 현상을 가속화시키는 동시에 개성적 차별화의 욕망을 증폭시키는 이중성을 지닌 것이었다. 이는 신자유주의 체제에서 고조되는 급진적 개인주의를 포섭하고 과잉주체화를 향한 '주체성의 폭발'을 유도하는 방식으로 능동적인 소비주의적 문화주체들을 이끌어내는 소비전략이었다. 자아의 기획을 부추기고 무한의 젊음을 불러오는 새로운 경험들의 상품화를 통해 초과소비를 촉진시키는 것이었다(B. Cova & V. Cova, 2010: 199~202). 신자유주의 시대에서 사회적 보호망이 무너지고 개인화가 심화될수록 자구적 차원에서 자아의 기획을 위한 소비주의는 더 큰 유인효과를 발휘할 수 있었다. 소비주의는 노동시장에서 훼손당하고 위협받는 자아정체성을 위로하고 보호해주는 계기로 작용하였다.

소비사회에서 몸만들기는 자아의 기획에 열중하는 소비주의적 문화주체의 전형으로 부상했다. 날로 번창하는 육체산업은 인간의 몸을 소비주의를 유발하는 자원이자 소비전략의 격전장으로 만들었다. 몸을 집중투자대상으로 삼는 건강식품, 다이어트, 미용, 의료, 성형, 운동, 토털 패션 등 점점 더 세분화되고 정교화되는 상품들이 소비시장을 번창하게 했다. 소비시장은 건강, 젊음, 외모 등을 자아기획의 필수조건으로 삼도록 설득하고 유혹하고 압박했다. 이러한 환경에서 몸만들기를 위한 자발적이고 경쟁적인 소비가 날로 늘어났다. 소비주의적 몸관리는 연쇄적인 상품소비를 유도하고 결코 충족될 수 없는 욕망과 끝없는 자기불만의 사슬로 끌어들이는 것이었다. 몸만들기에 집착할수록 소비대중은 육체산업의 희생물이 되어 소비주의의 강박상태에 빠지게 만들었다.

몸만들기에 몰입하는 소비주의적 문화주체는 결국 자아기획의 자유와 자기결정권을 훼손당하는 운명에 처한다. 소비시장이 상업적 논리에 따라 제시하는 '정상적', '이상적' 몸에 맞추어 끊임없이 새로운 몸을 만들어가는 기술들을 경쟁적으로 습득하고 소비해야 하기 때문이다. 이는 몸을 시장적 가치와 경쟁력을 획득하는 도구로 전락시키는 자아기획일 뿐이다. 시장의 입력은 개인의 끝없는 자기검열, 자기부정, 자기비하, 자기억압을 요구하는 것이자 개인의 몸을 시장의 획일화된 모델로 탈개성화시키는 것이다. 이는 개인의 자유와 자율성을 확장시키는 것이 아니라 스스로 부정하게 만드는 자기모순에 이르게 한다. 자아의 확장과 자기성취에 대한 열망을 소비시장이 유도하는 정체성의 경쟁놀이의 제물로 바치는 것이다. [3]

이처럼 소비시장에 의존하는 자아의 기획은 상품세계가 자아의 인격과 가치를 지배하게 만들어 자신의 독립적이고 자율적인 자기창조의 자유와 잠재력을 저해하는 것이다. 이는 자아의 기획을 자기소외와 자신의 인격부정으로 변질시키는 위험성을 지닌다. 시장가치와 시장논리에 충실한 '자기실현'이란 개인의 가치와 인격 자체를 시장경제의 포로로 만드는 것이기 때문이다. 소비시장이 제공하는 상품소비의 문화적 유희는 가기만의 개체성을 표출한다는 자기도취감과 허위의식에 빠져들게 한다. 소비주의적 문화주체는 끝없는 따라잡기의 소비경쟁으로 인해 영원한 불안에 시달리게 된다. 세계적으로 사업가, 연예인, 영

---

3 자본의 권력이 몸의 주체화양식을 통해 개인의 미시권력으로 치환되어 작동하는 것을 보여주는 논문으로, 이영자, "몸권력과 젠더 - 푸코적 분석틀에서 본 '날씬한 몸' 관리", 〈한국여성학〉, 제 22권 4호, 2006.

화계 및 스포츠분야의 스타들이 '문화적 슈퍼영웅들'로 부상하고 이들이 모방소비의 대상이 될수록 소비주의적 문화주체의 자아기획은 좌절되기 쉽다. 소비주의가 약속하는 권능과 자아기획은 오히려 자기실현의 무능을 조장하게 된다. 소비주의가 약속하는 자아의 '권능'은 강제된 자유를 맹목적으로 추종하는 '무능'을 의미하는 것이기 때문이다. 소비주의적 문화주체의 허위의식은 바로 이러한 무능을 권능으로 오인하는 환상에서 초래된 것이다.

6부

'문화대중'의 신화와
대중문화의 독사

16
문화산업과 '문화대중'의 신화

1. 문화의 자본화

제 2차 세계대전 이후 미국과 유럽을 중심으로 급속도로 성장한 문화산업은[1] 자본주의를 공고히 하는 새로운 단계의 정치경제학의 확장이었다. 문화산업은 삶의 방식에서부터 윤리, 도덕, 가치체계, 상징적, 지적, 예술적 활동 등 문화 영역 전반을 경제 논리에 복속시키는 것이었다. 문화산업은 국가 기간산업의 하나로 취급될 정도로 경제 전반을 활성화하는 핵심 동력으로 부상하면서 자본주의 성장에 놀라운 복원력을 제공했다. 국가는 자본의 문화 사업을 지원하고 견제하는 한편 문화와 커뮤니케이션 영역을 지배 체제의 정당성을 확보하는 기반으로 삼았다. 문화산업은 자본주의가 문화를 자산 가치이자 영리목적의 투자 대상으로 삼는 사업의 영역으로 끌어들이는 것이었다. 자본주의는 계몽주의 시대 이래로 일상생활로부터 예술과 문학을 추방시켰고, 문화

---

1 1960년대 이래로 문화산업은 대문자 단수(*Culture Industry*)가 아닌 소문자 복수(*cultural industries*)로 표기해야 한다는 주장이 제기되었다. 이는 문화산업들에 내재하는 상이한 논리들, 복합성, 모순적 측면들을 강조하기 위한 것이다.

산업은 그 빈자리를 포함한 일상문화 전반을 이윤축적의 주요 타깃으로 삼는 것이었다.

이글턴(Eagleton)의 지적처럼 1960년대부터 문화는 자본주의에 점점 더 중요해지기 시작했고, '1980년대쯤에는 문화와 자본주의를 거의 구별할 수 없을 지경'이 되었다(이글턴, 2010: 43, 75). 전통적으로 자본주의와 거의 상극이었던 문화가 이제는 자본주의와 친밀하게 결합하는 기이현상이 벌어진 것이다. 문화는 원래 자본주의가 중시하는 가격, 물질, 속물근성보다는 가치, 도덕, 고상함에 관한 인간의 능력 배양과 인간의 모든 능력의 종합을 의미하는 것이므로 자본주의와 전혀 친숙하지 않은 것이었다. 이 때문에 문화는 산업자본주의에서 별 쓸모가 없는 가치와 에너지의 피신처로 간주되었었다. 그런데 문화산업은 잉여가치를 창출하는 산업자본의 생산물로 도구화된 문화의 전성시대를 열었다. 영리사업이 문화 창조의 당당한 주역을 맡게 된 것이다. 이는 산업이 문화를 인간과 사회공동체로부터 탈취하여 자본축적의 제물로 삼아 문화의 개념 자체를 변질시키는 자본주의의 가공할 문화위조 사업이었다.

문화산업은 문화의 경제적 기능과 경제의 문화적 기능을 동시에 활성화함으로써 경제와 문화의 영역 분리를 점점 더 불가능하게 만드는 '문화의 자본화'를 의미했다. 문화산업의 성장으로 자본주의의 물적 토대가 문화생산의 본거지로 자리 잡게 되면서 문화는 상부구조의 영역이 아닌 하부구조의 산업경제의 틀 속에서 생산되었다. 이는 문화예술을 자본의 논리와 결합하여 이익을 추구하는 활동으로 변질시키고 자본에 봉사하지 않는 문화적 창조를 퇴색하게 만드는 것이었다. 각종 대중매체의 발달은 자본의 문화 사업에 길을 터주었다. 영화산업, 방송매체산업, 광고 산업 등 문화상품들을 직간접으로 생산하는 사업들이

다른 기업 활동들과 결합된 거대한 문화산업으로 성장하였다. 광고주의 이익을 대변하는 매체산업은 자본의 문화 권력을 관철시키는 핵심 역할을 담당했다. 문화산업의 성장과정은 자본의 경제 권력을 문화 권력으로 확장시키는 역사였다.

문화산업의 성장에 따라 자본에 의한 문화영역의 독점과 자본의 비대해진 문화 권력의 행사가 점점 더 노골화되었다. 문화의 자본화가 증가할수록 문화는 경제생산체계의 전유물이 되었고 문화상품의 대량 생산은 대량 소비를 요구했다. 이는 문화를 전 세계의 슈퍼마켓들에서 소비되는 상품으로 만들었다. 자본주의의 대량생산과 대량소비체계는 양화의 법칙을 따르는 대량문화를 생산하고 산업적 생산물의 소비활동을 문화의 후생복지로 제공했다. 여가 및 관광사업의 세계화는 문화적 소비의 대중화와 평등화의 환상을 불러왔다. 이는 대중의 일상문화를 문화상품의 소비활동으로 전락시키는 것이었다.

선진 자본주의 국가들에서 1980년대 초부터 문화가 경제의 새로운 동력으로 대두되면서 문화생산물의 공급에 주력하는 '문화경제'[2]가 주창되었다. 문화경제론(du Gay & Pryke, 2002: 9)은 경제와 문화를 통합시키는 '경제의 문화화'(경제적 성격의 활동을 문화로 만드는 것)와 '문화의 경제화'(문화 그 자체가 중요한 경제적 행위가 되는 것)를 촉진시키는 것이었다. 문화경제는 '결정적인 것'이고 문화는 '지배적인 것'이었다. 문화와 경제가 가속도로 상호 침투하는 단계에 이른 것이다. 경제는 문화적으로 점점 더 굴절되고 문화는 경제적으로 점점 더 굴절되면

---

2 신문화경제는 뉴욕, 파리, 런던, 도쿄 등 광범위한 도시의 사회적 환경과 생산기구들을 결합시켜 경제적 시너지 효과를 높이는 것이었다. 이는 사회문화적 기간시설들(박물관, 미술관, 극장 등), 공간의 특정한 세팅(거리풍경, 쇼핑, 오락시설, 건축적 배경), 산업 활동들(광고, 그래픽 디자인, 시청각 서비스, 출판, 의상패션 등) 사이에 유기적인 지속성을 확보하는 방식으로 추진되었다.

서 경제적, 상징적 과정들이 그 어느 때보다도 서로 복잡하게 얽히게 되었고 그 경계가 점점 더 흐려지는 상황이 초래되었다(Lash & Urry, 1994: 64). 문화경제는 자본주의의 이데올로기적 지배력이 일상문화로 작용하게 하였다. 문화적 중개자들(광고 에이전트, 디자이너, 마케팅 전문가 등)은 경제와 문화를 연결시키는 텍스트들을 제공하면서 이데올로기의 문화적 각색을 전담했다. 신자유주의하에서 촉진된 '경제의 문화화'와 '문화의 경제화'는 문화, 지식, 창조성의 무한경쟁을 예찬하는 '분화의 시대'를 열었다. 경제와 문화를 하나로 결합시키는 자본의 권력이 전 지구적으로 팽창하면서 문화자본주의[3]가 꽃피우는 시대가 도래했다.

문화와 비즈니스가 전례 없이 뒤얽혀지는 상황에서 영화, 패션, 라이프스타일, 마케팅, 광고, 미디어 등으로부터 생산되는 기호, 이미지, 스펙터클의 문화적 소비와 상업적 문화가 일상문화로 자리 잡게 되었다. 문화경제는 생산체계와 소비자의 세계를 단일체로 밀착시키고 노동공간과 레저공간을 상호 침투하게 만들면서 자본의 권력에 의존하는 대중의 문화적 향유와 예속을 촉진시켰다. 문화산업은 연예, 예술, 오락, 상품미학 등을 통해 쉬지 않고 자본주의적 욕망을 창출하면서 전 지구적 차원으로 확장하는 상징경제의 동력이었다.

1990년대의 기술 '혁명'에 의한 세계적 커뮤니케이션과 미디어 기술들은 문화산업을 둘러싼 독점자본의 주도권 쟁탈을 가열시켰고 세계자본과 지역자본의 양극화 현상을 초래했다. 다국적 자본은 전자산업/문화산업/금융산업을 기반으로 세계시장을 공략했고, 컴퓨터, 통신, 인터넷 방송 등의 전자 커뮤니케이션 사업들을 통해 문화시장의 선점 경

---

3 이영자, "신자유주의 시대의 문화자본주의", 〈현상과인식〉, 제 36권 4호, 2012.

쟁을 벌였다. 세계적 규모의 매체독점시장은 디지털 문화산업의 성장에 힘입어 경제와 문화를 하나로 통합하는 시스템을 확립했다. 이를 통해 세계 자본주의 시스템의 문화적, 이념적 지배력이 증대되었다.

강대국 주도로 세계화되는 문화경제는 고도로 전문화된 적소시장, 초대형 영상산업체, 초국적 미디어 복합기업체 등을 집중적으로 성장시켰다. 정보통신, 디지털 전산기술, 서비스, 금융산업, 문화콘텐츠 산업이 세계적인 거대산업으로 급성장하면서 문화가 세계적인 비즈니스로 자리 잡았다. 디지털 커뮤니케이션의 공간은 정보와 문화의 자유로운 소통의 장으로 위장된 상품거래의 공간으로서 자본의 이윤 증식에 매우 중요한 세계시장이었다. 광고, 방송, 영화 인터넷, 음악, 전자출판, 비디오, 게임, 소프트웨어산업, 여가, 관광, 디자인, 패션, 정보산업, 창조산업 등 점점 더 폭넓은 분야에서 문화시장이 번창했다. 문화적 체험과 향유의 모든 계기들을 제공하는 문화시장에서 문화는 오로지 구매력이 좌우하는 상품으로 전락했다.

문화산업은 자본과 기술과 시장이 문화의 모든 것을 점점 더 독점하는 시대를 도래하게 하였다. 자본의 절대적인 힘과 다국적기업의 치밀한 전략이 문화의 생산구조를 결정하는 세상을 만들었다. 문화예술 활동에 대한 후원이나 지역개발 사업들까지도 자본의 투자를 유치하는 문화산업의 전략으로 이용되었다. 자본의 이익을 위해 생산된 문화상품들은 그 생산과정에서부터 공공의 사회문화적 가치들을 고려하지 않을 뿐 아니라 무력화시키는 것이었다.

2. 생산과 소비의 회로에 갇힌 대중문화

문화산업은 대중문화의 산실이었다. 대중문화는 서구에서 19세기 중반 이래로 민중문화가 점차로 시장 시스템에 의해 식민지화하거나 소멸되어온 반대급부로 부상했다. 문화산업은 문화를 자본주의 경제시스템의 생산과 소비의 회로에 투입시키는 것이었다. 여기서 문화는 더 이상 인간의 삶 속에서 우러나오는 자생적인 창조물이 아니라 자본주의 산업체계에 의해 물화되는 경제적 합리성의 결과물로 전락했다. 문화산업은 소비자를 대신하여 기획하고 생산한 상품들을 문화로 소비하게 했다. 영리사업을 위해 생산, 소비되는 문화상품들은 자본과 기술의 명령에 따라 제조된 것이었다. 문화산업이 대중문화를 창출하는 본거지로 자리 잡게 된 것은 경제가 문화를 지배하는 상황에 이른 것을 의미했다. 이 때문에 문화산업론을 처음으로 제시한 호르크하이머(Horkheimer)와 아도르노(Adorno)는 문화적 분석을 경제적 분석과 결합시키는 관점에서 문화산업의 본질을 파헤쳤다(호르크하이머·아도르노, 1995: 169~228). 그 요점들을 살펴보자.

우선 문화산업은 기술적 합리성과 양화의 법칙에 따른 경제적 선별 메커니즘과 경영원칙에 의해 도식화된 일련의 과정을 통해 생산된 문화상품들을 제공한다. 기계적인 생산/재생산 리듬은 '체계'의 틀에 의해 사전에 치밀하게 계산된 것이다. 이처럼 규격품으로 만들어진 생산물들이 문화세계를 지배하게 만든다. 문화산업에 종사하는 문화대리인들은 산업적 명령에 따라 '객관적인 정신'을 정비하고 문화상품 카탈로그를 책정한다. 위계화된 구조와 금지목록 및 허용목록에 따라 규정되는 자질구레한 세부사항들이 자유의 허용범위를 설정한다. 여기서 자유는 경제적인 압박 속에서 '항상 동일한 것'을 선택하는 자유를 말한다.

　문화산업의 기술은 생산체계에 적합한 것들과 예측 가능한 것들만을 생산한다. 복제기술의 전문성이나 진보에도 불구하고 문화산업이 공급하는 빵은 '천편일률적인 딱딱한 돌빵'에 불과하다. 기술의 마력으로 위장된 똑같은 복제품들은 '생산의 독재'에 휘둘리는 문화의 희생물일 뿐이다. 그러나 소비자는 문화산업이 무엇을 제공하든 그 기술의 마력을 예찬하도록 훈련받는다. 이는 문화산업에 의해 사전 결정되고 표본화되는 생산물에 의해 문화가 창작된 것이라는 감각을 상실하게 만든다. 문화산업은 이윤의 목적으로 생산된 규격품들이 '자연스러움'의 문화적 이상을 실현하게 해주는 것처럼 별 저항 없이 소비하게 하는 것이다.

　문화산업에서는 문화의 심미적, 질적 빈곤화를 초래하는 생산 공정과 시장논리가 작용한다. 동일한 기술적 작업과정 속에서 규격화된 문화생산물에서는 기계적 차이가 질적 차이를 대체하면서 '선택가능성'이라는 허상을 준다. 질(質)에 바치는 공물은 시장에서 쓸모가 없거나 통용되지 않기 때문이다. 사소한 차이들을 강조하고 선전하는 시장은 '다양한 질'을 가장한 대량생산물의 제공으로 양화의 법칙을 보다 완벽하게 실현한다. 문화 상품들 간의 차이란 본질적인 차이라기보다는 '소비자들을 분류하고 조직하고 장악하기 위한 차이'에 불과하다. 가치의 유일한 척도는 포장과 홍보에 달려 있으며 생산물의 실제적인 가치나 의미와는 아무런 관련이 없다. 문화산업은 폐기처분된 '깊이'의 대용물과 과시용의 잡다한 교양을 제공할 뿐 정신적이고 섬세한 편차에 대한 감각은 전혀 발달시키지 않는다. 대량으로 생산, 소비되는 교양물들을 따라다니며 즐기게 할 뿐이다. 양화의 법칙에 따라 생산된 문화상품들이 문화의 영역을 지배하게 될수록 문화의 질에 대한 둔감증이 조장되고 양에 치중하는 문화적 풍토가 자리 잡는다. 이는 인간의 영혼을 공격하고 사유를 산산조각 내고 문화적 소외와 정신적 무력증을 유발한다.

이로부터 '문화의 평준화'가 초래된다. "평균적인 것을 영웅화하는 것은 싸구려에 대한 숭배의 일부분이다."(호르크하이머·아도르노, 1995: 214~215) 문화산업은 대량생산된 예술품들과 사치품들을 값싸게 공급하고 정치적 구호처럼 부풀린 칭찬으로 포장하는 대대적인 '사기'에 의해 예술의 상품적 성격 자체를 변화시킨다. 예술작품들이 헐값의 대량판매로 인해 민중에게 접근 가능한 것이 되면서 교양이라는 특권을 폐기시켰다고는 하지만, 이는 오히려 교양의 상실과 야만적인 무질서의 증가를 의미한다.

문화산업은 규격화를 감추기 위한 유사(pseudo) 개별화 작업을 통해 '사이비개성'이 지배하게 만든다. 사이비개성은 개인적인 일탈을 허용하듯이 개별성을 마음대로 가지고 놀 수 있는 가능성을 증대시킴으로써 문화적 소비의 경쟁을 조장한다. 사이비개성은 '통일적인 인격체'라는 개인의 '가상'을 깨뜨리고 스타의 흉내 내기처럼 우상화된 모델의 색다른 모방을 통해 균질화된다. 여기서 고유한 개성이라는 이념조차 극도로 추상적인 것이 되어버린다. 문화산업은 이러한 문화의 평준화를 '문화의 민주화'로 정당화한다. 대중매체는 평균적인 개인들을 자의적으로 선발하고 이를 자유의 상징으로 위장하지만, 그 자유는 개인들을 평준화된 객체의 상태로 머물게 하는 조건을 보장하는 것이다.

호르크하이머와 아도르노는 문화산업의 규격화와 평준화로부터 초래되는 보편과 특수의 잘못된 동일성을 비판하고 이것이 개인의 자율성을 위장한 자본의 지배를 의미한다고 주장한다. "대우주와 소우주의 가시적인 통일성은 개개의 인간들이 그들 문화의 대표자인 것처럼 보여"주는 것이며 "보편과 특수의 잘못된 동일성"이라는 것이다(호르크하이머·아도르노, 1995: 170). 특수를 보편의 범주 내로 끌어들이는 것은 비동일한 그 무엇을 사라지게 하는 것이다. 문화산업은 개인들을 자율적인 주체로 보이게 하지만 사실은 자본의 절대적인 힘에 철저히 종속되는 '수동적인 객체'로 만든다. 문화산업에서 개인은 대체가능한 존재일 뿐이다. 개인이라는 관념이 환상이 되어버리는 것은 생산방식의 표준화 때문만이 아니라, 개인적인 것을 보편성의 능력으로 환원시킴으로써 모든 개인의 삶을 보편성의 힘의 세례를 받은 똑같은 신분증명서의 하나로 변질시키기 때문이다. 개인적인 것은 보편적인 경향들이 만나는 정류장이 됨으로써만 무리 없이 보편성 속에 흡수될 수 있는 것이므로 진정한 의미의 개별적 자율성은 배제된다. 대중문화는 '개인'이라는 형식의 허구적 성격을 폭로하고 보편과 특수의 '우울한 조화'에 만족하게 하는 것이다.

문화산업의 양식은 보편과 특수의 화해를 위해 극단 간의 긴장을 공허하게 만든다. 진정한 예술작품의 양식은 '자기부정'에까지 이르는 좌절에 스스로를 노출시키는 것이라면,[4] 열등한 예술작품은 '동일성'에 대한 대용물로서 다른 작품과의 유사성에 매달린다(호르크하이머·아도르노, 1995: 183). 문화산업에서는 진정한 양식과 인위적 양식을 나누는 구별이 폐기처분되고 외부로부터 부과된 양식으로서의 인위적 양식이 지배하게 된다. 즉, 문화가 자본이라는 '비문화체계'의 '야만적 양식'에 종속되고 그 야만적 양식이 그 어떤 양식보다도 강인한 보편적 구속력을 갖는다. 이처럼 문화산업의 양식은 심미적 법칙이 아니라 사회적 힘의 구조를 표현하는 '지배'의 심미적인 등가물일 뿐이다. 이는 문화가 자

---

4 아도르노의 예술이론은 고통의 비판적 표현과 미메시스(모사, *mimesis*)를 매개로 역사성과 사회성을 초월하는 주관성과 가상의 유토피아를 보여주는 것에서 예술의 자율성을 강조한다. 양식이란 실제로 실현된 조화(내용과 형식, 안과 밖, 개인과 사회의 조화) 속에 있는 것이 아니라, 불화가 있는 곳이나 동일성을 향한 열정적인 노력이 어쩔 수 없이 좌절하는 곳에서 생겨난다는 것이 그의 주장이다.

본축적과 사회통제의 도구로 전락하고 문화의 비판적, 창조적 잠재력이 위협당하는 것을 말한다. 이 때문에 지역문화나 하위문화가 문화산업으로부터 자유로운 자율성과 특수성을 발휘할 가능성이 원천적으로 차단된다. 문화산업에 의한 문화의 장악은 실험성과 창조성을 통제하는 '통일적인 문화'라는 개념을 희화적으로 충족시키는 것이다.

문화산업은 오직 눈에 띄는 효과나 성과에만 매달린 나머지 '작품'이라는 관념을 상투화된 형식으로 대체시킨다. '이념'에 의해 지탱되는 작품이라는 종전의 관념 자체를 해체한다. 작품의 전체적인 구조보다 색깔, 심리묘사 등이 더 중요시되면서 부분이 전체로부터 해방된다. 전체는 부분들과의 필연적인 내적 연관성을 상실하게 되고 단지 황당무계한 사건들의 종합이 되어버린다. 문화산업은 사전에 이미 보증되어 있는 '조화'의 효과를 위해 "전체나 부분 모두에 대해 타격을 가하는 것이다(호르크하이머·아도르노, 1995: 176).

생산과 소비의 회로 속에 갇힌 문화는 상품의 속성을 닮아가는 것을 넘어 아예 상품 그 자체가 되어버린다. 문화는 문화산업의 콘텐츠로 제공될 때에만 가치를 인정받는다. 문화산업은 문화를 돈을 주고 살 수 있는 것으로 만들어 돈의 위력을 최상의 문화적 가치로 끌어올리고 돈의 양에 따라 문화적 가치를 책정하게 만든다. 돈이 문화의 운명을 좌우하고 인간은 단순히 그 수혜자로 훈련된다. 장사가 잘되는 상업예술이 예술적 가치가 높은 것으로 취급된다. 예술은 돈을 벌어들이는 문화사업의 도구로 이용되고 예술 작품은 소비 상품의 수준으로 전락한다. 사업가의 삶을 살아야 하는 문화 창조자들이 늘어나고 진정한 예술애호가나 감식가 대신에 경제적으로 유능한 사이비예술가들이 부상한다. 이는 일시적인 돈벌이로 문화와 예술의 존재가치와 그 영원성을 유린하는 것이다. 문화산업은 돈을 위해 문화가 팔리는 것을 허용할 뿐만 아니라 인간의 심리나 정서까지도 부끄럼 없이 팔아치운다. '장사'가 목적인 대중매체는 의사소통을 위한 커뮤니케이션도 한낱 시장거래로 만들어버린다.

"문화산업에서는 비평이 사라진 것처럼 존경도 사라진다. 비평은 전문가의 기계적인 활동으로 넘어가고 존경은 최고의 인기스타에 대한 단명한 숭배로 대체된다. 소비자에게는 아무것도 귀한 것이 없다."(호르크하이머·아도르노, 1995: 220) 이러한 호르크하이머와 아도르노의 비판은 그로부터 반세기 이상이 지난 오늘에 와서 더 절실한 논조로 반복되고 있다. 바우만은 예술이 얼음조각물처럼 단명에 그치는 이벤트나 일시적인 퍼포먼스의 속성을 띠게 되면서 온갖 종류의 '미학적 에테르'로 증발해버린다고 말한다(바우만, 2008: 219~224). 미학적 가치는 디자이너의 상표나 성형수술로 개조된 신체처럼 높은 판매와 대중적 인기를 자랑하는 상품들이 독점하지만, 그 독점조차도 순간적 소비가 끝나는 순간 쓰레기로 전락한다. 그 쓰레기의 양산이 바로 자본의 문화권력을 축적시키는 원천인 것이다.

문화를 소비시장의 볼모로 만드는 문화산업은 공급과 수요의 원칙에 따라 제공되는 문화생산물의 소비가 곧 '문화'라는 허위의식을 조장한다. 문화산업의 객체가 된 소비대중은 그들을 유형별로 분류한 대량생산물 중에서 각자에게 걸맞는 것처럼 보이는 것을 '자발적으로' 선택함으로써 문화를 향유하는 것으로 착각한다. 여기서 문화적 실천은 소비의 선택으로 환원되면서 상업화되고 물상화된 문화의 소비와 문화소비주의가 문화를 대체하게 된다. 문화산업이 제공하는 획일적인 생산물의 소비를 통한 다양한 문화적 체험과 감각적이고 쾌락주의적인 문화적 소비가 대중의 자연스러운 일상문화로 자리 잡는다. 문화적 소비는 시장가치에 의존하는 비인격적인 문화에 친숙하게 만든다. 문화시장에 의존하는 문화적 실천과 향유가 일상을 지배할수록 비시장적 문화의 가치는 외면당하고 상품문화에 대적할 수 있는 문화의 자생력은 점점 더 억압당한다. 개인적 재능, 수완, 관리에 맡겨지는 개별화된 문화적 소비는 문화가 집단적, 자생적으로 생성될 수 있는 토양 자체를 침식하는 것이다.

자본과 기술이 문화생산을 독점하게 될수록 문화상품을 소비하는 대중은 그 거대한 지배력에 압도되어 스스로 문화를 창조할 시간, 에너지, 잠재력, 상상력을 탈취당한다. 문화산업의 선전기술은 소비 대중이 자각할 수 없을 만큼 숙달된 심리조종기술로 작용한다. 그 덕분에 문화산업이 쏟아내는 엄청난 생산물들은 인간의 정서와 무의식의 깊은 곳까지 침투할 수 있다. 이 기술은 문화산업이 실속 없는 포만감을 유발하고 헛된 약속만 되풀이하는 본질적 속성을 은폐시키는 필수적 기제로서 문화산업의 불로장생을 보장해준다.

그럼에도 벤야민(Benjamin)은 문화생산물의 의미가 생산양식과 상관없이 소비의 차원에서 생성되며 소비는 수동적 사건이 아닌 능동적 사건이 될 수 있다는 점을 주목했다. 이는 아우라(aura)[5]의 쇠퇴를 가져온 기계적 복제의 긍정적 잠재성을 인정한 것이다. 아우라의 쇠퇴는 텍스트나 생산물의 진본성, 자율성, 전통의 권위를 떨어뜨리는 반면 다른 맥락이나 목적에 따라 텍스트의 다양한 해석을 가능하게 한다는 것을 말한다. 여기서 문화텍스트의 소비는 아도르노가 말하는 종교적, 미학적 차원의 심리적 관조가 아닌 능동적인 정치적 실천으로 옮겨 갈 수 있다는 점이 강조된다. 즉, 문화예술의 기계적 복제가 대중의 비판

---

5 '아우라'는 발터 벤야민의 용어로서 사물들이 인간을 위한 사물로 왜곡되기 이전의 즉자적인 사물의 상태에서 발하는 태고의 향기를 뜻한다. 즉, 자신을 잊어버리고 대상 속에 몰입하는 관조를 통해 대상과 은밀한 교감을 이루는 것을 말한다.

적 통찰력과 능동적 반응을 통해 아우라의 문화로부터 민주적 문화로 옮겨갈 수 있는 가능성을 제시한 것이다.

'기계적 복제 시대의 예술'에 대한 벤야민의 낙관론은 일부 언더그라운드(underground) 문화 활동이나 투쟁적인 문화적 소비행태들에 무게를 실어줄 수 있는 것이긴 하지만, 문화산업의 소비대중 일반에게 적용하기는 어렵다. 벤야민이 강조한 문화적 소비의 능동성과 정치성은 대중의 '의식'에 호소하는 것이었으나, 문화산업은 오늘의 전성기에 이르기까지 예술의 미학적 진정성과 '아우라'를 빼앗는 차원을 넘어 대중의 무의식을 사로잡는 차원에 이르렀기 때문이다. 지난 반세기 이상 고성장을 거듭해온 문화산업은 대중의 영혼을 공략하는 고도의 전문기술과 끈질긴 시장전술을 통해 의식을 우회하고 둔화시키면서 이데올로기와 문화의 무의식으로 침투하는 위력을 발휘해왔다.

3. 포스트모더니즘의 날개를 단 문화산업

서구에서 '68 혁명'은 도구적 이성과 자본주의적 근대성에 대한 총체적 도전이었다. 그 도전 속에는 문화적 급진주의와 개인주의적 자유 및 해방의 욕망도 담겨져 있었다.[6] 이는 확실한 방향도 프로그램도 없이 모더니즘에 종말을 고하는 쾌락주의, 반문화, 성적 실험 등으로 분출되기도 했다. 이러한 문화적 봉기의 물결은 그 정치적 기반으로부터 떨

---

6 하비(Harvey)는 1968년의 세계적인 정치적 격변이 개인적 자유의 위대함을 추구하는 소망에 의해 크게 굴절되었다고 보았다. 68혁명은 가부장적, 교육적, 기업적, 관료주의적, 국가적 제약들로부터의 개인적 자유의 요구와 사회정의 및 사회연대의 정치적 요구 사이에 긴장과 융합의 어려움을 분명하게 드러낸 것이었다(하비, 2007: 61~62).

어져 나오면서 모더니즘의 엘리트주의에 대한 공격과 저항을 담은 포스트모더니즘[7]으로 변조되었다. 포스트모더니즘은 문화와 경제, 윤리와 미학, 고급예술과 대중예술, 우파와 좌파의 구분을 지워버리는 것으로 대중적 문화양식을 활성화하는 것이었다(이글턴, 2010: 72).

문화산업은 이러한 포스트모더니즘을 이용하여 반(反)문화의 급진성을 포섭하는 계기를 마련하였다. 문화적 반란은 마케팅의 도구로 선전되고 상품으로 팔리면서 자본주의 체제에 대한 위협이 아니라 오히려 체제를 보강해주는 것이었다. 문화적 반란은 이전보다도 훨씬 더 강력한 모습으로 부상했지만, 이는 문화적 소비를 통해 분출되는 사이비 반란이었다. 미국에서 히피 문화가 여피 문화와 펑크 미학으로 탈바꿈되면서 반문화운동은 자유와 저항을 예찬하는 자본주의 정신으로 통합되었다. 포스트모던 자본주의는 전통적인 부르주아 문화에 반기를 든 보헤미안(bohemian) 가치들도 '보보스'(Bobos, 부르주아적 보헤미안)[8]의 생활양식으로 포섭했다. 보헤미안의 자유정신은 자유로운 변신과 모험으로 성장해온 자본주의의 전술에 유용한 이용가치를 지닌 것이었다.

문화산업은 반문화적 자본주의 정신의 상징적 행위들과 게릴라식 예

---

7 포스트모더니즘(postmodernism)은 모더니즘의 새로운 변형인가 아니면 모더니즘과의 단절인가에 대한 논쟁들이 이어져왔다. 포스트모더니즘 자체가 통일성이 없고 혼성적이고 복합적이라는 점에서 모더니즘과의 연속성이나 단절 중 어느 한쪽만을 주장하기는 어렵다. 포스트모더니즘은 모더니즘의 비판적이고 전위적인 정신이 고갈되어버린 것에 대한 도전이라는 점에서 과거의 모더니즘과 단절하는 것이지만 동시에 급진적 모더니즘을 되살리고자 하는 경향에서는 연속성을 지닌 것이다. 아방가르드(avant-garde), 즉 전위예술은 최전선의 공격 부대처럼 새로운 사상을 나타내는 모더니즘의 급진성과 전복성을 보여주는 것이었다면, 포스트모더니즘은 이것이 규범화, 박제화되면서 모더니즘의 비판적이고 자유분방한 힘이 사라진 것으로 파악한다. 그러나 포스트모더니즘은 다원주의나 다중심주의를 지향하는 관점에서 급진성이나 전복성을 그 중심적 타깃이 없는 다양성의 한 부분으로 본다는 점에서 '전위'의 본래의 의미를 퇴색시키는 것이다.

8 브룩스, 《보보스》(형선호 옮김), 동방미디어, 2001.

술을 포섭함으로써 성장할 수 있었다. 반문화를 자극하는 문화시장은 획일주의를 거부하는 감각적인 오락거리나 일탈적이고 급진주의적인 하위문화의 경쟁 소비를 부추기는 데에 안성맞춤이었다. 이글턴은 자본주의가 가장 독실한 포스트모더니스트만큼이나 반위계적이며 가장 열렬한 국교회 목사만큼이나 관대한 포용주의자라고 했다(이글턴, 2012: 153). 포용주의는 무엇이든 집어삼킬 수 있는 자본주의의 무차별적 식욕의 명령이었다. 포스트모더니즘은 자본주의의 헤게모니 구축에 일등공신이었다. 여기서 문화에 순응하기를 고집하는 사람들의 '주류문화'와 지배 이데올로기를 작동시키는 문화를 송두리째 거부하는 반문화 사이의 대립은 무의미한 것이 되었다. '주류'문화와 '대안'문화 사이에는 어떠한 긴장도 존재하지 않는 상황이 초래되었다(히스·포터, 2006: 7).

제임슨(Jameson, 1991)은 후기자본주의에서 문화에 대한 자본의 침투가 고도의 수준에 이르면서 포스트모더니즘이 '문화적 우세종'(*cultural dominant*)으로 부상한 점을 주목했다. 중세의 종교나 19세기 초반의 독일의 철학이나 빅토리아 시대의 영국의 자연과학처럼 포스트모더니즘의 문화가 후기자본주의의 새로운 '우세종'이 되었다는 것이다. 포스트모더니즘의 부상은 다국적 소비자본주의 단계에서 문화가 지배적인 생산방식의 구성요소로 작용하게 된 것과 직결된 것이었음을 말한다. 포스트모더니즘이 후기자본주의의 경제와 문화를 동시에 관통하는 지배적 양식이자 '새로운 문화적 사유'로 자리 잡게 된 것이다. 여기서 문화적 형식과 실천은 자본주의의 경제적 양식과 활동으로 전유되고 실험정신이 풍부한 문화적 형식조차도 경제활동의 도구로 이용되었다. 이는 문화를 과대평가하는 포스트모더니즘의 상업화를 통해 '문화적 혁명'을 주도하는 자본의 전략이었다.

문화산업은 포스트모더니즘의 날개를 달고 새로운 도약의 발판을 마련하였다. 개인주의와 다원주의를 지향하는 포스트모더니즘은 자본주의와 궁합이 아주 잘 맞는 것이었다. 집합적 행위보다 개인적 선택을 특권화하는 포스트모더니즘은 문화산업을 개인주의적 자유와 실현의 장으로 활성화하는 데 기여했다. 포스트모더니즘의 상업화는 다원주의의 미명하에 무분별한 조합과 조작으로 다양한 문화생산물들을 양산하고 이질적이고 모순된 요소들을 무차별적으로 흡수하고 분출시키는 전술을 구사하는 것이었다. 문화상품들은 점점 더 기호화되면서 계급적 분할을 횡단하는 문화의 소비를 증대시켰다. 디자인, 광고, 문화예술의 상품문화는 포스트모더니즘의 이름으로 미학적 대중주의를 확산시켰다.

포스트모던 소비문화는 일상생활의 미학화를 통해 시각적 소비와 그 매력을 극대화하였다. 이는 소수가 누렸던 예술을 대중예술로 확장시킨다는 명분으로 대중문화를 상품문화로 병합시키는 문화의 '경제적, 상업적 식민화'의 일환이었다. 포스트모던 다원주의는 '이데올로기 종말'과 함께 자유, 감성, 차이, 다양성, 유희성, 쾌락, 급진성, 저항성 등을 무차별적으로 자극하는 문화산업을 번창시키는 기제로 작용했다. 리오타르(Lyotard, 1984)는 포스트모던 소비문화가 '뭐든지 좋다'는 문화이며 취향과 관계없이 돈의 가치가 유일한 척도로 작용하는 '쇠퇴'의 문화라고 했다. 문화시장은 시장성만 보장되면 그 어떤 문화도 거부하지 않고 타협하고 수용했다. 이는 '세상은 아무래도 상관없다'는 식의 무관심이 지배하는 문화를 자리 잡게 하는 것이었다.

제임슨은 포스트모더니즘 문화가 '깊이 없는 문화'로서 텅 빈 패러디(parody)의 혼성모방(pastiche)에 의존한다고 보았다. 혼성모방은 상업적 포스트모더니즘의 잡식주의를 활성화하고 정당화하는 또 하나의 양식이라는 것이다. 모더니즘에서 패러디는 흉내 낼 수 없는 스타일과 일정한 의도와 목적을 지닌 풍자가 담겨진 모방이라면, 혼성모방은 죽은 언어들이 조합된 피상적 흉내로서 '공허한 복사물'을 파생시킨다. 패러디는 비판적 거리를 담은 풍자라면, 혼성모방은 순수한 창조성과 풍자의 필요성 자체를 무화시켜버린다. 포스트모던 소비문화는 흉내 내기와 '인용'에 의존하는 경박한 문화와 표상과 이미지만이 난무하는 피상적인 상업문화를 미화하고 예찬하게 한다. 이는 대중의 취향을 무차별적으로 자극하고 실험하는 문화시장을 활성화하고, 사용가치의 소멸, 최면술과 환영의 지배, 유희와 오락의 예찬, 충동과 쾌락의 해프닝이 의식을 압도하게 만드는 것이다.

혼성주의(hybridism)는 다양한 소비대중을 아주 폭넓게 포섭할 수 있는 시장전략으로서 모든 형태의 문화적 저항을 체제 내로 포섭하는 통합적 기능을 지닌다. 그 통합적 기능은 '전위' 자체도 진부한 것으로 만들고 서로 모순된 것들을 상호 무관한 상태로 평화롭게 공존하도록 만들어 적대적 요소들을 융합시키는 전체주의적 효과로 나타난다. 상업적 포스트모더니즘은 저항과 급진성을 포섭하여 의사(擬似, pseudo) 저항과 의사급진성으로 변질시킨다. 저항성을 유희적이고 일회적인 소비행태로 만들어버리거나 다양성을 표출하는 방식의 하나로 흡수해버린다. 이로써 국지적인 반문화나 지배문화에 대한 거시적 차원의 정치적 도전이 무장 해제되고 프랑크푸르트학파가 그토록 우려한 상황, 즉 문화의 비판적, 창조적 잠재력이 자본에 의해 체제내화 되는 상황이 초래된다.

포스트모던적 문화상품들에서는 문화의 '탈역사화'가 두드러진다. 미학적 양식의 의사적(擬似的) 역사가 진짜 역사를 밀어내버리게 만드는 포스트모더니즘 문화는 역사주의의 이름으로 문화를 탈역사화하는 것이다. "과거의 모든 스타일을 마구 먹어치우고는, 무질서하게 양식적 암시를 해대는" 역사주의에 의해 역사가 말살되는 것, 즉 동시대의 역사적 현실이 멋대로 가위질되고 역사성 자체가 퇴조하는 것을 말한다(Jameson, 1991: 65~67). 시간적 연속성이 제거된 '영원한 현재들'의 불연속적인 흐름 속에서 '역사에 대한 감각을 상실한'('역사적 건망증'에 의한) 정신분열증적 경험을 하게 만드는 문화가 조장된다. 포스트모더니즘에서 과거에 대한 향수를 자극하는 역사적 재현은 '진정한 역사성'이 아니라 또 다른 재현을 모방하고 이에 따른 특정한 스테레오타입을 만들어내는 '거짓 리얼리즘'일 뿐이다.

포스트모더니즘은 상업문화에 대해 아무런 혐오감을 갖지 않게 할 만큼 '구제불능의 상업적 문화'였다. 자본주의의 상업문화를 조롱하는 모더니즘과는 반대로 포스트모더니즘은 소비자본주의의 논리를 복제하고 재생산하며 보강하는 것이었다. 모더니즘에서는 문화가 자본주의 경제 질서에 대해 반(半) 자율성을 유지했던 것에 반해 포스트모더니즘에서는 문화가 상품생산과 전적으로 한통속이 되었다. 포스트모던 상업문화는 문화적 폭발을 초래했고 그 대가로 문화의 자주적 영역을 와해시켰다. 사회생활의 모든 것이 '문화적'이 된 것은 다국적 자본에 의해 생산된 이미지와 환영이 넘쳐흐르는 세상이 된 것을 의미했다. 이는 자본에 의해 식민화된 문화가 문화의 모든 것을 대변해주는 세상이었다.

4. '문화대중'의 신화

자본주의의 대량생산과 대량소비 체계는 이를 작동시키는 대량의 군중덩어리로서 '대중'을 창출한다. 자본주의는 생산적 대중과 소비적 대중에 이어 '문화적 대중'의 양산을 통해 성장한다. 문화산업은 문화대중이 배양되는 토양을 만들어주는 것이며 대중문화는 문화대중의 자발적 참여와 능동적 지지에 의해 생성된다. 문화대중의 생산은 문화상품의 소비를 문화적 주체화와 권능화의 계기로 체험하게 하는 방식으로 이루어진다. 문화산업은 다양한 문화축제와 문화체험의 장을 제공한다. 사육제 축제에 참석하는 대중은 가면과 변장의 힘을 빌려 원시적 본능과 욕망을 표출하는 즐거움과 해방감을 맛보는 문화대중으로 태어난다. 각종 문화행사들(축제, 콘서트, 스포츠)은 자본과 기술과 시장의 결집된 힘으로 문화대중의 저력을 발휘하게 한다. 스크린, 스포츠, 섹스가 주도하는 상업문화가 과거에는 대중의 우민화를 위한 정치적 도구로 비판받았었지만, 오늘에 와서는 '문화대중의 꽃'으로 각광받는다. 개방된 에로티시즘, 감각적인 쾌락주의, 환상적 욕구를 불러오는 거대한 규모의 각종 축제와 다채로운 정체성의 향연을 벌이는 화려한 공연들은 대중의 문화적 열광을 이끌어내는 장이다. 날로 다양해지는 매체들은 문화적 소비에 빠져들도록 문화대중을 끊임없이 호명하고 예찬한다. 자본주의 문화산업으로부터 창출되는 문화대중은 시장의 이데올로기에 호명되는 주체들이자 이를 의식하지 않고 대중문화를 즐기는 자유를 구사하는 문화적 주체들이다. 문화시장의 일방적 힘에 이끌려가는 피동적인 대중 대신에 능동적이고 주체적인 문화대중이 시장을 번창시키는 동력이다.

문화시장은 원자화된 대중을 익명적인 군중의 문화적 융합과 해방으로 유인하는 효과를 발휘한다. 문화시장은 변화무쌍하고 유혹적인 문화대중의 놀이터를 제공하고 이들이 날로 새롭고 급진적인 모습으로 변신하도록 자극한다. 문화시장은 자본-대중주의-문화의 밀착관계를 고조시키는 장이다. 대중주의(*populism*)는 가변적이고 고정된 실체가 없는 대중을 자본이 주도하는 문화산업으로 포섭하고 대중의 전폭적인 지지를 이끌어내기 위한 것이다. 여기서 대중의 '문화주권'은 문화상품의 소비증대를 통해 실현되는 것이며 이는 자본의 문화 권력의 확장을 정당화하는 것이다.

1980~90년대에는 포스트모더니즘 및 신자유주의 담론과 맞물려 부상한 '문화적 포퓰리즘'(*cultural populism*)이 문화대중을 활성화하는 기제로 작용했다. 문화소비자로서의 대중의 위상을 격상시키고 이들의 포스트모던적 저항을 축복해주는 코드로서 문화 대중주의가 부상했다. 1960년대의 급진적인 문화 포퓰리즘은 냉소적 소비주의와 문화의 탈정치화에 길을 열어주었다면, 신자유주의시대의 문화적 포퓰리즘은 반민중적인 신자유주의를 '민중자본주의'의 이름으로 정당화하는 시장 포퓰리즘의 전략이었다. 대중문화의 영역에서 대중의 참여, 권능, 저항의 코드로 대두된 '문화적 포퓰리즘'과 이와 연동된 '시장 포퓰리즘'은 반민중적인 신자유주의에 '민중 자본주의'의 외피를 입히는 것이었다. 대중의 불만과 저항을 포섭하기 위해 규제의 엄격성을 유연화하고, 시장에 의한 새로운 선택을 극대화하고, 시장의 힘을 통해 대중주의를 확장하는 방식으로 대중의 주체성 창출과 포섭에 주력하는 것이었다 (McGuigan, 1992: 37~38). 이는 대중주의에 의한 문화시장의 활성화를 통해 신자유주의의 배제와 차별의 전략과 대비되는 포섭과 참여의 문화정치를 구사하기 위한 것이었다.

'대중의 힘'을 강조하는 대중주의가 부상하게 된 배경에는 전 세계를 포괄하는 커뮤니케이션의 기술들과 인터넷의 보편화로 인해 대중의 온라인 참여와 집단적인 행동이 활발해진 현상이 주목된다. 대중의 힘은 정치 마케팅과 함께 문화산업의 마케팅에서 강력한 효과를 발휘한다.

초국적 엘리트계급의 지배가 고착화되는 신자유주의 시대에서 대중주의는 그러한 현실을 호도하는 참여민주주의 또는 '감시하는 민주주의'의 환상을 파급시킨다. "민중이 엘리트들의 권력에 도전하듯이, 엘리트들은 환심을 사기 위해 민중의 언어를 사용하기 시작했다. 세상을 바꾸는 진보는 점점 더 마케팅의 수사와 구별하기 힘들어지고 있다."(글레이저, 2013: 8) 정치적 이데올로기가 무력해진 현대에서 인터넷 파워는 대중의 민주적 참여와 상향식 권력의 형식으로 대중을 당파적 이해관계의 대변자로 부상시키는 무기로 작용한다. 문화산업에서도 문화대중의 힘을 부각시키는 전략이 치열한 경쟁을 벌인다. 온라인을 통한 대중의 문화적 소비가 늘어날수록 사이버공간에서 문화대중을 포섭하기 위한 포퓰리즘 전략이 강화된다. 문화의 생산과 소비를 확장시키는 정보기술의 대중화는 평등주의적이고 민주주의적인 환영을 통해 문화적 포퓰리즘을 고양시키는 전략으로 이용된다. 이는 여론 조작을 통해 대중적 인기를 업고 권력을 창출하는 정치 마케팅과 같은 수법이다. 사이버공간의 식민화는 정치적, 상업적 성공의 필수조건이다.

영미권의 문화연구에서도 1990년대에 들어 미학적 비평의 엘리트주의를 배격하고 반엘리트주의적 관점에서 대중문화를 이해하는 문화적 포퓰리즘의 관점이 대두되었다. 이 관점은 보통 사람들의 상징적 경험들과 실천들이 문화적 엘리트주의의 기호체계를 대변하는 보편문화(대문자의 *Culture*)보다 더 중요하다고 보는 지적 가설이었다(McGuigan, 1992: 4). 즉, 대중문화를 열등한 것으로 평가절하 하는 것을 거부하는 강력한 민중주의를 내포한 것이었다. 여기서 대중문화는 대량문화(*mass culture*)나 대중조작적인 상업문화 그 자체가 아니라 대중이 문화산업의 상품을 자원으로 삼아 능동적으로 생산하는 민중문화(*popular culture*)로서 민중의 해방적 계기를 담은 투쟁의 장으로 이해되었다.[9]

이러한 문화연구에서는 신자유주의의 지배이데올로기가 작동시키는 문화적 헤게모니 조작에 대한 비판 대신에 주체의 파편화, 삶의 방식의 혼종성, 차이의 분절화에 대한 접근을 선호하는 경향이 두드러졌다. 이는 문화대중의 권력을 과대평가하고 시장에 동조하는 무비판적인 포퓰리즘으로서 소비와 생산, 문화와 정치경제를 분리시키는 것이었다. 이러한 문화연구들은 문화대중의 팽창을 예찬하는 상업적 포퓰리즘 (commercial populism) 과 친화성을 갖는 것이었다.

이러한 경향은 문화적 포퓰리즘의 대표적 이론가로 꼽히는 피스크 (J. Fisk) 의 논지에서 잘 드러난다. 대중문화는 대중이 의미와 쾌락의 사회적 순환에 능동적, 생산적으로 참여하는 장을 제공한다는 것이 그의 기본 관점이다. 특히 '축제'와 같이 육체적 쾌락, 과격성, 타락, 창조적이고 익살스러운 자유 등을 표출하는 해방의 공간이나 일상의 탈출을 시도하는 갖가지 퍼포먼스들은 대중의 참여를 유도한다는 것이다. 문화적 포퓰리즘은 대중의 참여 속에서 드러나는 일탈성, 해방성, 창조성을 대중의 문화생산성의 요소들로 중시한다. 대중문화는 '지배와 종속'의 권력게임 속에서 지배적 가치에 대한 종속계급의 저항과 끊임없는 투쟁의 흔적'을 담고 있다는 주장이다(피스크, 2005: 25~27). 따라서 문화산업은 경계의 대상이 아니라 대중문화의 성장에 기여하는 자원으로 받아들여진다.

이러한 낙관론에도 불구하고 피스크는 '대중문화가 진보적이고 공격적일 수 있지만 사회적 권력구조로부터의 해방은 근본적으로 불가능'하며 '대중의 경험은 언제나 지배구조 내에서 형성된다'는 점을 간과하지 않는다(피스크, 2005: 194). 대중문화는 권력구조 내에서 비로소 대중

---

9 대중문화는 대량문화(mass culture)와 민중문화(popular culture)의 이중적 의미를 포함한 것이므로 그 어느 쪽을 강조하는가에 따라 영어 표기가 달라질 수 있다.

적인 것이 되며 사회질서에 정면으로 대립하거나 그 질서를 전복시키지 않는다는 점에서 결코 급진적일 수 없다는 것이다. 즉, '종속적인 하위문화'로 존재하거나 지배세력에 '편입 내지 합병의 과정'을 통해 '대중의 생명력과 창조성'을 유지할 수 있다는 것을 말한다. 그는 급진적인 정치운동이 상징체계나 재현의 단계에서 전개되는 것은 아니며, 대중문화의 저항성은 문화산업의 구조적 틀을 벗어날 수 없다는 것을 인정한다. 그럼에도 그는 대중문화가 정치경제학의 거시정치로는 접근할 수 없는 일상생활의 정치, 즉 '미시정치'의 수준에서 진보적인 잠재력을 발휘할 수 있는 가장 효과적인 것이라고 주장한다. 피스크는 자칭 회의주의자로서 문화적 포퓰리즘의 한계를 인정하기 때문에 대중을 '사회적 주체'이기보다는 '사회적 에이전트'(대행자)로 규정하였다(피스크, 2005: 78, 234, 264).

문화적 포퓰리즘은 대중문화를 통한 미시정치의 전복적 잠재력을 과대평가함으로써 문화산업의 구조에 접근하는 거시정치의 중요성을 희석시키는 경향을 지닌다. 대중문화가 '저항의 즐거움'이나 '전복적 수용'에 의한 미시정치의 잠재력을 지닌 것이라면, 이는 문화산업이 대중의 다양한 욕구와 취향을 폭넓게 포섭하여 전폭적으로 담아내는 계기들로 작용하기 때문이다. 이처럼 문화산업의 경제적, 이데올로기적 요소들을 꿰뚫어볼 수 있는 정치성을 담보하지 않는 문화적 포퓰리즘은 시장 포퓰리즘과 구분되기 어려운 것이며 문화시장을 활성화하고 정당화하는 데 기여하는 것이다.

5. '세계문화'의 신화

서구 자본주의의 문명화 사업, 즉 '문명화된 문화'의 세계적 보편성을 확립하는 기획은 20세기 후반에 와서 이른바 '문화의 세계화'(*globalization of culture*)로 추진되었다. 문화의 세계화는 톰린슨(J. Tomlinson, 1999)의 지적처럼 서구 제국주의의 오랜 역사를 계승하고 확장시키는 최후의 단계였다. 문화는 신자유주의적 세계화 과정에서 핵심을 차지하는 것으로써 경제력과 군사력에 기반을 둔 과거의 제국주의적 권력을 대신하는 것이었다. 문화의 세계화는 세계의 모든 지역들의 상호접속과 상호의존성을 강화시키는 시장의 세계화, 기술혁신, 문화산업의 전지구적 번창을 통해 촉진되었다. 세계적인 문화시장은 자본주의 중심부 국가들의 다국적 자본과 기술이 주도하는 상품문화를 범세계적인 자본주의 문화로 파급시키는 문화제국주의의 대리자였다.

문화의 세계화는 문화상품의 유통을 통해 전 세계가 가치, 규범, 문화적 경험을 공유한다는 '세계문화'(*global culture*)의 신화를 파급시켰다. 세계문화의 신화는 문화시장이 자본주의의 문명화된 문화의 보편적 이상을 실현시킨다는 믿음을 주는 것이며 '상품화'되고 '서구화'된 문화의 세계화를 예찬하는 것이었다. 이는 문화의 세계화가 서구 중심부 국가들과 주변부 국가들 간에 불평등한 권력구조 속에서 이루어지는 현실을 자본주의 상품문화의 세계적 공유와 향유의 환상으로 위장하는 것이었다. 즉, 서구화된 상품문화의 세계적 유통과 소비로 이루어지는 문화의 세계화와 함께 미국적인 자본주의 문화가 세계적으로 균질화되는 현상을 세계문화의 실현으로 착각하게 하는 것이었다.

미국은 거대한 자본력을 동원하여 세계 문화시장에 대한 지배력을 행사하고 미국적 자본주의 문화를 세계화하는 주역을 담당했다. 맥도널드, 코카콜라, 디즈니랜드, 할리우드 영화 등은 미국문화의 헤게모니를 과시하는 아이콘들이었다. 미국의 다국적 매체 기업들은 매체 상품과 서비스를 규격화하고 표준화하여 국내외시장에 제공했고, 문화콘텐츠의 자유로운 유통을 통해 표준화된 문화상품의 세계적 소비와 동시적 향유 가능성(synchronization)을 창출했다. 이는 미국적 생활양식, 식문화, 취향, 라이프스타일 등 소비문화를 세계적으로 파급시키는 것이었다. 미국의 문화산업은 2005년 세계시장점유율이 42.4%에 달했다.[10] 문화시장의 지구화는 미국과 서구의 강대국들이 약소국으로부터 초과이윤을 탈취하기 위해 비서구 국가들의 문화적 다양성과 자생력을 억압하는 것이었다.

문화의 세계화는 본질적으로 포스트모던적인 것이었다. 탈국가적 포스트모던 자본주의는 전 지구적 텔레커뮤니케이션 체계를 통해 탈근대적 유동성, 탈중심주의, 개방성, 다원주의, 급진성, 전복성 등을 포섭하는 사업을 촉진시켰다. 이러한 사업은 제국주의적 지배구조를 의식하지 않도록 각 지역의 특성들과 변형의 역동성을 살리고 포섭하는 방식으로 '다양성의 세계화'를 성공시키는 전략이었다. '세계화가 곧 지역화'라는 슬로건은 보편적 세계주의의 이름으로 다채로운 지역적 각색을 통해 자본주의 문화의 지지기반을 확장시키는 것이었다. 패스트푸드의 지역화[11]로 '자본화된 맛'을 길들이듯이, 세계문화 사업은 전 세계대중

---

10 UNESCO, 2005, 김승수, 《정보자본주의와 대중문화산업》, 한울, 2007: 367~368 재인용.

11 맥도널드가 가능한 한 '지역문화의 한 부분이 되는 것'을 목표로 삼는 것처럼, '피자헛'이나 'KFC' 등 다른 패스트푸드 세계 체인점들도 지역의 입맛과 기호 등 환경의 특성에 맞추는 전략을 구사한다. 그러나 맥도널드화된 체계는 기본적으로 표준화된 상품 메뉴와 운영절차를 전 세계 어디서나 동일하게 유지하는 것에서 문화제국주의의 한 지표가 된다. 또한 맥도널드화된 기업을 흉내 내는 지역기업들이 양산되면서 패스트푸드점의 원리가 전 세계에 뿌리내리는 맥도널드화의 토착화가 이루어진다(조지 리처, 《맥도날드 그리고 맥도날드화: 유토피

의 다양한 가치관, 취향, 의식, 감수성, 상상력, 욕망을 담아내는 '내 몸속의 자본주의'를 자리 잡게 하는 것이었다. '자본화된 맛'은 이질적이고 상호 모순되고 대안적인 문화적 요소들의 병렬과 동시성을 통해 증식될 수 있었다. 문화의 세계화는 문화적 차이들의 수렴과 하위문화의 번식을 통해 촉진되었다. 이에 따라 미국적 상품문화에 도전하는 다양한 비서구 세계의 문화 상품들이 세계 문화시장에서 경합을 벌이거나 유행을 선도하는 현상들이 나타났다. 문화의 세계화는 문화제국주의나 문화자본주의를 일방적으로 관철시키는 하향적 방식으로 단일한 자본주의 문화를 파급시키는 것이 아니라 다문화주의를 표방하였다.

다문화주의(multiculturalism)[12]는 문화제국주의를 우회하는 또 하나의 세계문화 기획이었다. 세계적인 다문화(global multiculture)를 표방하는 다문화주의는 문화제국주의의 가림막이자 문화제국주의에 면죄부를 주는 것이었다. 자본주의로 촉발된 세계 이민의 증가와 디아스포라의 오랜 역사 속에서 자유주의적 다문화주의란 유럽중심주의적인 보편주의의 테두리 안에서 작동하는 것이었다. 문화적 유동성의 이름으로 주변부 문화를 서구중심적 자본주의 문화로 편입시키는 권력관계의 메커니즘을 자연스러운 것처럼 위장하는 것이 다문화주의의 이데올로기적 기능이었다. 다문화주의는 또한 신자유주의시대에서 배제와 차별의 원리가 노골적으로 작동하는 세계적 상황을 무마하는 정치적 이데올로기로 기능하였다. 지젝(Žižek)은 관용과 대화를 중시하는 다문화주의가 후기 자본주의를 대표하는 이데올로기로서 타자의 문화를 존

아인가, 디스토피아인가?》, 김종덕 옮김, 시유시, 2003).

12 다문화주의는 이민노동자들이 지속적으로 증가해온 유럽과 북미 국가들에서 1960년대 말 이래로 문화적 다양성을 관리하고 소수 집단과 인종의 이질적인 문화에 대한 관용을 표방하는 정책이었다. 오늘에 와서 국민국가 자체가 이미 초국적 문화의 복잡한 지형을 보여주는 상황에서 다문화주의는 국가의 경계를 넘는 세계적인 것이 되었다.

중한다는 명분으로 기존의 불평등 체제와 식민적 질서를 존속시키는 것이라고 했다.

다문화주의와 함께 이질적인 문화의 혼합과 융합은 세계 문화산업을 활성화하는 동력으로 작용하면서 문화적 '혼성화'(hybridization)를 초래했다. 자본주의 문화경제는 초국적이고 디아스포라적인 문화들을 향한 '식욕' 덕분에 번창했고, 문화의 혼성화를 조장하는 다인종적, 다국적 문화상품의 세계적 유통과 유행을 통해 '세계문화'의 환상을 파급시켰다. 미국에서 1980년대 유행하기 시작한 '힙합'(hip-hop)의 춤과 음악은 젊은 세대의 새로운 문화적 정체성의 아이콘으로 떠올랐다. 국적이 불분명한 퓨전 문화상품들이 세계대중의 인기를 끌게 되었다. 잡식주의적인 문화적 브리콜라주(bricolage)와 이미지들을 담은 문화상품들은 혼성적인 문화 정체성들을 미화하는 것이었다.

문화의 혼성화는 이국적인 것과 친숙한 것을 결합시키고 인종, 민족, 국가, 지위집단, 계급, 전통 등의 경계를 희석시키는 것이었다. 이는 문화가 장소로부터 분리되는 탈지역화 또는 초지역화(translocal culture)를 통해 문화가 본질적으로 한 지역에 뿌리를 내린 집합적 산물이라는 가정(假定) 자체를 무너뜨렸다. 문화의 탈지역화는 국민국가 시대의 국가주의와 민족문화(national cultures)로부터 자유롭고 유동적인 혼성적 문화와 정체성을 추구하게 하였다. 그러나 문화의 혼성성은 중심과 주변, 헤게모니 세력과 소수집단 간에 권력관계의 성분으로 기능하는 것이며 그러한 위계적 관계가 전복되기 어려운 것임을 나타내는 징후였다(Pieterse, 1997: 56). 여기서 약소민족과 주변부 집단의 문화적 정체성과 하위문화는 본래의 고유성과 잠재력을 훼손당하거나 상실되는 운명에 처하게 되었다.

세계문화의 기획은 자본주의에 의한 정신적 식민화를 초래하는 것이었다. 아프리카에서 끼니도 못 때우는 아이들까지도 미국 여피족의 후손처럼 세계문화의 환상을 키워가도록 만드는 것이었다. '원시' 부족의 전통과 일상생활을 이색적인 관광문화의 체험장으로 만들어 원주민의 문화를 자본주의에 의해 코드화된 상품문화로 도구화하는 것이 세계문화 사업이었다. 이민자, 실업자, 비주류예술가들이 추방당한 게토지역을 새로운 문화시장으로 개발하여 비주류의 하위문화나 저항문화의 온상을 제거해버리는 전체주의적 발상과 수법이 세계문화 사업의 동력이었다. 전 지구적 차원의 문화적 균질화는 세계문화의 이름으로 자본화된 문화가 문화의 영역을 독점하게 하는 것이었다. 세계의 다양한 문화들을 자본의 논리에 따라 자본주의 세계문화로 포섭하는 과정은 문화를 외부로부터 주어지는 피동적인 것으로 만들고 문화의 자기파괴를 불가피한 것으로 받아들이게 하는 것이었다.

'세계문화'의 신화는 세계자본주의에 능동적으로 참여하는 라이프스타일을 통해 개방적이고 변화 지향적이며 진취성과 지리적 유동성을 극대화하는 '세계인'(*cosmopolitan*)을 이상화한다(Tomlinson, 1999: 184~191). 이는 지역을 떠나지 못하는 토착인과 세계인을 대비시키고 세계인을 특권과 도덕적 우월성을 지닌 존재로 미화하는 문화적 엘리트주의를 내포한 것이다. 그러나 이는 삶에 뿌리내리지 못하는 문화, 즉 문화적 소비에 전적으로 의존한 채 문화상품의 유행 속에서 구름처럼 떠다니는 환상의 문화를 즐기게 하는 것이다.

세계문화란 본질적으로 삶의 욕구나 정체성형성에 응답하는 것이 아니며 인류를 하나로 결합시킬 수 있는 세계의 기억장치도 아니다(Smith, 1990: 180). 세계문화란 현실적으로 존재할 수 없을 뿐만 아니라 개념적으로도 존재할 수 없는 것이다. 문화시장이 주도하는 세계문화는 세계 대중의 집합적인 문화연대와 문화정치의 가능성을 오히려 저해하는 것이다. 계몽주의시대 이래 서구 자본주의 문명에 의해 추진되어온 문화의 세계화는 식민주의와 세계전쟁들처럼 대부분이 역사적 분열을 초래한 것이었다. 오늘에 와서 문화의 세계화는 국민국가 중심의 문화제국주의가 초국적 자본과 문화시장의 주도권에 일임된 것으로 문화적 균질화와 혼성화, 보편화와 특수화, 획일화와 다양화의 다중적 전략으로 추진된다.

후기 자본주의는 문화상품의 세계적 유통과 함께 표류하는 유목민적 문화대중의 자유롭고 다양한 문화의 향유 속에서 문화적 헤게모니를 구축한다. 자본주의의 문화적 헤게모니는 문화의 자율성과 변증법적 요소들까지도 모두 포섭하여 문화의 역동적 개념 자체를 무의미하게 만드는 것이다. 문화산업에 의해 유통되는 생산물들의 의미작용과 그 영향은 전적으로 문화대중의 자유로운 반응과 수용방식에 달려 있다고 하지만, 이는 결코 자본주의의 헤게모니 권력으로부터 자유로운 것이 아니다. 그 헤게모니 권력은 자본주의 문명을 주도해온 서구와 비서구 간에 불평등한 권력관계와 서구 문명에 대한 비서구의 갈망, 그리고 서구의 자본과 기술의 위력이 함께 구조화된 응집성으로부터 생성되는 것이다. 이러한 상황에서 '세계문화'의 신화는 자본주의가 만들어낸 또 하나의 거짓 자연일 뿐이다.

17
대중문화의 독사

1. 일차원적 문화의 일상화

문화산업은 그 생산물의 소비를 통해 자본주의의 지배이데올로기를 관철시키는 기능을 한다. 호르크하이머와 아도르노의 문화산업론은 경제와 문화의 이원론에 대한 비판적 관점에서 문화산업의 이데올로기적 기능을 밝혀주는 논제들을 제시해주었다. 그런데 문화산업은 그들이 살았던 20세기 중반에서 오늘의 21세기 초반에 이르기까지 세계적 팽창을 거듭하면서 그 이데올로기적 기능을 문화적 기능으로 위장하고 확장시키는 토양을 만들어왔다. 문화산업은 경제와 문화를 분리시킬 수 없는 영역으로 만들 뿐 아니라 문화와 이데올로기의 구분을 어렵게 하는 '이데올로기의 문화화'에 기여하는 것이었다. 따라서 문화산업의 이데올로기적 기능이 오늘에 와서 문화적 기능으로 작용하는 측면에 초점을 맞추어야 할 필요성이 제기된다.

문화산업의 생산물은 영화와 텔레비전처럼 세상에 대한 특정한 이미지를 나타내는 이데올로기적 형식들을 담은 동시에 재현과 상상을 담은 문화적 형식을 지닌다. 모든 문화텍스트는 의식적이건 무의식적이건 현실에 대한 특정한 관점을 담고 있으며 이에 따른 특정한 이데올로기적 의미를 부여한다는 점에서 정치적이다. 이데올로기는 수사학이자 텍스트이며 하위텍스트이기도 하다. 문화산업으로부터 생산되는 수사학이나 텍스트는 현실세계를 문화산업의 필터로 걸러내는 이데올로기적 요소들을 담은 것이다. 그 이데올로기는 생산과정 자체에 들어 있다. "문화산업은 두꺼운 안개층 때문에 통찰이 불가능하면서도 온 사방에 편재하는 '현상'을 이상으로 설정하고는 '현상'을 충실히 재현함으로써 드러난 거짓징보와 분명한 진리 시이에 있는 험한 협로를 능숙하게 항해한다. 이데올로기는 천근같은 삶을 사진처럼 재현하는 것과 삶의 의미에 관한 새빨간 거짓말 — 내놓고 떠들기보다는 은근한 암시를 통해 끝없이 세뇌시키는 — 로 양분된다. 현실은 그 신성함을 과시하기 위해 항상 냉소적으로 되풀이된다."(호르크하이머·아도르노, 1995: 204)

자본에 의해 소유된 미디어는 그 사적 이해에 부합되는 이데올로기들을 파급시킴으로써 대중에게 무엇을 믿어야 하는지, 무엇을 좋아하고 싫어해야 하는지, 무엇을 생각하고 고민해야 하는지 등등을 일러준다. 교화 미디어에 의한 거대한 사회화가 일상적으로 아주 자연스럽게 이루어진다. 소비대중의 정신세계는 상업적 이익을 가져오는 자원으로서 시장이 장악해야 하는 이데올로기적 조작의 영역으로 포섭된다. 영화는 일상적인 감수성의 세계로 파고들어 영화 속의 현실을 관객이 실제로 경험하는 현실로 착각하게 하고 상상력을 통해 이를 확장시키고 재창조한다. 영화는 특정한 이데올로기적 의미작용이 투영되는 상태에서 현실을 바라보고 이해하도록 만들거나 미래를 상상하게 한다. "제작기술이 경험대상을 빈틈없이 정확하게 재현할수록 바깥의 세상은 영화에서 본 세상의 정확한 연장이라는 환상이 쉽게 퍼져나간다."(호르크하이머·아도르노, 1995: 176) '재현'은 '사실에 대한 숭배'를 통해 이데올로기의 프리즘으로 재현된 세계를 '사실의 세계'로 승격시킨다. 이데올로기적으로 각색된 상상의 세계는 문화의 창조적 힘으로 작용한다. 이처럼 문화산업의 이데올로기적 각본은 소비대중의 자율적이고 능동적인 문화적 향유의 형식을 통해 전달된다.

문화산업에서 이데올로기의 문화화는 의미작용을 조롱하고 이데올로기를 무력화하는 형식의 문화생산물을 양산하는 것이다. "문화산업이 제공하는 약속이나 삶에 대한 의미 있는 설명이 적어질수록 문화산업이 유포하는 이데올로기도 공허해진다. … 수단이 아닌 말들은 무의미하게 보이며 그렇지 않은 말들은 진실성이 없는 거짓말로 보인다. 가치판단은 선전이나 공허한 요설로 느껴진다. 그에 따라 이데올로기는 미확정적이고 구속력도 없어졌지만 그렇다고 이데올로기의 정체가 분명해지거나 약화된 것은 아니다."(호르크하이머 · 아도르노, 1995: 203~204) 문화산업이 유포하는 이데올로기는 돈벌이의 도구로 전락하면서 그 의미와 효력이 퇴색되는 것처럼 보인다. 그러나 '이데올로기의 미확정성' 자체가 지배를 위한 수단으로 작용하고 '현상유지를 계획적으로 끌고 나가는 데 매우 효과적'인 것이다. 논리적 엄격함을 갖지 않는 것 자체가 도리어 엄청난 힘을 발휘한다. 이데올로기의 미확정성은 바로 이데올로기를 문화상품으로 탈색시키는 방식으로 이데올로기적 기능을 관철시킨다. 문화산업은 이데올로기의 문화화를 통해 자본의 권력을 대변하는 이데올로기를 문화의 힘으로 작용하게 함으로써 이데올로기적 지배력의 작동을 의식하지 못하게 한다. 이는 문화의 자율성과 창조성을 잠식시키는 대중문화를 조장하는 것이다.

마르쿠제(Marcuse)는 문화산업이 사회현실에 대한 '전복적인 부정성'과 제 2의 세계를 창조하는 힘을 지녔던 '긍정적 문화'(affirmative culture)를 사라지게 했다고 주장한다(Marcuse, 1968: 95~99). 긍정적 문화는 부르주아 시대의 문화로서 전 자본주의 시대에서 경제적, 정치적, 종교적 권위에 결박되어 있었던 문화를 '자율적' 영역으로 자리 잡게 하는 것이었다. 이는 자본주의사회에서 평등, 정의, 진보의 사회적 실현에 대한 약속이 일상생활의 세계로부터 문화의 세계로 추방된 것을 의미했다. 긍정적 문화는 '문명보다 더 우월한 것'으로 문명의 발전 과정과는 독립된 가치의 영역인 정신적, 영적 세계로부터 생성되는 것이었다. '누구에게나 필수적'이고 '무조건 긍정'해야만 하는 보다 가치 있는 세계가 존재한다는 이상주의적인 정신적 가치를 지닌 것이었다. 이는 생존을 위해 매일 투쟁해야 하는 실제 세계와는 본질적으로 다른 세계, 즉 개인이 '내면에서 자기 힘으로 실감할 수 있는 세계'로서 삶의 대안을 제시하는 것이자 현재에 대한 비판을 담은 급진적이고 '자율적' 인 문화였다. 긍정적 문화는 오늘의 노동을 지속하기 위한 재충전의 영역이었다.

이처럼 긍정적 문화는 부르주아 시대의 정통문화로서 문화의 자율화를 위한 토대를 창출했지만, 문화산업은 그 토대를 해체시켰다는 것이 마르쿠제의 주장이었다. 정통문화에서 예술적 소외와 그 마력은 부정의 힘으로 기존질서를 거부하는 '위대한 거절'에 있었지만, 문화산업은 지배질서를 장식하거나 위안을 주는 예술의 상업적 기능으로 예술의 본질 자체를 무가치하게 만들었다. 예술적 소외는 현실적 억압을 타파하기 위해 고도의 자율성과 통찰력을 발휘하는 '승화'를 의미한다면, 문화산업은 예술적 소외를 기술적 합리성의 과정에 굴복시킴으로써 상업적으로 제공되는 만족과 위안에 봉사하는 예술의 '탈승화'를 초래했다.

문화산업은 생존의 고통을 무디게 하고 감내하게 하는 만족과 즐거움의 환상을 제공함으로써 체제에 대한 순응적 자세와 '행복한 의식'을 조장하여 문화와 사회현실 사이의 적대성을 완화시킨다. 정통문화가 약속했던 보다 나은 미래를 오늘의 불행한 현재가 흡수해버리게 만들어 기존 질서를 불가피한 것으로 받아들이게 하는 효과를 발휘할 수 있다(Marcuse, 1968: 118~121). 이는 긍정적 문화로 기능했던 정통문화의 자율성이 문화산업에 포섭된 결과 문화산업의 밖에서 이상주의적 가치를 추구하는 자율적이고 급진적인 문화가 더 이상 존재할 수 없게 된 것을 의미했다.

문화산업에 의한 이데올로기의 문화화는 문화에 내재한 본래의 비판적, 정치적 기능을 상실하게 하는 것이다. 문화산업은 이념적 요소들과 그 갈등적 양상을 은폐하거나 무력화하면서 문화적 향유를 전면에 내세운다. 자유, 해방, 평등, 희망, 행운 등을 믿게 하는 신화적 환상들을 통해 그 이데올로기적 기능을 은폐하는 문화상품들을 번창하게 한다. 현실의 불화를 망각하고 도피하게 하는 기능으로 문화상품의 시장성과 대중성을 높이는 것이 문화산업의 전략이다. 이것은 마르쿠제가 강조한 '일차원적 문화', 즉 비판과 창조성이 생명인 이차원적 문화의 기능이 제거된 문화를 조장하는 것이다. 일차원적 문화는 문화적 소비의 순응주의와 짝을 이루는 것으로 문화산업의 이데올로기적 생산물들을 거부감 없이 친숙한 것으로 받아들이게 하는 독사로 작용한다.

문화산업의 세계적 확장으로 그 지배력이 막강해지는 만큼 문화산업으로부터 자유와 해방을 구가하는 문화의 영역은 더 없이 왜소해진다. 프랑크푸르트 학파가 기대했었던 대중의 문화적 각성도 점점 더 힘들어진다. 문화산업의 선전, 교화, 조작이 일상문화 속에 자연스럽게 녹아들어가는 오늘의 상황에서 문화산업의 '위대한 거절'은 곧 문화적 소외와 낙오를 의미하는 것이기 때문이다. 문화산업이 조장하는 일차원적 문화는 냉혹한 현실을 살아가는 것만도 벅찬 대중에게 비판의 대상이 아니라 행복의 환상을 안겨주는 일상의 위안물로 제공되기 때문이다.

이 덕분에 일차원적 문화가 일상화되는 토양은 점점 더 비옥해진다.

문화산업은 유흥산업으로 번창하면서 '무엇이든 즐기라'고 권장하는 유흥(amusement)의 일차원적 문화의 진원지로 작용한다. 유흥은 유흥 이상이 되고자 하는 그 어떤 것도 거부한다. 유흥산업에서 즐거움은 어떤 노력도 더 이상 지불하지 않는 것을 의미한다. 유흥에서 사유(思惟)는 격퇴시켜야 할 적이다. '즐긴다는 것'은 무엇인가에 대해 더 이상 생각하지 않는 것이므로 구경꾼은 자신의 고유한 생각을 가지려해서는 안 된다. 고통을 목격할 때조차 고통의 현실을 생각하지 않는 사유의 마비가 요구된다. 유흥산업은 현실을 있는 그대로 받아들이는 낙천적 사고를 조장한다. 오락에서 부정적인 사유는 금기사항이며, 오락이 약속해주는 해방이란 '사유로부터의 해방'을 말한다(호르크하이머 · 아도르노, 1995: 200). 유흥은 예술로부터 차용해온 비극적 요소를 주도면밀하게 계산된 긍정적 양상으로 탈바꿈시킴으로써 비극성 자체를 훼손하고 해소시킨다. 오락은 '감정의 순화'에 의한 '사회에 대한 변명'으로 기능한다.

유흥산업의 고성장은 자본주의가 오락주의를 통해 일상문화를 포섭하는 정치경제학의 실상을 보여주는 것이다. 유흥산업은 자본주의 체제가 삶에 지친 대중을 양산하는 덕분에 번창한다. 사회적 긴장과 갈등이 더해질수록 유흥에 대한 중독도 심화된다. 후기자본주의사회에서 유흥은 일의 연장일 뿐 아니라 일보다 더 중요한 일상이자 삶의 유일한 청량제로 작용한다. 유흥상품들은 오직 '기분전환'의 미명으로 소비대중의 일상을 사로잡으면서 기분전환을 중노동으로 만든다. 이는 행복을 기만하는 것이며 삶의 질을 실제로 개선하는 것과는 무관한 것이다.

오락물의 내용들은 겉보기에는 새로운 것 같지만 기계적인 반복을 벗어나지 못한 채 지엽적인 세부사항들만 쉬지 않고 교체되는 수준에 머물게 된다. '참신한 아이디어', '신선한 무엇', '경이스러운 것'이라는 단어들이 끊임없이 들먹여지지만, 이는 오히려 본질적 의미의 새로움을 배제하는 화려함의 눈속임일 뿐이다. 유흥산업으로부터 생산된 오락에는 물건을 팔기 위해 요란한 소리를 내는 시장바닥의 외침과 같은 장사꾼의 냄새가 배어 있다. 유흥산업은 유흥의 즉석요리로 끊임없이 재미를 처방해주지만 상업적 전술 때문에 순수한 재미는 임시변통으로 끼워 맞춘 들뜬 재미로 대체되고 일시적인 호기심과 흥미로 유발하는 재미가 압도한다. 단순한 줄거리는 말도 안 되는 플롯의 무의미한 조각들로 꿰맞추어진다. 오락은 감정이입과 감동에 의해 의미의 성찰을 저해하는 가장 효과적인 학습법으로 작용한다. 예술과 유흥의 융합은 예술작품의 '의미'를 제거해버리고 '의미로부터 면제된' 산업적 기예를 예찬하게 만드는 것이다.

문화산업은 현실의 무거움과 고통을 망각하게 해주는 대신 여흥과 쾌락에 대한 열망과 갈증을 자극한다. 쾌락의 근저에 있는 것은 도피와 무기력이다. 현실세계에 대한 불만과 도피의 욕망을 증대시킬수록 유흥은 큰 매혹과 흡인력을 발휘한다. 도피는 현실로부터의 도피가 아니라 마지막 남아있는 '저항의식으로부터의 도피'와 사회에 대한 무관심을 의미한다(호르크하이머·아도르노, 1995: 206). "기뻐한다는 것은 동의하고 있다는 것, 즐거워한다는 것은 사회의 전체과정에 대해 무감각해질 수 있다는 것"을 말한다. 즐거움은 체념을 부추기며 이는 대중을 신뢰할 만한 사회구성원으로 만들어주는 것이다. 유흥은 저항의 즐거움까지도 가르쳐줌으로써 저항 자체를 퇴색시킨다. 쾌락만을 추구하는 유흥은 아무런 노력도, 반응도, 사유도, 현실의식도 필요로 하지 않는 무감각과 무의식의 상태에서 지배질서를 자연스러운 것으로 승인하는 독사로 작용한다. 이는 문화의 탈정치화를 초래하고 대중문화를 우민화의 늪에 빠지게 한다.

2. 문화의 스펙터클화

　문화산업의 고성장은 점점 더 스펙터클이 지배하는 세상을 만든다. 스펙터클은 경제적 생산양식이자 문화적 표현양식으로서 자본의 권력을 가장 효과적으로 가시화하는 문화산업의 생산물이다. 스펙터클의 생산과 소비는 자본의 경제적, 문화적 권력이 대중의 일상을 사로잡게 만드는 것이다. 끊임없이 쇄신되는 기술과 거대한 자본의 결합은 스펙터클의 양적 확대와 질적 변신을 촉진한다. 미디어 기술이 폭발적으로 증가하는 시대에서 텔레비전, 영화, 인터넷 등의 융합으로 거대한 스크린 제국이 형성되고 그 스펙터클들이 인간의 삶을 지배하게 된다. 점점 더 정교하고 마술적이고 장엄한 장관의 구경거리와 다채로운 볼거리들이 양산되면서 스펙터클의 기술적 숭고함이 고조된다. 이는 인간의 마음의 무한 능력으로부터 생성되는 칸트적 숭고함을 대신한다. 기술적 숭고함은 최면적이고 감각적이고 현혹적인 요소들을 연출함으로써 자본의 힘을 자랑한다.

　드보르(Debord, 1996)는 스펙터클을 자본의 논리와 권력을 웅변해 주는 상품으로 파악했다. 그에 따르면 자본주의 경제는 상품의 독재권의 확장을 통해 전 세계를 '스펙터클의 사회'로 만들면서 제국주의적 지배를 달성한다. 스펙터클의 사회는 인간의 삶이 자본주의 경제의 생산물에 의해 탈취되고 총체적으로 점령당한 사회이자 실재 세계를 상품 세계의 스펙터클로 대체하는 사회이다. 스펙터클의 홍수 속에서 매일을 살아가는 대중에게는 스펙터클의 사회를 거부할 권리가 주어지지 않는다. 일상의 모든 공간에서 스펙터클이 기다리고 있고 그 기호들이 대중의 의식, 감성, 상상, 욕망 속으로 마구 파고들기 때문이다. 스펙터클은 대중의 현실감각과 상상의 세계를 사로잡을 뿐 아니라 그들의 욕망을 자극하고 변화시킨다. 대중문화는 스펙터클의 소비가 너무나 일상적인 것이 되어버린 것조차 의식하지 못한 채 스펙터클의 상품세계를 친숙하고 자연스러운 것으로 받아들이게 하는 독사로 작용한다.

스펙터클의 사회는 드보르의 지적처럼 자본주의의 지배 이데올로기를 문화의 영역으로 확장시키는 최고 단계를 구현한다. 스펙터클은 이데올로기를 이미지와 언어의 표상으로 '문화화'하고 이를 '스타상품'으로 부상하게 한다. 스펙터클은 '물질적 형식 속의 이데올로기'(*ideology in material form*)이자 '지배경제의 이미지'로서 자본의 논리에 따라 '물질적으로 번역된 세계관'을 일상의 문화적 향유로 받아들이게 한다. 스펙터클로 물질화된 이데올로기는 어떤 특정한 이름도 갖지 않을 뿐 아니라 이데올로기의 역사가 종언을 고했음을 말해준다. 이는 곧 스펙터클이 자본주의의 총체주의적 비전을 담은 '최고의 이데올로기'로서 인간을 굴종시키는 새로운 기만의 권력을 작동시킨다는 것을 의미한다(드보르, 1996: 170~171). 스펙터클의 형식과 내용은 '기존체계의 조건과 목표를 총체적으로 정당화'하는 것이며 지배질서에 긍정적인 응집성을 부여하는 전체주의적 이데올로기로 작동하는 것이다.

스펙터클의 거대한 축적물은 자본주의 경제체계를 '영원한 현존'으로 정당화하는 이데올로기의 문화적 구성물이다. 스펙터클의 언어는 "지배적인 생산조직의 기호들로 구성"된 것으로 그 자체의 이득만을 위해 일방적으로 커뮤니케이션을 독점한다. 그 메시지는 단 한 가지, 즉 기존 사회를 끝없이 정당화하는 유일한 목소리로서 세련된 논거들도 필요 없고 그 어떤 응답도 없다는 것만 확인하게 하는 것이다. 어떤 이념도 스펙터클을 초월할 수 없는 상황에서 이데올로기의 투쟁은 더 이상 필요 없는 것이 되어버린다.

드보르의 주장은 자본주의 문화경제가 스펙터클의 제국을 전 지구적으로 팽창시키는 오늘에 와서 더 큰 설득력을 지닌다. 오늘의 쌍방향 커뮤니케이션 시대에도 스펙터클은 자본이 일방통행의 커뮤니케이션을 관철시키는 최상의 상품으로서 그 위력을 자랑한다. 스펙터클의 언어는 인간의 일상 언어가 감히 흉내 내거나 경쟁할 수 없는 위력을 발휘함으로써 이를 감탄히고 즐기는 원자화된 대중들(*utomized masses*)을 생산한다. 스펙터클은 말하고 '사회적 원자들'(*social atoms*)은 단지 듣기만 한다. 원자화된 대중들은 스펙터클의 일방적 커뮤니케이션이 개인의 고립을 강화시키는 기제로 작용하면서 만들어낸 산물이다. 보드리야르에 따르면 오늘의 대중은 커뮤니케이션의 도취 속에서 모든 것을 스펙터클의 소비로 전환하고 어떤 의미도 요구하지 않으며 근본적인 저항도 없이 침묵으로 일관한다.[1] '침묵의 다수'가 된 대중은 모든 메시지들과 기호들을 다 흡수해버리고 아무 것도 내보낼 것이 없는 '블랙홀'과도 같다.

스펙터클의 사회는 드보르가 강조했듯이 '상품의 휴머니즘'이 노동자의 '여가와 인간성'을 포함한 '인간실존의 총체'를 책임지게 된 것을 웅변해준다. 상품세계의 권능을 우상화하고 상품물신주의를 조장하는 스펙터클은 반박과 접근이 불가능한 '종교적 환상'의 물질적 구성물과도 같다. 스펙터클은 비속한 일상생활과 대비되는 종교적 의식에 버금가는 것으로 상품물신숭배를 '광적인 환희의 순간'들에 도달하게 한다 (드보르, 1996: 50). 스펙터클로서의 상품은 '환상의 보편적 표현물'로

---

[1] J. Baudrillard, *A l'ombre des majorités silencieuses*, 1978, p.48, 이영자, "불가역성의 사회", 〈프랑스학연구〉, 2005년 가을호.

서 모조품적인 삶을 정당화하도록 요구한다. 이는 구제의 힘을 보여주는 신화적 환영들로 나타나기도 한다. 미디어는 이러한 환영들의 생산과 소비에 기여한다. 축제는 날로 더 화려한 마술을 뽐내는 온갖 스펙터클을 동원하여 대중의 환호를 받는다. 이는 자본과 기술이 함께 꾸며낸 '거짓된 낙원'과 '환상적 공동체'를 예찬하게 만드는 것이다.

스펙터클은 상품세계의 풍요와 그 허상을 현실세계로 착각하게 하고 현실적 고통을 보상해주는 듯한 '사이비' 만족과 '기만'의 약속에 도취하게 만든다. 이러한 도취는 삶과 유리된 스펙터클의 상품세계가 초래하는 자기소외를 감지하지 못하게 하는 것이다. 스펙터클의 포퓰리즘은 대중으로 하여금 현실의 냉혹함과 초라함을 외면하거나 망각하게 하는 최면술로 작용한다. 황홀한 볼거리의 상품세계는 현실을 허위적인 것으로 만들고 스펙터클의 풍요는 현실의 빈곤과 대비되면서 현실감각을 상실하게 한다. 스펙터클은 현실의 도피를 꾀하는 탈출구로서 대중문화를 활성화한다.

문화산업은 스펙터클의 대량생산을 통해 외양과 시각문화가 지배하는 시대를 창출한다. 스펙터클은 '모든 현실을 외양에 종속'시키는 방식으로 일상을 포획하고 식민화한다. 스펙터클이 만들어내는 일상은 내용보다 겉치장이 우선시되고 외양을 위해 모든 것이 창조되고 소비되는 세계이다. '겉으로 보이는 것은 좋은 것이며, 좋은 것은 곧 겉으로 보이는 것'으로 만들어 엄청난 긍정적 에너지를 자극한다. 대중을 그 '겉치레 삶'에 동화시키는 것이다. 여기서는 인간을 대신해서 사물들이 세상을 채우고 삶의 의미를 만들어낸다. 인간도 인격체가 아닌 사물처럼 취급된다. 이는 살아있는 인간의 활동을 대신하는 '살아있지 않은 것의 자율적 운동'을 활성화하는 것이다.

스펙터클은 자본의 권력이 외양의 지배와 독점을 통해 구축하는 '제국'과도 같은 것이다. 스펙터클은 자본의 권력을 거대한 이미지로 가시화하면서 무수한 환영들을 만들어낸다. 이 환영들은 오로지 교환가치를 목적으로 하는 상징의 조작과 기호들로 구성된 자본의 이미지들이다. 그 이미지들은 무엇이 '현실'인지를 말해주고 알려준다. 이는 현실을 왜곡시키는 것이기보다는 자의적으로 '재구성'하는 것이며 이미지들로 파편화되는 현실만 존재하게 하는 것이다. 일상생활뿐 아니라 인간의 열정과 욕망 등 내면의 세계까지도 이미지들로 대체되는 상황이 초래된다.

문화산업은 포스트모더니즘에 편승하여 다양성과 잡식성을 무기로 삼는 스펙터클의 장관을 창출해낸다. 그 장관은 이질적인 이념들과 정치적 성향들, 대조적인 라이프스타일들, 갈등적인 삶의 요소들을 거침없이 한꺼번에 담아내는 무대들을 연출한다. 이 무대들은 오직 이미지들의 감각적 효과를 극대화하는 것으로 그 어떤 것도 약속하지 않는다. 여기서 스펙터클은 단순히 현실의 거짓표상인지, 현실 그 자체의 위조화인지도 분명하지 않다. 스펙터클의 포화상태가 된 현실과 이미지들의 경계조차도 불분명해진다. 스펙터클은 문화예술을 기상천외의 것들의 유희로 만들고 이에 대한 대중의 열광을 고조시키는 것이 유일한 목적이다. 예술작품으로 새롭게 단장하는 포스트모던 도시의 다채로운 경관처럼 스펙터클은 날로 화려하고 신비로운 모습으로 변신하면서 자본의 힘을 고강도로 투사한다.

스펙터클은 사회적 삶을 인간 활동에서 벗어난 '사변적인 우주'로 격하시키고 이에 대한 수동적 수용을 요구한다. 대중은 문화산업의 전문화된 매체들에 의존해서 스펙터클의 세계를 단지 구경꾼처럼 바라보는 것 밖에는 다른 선택의 여지가 없다. 이는 드보르의 표현대로 세계를 인간의 감각들로 직접 파악할 수 없는 '거울 이미지'로 만드는 것이다.

스펙터클은 인간에게서 현실의 생생한 체험을 수탈하고 사회적 삶을 관조의 대상으로 만든다. 현실에 대한 참가를 불필요한 것으로 만들고 현실에 대한 대결능력을 좌절시킨다. 정치적인 것들도 오락, 스포츠, 놀이와 같은 구경거리로 제공된다. 이는 사회현실의 의미를 중화하거나 파괴하는 '정치의 살인'을 의미한다.

드보르에 따르면 "스펙터클은 궁극적으로 잠을 자려는 욕망 이상의 다른 어떤 것도 표현하지 않는 감옥에 갇힌 현대사회의 악몽"이자 "잠의 수호자"이다(드보르, 1996: 18). 스펙터클은 "수동성의 제국 위에 떠서 결코 저물지 않는 태양"으로 세상의 표면 전체를 완전히 뒤덮는 것이며 이로써 자신의 영광을 무한히 찬양한다(드보르, 1996: 14~15). 드보르는 스펙터클 사회에서 문화가 삶의 역사와 괴리된 '죽은 객체'로 화석화되는 상황을 목격하면서 결국 그가 살았던 시대와 자신의 삶에 스스로 종말을 고해야 했다. 스펙터클의 사회에서는 "오로지 문화의 진정한 부정만이 문화의 의미를 보존할 수 있다"(드보르, 1996: 166)는 것이 그의 유일한 믿음이었다.

그러나 드보르의 비극적 죽음을 무색하게 할 정도로 스펙터클의 사회는 21세기에 이르는 오늘에 와서 더더욱 거침없는 팽창일로에 있다. 스펙터클은 첨단 통신망과 컴퓨터망을 통해 전 지구를 무대로 삼아 자본의 문화 권력을 발휘하는 강력한 매개체로 기능한다. 도시, 건축, 미디어, 여가, 오락, 스포츠, 관광, 문화이벤트, 공연예술, 축제 등에서부터 각종 영상 및 시각매체와 상품미학에 이르기까지 스펙터클의 세계는 날로 확장되면서 대중의 몸과 마음을 움직이는 불가항력의 힘으로 작용한다. 이와 함께 스펙터클의 대중성을 고양시키는 스펙터클의 포퓰리즘이 고조된다. 대중을 매료시키고 유아적으로 몰입하게 하는 볼거리들의 폭탄 세례를 통해 대중의 전폭적인 지지와 열광을 이끌어내는 상술들이 늘어난다.

　스펙터클의 대중화는 자본에 의한 이데올로기적 통제의 양식을 대중의 문화적 자율성의 양식으로 치환시키는 방식으로 촉진되는 것이다. 스펙터클은 드보르가 강조했던 것처럼 수동적 관조의 대상일 뿐만 아니라, 오늘에 와서는 대중의 능동적 참여 속에서 재창조되고 증식하는 단계로 진화한다. 문화산업은 대중을 스펙터클의 적극적인 소비자이자 생산자로 끌어들이고 대중은 저마다 스펙터클의 주인공으로 거듭난다. 이는 스펙터클의 소비문화를 대중의 지생적인 문화로 착각하게 만들어 자본의 권력에 의해 인간의 문화가 침식되는 것 자체를 의식하지 못하게 하는 것이다.

3. '시뮬라크르'의 문화

　자본주의 문화산업은 포스트모더니즘에 힘입어 '시뮬라크르'(simu-lacre)의 문화상품들을 생산하는 단계로 확장한다. 보드리야르가 강조한 '시뮬라크르'[2]의 문화는 실제로 존재하지 않는 것을 존재하는 것처럼 만드는 가공물이 지배하는 문화를 말한다. 대중문화는 이러한 시뮬라크르의 문화를 실제의 문화처럼 자연스럽게 체험하게 하는 독사로 작용한다. 과거에는 재현의 체계에서 '시뮬라시옹'〔simualtion, 가장(假裝)〕이 실재를 충실하게 반영하거나 실재와 동일시되는 이미지로서 의

---

　2 보드리야르는 시뮬라크르(불어로 *simulacre*, 영어로 *simulacrum*)의 3가지 질서를 제시한다. 첫째는 신의 이미지에 따라 자연의 이상적인 복원을 추구하는 자연주의적인 시뮬라크르들, 둘째는 무한한 에너지의 해방과 지속적인 팽창을 추구하는 생산체계의 생산주의적 시뮬라크르들, 셋째는 정보, 모델, 인공 두뇌적 놀이 등 완전 통제와 조작성에 기반을 둔 시뮬라시옹으로부터 생성된 시뮬라크르들이다(Baudrillard, 1981: 179).

미를 지니는 것이었다면, 오늘날의 시뮬라시옹은 원본도 사실성도 없이 '실재'를 가장한 '모델들'로 이루어진 '파생실재'(hyperreality)를 발생시킨다(Baudrillard, 1981: 9~11). 파생실재는 실재를 본 딴 것들이라고 하는 가공물들과 이로부터 배합된 모델들이 실재보다 더 실제적인 것이 되는 포스트모던적 초과실재를 말한다. 실재와 아무런 관련이 없는 시뮬라크르들의 자율적인 놀이(무의미한 일시적 작용성)가 실재보다 더 실제적이 된다는 것은 '의미체계와 시뮬라시옹의 체계 간에 아무런 관련이 없다'는 것을 뜻한다(Baudrillard, 1983: 126). 시뮬라시옹은 바로 의미가 함몰되는 곳에서 시작되는 것이다. 이는 포스트모던 자본주의에서 '재현'에 종말을 고하는 근본적인 변화가 일어난 것을 말해준다.

시뮬라시옹은 재현의 축조물 자체를 송두리째 시뮬라크르로 흡수해버리고 재현적인 상상 세계를 사라지게 한다. 여기서 '실재'와 '상상'의 차이가 의문시되는 상황이 초래된다. 시뮬라시옹 속에서 모든 지시대상은 소멸되어버리고 사라진 지시대상들은 시뮬라크르들로 재생되어 파생실재로 나타난다. 시뮬라시옹의 이상발달은 초과실재가 실재를 삼켜버리게 만들어 실재와 가상의 경계를 붕괴시킨다. 게다가 파생실재는 실재가 잃어버린 사실성을 증명해준다. 이는 마치 지도가 영토에 선행하고 지도의 시뮬라크르들이 영토를 만들어냄으로써 영토의 실재 자체가 폐허에 이르는 것과 같다. 시뮬라시옹이 오히려 현실을 존재하게 만드는 전도(顚倒) 현상이다. 이로써 시뮬라크르의 조작된 진실은 사실성의 효과를 발휘하게 된다. 실재가 없어진 자리를 파생실재가 차지하면서 실재는 더 이상 생산될 기회를 갖지 못한다. 시뮬라시옹의 모델은 폐기된 현실을 무한히 조작되고 재생산될 수 있는 유사현실로 대체시키는 것이기 때문이다. 보드리야르는 오늘의 시뮬라크르 제작자들이 모든 실재를 그들이 만들어낸 시뮬라시옹의 모델들과 일치시키려고 함으로써 제국주의를 드러낸다고 보았다.

포스트모더니즘의 상업문화는 실재와 파생실재와의 경계가 점점 더 모호해지는 상황을 초래한다. 상업적 포스트모더니즘은 시뮬라크르들의 생산을 활성화하는 방식으로 문화산업을 번창하게 하고 문화산업은 파생실재의 문화적 소비를 확산시킨다. 대중매체는 막강한 정보와 기술의 지배력에 의해 현실적 준거가 없는 의사이벤트, 의사역사, 의사문화의 기호들을 파급시키고 이것들은 실제 사건들이나 그 참조물들을 사라지게 한다. 이는 사용가치를 제거하는 것뿐 아니라 사실성의 원칙을 부정하고 사실성을 가장하는 시뮬라크르들을 증식시키는 것을 말한다. 여기서 실재는 매체 속에서 함몰되고 매체들이 양산하는 시뮬라크르들이 실재를 압도하게 된다. 시뮬라크르들이 실재의 힘을 행사하게 함으로써 그 제작자들은 상품물신주의의 마술을 과시한다. 문화산업은 파생실재를 유혹적이고 미혹적인 선동의 형상들로 만들어 실재보다 더 큰 흡인력을 발휘하게 한다. 이 흡인력 덕분에 시뮬라크르 상품들의 소비와 유통이 촉진되면서 초현실적인 문화가 생산된다. 문화대중의 저항성이나 급진성을 파생실재로 연출하는 문화산업도 번창한다. 대상-주체보다는 저항-주체로서의 대중의 가치를 부각시키면서 자유, 해방, 부활, 전복성 등을 고취시키는 시뮬라시옹의 문화상품들이 유행한다. 문화시장은 문화적 급진성을 파생실재로 흡수함으로써 저항의 시뮬라시옹 모델들을 흉내내고 즐기는 시뮬라크르 문화가 실제 문화를 저지하게 한다.

텔레비전은 더 이상 '전달매체'가 아니라 파생실재를 창출하는 진원지로 작용한다. 미디어에서 조작되는 시뮬라시옹의 세계가 현실을 증명해주는 것으로 오인되면서 그 시뮬라시옹의 모델들을 모방하는 현실이 실제로 나타난다. 드라마의 인물이 그 배역을 맡은 연기자의 실제

인물로 둔갑하거나 매체가 보여준 특정 사건의 시뮬라크르가 사건의 실제 모습으로 재현되기도 한다. 포스트모더니즘의 상업문화는 시뮬라크르 문화를 진짜 문화로 만드는 효력을 지닌 것이다. 광고는 특히 시뮬라시옹의 최상의 형식이다. 광고가 선전하는 상품들은 실재를 가장한 시뮬라크르들로 대체되고 시각적 텍스트와 메시지로 미화된 유사현실을 체험하게 한다. 그 유사현실은 상품을 진지하게 취급할 수 있는 비판적 거리를 허용하지 않으며 현실의식을 무장 해제시키는 것이다. 광고가 가공해내는 파생실재는 대부분 사회현실의 부정성을 흡수하여 제거해버리는 교활함으로 기존의 질서유지에 기여하는 것이다.

복고 시나리오의 영화들은 획기적인 몽타주와 전문기술을 통해 파생실재의 완벽한 제조물을 만들어낸다. 모든 사건들은 시뮬라시옹의 모델과 논리에 따라 덧없는 시나리오로 축소된다. 시뮬라크르를 생산하기 위해 실재는 영화의 이미지에 따라 정돈되고 실재는 영화의 파생실재 속에 흡수되어버린다. 영화 속에 복원된 역사는 실재 역사를 능가하는 시뮬라크르들의 환각으로 대체되면서 실재의 사건들이 영화화된 사건들 뒤로 사라져버리게 된다. 영화가 보여주는 역사의 시뮬라크르들이 진짜 역사를 의심하게 만들기도 한다. 여기서 사건들의 의미와 에너지는 중화되고 시뮬라크르들만이 남게 된다. 영화로 소비되는 시뮬라크르들은 역사와 문화의 탈실체화에 기여한다. 이처럼 역사의 파생실재가 역사적 현실을 대체하게 되면 역사의 '참'과 '거짓'을 따지는 일은 무의미하고 헛된 것이 된다. 실재가 아닌 파생실재의 역사성이 오히려 실재의 역사성을 저지한다. 이는 역사의 조롱이자 역사를 유희의 소재로 삼는 반역사적인 것이다. 지나간 역사의 환영, 사건들의 장식, 복고적 유행은 단지 역사가 이루어진 시간을 부활시켜주는 것뿐이다. 역사의 공허한 재생이나 향수를 달래주는 무분별하고 변태적인 혼합은 역사의 의미와 가치를 상실하게 한다. 역사가 결여된 문화는 삶의 과정과는 무관한 시뮬라시옹의 파편으로 변질된 것일 뿐이다.

자본주의 생산시스템의 가속화된 회전으로 모든 생산물(상품, 광고, 예술, 정보, 매체 등)의 과잉 및 포화상태가 초래되고, 자본의 과잉생산 명령을 따르는 사회는 자본이 조작하고 지배하는 초과실재로 빠져든다. 커뮤니케이션과 정보생산의 모든 시스템은 한 방향으로만 치닫는 과잉생명력, 과잉전문화, 과잉정보화, 기호들의 과잉의미화를 드러내고, 그 기능이 한계를 초과하는 과잉목적성과 과잉기능성이 가속화되는 상황이 벌어진다(Baudrillard, 1983: 14~16). 정보와 기술의 이상증식은 시뮬라크르들의 과잉제작으로 나타난다. 유령과 같은 내용물들이 넘쳐나는 과잉정보화는 활발한 의사소통의 환상을 주는 파생실재를 창출한다. 대중매체는 과잉정보의 자극적인 연출과 유희를 통해 의사소통의 시뮬라시옹을 만들어내는 핵심장치로 작용한다. 오늘의 SNS 시대는 사이버공간에서 현실처럼 위장되고 가장되는 파생실재가 넘쳐나는 세상을 만든다.

이처럼 '시뮬라시옹의 유희'가 가속화될수록 실재를 대체하는 파생실재가 포화상태에 이르게 되고 실재의 의미가 증발되는 상황이 초래된다. 의사소통의 모든 변증법이 시뮬라시옹에 의해 흡수되면서 '의미의 파국'이 일어나고 '사회적인 것'이 소진된다. 보드리야르는 이것이 바로 모든 시뮬라시옹의 '악마적 목적'이라고 말한다. 과도한 목적성은 본래의 목적 자체를 부정하게 되고, 과도한 속도는 무기력을 유발하고, 성장은 '이상성장'(excroissance) 속에서 정지된다는 것이다(Baudrillard, 1981: 233). 이는 모든 시스템이 가역성과 모순의 한계를 넘어서 본래의 상태로 되돌아올 수 없는 시뮬라시옹의 시대를 불러온다. 시뮬라시옹의 시대는 자본주의 시스템 전체가 해체될 위기에 봉착한 것을 의미한다. 근대 자본주의 문명이 이미 그 수명을 다 했음에도 불구하고 수명을 연장하기 위한 과잉의 위험한 도박을 거듭해온 덕분에 그 불가역성이 심화되었고, 그 결과 그 문명을 만들어온 인간의 역사적 실재 자체가 부정당하는 단계에 이른 것이다. 역사적 실재의 소멸은 인간의 자기부정과 자기 파괴를 의미한다. 이것이 자본주의의 문명의 과도한 수명 연장이 초래한 결과이다.

마무리 글

　자본주의 역사는 디스토피아(Dystopia)를 향해 질주해왔다면, 자본주의의 신화는 유토피아(Utopia)의 환상으로 인간을 사로잡았다. 자본주의 역사로부터 초래된 재앙들과 끊임없이 반복되는 위기상황은 바로 자본주의의 신화들을 배양하는 비옥한 터전이었다. 디스토피아로 향하는 현실이 절박해질수록 유토피아를 꿈꾸게 하는 신화들이 번성할 수 있었다. 이 신화들은 자본주의의 최대 피해자들까지도 자본주의의 성공을 기원하도록 만들었다. 자본주의의 신화는 자본주의가 히드라와 같은 괴물이며 반사회적이고 반인간적인 본질을 지닌 것임을 감추고 속이는 기만극이었다. 그럼에도 자본주의를 살리기 위한 노력들이 눈물겹게 이어져온 것은 이러한 기만극이 기막힌 효과를 발휘해온 때문이 아니겠는가?

　'인간의 얼굴을 한 자본주의' 또는 '정의로운 자본주의'를 외치는 것 자체가 이러한 기만극에 동참하는 것이었다. 이는 '공동체'의 얼굴을 한 '스타벅스의 시대'를 주창하는 것과도 같았다. 국가와 자본가계급의 재정지원을 받는 지식사회는 자본주의 살리기 처방들을 내놓는 어용행각의 경쟁에 빠져들었다. 자본주의의 신화에 과학의 외피를 입히는 작업들도 끝없이 이어졌다. 보다 나은 자본주의에 대한 희망과 약속을 주지 않는 지식은 쓸모가 없는 것으로 치부되었다. 자본주의의 신화의 기만극을 폭로하거나 거부하는 지식도 외면당했다. 대신에 자본주의라는 괴물을 인간의 얼굴로 만드는 성형수술과 그 수사들이 인기를 독차지했다. 자본주의는 괴물의 본성을 영원히 숨기는 것만이 그 목숨을 연장시키는 유일한 길이었다.

자본주의의 신화들은 자본주의의 독사들과 맞물려 작용하면서 인간을 자본주의의 제물로 바치도록 종용했다. 신화는 자본주의의 이데올로기와 문화의 거짓 지연을 만들어내었고 자본주의의 독사들은 이러한 이데올로기와 문화의 무의식이 인간의 몸속에 자리 잡게 하였다. 신화는 자본주의 역사를 자연으로 만들고 독사는 이 거짓 자연과 친밀한 공모관계를 이루는 인간을 만드는 것이었다. 자본주의의 신화와 독사는 인간이 자본주의 세상을 '자연'처럼 따르도록 육체와 정신을 식민화하는 것이었다. 자본주의의 전유물이 되어버린 문화와 이데올로기는 자본주의의 도구로 전락했다.

문화는 무엇보다도 자율성, 유토피아, 정치성을 상실한 불구의 몸이 되었다. 자본주의의 신화들이 역사를 변화시키는 문화의 창조적, 혁신적 힘을 삼켜 버렸기 때문이다. 자본주의가 열어준 '문화의 시대'는 자본에 의해 정복된 문화의 신음과 괴성을 증폭시키는 시대였다. 대중문화의 세계적 번창은 문화의 옷을 입은 자본의 거대한 권력을 과시하고 화려한 문화축제의 향연을 통해 자본주의의 신화들을 파급시키는 것이었다. 대중문화는 자본주의가 대중의 문화적 향유를 명분 삼아 이데올로기적 지배력을 파급시키는 장이었다. '문화의 시대'는 역설적으로 문화의 생명력을 상실하게 하고 문화의 개념 자체를 변질시키는 상황을 초래했다. 오늘의 문화는 그 고향도 행선지도 알지 못한 채 떠도는 상태에서 자신의 정체가 무엇인지 더 이상 묻지 않게 되었다.

'탈이데올로기 시대'란 이데올로기들이 신화와 독사로 작용하는 시대를 의미했다. 자본주의는 공공연하게 또는 아주 은밀하게 이데올로기를 관철시키는 매우 다양한 장치들을 정착시켰다. 이데올로기를 말하지 않아도, 의식하지 않아도 신화와 독사를 통해 자본주의의 이데올로기가 자동적으로 작동하는 환경이 조성되었다. 이 때문에 이데올로기 전쟁 자체가 필요 없는 시대가 되었다. 대중의 무의식적 동조와 공모 속에서 이데올로기는 자본주의의 강압적 권력이 아닌 익명적이고 유연한 '연성(軟性) 권력'으로 작용하였다. 여기서 자본주의의 이데올로기들은 '허위의식'을 조장하는 수준을 넘어 독사를 통해 인간의 몸속에 아주 친숙하고 자연스럽게 스며들 수 있었다.

 탈이데올로기 시대는 또한 탈이데올로기 정치가 지배하는 시대였다. 서구에서 1990년 이후에 자라난 세대에게 우파, 좌파의 시대는 과거의 유물로 취급되었다. 자본주의적 민주주의가 세계적 모델이 된 시대에서 탈이데올로기를 주창하는 실용적 노선의 현실주의적 정치가 점차 대세로 자리 잡았다. 탈이데올로기 정치는 '제3의 길'의 수사처럼 이념적 의제들을 탈이념적인 것으로 위장하고 자본주의체제 유지와 기득권 세력에 봉사하는 정치를 보편적 가치를 실현하는 정치로 포장하는 것이었다. 서구의 정치인들이 "철 지난 이데올로기의 포로가 되지 않을 것"을 선언하는 것은 오직 자본주의의 이데올로기에만 충실한 정치를 하겠다는 약속이었다. 탈이데올로기 정치는 자본주의의 이데올로기를 '자연화'하는 신화적 기만이자 탈정치의 시대를 불러오는 것이었다. 정치적 신념이 버려지고 정치의 이상이 고갈되면서 자본주의적 현실주의가 이상주의를 대체하게 되었고, 정치인들은 자본주의 체제의 '관리인'들로 전락했다. 상업주의적 조작이 민주주의를 관리하는 최상의 방식이 되면서 정치인들은 시장의 반응과 평가에만 매달리게 되었다.

자본주의의 신화들과 독사들의 가장 빛나는 업적은 자본주의가 거짓 자연으로 만들어낸 인간본성에 가장 충실한 '자본주의적 인간'을 양산하는 것에 있었다. 괴물로 비유되는 자본주의는 그 괴물성을 인간 본성으로 위장하고 인간 자체를 괴물로 만드는 것을 역사적 과업으로 삼았다. 자본주의의 히드라적 본성은 오로지 높은 이익을 위해 변신과 투기와 온갖 수단방법을 가리지 않는 인간 본성의 거짓자연으로 치환되었다. 자본주의의 탐욕은 인간의 탐욕으로 자리 잡았고 인간의 탐욕이 커질수록 자본주의의 탐욕은 비난이 아닌 예찬의 대상이 되었다. 그래야만 자본주의는 인간과 한 몸이 되어 그 몸속에서 살아 움직이는 생물이 될 수 있기 때문이었다. 자본주의의 신화들과 독사들은 자본주의를 의문에 부쳐질 수 없는 필연적인 체제로 수용하게 만들고 주어진 현실에 안주하는 평온함과 달콤함을 보장하는 것이었다. 자본주의의 신화와 독사가 넘쳐나는 세상은 사유가 필요 없는 세상이었다. 여기서 위태로워지는 것은 인간이 만들어낸 자본주의 체제가 아니라 그 체제가 만들어내는 인간 그 자체였다. 자본주의의 괴물성을 의식하지 못하게 하는 것뿐 아니라 이를 추종하고 열망하도록 만드는 것에서 신화와 독사의 효능이 극대화되었다.

　　진보의 신화는 인간을 자본주의의 무한성장을 열망하는 맹신자로 만들었다. 도구적 이성을 극대화하는 자본주의의 독사는 기계론적 세계와 계산의 이데올로기에 자연스럽게 순응하는 인간을 주조했다. 자본주의 물질문명의 신화는 배부른 돼지를 행복의 이데올로기로 떠받드는 인간들을 양산했다. 이에 대한 반발로 탈물질주의적 라이프스타일을 추구하는 움직임들도 나타났지만 물질문명의 근간은 좀처럼 흔들리지 않았다. 자유와 평등의 신화는 민주주의를 자본주의 경제와 계급사회의 희생물로 만들어왔고 인간은 그 역사와 공모자가 되어야만 살아남을 수 있었다. 서구 자본주의 문명을 탄생시킨 약탈의 근대사가 세계사를 지배하는 상황 속에서 문명의 신화는 야만을 일삼는 세상을 묵인하고 예찬하게 만들었다. 자본주의의 문명화 사업은 제국주의와 식민주의에 의한 인간 착취를 세계적 원리로 보편화하는 것이었다. 식민주의의 유산인 식민성의 독사는 피식민국 민중의 정신적 식민화를 초래했다. 자본주의 문명에 의해 식민화된 문화는 서구 부르주아 계급의 상업적이고 위선적이고 속물주의적 문화를 파급시키는 것이었다. 이는 '문화가 없는 삶', '사유가 부재하는 삶'을 근대인이 동화되어야 할 문명화된 문화의 원형으로 자연화하는 것이었다.

자유경쟁의 신화는 자본주의 독점체제의 도덕적 위장으로 불평등의 현실을 기만하는 것이었으며, 인간을 배타적 이기심과 약육강식의 반도덕적 원리로 무장시키고 사회관계를 적대적 경쟁관계로 파손시키는 현실을 정당화하는 것이었다. 윤리를 무시하고 무력화하는 자본주의는 윤리를 저버리는 생존방식과 성공모델을 맹렬하게 추종하는 인간을 권장하고 미화했다. 불평등을 극대화함으로써 성장하는 자본주의는 불평등에 대한 둔감증이 점점 더 극도에 달하는 인간을 요구했다. 불평등을 사회적 불의로 여기고 이에 대해 분노하고 도전하는 인간은 자본주의 세상에서 온전하게 살아남을 수 없었다. 자본주의가 세습적 신분사회로 회귀하는 상황은 곧 민주시민의 권리와 의무를 포기하게 만드는 것이었다.

자본주의 시장사회는 인간의 생존을 시장의 메커니즘에 전적으로 의존하게 만들고 사회의 이상에 어긋나는 시장의 이상을 떠받들게 하는 사회였다. 자본주의는 인간과 사회를 경제적 목적달성의 도구로 이용했다. 이로부터 탄생한 '경제적 인간'은 경제적 동기와 교환가치가 지배하는 삶을 너무나 당연한 것으로 받아들이고 시장에 의해 식민화된 사회를 사익추구의 발판으로 삼는 반공동체적 인간으로 길들여져야 했다. 부르주아가 '돈의 인간'의 원조였다면, 자본주의 시장사회는 모든 구성원을 돈의 인간으로 만드는 과업을 달성시키는 사회였다. 자본주의 화폐경제는 화폐의 신화를 떠받드는 인간들 덕분에 성장할 수 있었다. 그 대가로 인간은 사회적 가치는 물론 인간의 존엄성과 정신세계마저도 전지전능한 화폐의 가치와 권력에 예속시키는 화폐의 노예로 살아야 했다. 상품물신주의의 독사는 자본주의에 맹종하는 인간을 만들어내는 마술의 힘을 발휘했다. 상품사회는 상품의 세계를 '자연'의 질서로 섬기게 만들었고 인간의 문화를 물신숭배의 대상이 된 '사물의 문화'로 대체시키는 것이었다.

자본주의는 사회갈등의 주범이었으며 사회의 해체를 예고하는 것이었지만, 인간과 사회는 자본주의와 점점 더 일체화되면서 자구(自救)적 동력을 잃어갔다. 신자유주의의 목적은 사회의 해체를 기정사실로 만드는 것에 있었고 이를 위해 인간과 사회를 완전히 분리시키는 전략과 공포정치를 구사했다. 사회로부터 이탈된 초개인주의적 인간은 오직 시장을 '새로운 신'처럼 떠받들며 개인의 성취만을 추구하는 인간이었다. 초능력을 발휘하는 '초과(超過) 개인'이든 '루저'로 낙인찍히는 '결손개인'이든 자기착취를 유일한 생존방식으로 받아들여야만 했다. 이들은 시장의 독재에 허덕이는 사회를 구할 수 있는 의지와 저력을 박탈당한 자본주의의 성공작이었다.

자본주의는 오직 이윤의 극대화를 위해 산업적 생산에 주력했지만, 생산주의 신화는 비(非) 생산적 자본을 사회적 생산의 원동력으로 믿고 예찬하게 만들었다. 자본주의에 의한 생산의 정치는 비(非) 시장노동과 시장노동의 이중착취를 극대화하고 노동과학의 독사에 의해 규율화된 생산노동자와 기업가적 정신으로 무장한 노동주체들을 창출하기 위한 것이었다. 이들의 삶은 오로지 자본주의가 생산주의 시스템을 가동시키고 재생산하는 데 바쳐졌지만, 자본주의는 '노동자 없는 노동'을 착취하기 위해 이들의 헌신을 저버리는 작전을 감행했다. 신자유주의의 배제 전략은 노동비용을 최소화하는 '탈노동자화'에 승부를 걸었고 노동자들을 그 독사에 길들여지도록 압박했다. 프레카리아트와 노예노동자는 노동착취를 극대화하는 자본주의 생산체계의 마지막 보루였다. 생산‒기술지상주의의 신화는 인간의 몸과 두뇌를 대체하는 기계들에 대한 맹신을 조장했다. 신기술 개발과 기술혁신은 노동시장의 교란과 양극화를 유발하고 노동자들의 삶을 황폐하게 만들었다. '인간의 기계화'에 힘입어 성장한 자본주의 생산 시스템은 '기계의 인간화'로 진화했다.

더 나아가서 노동시장 밖에서 이루어지는 '사회적 노동'의 주역들 역시 자본주의 체제와 한 몸으로 움직이는 세상이 되었다. 자본주의는 생산체계를 넘어 사회 영역전체를 생산기반으로 이용하는 '생산의 사회화'를 통해 구성원 전체를 노동비용을 지불하지 않고 잉여가치를 창출하는 생산적 소비노동자로 만들었다. 소비자는 자본주의 생산체계의 재생산을 위해 '사회적 노동자'로 훈육되는 피착취자였다. 정보경제와 디지털 기술의 전 지구적 확장은 전 세계를 고용 없는 노동착취의 장으로 만들었다. 일상의 삶 속에서 이루어지는 온라인 및 오프 라인에서의 모든 활동들, 즉 정보, 지식, 통신기술의 활용, 소통적 노동, 오락, 금융거래, 각종 서비스 산업과 마케팅에 연루된 활동들은 자본의 이익을 창출하는 장이었다. 자본주의는 사회적 노동의 독사를 통해 대중의 생존과 삶 자체를 그들 자신도 모르는 사이에 자본에 봉사하게 만드는 제국을 건설하기에 이르렀다.

자본주의 소비사회는 소비주의 정치경제를 소비자의 일상생활 속에서 관철시키고 활성화하는 사회였다. 소비주의는 생산주의 시스템이 초래하는 과잉 생산의 해결을 위해 인간의 삶 전체를 대량소비의 회로에 빠져들게 하였다. 소비자는 낭비를 미덕으로 삼는 소비윤리와 쓰레기 양산을 풍요로운 삶의 방식으로 정상화하는 소비주의에 길들여지는 인간으로서 자본주의 경제시스템을 재생산하는 주체였다. 어린 시절부터 마케팅, 신용경제, 부채문화에 의해 소비주의가 체화되고 규율화된 인간은 소비시장의 전리품과도 같은 존재였다. 자아의 기획에서부터 사회적 신분과 문화자본의 경쟁에 이르기까지 소비주의에 전적으로 의존하는 소비자들은 소비시장의 기만과 독재를 오히려 자본주의의 특혜와 자기실현을 위한 권능화의 계기로 받아들이는 문화적 주체들이었다. 광고, 유행, 상품기호는 소비주의의 독사들로서 소비대중이 소비시장의 독재를 의식하지 않고 소비주의에 자연스럽고 은밀하게 또는 불가항력적으로 빠져들게 하였다. 이 독사들을 통해 자본주의는 인간의 몸속에서 소비주의 이데올로기와 소비문화의 무의식으로 작동할 수 있었다. 자본주의는 자본가 - 노동자 - 소비자의 공동운명체의 구축을 통해 생산체계에 의존하는 인간의 욕구체계를 창출하고 소비수준의 향상과 소비의 '무한한 자유'에 대한 환상, 그리고 상업적인 쾌락주의에 빠져들게 하였다.

문화산업은 문화대중의 신화를 창조하는 본거지였다. 이 문화대중은 자본화된 문화, 즉 자본주의 산업체계가 주도하는 생산과 소비의 회로에 갇힌 문화를 즐기는 대중이었다. 이윤의 목적으로 생산된 규격품들의 소비를 문화적 이상을 실현하는 계기로 받아들이는 대중에게 자본주의는 문화 창조와 문화 권력의 원천이었다. 여기서 문화의 질과 깊이는 양화의 법칙과 시장의 논리에 의해 희생되고, 인간의 영혼과 인격적 자질을 훼손하는 감각적이고 물상화된 문화상품들의 소비가 문화를 대체했다. 포스트모더니즘을 매개로 한 경제와 문화의 친밀한 결합은 반(反)문화까지도 적극 포섭하는 문화산업을 번창시켰고, 그 대가로 문화대중의 정치성과 급진성을 위축시키는 문화의 탈정치화가 촉진되었다. 문화적 포퓰리즘은 문화대중의 자율적 참여와 자발적 지지를 이끌어내는 기제로서 시장 포퓰리즘과 맞물려 자본의 문화정치를 활성화하는 것이었다. '대중의 문화적 힘'은 곧 자본의 문화 권력을 과시하고 확장시키는 것이었다. '세계문화'의 신화는 문화산업의 전 지구적 번창을 통한 자본주의의 문화적 식민화를 미화하고 정당화하는 것이었다. 즉, 자본과 시장이 문화제국주의의 대리전을 치루는 상황에서 자본주의 문명의 헤게모니 권력이 다양한 국가, 인종, 계급, 전통의 문화적 혼성화, 다문화주의, 문화의 탈지역화를 통해 전 지구적 차원으로 확장하는 시대를 웅변해주는 신화였다.

문화산업으로부터 파생되는 대중문화는 일차원적 문화, 스펙터클의 문화, 시뮬라크르의 문화를 일상화하고 친숙한 것으로 만드는 것이었다. 이러한 문화들은 사유(思惟)를 불필요하게 만들고, 비판과 창조의 능력을 잠식하고, 의미작용을 조롱하고, 체념과 무저항에 길들이고, 화려한 외양과 환상적 이미지에 몰입하게 만들고, 기호들의 유희와 파생실재에 빠져들게 하는 탈정치화된 문화들이었다. 대중문화의 독사적 기능은 현실의 불화를 망각하거나 도피하게 하고, 긍정적 태도와 행복의 환상을 조장하고, 사이비 만족과 기만의 약속에 도취하게 만들고, 자본과 기술의 힘을 숭배하게 만들고, 인간의 자기소외를 감지하지 못하게 하며, 이상주의적 가치의 추구를 좌절시키는 것이었다. 시뮬라크르의 문화를 자연스러운 진짜 문화로 경험하게 하는 대중문화는 문화산업을 통해 과잉 생산되는 기호들의 과잉의미화에 의해 문화의 실재와 그 역사성 자체를 부정하게 만드는 것이었다.

불어를 공부하고 불문학을 접하면서 사르트르의 《존재와 무》에 심취했던 대학시
절까지도 나는 '서구문명'이라는 것에 대해 별다른 관심도 갖지 않았고 어떠한 의문
도 제기하지 않았다. 그냥 한국과 다른 세계를 알아가는 재미를 느낀 정도였다. 대학
을 졸업하고 일자리를 찾았으나 전공을 살리는 직업은 없었고 생계 꾸리는 일이 막
연했던 상황에서 다행히도 프랑스 정부 장학금으로 2년간 유학의 기회를 얻을 수 있
었다. 기대하지 않았던 유학이었지만 당장에 새로운 길을 찾아 나설 수 있다는 막연
한 설렘만으로도 주저하지 않았다. 게다가 대학시절 나의 '불온한 행적'[*] 때문에 여
권이 안 나온다는 사실을 알게 된 이후에는 그 사실 때문이라도 그대로 주저앉을 수
없다는 생각을 하게 되었고, 우여곡절 끝에 출국을 할 수 있었다.

　2년간 장학금 덕분에 아주 편안하고 낭만적인 유학생활을 할 수 있었다. 불어교
육 자격증을 따고 불문학 석사과정에 들어갔다. 그러나 한편 내가 왜 불어와 불문학
에 삶을 바쳐야 하는지에 대한 강한 의문이 들기 시작했다. 대학시절 불문학에 관한
나의 이해수준이 얼마나 미천했었는지를 절감하면서 불문학을 태동시킨 프랑스 사
회, 문화, 역사에 더 큰 관심이 쏠렸다. 내가 경험하기 시작한 프랑스는 68혁명을 겪

---

[*] 그 '불온한 행적'이란 대학캠퍼스 내에서 있었던 '삼선개헌' 반대 시위와 한국외국어대 주최
　외국어 웅변대회였던 베트남전쟁에 관한 '모의유엔총회'에 베트콩 대표(불어권 지역 배당)
　로 참여했던 것이었다. 이는 별다른 정치의식도 없이 최소한의 정의감만으로 학예활동에
　임했던 무지렁이 학생에게 당시 한국에 팽배했었던 국가주의와 반공주의의 기막힌 실상을
　감지하게 해주었다.

은 지 3년이 지난 시점에서 이른바 자본주의 근대문명에 대한 근본적인 성찰과 저항이 곳곳에서 갖가지 색깔로 진행되고 있었다. 개발독재에 한창 박차를 가하고 있었던 분단한국에서는 상상할 수 없었던 일들이 벌어지는 역사현장에 나는 어쩌다가 와 있었을 뿐 그 모든 것에 대해 너무도 무지한 존재였다. 한국사회를 떠올리면서 내가 한국에서 막연하게 문제를 제기했었던 그 모든 것들을 다시금 새로운 눈과 감성으로 되새겨보기 시작했고, 그 와중에서 사회학은 나를 사로잡았다. 나는 프랑스 장학금으로 불어와 프랑스 지식을 보급하는 역할을 떠맡아야 하는 암묵적인 약속을 깨어버리는 대신에 프랑스 특유의 비판정신에 편승하여 사회학에 입문하였다. 그로부터 9년간 돈벌이와 공부를 병행하는 고된 삶이 이어졌으나, 그 덕분에 나의 젊음은 열정을 일깨울 수 있었다.

11년 만에 돌아온 한국에서 나는 사회적 불평등을 파헤치는 일차적 작업으로 젠더문제에 몰두할 수밖에 없었다. 프랑스에서는 그토록 절감하지 못했던 가부장제의 역사가 한국사회를 완강하게 가로막고 있는 상황에서 남녀 간의 불평등한 권력관계와 사회문화적 차별의 구조를 외면한 채 사회적 불평등 문제를 접근한다는 것 자체가 불가능한 일이었기 때문이다. 성불평등에는 무관심으로 일관하면서 계급불평등만을 중시하는 사회학자들, 그리고 성차별주의를 여성들만의 문제로만 치부하는 당시 사회분위기를 나는 도저히 이해할 수가 없었다. 성별 이분법과 남성중심의 학문적 패러다임이 지배하는 사회에서 나의 목소리는 본의 아니게 '여성'의 목소리로서 비판과 도전의 힘을 만들어낼 수 있었다. 나는 서구의 근대문명 속에서 결실을 맺어온 엘리트주의적 여성운동의 패턴을 벗어나지 못하는 자괴감 속에서도 운동에 대한 열정을 접을 수가 없었다.

여성운동이 소수자의 운동을 넘어 '주류화'를 외치는 시대로 접어들면서 자본주의 체제의 새로운 권력집단으로 부상하는 여성들도 늘어나기 시작했다. 자본주의는 가부장제의 강자들뿐 아니라 약자들까지도 그 지지 세력으로 만들어 강자들의 힘을 키워갔고 여성들은 그 주요 원천이었다. 더욱이 자본주의가 사회적 양극화와 함께 가부장제의 젠더갈등을 계급갈등의 전선으로 포섭해가는 신자유주의 시대에서 계급이 젠더문제를 압도하는 변수로 작용했고 여성들은 남성들 이상으로 계급전쟁에 앞장서야 했다. 세습자본주의가 자리 잡는 상황에서 사회적 약자의 운명을 감내해야 하는 남성들이 늘어날수록 가부장제의 기나긴 역사 속에서 '노예적 삶'을 살아야 했던 여성들의 운명은 사회적 약자 전체의 삶을 대변해주는 이념형이 되어갔다. 이는 자본주의 근대문명이 가부장제 이상으로 전 세계에서 막강한 헤게모니를 확장시켜 온 근대사의 결실이었다.

내가 몸담고 있는 자본주의 사회는 불가해한 세상이었고 그 세상에서 펼쳐지는 일상은 끊임없이 나를 분노하게 만들었다. 자본주의는 '경제'의 이름으로 이 세상을 유혹하고 협박하고 기만하고 그 모든 것을 강요했다. 경제는 인간의 목줄을 쥐고 있었기에 개인이나 국가나 할 것 없이 그 어떤 상황에서도 모두가 경제 살리기, 즉 자본주의 살리기에 혼연일체가 되어야만 했다. 민주주의도 정치도 자본의 제물로 바쳐졌고, 사회성도 자본에 의해 조건지어질 뿐 아니라 수탈되었다. 자본주의는 쉬지 않고 사회불안과 위기상황을 유발하는 것임에도 이는 오히려 자본주의의 역동성과 진보의 쾌거로 예찬되었다. 자본주의는 소수의 독점으로 불평등을 먹고 성장하는 것임에도 공정하고 평등한 민주사회의 실현을 보장하는 것처럼 칭송되었다. 자본주의 사회에서 불평등이 영속화되고 극대화되는 것을 막을 것은 아무 것도 없었다. 불평등은 자본주의의 성장동력이자 무한성장의 신화를 떠받들게 하는 유인기제였다. 이 때문에 불평등은 경제성장과의 함수관계를 따지는 문제로만 제기될 뿐 그 근본해법은 결코 체제의 주요 관심사가 될 수 없었다. 시장가치가 사회적 가치를 독점하고 화폐 가치가 인간의 가치를 결정하는 놀음에 농간당하는 삶도 당연한 것처럼 받아들여지고 있었다. 인간을 자본의 노예로 만들고 인격 자체를 무참하게 짓밟는 자본주의를 나라와 개인의 '발전'에 불가피한 체제로 떠받들고 있었다. 자본주의의 최대 피해자들조차도 자본주의의 성공을 기원하도록 만드는 세상에서 자본주의는 구세주로 행세했다.

그러나 자본주의는 어디로 갈지, 언제 어디서 그 무엇에 기생하고 편승할지, 어떻게 변신할지 도저히 알 수가 없는 괴물이었다. 자본주의는 오직 살아남기 위해 상상할 수 없는 일들을 저지르며 그 무엇이든 마다하지 않는 무서운 저력을 지닌 것이었다. 이 때문에 자본주의의 미래는 천재지변과도 같은 공포를 불러왔다. 이것이 바로 자본주의의 강점이자 해악이었다. 이러한 괴물에 인간의 이성과 윤리와 가치의 잣대를 들이대는 것 자체가 어불성설이 아닌가? 게다가 자본주의의 괴물성에 '정상성'과 과학성의 가면을 씌우는 지식과 학문은 그 괴물성을 은폐하고 강화하는 데 기여하는 것이 아닌가? 자본주의를 경제와 사회의 원동력으로 삼아 인간의 삶을 증진시키고 이상적인 미래를 구상하고 예견한다는 것이 과연 실현가능한 것이겠는가?

오늘의 세계역사는 성장둔화의 공포에 시달릴수록 자본주의의 미개척지가 고갈될 때까지 정복과 약탈을 멈출 수 없는 자기 파괴의 소용돌이에서 빠져나올 기미를 보이지 않는다. 자본주의의 위기를 곧 개인과 나라의 생존의 위기로 직결시키면서 자기 파괴의 역사를 불가항력의 운명으로 받아들여야 하는 상황에 이르고 있다. 자본주의에 대한 비판들과 경고들이 쏟아져 나올수록 그 마취효과도 증진되고 체념적 적응력도 늘어나는 형세가 되어가고 있다. 근대문명의 위기에 점점 더 마비되어버린 세상에서 지구와 인간의 위기라는 말조차 점점 더 퇴색되어가는 형국이 벌어지고 있다.

나는 이러한 형국에서 자본주의가 경제 이상으로 이데올로기와 문화의 막강하고 은밀한 힘으로 작동하면서 그 영역이 신화와 독사(doxa)의 장으로 확장되어온 문제에 집중해야 한다는 생각에 이르렀다. '탈이데올로기 시대', '문화의 시대'가 부상하게 된 것 자체가 바로 자본주의 근대문명에 의해 식민화된 이데올로기와 문화가 세계를 지배하고 있음을 의미하는 것이 아닌지, 면밀한 통찰이 필요했다. 자본주의 근대문명이 물질적 풍요의 이름으로 자본의 끝없는 축적과 탐욕, 그리고 자본주의의 반인간적이고 반사회적인 본성 자체를 정당화하는 한편, 그 본성을 감추고 속이고 위장하면서 자본주의에 대한 잘못된 믿음을 심어주고 자본주의를 열망하게 만드는 점에 천착해야 한다고 보았다. 자본의 탐욕을 인간의 탐욕으로 전염시키고, 자본에 의한 인간착취를 인간의 자기착취의 주술로 둔갑시키고, 자본주의의 괴물성을 의심하거나 거부하기는커녕 당연하고 자연스러운 것으로 받아들이게 만드는 상황은 자본주의의 이데올로기와 문화가 신화와 독사의 장에서 작동하는 문제로 그 실마리를 풀어야 한다고 생각했다. 신화와 독사는 전 세계인이 떠받드는 자본주의가 종교의 경지를 넘어 그 종교심 자체도 의식하지 못할 정도로 인간사회에 필수불가결한 '자연'으로 자리 잡게 만드는 핵심기제였다. 자본주의가 마침내 인간의 몸과 영혼 속에서 살아 움직이는 생물이 되고 자본주의와 하나가 되는 인간을 이 세상의 주인공으로 만들어온 것은 바로 자본주의 신화와 독사의 최대의 성공작이었다. 이 글은 이러한 문제인식과 고민의 결과물이다.

나는 자본주의의 신화와 독사로부터 인간을 해방시키는 작업이 선행되지 않는한, 인간사회를 완전히 새롭게 구상할 수 있는 그림 자체가 그려질 수가 없다고 믿는다. 이 작업은 자본주의 체제를 마치 '자연'처럼 숙명적으로 받아들이게 하는 현대인의 존재구속성을 분쇄하고 새로운 세상을 구상하기 위한 전제조건이자 필수조건이다. 자본주의 근대문명의 족쇄를 풀어가는 일은 자본주의의 괴물성이 인간의 몸으로 자연스럽게 체화되어 이성과 감성을 점령해버리는 상황에 제동을 걸고 그 위급성에 대처하는 작업에서부터 시작되어야 한다. 자본주의의 괴물성은 이 세상을 유지하고 변화시키는 인간을 통해 작동하는 것이므로 '자본주의적 인간'(*Homo Capitalisticus*) 자체가 일차적인 변혁의 대상이 되어야만 한다. 자본주의적 인간들이 쉬지 않고 만들어내는 상품, 기술, 과학, 대안들은 자본주의의 괴물성을 더욱 풍요롭게 할 위험성이 높은 것이기 때문이다. 지구 살리기 운동은 인간 살리기 운동과 하나가 될 때에만 그 위험성에서 벗어날 수가 있는 것이다.

특히 분단국가의 운명에 맞선 자본주의 후발국에서 서구의 자본주의 체제를 이상적 모델로 떠받들어온 한국인들은 자본주의의 신화와 독사에 얼마나 어떻게 빠져 있는지, 그로 인해 자본주의 선진국 이상으로 돌이킬 수 없는 치명적 폐해를 얼마나 어떻게 입고 있는지, 깊은 성찰과 각성이 요구된다. 이 글은 바로 그 성찰과 각성의 자리를 만들어보고 싶은 간절한 마음을 담아낸 것이다.

참고문헌

그람시, 안토니오, 《그람시의 옥중수고 Ⅰ》(이상훈 옮김), 거름, 1995.

글레이저, 일레인, 《겟 리얼(Get Real): 이데올로기는 살아 있다》(최봉실 옮김), 마티, 2013.

네그리, 안토니오·하트, 마이클, 《제국》(윤수종 옮김), 이학사, 2003.

다카시, 사카이, 《통치성과 '자유': 신자유주의 권력의 계보학》(오하나 옮김), 그린비, 2011.

데이비스, 마이크, 《슬럼, 지구를 뒤덮다: 신자유주의 이후 세계 도시의 빈곤화》(김정아 옮김), 돌베개, 2007.

뒤메닐, 제라르·레비, 도미니크, 《자본의 반격》(이강국·장시복 옮김), 필맥, 2006.

드보르, 기, 《스펙타클의 사회》(이경숙 옮김), 현실문화연구, 1996.

디드로, 드니, 《백과사전》(이충훈 옮김), 도서출판 b, 2014.

러미스, C. 더글러스, "평등 - 발전이 약속하는 먼 미래", 볼프강 작스 외, 《反자본 발전사전》(이희재 옮김), 아카이브, 2010.

로빈스, 리처드, 《세계문제와 자본주의문화: 생산·소비·노동·국가의 인류학》(김병순 옮김), 돌베개, 2014.

리프킨, 제러미, 《노동의 종말》(이영호 옮김), 민음사, 1996.

마르쿠제, 허버트, 《일차원적 인간》(박병진 옮김), 한마음사, 2006.

마르크스, 칼, 《자본》 Ⅰ-1(김영민 옮김), 이론과실천, 1991.

_____, 《자본》 Ⅰ-2(김영민 옮김), 이론과실천, 1987.

_____, 《자본》 Ⅰ-3(김영민 옮김), 이론과실천, 1990.

마리스, 베르나르, 《무용지물 경제학: 정통경제학의 신화를 깨뜨리는 발칙한 안내서》(조홍식 옮김), 창비, 2008.

맥낼리, 데이비드, "금융위기, 좌파의 과제는?", 사샤 릴리, 《자본주의와 그 적들》(한상연 옮김), 돌베개, 2011.

바르트, 롤랑, 《현대의 신화》(이화여대 기호학연구소 옮김), 동문선, 1997.

바리아시옹편집위원회, 《자본주의의 새로운 신화들》(성일권 옮김), 사회와연대, 2004.

바우만, 지그문트, 《쓰레기가 되는 삶들》(정일준 옮김), 새물결, 2008.

_____, 《액체근대》(이일수 옮김), 강, 2009.

_____, 《왜 우리는 불평등을 감수하는가?》(인규남 옮김), 동녘, 2013.

베블런, 소스타인, 《자본의 본성에 관하여 외》(홍기빈 옮김), 책세상, 2009.

벨, 다니엘, 《자본주의의 문화적 모순》(김진욱 옮김), 문학세계사, 1990.

보드리야르, 장, 《기호의 정치경제학 비판》(이규현 옮김), 문학과지성사, 1992.

_____, 《생산의 거울》(배영달 옮김), 백의, 1994.

_____, 《소비의 사회》(이상률 옮김), 문예출판사, 1991.

브로델, 페르낭, 《물질문명과 자본주의 읽기》(김홍식 옮김), 갈라파고스, 2012.

비클러, 심숀·닛잔, 조나단, 《권력 자본론: 정치와 경제의 이분법을 넘어서》(홍기빈 옮김), 삼인, 2004.

사이드, 에드워드 W., 《오리엔탈리즘》(박흥규 옮김), 교보문고, 2000.

세넷, 리차드, 《뉴캐피탈리즘》(유병선 옮김), 위즈덤하우스, 2009.

_____, 《신자유주의와 인간성의 파괴》(조용 옮김), 문예출판사, 2002.

스윈지우드, 앨런·김민규, 《문화사회학 이론을 향하여: 문화이론과 근대성의 문제》(박형신 옮김), 한울, 2004.

슬레이터, 돈, 《소비문화와 현대성》(정숙경 옮김), 문예출판사, 1997.

시바, 반다나, "자원 재생되지 않는 자연", 작스, 볼프강 외, 《反 자본 발전 사전》(이희재 옮김), 아카이브, 2010.

쏭홍빙, 《화폐전쟁》1~2(차혜정 옮김·박한진 감수), 랜덤하우스, 2008.

아렌트, 한나, 《인간의 조건》(이진우·태정호 옮김), 한길사, 1996.

알튀세르, 루이, 《아미엥에서의 주장》(김동수 옮김), 솔, 1991.

앤더슨, 베네딕트, 《상상의 공동체: 민족주의의 기원과 전파에 대한 성찰》(윤형숙 역), 나남, 2002.

엘리아데, 미르치아, 《신화와 현실》(이은봉 옮김), 한길사, 2011.

왠, 데이비드·드 그라프, 존·네일러, 토머스, 《소비중독 바이러스 어플루엔자》(박웅희 옮김), 나무처럼, 2010.

우송, 미셸, "신경제 이후", 바리아시옹편집위원회 편 《자본주의의 새로운 신화들》(성일권 옮김), 사회와연대, 2004.

울리히, 페터, 《신자유주의 시대 경제윤리》(이혁배 옮김), 바이북스, 2010.

유엔, 스튜어트, 《광고와 대중소비문화》(최현철 옮김), 나남, 1998.

이글턴, 테리, 《이론 이후》(이재원 옮김), 길, 2010.

일리치, 이반, "요구 중독된 욕망", 작스, 볼프강 외, 《反 자본 발전사전》(이희재 옮김), 아카이브, 2010.

작스, 볼프강 외, 《反 자본 발전사전》(이희재 옮김), Archive, 2010.

지마, 페터, 《이데올로기와 이론》(허창운·김태환 옮김), 문화과지성사, 1996.

지젝, 슬라보예, 《이데올로기라는 숭고한 대상》(이수련 옮김), 인간사랑, 2001.

짐멜, 게오르그, 《돈의 철학》(안준섭·장영배·조희연 옮김), 한길사. 1983.
_____, 《짐멜의 모더니티 읽기》(김덕영/윤미애 옮김), 새물결, 2005.

치즈코, 우에노, 《가부장제와 자본주의》(이승희 옮김), 녹두, 1994.

캠벨, 콜린, 《낭만주의 윤리와 근대 소비주의 정신》(박형신·정한주 옮김), 나남, 2010.

콩트-스퐁빌, 앙드레, 《자본주의는 윤리적인가?》(이현웅 옮김), 생각의 나무, 2010.

클라인, 나오미, 《슈퍼 브랜드의 불편한 진실: 세상을 지배하는 브랜드 뒤편에는 무엇이 존재하는가》(이은진 옮김), 살림Biz, 2010.

페더스톤, 마이크, 《포스트모더니즘과 소비문화》(정숙경 옮김), 현대미학사, 1999.

페럴먼, 마이클, 《무엇이 우리를 무능하게 만드는가: 일할 권리를 빼앗는 보이지 않는 수갑, 어떻게 풀 것인가》(김영배 옮김), 어바웃어북, 2014.

포르뚜나띠, 레오뽈디나, 《재생산의 비밀》(윤수종 옮김), 박종철출판사, 1997.

폴라니, 칼, 《거대한 전환》(홍기빈 옮김), 도서출판 길, 2009.

프롬, 에리히, 《건전한 사회》(김병익 옮김), 범우사, 1975.

프리드만, G., 《프랑크푸르트학파의 사상적 연원》(송휘칠 옮김), 탐구당,

1987.

프릴랜드, 크리스티아, 《플루토크라트》(박세연 옮김), 열린책들, 2013.

피스크, 존, 《대중문화의 이해》(박만준 옮김), 경문사, 2005.

하비, 데이비드, 《신자유주의 간략한 역사》(최병두 옮김), 한울, 2007.

_____, 《자본의 17가지 모순》(황성원 옮김), 동녘, 2014.

_____, 《자본이라는 수수께끼》(이강국 옮김), 창비, 2012.

한국서양사학회, 《유럽중심주의 세계사를 넘어 세계사들로》, 푸른역사, 2009.

헨우드, 더그·텝, 윌리엄 K.·예이츠, 마이클 D.·허드슨, 켄·와스코, 자넷, 《신경제의 신화와 현실》(국제연대정책정보센터 옮김), 이후, 2001.

호르크하이머, 막스, 《도구적 이성 비판》(박구용 옮김), 문예출판사, 2006.

호르크하이머, 막스·아도르노, 테오도르 W., 《계몽의 변증법》(주경식·이상훈·김유동 옮김), 문예출판사, 1995.

히르쉬, 요아힘, "포드주의 안전국가와 신사회운동", 김호기 외, 《포스트 포드주의와 신보수주의의 미래》, 한울, 1995.

히스, 조지프·포터, 앤드류, 《혁명을 팝니다》(윤미경 옮김), 마티, 2006.

히토시, 이마무라, 《근대성의 구조》(이수정 옮김), 민음사, 1999.

Althusser, Louis, *For Marx*, London: Verso/NLB, 1977.

Archer K. & Bosman M. M. & Amen, M. M. & Schmidt, E. (eds.), *Cultures of Globalization*, London: Routledge, 2008.

Aubert, Nicole, "L'intensité de soi", in Aubert, N. *L'individu hypermoderne*, Toulouse: Eres, 2010.

Auge, Marc, *Les non-lieux*, Paris: Le Seuil, 1992.

Balandier, George, *Le dédale*, Paris: Fayard, 1994.

Baudrillard, Jean, *Les stratégies fatales*, Paris: Bernard Grasset, 1983.

_____, *Simulacres et simulation*, Paris: Editions Galilée, 1981.

Beck U. & Beck-Gernsheim, E., *Individualization*, London: Sage, 2010.

Best, J., "Civilizing through Transparency, The International Monetary Fund", in B. Bowden·L. Seabrooke (eds.), *Global Standards of Market Civilization*, London: Routledge, 2006.

Bocock, R., *Consumption*, London: Routledge, 1993.

Boltanski, L. & Chiapello, E. , *Le nouvel esprit du capitalism*, Paris: Gallimard, 1999.

Bourdieu, P. & Eagleton, T, "Doxa and Common Life: An Interview", in Slavoj Zizek (ed.), *Mapping Ideology*, London: Verso, 1994.

Bourdieu, P. & Wacquant, J. D. , *An Invitation to Reflexive Sociology*, Chicago: The University of Chicago Press, 1992.

Bourdieu, P. , *Outline of a Theory of Practice*, Cambridge: Cambridge University Press, 1977.

Bowden, Brett & Seabrooke, Leonard (eds.), *Global Standards of Market Civilization*, London: Routledge, 2006.

Braudel, Fernand, *Civilisation matérielle, économie et capitalisme XVe-XVIIIe siècle*, Paris: Armand Colin, 1979.

Braverman, H. , *Labor and Monopoly Capital: the Degradation of Work in the Twentieth Century*, New York: Monthly Review Press. 1974.

Broome, A. , "Civilizing labor markets, The World Bank in Central Asia", in B. Bowden & L. Seabrooke (eds.), *Global Standards of Market Civilization*, London: Routledge, 2006.

Brunel, V. , *Les managers de l'âme*, Paris: La Découverte/Poche, 2008.

Castel, Robert, "La face cachée de l'individu hypermoderne: l'individu par défaut", in N. Aubert, *L'individu hypermoderne*, Toulouse: Eres, 2010.

Cournut, Jean, "Les défoncés", in N. Aubert, *L'individu hypermoderne*, Toulouse: Eres, 2010.

Cova, B. & Cova V. , "L'hyperconsommateur, entre immersion et sécession", in N. Aubert, *L'individu hypermoderne*, Toulouse: Eres, 2010.

Delphy, C. , *Close to Home: A Materialist Analysis of Women's Oppression*, Amherst: The University of Massachusetts Press, 1984.

Du Gay, P. (ed.), *Production of Culture/Cultures of Production*, London: Sage, 2006.

Du Gay, P. & Pryke, M. (eds.), *Cultural Economy*, London: Sage, 2002.

Dufour, Dany-Robert, *L'art de réduire les têtes*, Paris: Denoel, 2003.

Dumont, Louis, *Essais sur l'individualisme*, Paris: Seuil, 1983.

Dussel, E. , "Europe, modernity, and eurocentrism", *Nepantla*, 1(3), 2000.

Ehrenberg, Alain, *L'individu incertain*, Paris: Hachette, 1995.

———, *La société du malaise*, Paris: Odile Jacob, 2010.

Elias, N. , *The Civilizing Process*, Oxford: Blackwell, 2000.

Elliott, A. & Lemert, C. , *The New Individualism The Emotional Costs of Globalization*, London: Routledge, 2006.

Ellul, Jacques, *Métamorphose du bourgeois*, Paris: Table Ronde, 1998.

Featherstone, Mike & Lash, S. & Robertson, R. , *Global Modernities*, London: SAGE, 1997.

Frank, T. , *One Market Under God, Extreme Capitalism, Market Populism, and the End of Economic Democracy*, New York: Anchor Books, 2000.

Friedman, Thomas L. , *The Lexus and the Olive Tree*, New York: Farrar, Straus, Giroux, 1999.

Gabriel, Y. & Land, T. , *The Unmanageable Consumer*, London: Sage, 2006.

Haug, Wolfgang F. , *Critique of Commodity Aesthetics: Apparance, Sexuality and Advertizing in Capitalist Society*, Cambridge: Polity Press, 1986.

Heelas, P. "Work ethic, soft capitalism and the 'turn to life'", in P. Du Gay & M. Pryke (eds.), *Cultural Economy*, London: Sage, 2002.

Jameson, Frederic, *Postmodernism, or, The Cultural Logic of Late Capitalism*, Durham; Duke University Press, 1991.

Lash, S. & Urry, J. , *Economics of Signs and Space.* London: Sage, 1994.

Leys, Colin, *Market-driven Politics: Neoliberal Democracy and the Public Interest*, London: Verso, 2003.

Lipovetsky, G. , *Hypermodern Times.* Cambridge: Polity, 2005.

Lukacs, G. , *Histoire et conscience de Classe*, Paris: Editions de Minuit, 1960.

Lyotard, J. F. , *The Postmodern Condition: A Report on Knowledge*, Manchester: Manchester University Press, 1984.

Marcuse, H. , *Negations: Essays in Critical Theory*, London: Allen Lane, 1968.

McGuigan, Jim, *Cultural populism*, London: Routledge, 1992.

Miles, Steven, *Consumerism, As a Way of Life*, London: Sage, 2006.

Moskowitz, M., *Standards of Living: The Measure of the Middle Class in Modern America*, 2004.

Mozaffari, M. (ed.), *Globalization and Civilizations*, London: Routledge, 2002.

Pieterse, J. N., "Globalization as Hybridization", in M. Featherstone & S. Lash & R. Robertson (eds.), *Global Modernities*, London: Sage, 1997

Power, D. & Scott A. J. (eds.) *Cultural Industries and the Production of Culture*, London: Routledge, 2004.

Quijano, A., "Coloniality of Power, Eurocentrism, and Latin America", *Nepantla*, 1(3), 2000.

Rapley, J., *Globalization and Inequality: Neoliberalism's Downward Spiral*, Boulder, Col.: Lynne Reiner, 2004.

Root, Amanda, *Market Citizenship*, London: Sage, 2007.

Sacks, K., *Sisters and Wives: The Past and Future of Sexual Equality*, Champaign: University of Illinois Press, 1982.

Salaman, G., "Culturing Production", in Du Gay (ed.), *Production of Culture/Cultures of Production*, London: Sage, 2006.

Skeggs, B., *Class, Self, Culture*, London: Routledge, 2004.

Smith, A. D., "Towards a global culture?", in M. Featherstone (ed.), *Global Culture: Nationalism, Globalization and Modernity*, London: Sage, 1990.

Tomlinson, John, *Globalization and Culture*, Chicago: The University of Chicago Press, 1999.

Touraine, Alain, *La recherche de soi*, Paris: Fayard, 2000.

_____, *Pourrons-nous vivre ensemble? Egaux et différents*, Paris: Fayard, 1997.

Watson, M., "Civilizing Market Standards and the Moral Self", in Bowden, Brett & Seabrooke, Leonard (eds.), *Global Standards of Market Civilization*, London: Routledge, 2006.

Wichterich, C., *The Globalized Woman*, New York: Zed Books, 2000.

찾아보기